LES

APOLOGISTES CHRÉTIENS

AU IIe SIÈCLE

OUVRAGES DU MÊME AUTEUR

Les Pères apostoliques et leur époque. (Cours d'éloquence sacrée fait à la Sorbonne en 1857-1858) ; 3ᵉ édition. 1 fort vol. in-8°. . . . . 6 fr.

Les apologistes chrétiens au deuxième siècle. 1ʳᵉ série : Saint Justin (Cours de la Sorbonne en 1858-1859) 2ᵉ édition 1 fort vol. in-8°. . . . . . . 6 fr.

Saint Irénée et l'éloquence chrétienne dans la Gaule, pendant les deux premiers siècles. (Cours de la Sorbonne en 1860-1861). 2ᵉ édition. 1 fort vol. in-8° . . . . 6 fr.

Tertullien. (Cours de la Sorbonne en 1861-1863). 2 vol. in-8°. . . . . 12 fr.

Saint Cyprien et l'Église d'Afrique au troisième siècle. (Cours de la Sorbonne en 1863-1864). 1 vol. in-8°. . . . . 6 fr.

Clément d'Alexandrie. (Cours de la Sorbonne en 1864-1865). 1 vol. in-8°. . . . . 6 fr.

Origène. (Cours de la Sorbonne en 1866 et 1867). 2 vol. in-8° . . . . 12 fr.

Conférences sur la divinité de Jésus-Christ, prêchées à l'église Sainte-Geneviève de Paris. 3ᵉ édit. 1 vol. in-12. . . . . 3 fr.

Sermons prêchés a la chapelle des Tuileries, pendant le carême de 1862. in-8°. . . . . . . 4 fr.

Premier et deuxième Panégyriques de Jeanne d'Arc, prononcés dans la cathédrale d'Orléans, 2ᵉ édition. 2 in-8° . . . . 1 fr. 60

Discours sur l'histoire de la Sorbonne, prononcé en l'église de la Sorbonne. in-8°. . . . . . . 1 fr.

Oraison funèbre de S. Ém. le cardinal Morlot, prononcée à Notre-Dame de Paris. in-8°, avec portrait. 1 fr. 50

Examen critique de la vie de Jésus de M. Renan, 15ᵉ édition. in-8°. . . . . 2 fr. 50

Examen critique des Apôtres de M. Renan. in-8° . . . . 2 fr.

429 — ABBEVILLE. — IMP. BRIEZ, C. PAILLART ET RETAUX

LES

APOLOGISTES CHRÉTIENS

AU IIᵉ SIÈCLE

COURS D'ÉLOQUENCE SACRÉE

FAIT A LA SORBONNE

PENDANT L'ANNÉE 1859-1860

PAR M. L'ABBÉ FREPPEL

DOYEN DE SAINTE GENEVIÈVE

Professeur à la Faculté de Théologie de Paris

DEUXIÈME ÉDITION

TATIEN, HERMIAS,
ATHÉNAGORE, THÉOPHILE D'ANTIOCHE,
MÉLITON DE SARDES, ETC.

PARIS

LIBRAIRIE AMBROISE BRAY

BRAY ET RETAUX, SUCCESSEURS

— 82, RUE BONAPARTE, 82 —

1870

Droits de traduction et de reproduction réservés

PRÉFACE

DE LA PREMIÈRE ÉDITION

Le IIe siècle de l'ère chrétienne est l'une des périodes les moins connues et les plus intéressantes dans l'histoire de l'éloquence sacrée. Ce n'est pas qu'on y rencontre des chefs-d'œuvre comparables, pour le mérite littéraire, à ceux des âges suivants. Nous l'avouons sans peine, il y a loin des écrits de Tatien ou de Théophile d'Antioche aux brillantes compositions de saint Basile et de saint Grégoire de Nazianze, si l'on se borne à l'étude du style et de la forme oratoire. Le IVe siècle restera toujours l'âge d'or de la littérature primitive de l'Église. Mais, s'il est vrai que les origines d'un art ou d'une science quelconque méritent une attention toute particulière, l'époque dont nous parlons se recommande entre toutes par l'intérêt qui s'y rattache. C'est le moment où les défenseurs de l'Évangile commencent à déployer contre le monde païen les ressources de l'éloquence et de l'érudition. Depuis l'apologie jusqu'à l'exégèse, tous les genres d'écrits naissent ou se développent sous le coup des attaques du polythéisme et dans la mesure des besoins de la société chrétienne.

Voilà ce qui attire la critique littéraire vers ce groupe d'apologistes qui surgissent entre les Pères apostoliques et les grands écrivains de l'Église d'Afrique ou de l'École d'Alexandrie. Les noms de saint Justin, de Tatien, d'Hermias, d'Athénagore, de Théophile d'Antioche, de Méliton de Sardes, sont les premiers qui marquent dans l'histoire des lettres chrétiennes, après ceux de saint Clément et de saint Ignace. Leurs écrits forment ainsi le deuxième anneau de la grande chaîne traditionnelle: de là leur importance au point de vue dogmatique. Tous ceux qui se tiennent au courant des controverses actuelles savent que le criticisme allemand et le rationalisme français ont concentré leurs efforts sur les trois premiers siècles de l'Église. Le IIe, en particulier, semblait à nos adversaires un terrain favorable pour y construire leurs systèmes. Déjà Strauss avait cru y trouver un champ ouvert aux hypothèses, un espace libre dans lequel l'imagination pouvait se jouer à l'aise sans y être gênée par des témoins incommodes. A son tour, l'école rationaliste de Tubingue s'est prévalue d'un manque apparent de documents positifs pour défigurer les hommes et les faits de l'Église primitive. Ces romans s'évanouissent devant l'histoire mieux étudiée et plus connue. La vérité est que le IIe siècle présente une réunion d'évêques et de docteurs également remarquables par le savoir et par la sainteté. Ce n'est pas sous les yeux de tels hommes, à leur insu ou de connivence avec eux, qu'on aurait pu imposer à l'Église entière des évangiles fabriqués après coup introduire un système de gouvernement inconnu jusqu'alors, substituer de nouvelles croyances aux anciennes. Nous espérons l'avoir démontré dans le cours de cet ouvrage ; et notre conclusion tirera une nouvelle force des études que nous nous proposons de faire, dans un prochain volume, sur saint Irénée, l'immortel défenseur de la tradition catholique contre les hérésies de son temps.

Nous avons fait une large part aux écrits du paganisme dans ce tableau de l'éloquence chrétienne au IIe siècle. Il nous a semblé que la lutte des deux sociétés, pour être bien comprise, exigeait ce rapprochement. On n'apprécie véritablement le triomphe d'une doctrine qu'en calculant le nombre et la force des adversaires qui l'ont combattue. Or, l'époque dont nous parlons a vu surgir les premiers écrivains qui aient attaqué la religion chrétienne par des ouvrages composés dans ce but: Crescens, Fronton, Celse et Philostrate. D'autre part, il est aussi curieux qu'instructif d'observer le travail qui s'opère, pendant cette période, au sein du polythéisme lui-même: travail de sape et de démolition dans les écrits de Lucien de Samosate et de son école; travail de restauration religieuse et morale chez Plutarque, Maxime de Tyr et Apulée, les précurseurs des néoplatoniciens du IIIe siècle. C'est l'agitation stérile d'une société qui ne sait plus ni supporter ses maux ni trouver le moyen de les guérir.

Les époques les plus tristes, dans l'histoire de l'humanité, sont celles où le droit est méconnu et la vérité persécutée. Mais la Providence, qui fait servir au triomphe du bien jusqu'aux victoires apparentes du mal, ne permet pas que ces luttes demeurent sans résultat. Les trois premiers siècles de l'Église sont là pour prouver qu'il n'y a pas de force durable contre le droit et que la vérité finit toujours par avoir raison. En parcourant ces éloquents plaidoyers en faveur de la religion opprimée, on admire avec quelle énergie les premiers apologistes du christianisme flétrissaient l'arbitraire, l'abus du pouvoir, le mépris de l'homme, la délation érigée en système, l'absence de formes régulières et le manque de garanties dans le jugement des accusés, tout ce mélange d'hypocrisie et de violence qui s'appelait le despotisme païen. C'est à force d'affirmer les maximes de la justice et les droits de la conscience, qu'ils ont ramené dans le monde le respect des âmes, la notion de leur dignité et de leur valeur, la modération dans l'exercice de l'autorité, et ce sentiment élevé du devoir qui empêche la liberté de devenir factieuse et l'obéissance d'être servile. Tels sont les principes qui ont triomphé avec les apologistes sous le feu des persécutions. Jamais l'éloquence n'a servi une plus grande cause ni produit des résultats plus féconds pour les destinées de la société humaine.

Paris, le 1er août 1860.

LES
APOLOGISTES CHRÉTIENS

AU IIe SIÈCLE

TATIEN, HERMIAS,
ATHÉNAGORE, THÉOPHILE D'ANTIOCHE,
MÉLITON DE SARDES, ETC.

PREMIÈRE LEÇON

Objet du cours. — Les apologistes postérieurs à saint Justin. — Commencements de Tatien. — Déception qu'il trouve dans les religions et dans les systèmes philosophiques du vieux monde. — Impression que produit sur lui la lecture des livres saints. — Il étudie de près la vie des chrétiens. — Sa rencontre avec saint Justin. — École théologique de saint Justin à Rome. — Esprit et caractère de cette école. — Tatien succède au maître dans l'apologie de la religion chrétienne. — Droit des laïques de participer à la défense de la foi. — Qualités et défauts de Tatien. — Son discours contre les Grecs. — Tatien méconnaît la mission providentielle de la Grèce. — Tendance périlleuse d'un esprit porté à la violence et à l'exagération.

Messieurs,

Nous continuons, cette année, l'étude de l'éloquence chrétienne au IIe siècle de l'Église. Avant de la reprendre au point où nous l'avions laissée, je crois devoir vous rappeler brièvement ce qui en faisait l'objet. En quittant les Pères apostoliques et leur époque, nous nous sommes tournés vers les écrits des premiers apologistes du christianisme. Là, un champ nouveau s'ouvrait devant nous. En place d'exhortations pastorales adressées aux fidèles, nous trouvions des discours qui réfutaient les doctrines païennes, des suppliques, des requêtes, dans lesquelles la vérité persécutée protestait vivement contre une oppression cruelle. L'attitude du monde romain en face de l'Évangile déterminait cette forme particulière de l'éloquence sacrée. Pour bien connaître le terrain sur lequel devait se placer l'apologétique primitive, nous avons commencé par décrire le genre d'opposition que faisaient à l'Église les diverses classes de la société païenne, les gens d'esprit, les hommes d'État et le peuple. Puis, nous nous sommes arrêtés devant le premier apologiste dont les ouvrages soient parvenus jusqu'à nous, devant saint Justin.

Dans l'histoire de l'éloquence sacrée, comme dans celle des littératures profanes, il surgit d'ordinaire, au seuil des différentes périodes, un homme dont les écrits préparent ou font présager toute une série de productions analogues. Ses œuvres n'ont pas encore cette supériorité que les progrès de l'art amèneront dans la suite ; elles se ressentent plus ou moins de l'absence de modèles antérieurs, de la difficulté d'un premier essai, de l'imperfection d'un genre à peine inauguré. Mais ce qui leur assure un mérite que rien ne peut effacer, c'est qu'elles ouvrent la voie : elles forment le premier anneau d'une chaîne qui, sans elles, n'aurait ni origine ni point de rattache. Telle est la place que saint Justin occupe dans l'apologétique chrétienne. Il n'a, sans doute, ni la verve éloquente de Tertullien, ni le vaste savoir d'Origène ; néanmoins ses travaux l'élèvent à une hauteur d'où les chefs-d'œuvre mêmes de ses successeurs n'ont pu le faire déchoir. C'est avec lui que commencent ces luttes de la parole qui se prolongent à travers les premiers siècles, et qui se terminent par le triomphe de l'Église sous Constantin. Né vers la fin des temps apostoliques, sorti du milieu des lettrés du paganisme, il annonce l'école d'Alexandrie par la tendance générale de son esprit, tandis que, d'autre part, il donne la main aux grands écrivains de l'Église d'Afrique : c'est le philosophe devenu chrétien, et marquant dans sa personne le passage de la science païenne à la foi catholique. Voilà son rang dans l'histoire de l'éloquence sacrée : c'est le sens de ses ouvrages et le caractère de sa vie.

Vous comprenez, d'après cela, pourquoi nous avons fait à saint Justin une si large part dans nos études. Il n'est guère de point, dans la controverse chrétienne au IIe siècle, qu'il n'ait traité au long ou touché en passant, et cela pour la première fois. Nous avons pu en juger par toutes les questions que l'examen de ses écrits a soulevées devant nous. La critique du polythéisme envisagé dans ses origines et dans ses diverses formes, les rapports entre les livres saints et les écrits des philosophes, la concordance des fables païennes avec les faits bibliques, les vestiges de la révélation primitive dans l'antiquité, le rôle du démon dans le paganisme, la comparaison du stoïcisme avec la morale évangélique, la liberté de conscience, la doctrine du Verbe avec ses origines et ses conséquences, l'authenticité des Évangiles, l'état des croyances et la forme de la liturgie catholique au IIe siècle : telles sont, entre autres, les matières aussi intéressantes que variées sur lesquelles le philosophe chrétien nous avait obligés de concentrer notre attention.

Désormais le chemin est tracé à tous ceux qui, après Justin, descendront dans l'arène pour s'attaquer au paganisme et gagner du terrain pied à pied. Non pas que la discussion soit épuisée ; il reste encore bien des points à éclaircir, plus d'un argument à développer. Dans ce combat de la parole chrétienne avec une erreur aussi complexe que le polythéisme, il ne pouvait guère se faire que le premier apologiste parcourût tout le champ qui s'ouvrait devant lui, ni qu'il fît valoir tous les moyens de défense que fournissait la cause sacrée de l'Évangile. Ce vaste travail ne devait pas être la tâche d'un seul homme, mais bien d'une époque entière. C'est pourquoi d'autres voix s'élèveront pour affirmer de nouveau le droit, la justice, la vérité. A partir de saint Justin, un nombre assez considérable d'écrits apologétiques s'échelonnent le long du IIe siècle, portant les noms de Tatien, d'Hermias, d'Athénagore, de Théophile d'Antioche, de Méliton de Sardes. Je compte, Messieurs, en faire le sujet de nos entretiens pendant cette année, avant d'arriver à saint Irénée, le représentant le plus complet de l'éloquence chrétienne aux prises avec le gnosticisme.

Pendant que saint Justin enseignait à Rome, il vit arriver dans cette ville un jeune sophiste qui lui témoigna le désir de se mettre sous sa conduite. Né en Assyrie, vers l'année 140, le nouveau disciple avait quitté de bonne heure sa patrie pour s'initier aux diverses connaissances dont la société de son temps était en possession. Ce fut d'abord la civilisation grecque qui attira son attention. Il fréquenta successivement les écoles les plus renommées de l'époque, et fit de rapides progrès dans l'art de la rhétorique. Il y avait, en effet, au IIe siècle, des chaires de sophistes ou de rhéteurs sur différents points de l'empire, à Antioche, à Smyrne, à Béryte, à Gaza, à Tyr, à Athènes ; et ce n'étaient pas des noms obscurs que ceux d'Arrien de Nicomédie, de Polémon, d'Hérode Atticus, d'Ælius Aristide, d'Hérodien, de Marcellus Sidétès, etc. Il est probable que, dans son long voyage à travers l'Asie Mineure et la Grèce, le jeune Assyrien avait entendu plusieurs d'entre eux. Mais son esprit, avide de vérités plus hautes, ne pouvait se contenter d'études purement littéraires sans but ni caractère pratiques. Il résolut d'approfondir les systèmes de philosophie et les religions de son temps. Là, de cruelles déceptions l'attendaient. Il fut frappé du désaccord qui régnait entre les maîtres de la science sur des questions fondamentales ; mais ce qui blessa le plus vivement sa nature rigide et sévère, ce fut de voir que leur conduite démentait leur enseignement. Vous concevez dès lors à quel point les turpitudes de la mythologie populaire durent révolter son sens moral. Il en conçut toute l'indignation que pouvait ressentir une âme énergique et ardente. Pour ne pas se laisser tromper par les apparences, il voulut pénétrer sous le voile de ces fables en se faisant initier aux mystères : peut-être trouverait-il dans cette partie plus intime, plus profonde, de la religion des Grecs, un enseignement moins immoral. Vaine tentative : les mystères d'Éleusis avaient perdu ce caractère religieux qu'ils présentaient à l'origine, pour devenir une école de corruption plus ténébreuse, il est vrai, mais non moins funeste pour les mœurs que les cultes publics. Trompé dans son attente, le jeune rhéteur se tourna vers Rome pour étudier le polythéisme dans le centre même de sa domination. Le spectacle qu'offrait la capitale du monde mit le comble au dégoût que lui avaient inspiré les ignominies dont l'Asie Mineure et la Grèce étaient le théâtre. L'enseignement de la sagesse aux mains d'une troupe de charlatans sans pudeur, les désordres les plus hideux venant s'étaler sur la scène, des jeux sanglants prodigués comme passe-temps à une multitude féroce, des sacrifices humains offerts à Jupiter Latiaris et à la grande Diane dans les bois d'Aricie, le plus infâme des vices déifié dans Antinoüs : voilà ce qui acheva de rompre le dernier fil qui l'attachait au paganisme. Il avait quitté l'Assyrie dans l'espoir de trouver la vérité au milieu de cette civilisation tant vantée des Grecs et des Romains, et il n'avait retiré de ses longues recherches que la certitude de ne l'avoir rencontrée nulle part [1].

C'est dans cette disposition d'esprit que la grâce divine vint surprendre Tatien, car c'est de lui que je veux parler. Je tenais, Messieurs, à décrire, d'après son propre récit, la marche qu'il suivit pour arriver au christianisme, parce qu'elle ex-

---

[1] Tatien, *Discours contre les Grecs*, 29, 35, 42. — S. Irénée, *ad. Hæreses*, I, 30, 31; III, 39; Clément d'Alexand., *Stromat.*, I, III; Tertullien, *adv. Psychicos*, 15; *de Præscript.*, 52; Origène, *cont. Cels.*, I, 16; *de Orat.*, 77; Eusèbe, *Hist. ecclés.*, IV, 16, 28, 29; V, 13; *Præpar. evangel.*, X, 11; S. Epiphane, *adv. Hær.*, 46, 47; S. Jérôme, *catal. script. eccles.*, 39, 47, etc., etc.

plique en partie ses œuvres et même les erreurs de sa vie. En le voyant réagir plus tard avec tant de passion contre les croyances, les cultes et les coutumes de la Grèce, nous n'oublierons pas les impressions qu'il en avait reçues. Or, pendant qu'il cherchait à dépasser le résultat purement négatif auquel l'avait conduit l'examen des religions de l'antiquité, il lui tomba entre les mains un livre dont la lecture le frappa d'étonnement. Ce livre avait pour auteurs des hommes que les Grecs appelaient barbares; mais ce qui lui assurait tout d'abord une supériorité marquée, c'était sa haute antiquité. De plus, le ton et le caractère de ce livre étaient tout différents de ce que Tatien avait observé jusqu'alors dans les ouvrages des poëtes et des philosophes. Là, point de recherche ni d'emphase. Une simplicité pleine de charme, l'oubli complet de soi-même, l'absence de toute prétention, faisaient disparaître l'écrivain derrière la grandeur du sujet. Car, sous cette forme si simple et si modeste, ce livre contenait la solution des grands problèmes qui tourmentaient l'âme de Tatien. Unité de Dieu, origine du monde, chute de l'humanité, médiation du Verbe, destinée de l'homme dans le présent et dans l'avenir, ses rapports avec Dieu, ses devoirs envers ses semblables : tous ces points divers sur lesquels la philosophie grecque n'avait émis que des opinions vagues ou incertaines se trouvaient définis, éclaircis, développés, et cela, sans disputes d'écoles, sans variations ni contradictions. Enfin, quelle distance de cette morale, sublime et populaire, à ces théories qui ravalaient l'homme au dessous de lui-même quand elles ne l'élevaient pas à une hauteur chimérique où la faiblesse de sa nature ne pouvait le soutenir ! Depuis qu'il avait quitté l'Assyrie pour chercher la vérité à travers le monde, rien de pareil ne s'était offert à cet esprit que les croyances de la foule et les systèmes philosophiques de l'antiquité n'avaient pu satisfaire [1].

---

[1] Tatien, *Discours contre les Grecs*, 29.

La lecture des livres saints avait produit sur l'âme de Tatien une vive impression : c'était un premier pas vers la vérité. Déjà nous avions trouvé le même incident à l'origine de la conversion de saint Justin ; nous le verrons se reproduire pour Théophile d'Antioche, pour Grégoire le Thaumaturge et pour saint Hilaire [1]. N'en soyons pas surpris. Le divin dans les Écritures éclate avec un caractère d'évidence qui frappe un esprit droit et sincère. Vous savez ce que disait Rousseau sous le charme de cette influence pénétrante à laquelle peu d'hommes ont résisté ; j'aime à rapprocher ses paroles du récit où Tatien rapporte ce qu'il avait ressenti en lisant la Bible pour la première fois : « La majesté des Écritures m'étonne, la sainteté de l'Évangile parle à mon cœur. Voyez les livres des philosophes avec toute leur pompe ; qu'ils sont petits près de celui-là ! Se peut-il qu'un livre, à la fois si simple et si sublime, soit l'ouvrage des hommes ?... Jamais des auteurs juifs n'eussent trouvé ce ton ni cette morale ; et l'Évangile a des caractères de vérité si grands, si frappants, si parfaitement inimitables, que l'inventeur en serait plus étonnant que le héros [2]. » De nos jours, où une certaine critique affecte de traiter les livres saints comme le premier ouvrage venu, souvent même avec moins de réserve et d'impartialité, on relègue volontiers ce genre d'appréciations parmi les rêveries sentimentales. Il faudrait cependant ne pas oublier ce principe que, dans l'ordre religieux et moral, les impressions de l'âme viennent en aide aux jugements de l'esprit. Je suis bien éloigné de vouloir substituer le sentiment à la raison, ni le goût à la logique ; il n'est pas moins vrai de dire que la nature humaine ne se divise pas, que le beau est la splendeur du vrai, qu'il n'y a pas de vérités pour l'âme qui soient des erreurs pour la raison. Si les choses spirituelles se dis-

---

1. Théoph., *ad Autolyc.* I, 14 ; Grégoire de Nysse, *Panégyrique de Grégoire le Thaumaturge* ; S. Hilaire, *de Trinitate.*
2 *Émile*, IV, 105.

cutent surtout, se raisonnent, elles se sentent également et se goûtent jusqu'à un certain point. Le cœur, lui aussi, a sa vue parfois même plus perçante et moins enveloppée que celle de l'esprit. Bref, l'homme a le sens du divin comme il en a l'intelligence. Voilà pourquoi, depuis Tatien jusqu'à Rousseau, le divin dans les Écritures a parlé au cœur de tous ceux qui les ont lues dans ces moments où l'absence des préjugés laisse à l'âme toute la liberté de ses impressions : en quittant les livres des philosophes pour ce livre-là, ils trouvaient dans ce dernier un caractère, un ton, un accent, un souffle, qu'ils n'avaient rencontrés nulle part et qu'ils ne pouvaient rapporter à l'homme. C'est ce que l'expérience constate tous les jours ; et, sans vouloir diminuer la force des autres preuves, j'ose dire, Messieurs, qu'une lecture attentive de l'Évangile de saint Matthieu ou de l'Évangile de saint Jean, faite dans le silence de l'étude, en dehors de toute préoccupation d'art ou de critique, peut fournir à quiconque n'a pas perdu le sens du divin une preuve intime et personnelle de la divinité de l'Écriture.

Une fois entré dans la voie qui devait le mener au but, Tatien la suivit avec droiture et fermeté. Subjugué par la simplicité majestueuse des livres saints, il voulut observer de près la vie de ceux qui les prenaient pour règle de conduite ; car ce qui, plus que toute autre chose, l'avait détaché des philosophes, c'est la contradiction qu'il avait remarquée entre leur enseignement et leur vie. Ici un spectacle tout différent s'offrait à lui. Au milieu de cette Rome dissolue dont l'aspect avait allumé l'indignation de son âme, il y avait un groupe d'hommes dont les vertus formaient un contraste frappant avec les vices de la société païenne. On ne les voyait pas dans ces théâtres où l'immoralité mise en scène excitait les applaudissements de la foule ; on ne les rencontrait pas au cirque, spectateurs avides de jeux cruels : ils n'y paraissaient que pour verser leur propre sang, quand la tyrannie le leur demandait. Ils s'assemblaient pour chanter les louanges de Dieu, pour se fortifier dans la pratique du bien et dans l'exercice de la charité. Unis entre eux par les liens de l'amour fraternel, ils évitaient le mensonge, fuyaient la vaine gloire et mettaient leur bonheur à secourir les indigents. Le désordre était banni de leur sein, et plusieurs d'entre eux poussaient la chasteté jusqu'à la continence parfaite. Sans crainte de la mort, ils ne sacrifiaient point leur vie par ostentation, mais pour ne pas trahir leur foi et rester fidèles à leurs convictions. Enfin, ce qu'il y avait de plus surprenant, c'est que cette nouvelle philosophie n'excluait personne de ses rangs : femmes et enfants, riches et pauvres, savants et ignorants, tous profitaient de ses leçons et participaient à ses lumières. Quand Tatien eut comparé cette réunion d'hommes à la société païenne, qu'il eut observé avec soin la conformité de leurs mœurs avec les préceptes de l'Évangile, il n'hésita pas à conclure qu'ils étaient en possession de la véritable doctrine : à son tour il prononça ce mot qui jaillit comme un trait de flamme des méditations du génie, ou s'échappe comme un rayon de bonheur d'une âme droite et sincère : εὕρηκα, j'ai trouvé !

Après cette double étude des livres saints et de la vie des chrétiens, il ne restait plus à Tatien qu'à chercher un guide qui pût le diriger dans la voie nouvelle où il venait de s'engager. Or, il y avait à Rome, dans ce moment-là, une école de catéchumènes à la tête de laquelle était saint Justin. La renommée dont jouissait le philosophe chrétien, les apologies qu'il avait écrites en faveur des fidèles persécutés, ses conférences publiques avec Crescens et les autres sophistes de l'époque, tout invitait Tatien à se mettre sous la conduite d'un tel maître. D'ailleurs, ces deux hommes étaient faits pour se comprendre : l'un et l'autre avaient suivi le même chemin

---

1 *Disc. contre les Grecs*, 18, 19.

pour arriver au christianisme. Comme le jeune Assyrien son disciple, Justin s'était converti à l'Évangile après avoir vainement cherché la vraie doctrine dans les religions et dans les systèmes philosophiques de son temps. Tatien n'aurait pu trouver une direction plus sûre ni mieux appropriée aux besoins de son âme. Aussi la haute admiration qu'il exprime pour saint Justin dans son Discours contre les Grecs témoigne-t-elle de l'impression qu'avait produite sur lui l'enseignement du maître [1]. Heureux si, docile aux leçons de ce grand homme, il avait su contenir son naturel ardent et impétueux dans les limites de la vérité !

C'est un fait digne de remarque, Messieurs, que l'existence de cette école théologique au centre même de la chrétienté. Si elle n'a pas jeté, à beaucoup près, le même éclat que celle d'Alexandrie, elle a du moins le mérite de la priorité dans l'ordre des temps. Nous n'avons, il est vrai, que fort peu de détails sur cet enseignement catéchétique : il serait impossible d'en déterminer, d'une manière rigoureuse, la forme ou le caractère. Toutefois, nous n'en sommes pas réduits sur ce point à de simples conjectures. Suivant les actes de son martyre, Justin demeurait près de la maison d'un Romain appelé Martin, aux environs des bains Timiotins : là, il accueillait tous ceux qui voulaient s'instruire dans la religion chrétienne ; et l'un des compagnons de son supplice exprime, dans l'interrogatoire, tout le bonheur qu'il avait éprouvé en écoutant ses discours. C'est à ces réunions qu'avait assisté Tatien, car ses relations avec le philosophe martyr sont attestées par toute l'antiquité chrétienne [1]. On peut même affirmer avec beaucoup de vraisemblance qu'il succéda au maître dans la direction de l'école des catéchumènes, puisque, d'après le té-

---

1. S. Irénée, adv. Hereses, I, 30. — Tertullien, de Præscript., 52. — S. Épiphane, adv. Hæreses, 46. — S. Jérôme, de Scriptor. eccles., 39, 47. — Philastrius, de Hæresibus, 48. — Théodoret, Hæret. fab., I, 20. — Victor de Capoue, S. Jean Damascène, etc.

moignage d'Eusèbe et de saint Jérôme, Rhodon, écrivain ecclésiastique du IIe siècle, avait étudié à Rome sous Tatien [1]. Semler est allé jusqu'à soutenir que Clément d'Alexandrie fut également du nombre des disciples de Tatien dans la capitale de l'empire : ce qui rattacherait directement l'école d'Alexandrie à celle de Rome ; mais le texte qu'il allègue est trop vague pour qu'on en puisse rien conclure [2]. Quoi qu'il en soit, si l'on rapproche les ouvrages de saint Justin et ceux de son disciple, on arrive à se faire une idée à peu près exacte de leur enseignement. La réfutation du polythéisme et l'exposition des dogmes de la religion chrétienne, l'accomplissement des prophéties de l'Ancien Testament dans le Nouveau, l'explication littérale et allégorique des Écritures, telles ont dû être les matières qu'ils traitaient de préférence. Il paraît que Tatien s'attachait surtout à ce dernier point, car c'est dans la science des Écritures, dit saint Jérôme, qu'il avait instruit Rhodon. Quant aux questions philosophiques, rien ne nous autorise à penser qu'elles fussent complétement exclues de ces entretiens. La controverse avec Crescens et les autres sophistes de Rome, les antécédents de plusieurs néophytes fraîchement sortis des écoles païennes, prêtaient à cette discussion préliminaire, à ces préambules de la foi, une importance actuelle. Si l'on a faussement attribué à saint Justin la réfutation d'Aristote qui porte son nom, c'est, selon toute apparence, parce qu'il s'était réellement occupé d'un sujet analogue. De plus, le traité *des Animaux* composé par Tatien, antérieurement au discours contre les Grecs, prouve qu'il ne négligeait pas les questions naturelles dans leur rapport avec la science religieuse et morale. Bref, l'école théologique de Rome au IIe siècle, dont saint Justin, Tatien et Rhodon sont les principaux représentants, me semble offrir, dans son en-

---

1. Eusèbe, *Hist. eccl.*, v. 13. — S. Jérôme, *de Scriptor. eccl.*, 47.
2. Semler, *Selecta cap.*, p. 42. — Clément d'Alexandrie, *apud Eusebium*, v. 10.

seignement, le même caractère que celle d'Alexandrie, qu'elle précède dans l'histoire : de part et d'autre, c'est un essor vigoureux de l'esprit spéculatif pour s'élever à une conception scientifique des vérités de la foi.

Du vivant de saint Justin, Tatien avait partagé ses travaux et ses persécutions. Lui-même nous apprend que le chef de la secte des cyniques, Crescens, le confondait dans la haine qu'il avait vouée à l'apologiste [1]. Quand la hache du bourreau eut tranché la tête du maître, le disciple reçut en héritage l'apostolat de la foi. Cet acte de violence brutale acheva d'exaspérer son âme déjà irritée par le spectacle des mœurs païennes. En vain le pressait-on de taire ses sentiments au lieu de les manifester à haute voix [2] : Tatien, n'écoutant que son zèle pour la vérité, brava la fureur de ses adversaires par une réfutation directe de leurs doctrines. C'est dans ce but qu'il composa son Discours contre les Grecs, à Rome, peu de temps après la mort de saint Justin.

En étudiant, l'année dernière, les écrits du premier apologiste chrétien, nous avons fait observer que rien n'autorise à conclure qu'il ait été revêtu du caractère sacerdotal. Le fait est moins douteux pour quelques-uns de ses successeurs ; et l'on s'accorde généralement à croire que Tatien, Athénagore, Hermias, Minucius Félix, Arnobe et Lactance sont restés au nombre des laïques. Ceci, Messieurs, nous oblige à toucher, en passant, à une question assez délicate, celle de savoir quels sont les droits des laïques dans les matières religieuses. L'exemple des apologistes que je viens de nommer a été invoqué dans un ouvrage récent, intitulé *des Pouvoirs constitutifs de l'Église,* comme formant un argument en faveur du laïcisme [3]. On entend par laïcisme le système qui accorde aux simples fidèles un droit de participation au gouvernement de

1. *Disc. contre les Grecs,* 19.
2. *Ibid.* 27.
3. *Des pouvoirs constitutifs de l'Église,* par Bordas Demoulin, p. 109 et 213.

l'Église et aux jugements de la foi, bien que dans une mesure inférieure à celle du corps des pasteurs. Je ne veux pas énumérer toutes les preuves qui renversent cette théorie. Il est évident que là où tous gouvernent personne n'est gouverné. En définissant dans sa vingt-troisième session que la hiérarchie est composée des évêques, des prêtres et des ministres, le Concile de Trente exclut nettement les laïques de la principauté sacrée. C'est aux Apôtres et à leurs successeurs que Jésus-Christ a conféré le pouvoir d'enseigner avec autorité et d'administrer les sacrements. L'Église est un troupeau où il y a des pasteurs et des brebis, par conséquent, des chefs qui commandent et des fidèles qui obéissent. Les prêtres eux-mêmes ne sont pas, à proprement parler, juges de la foi, mais les conseillers naturels des évêques : c'est en cette dernière qualité qu'ils assistent aux Conciles, où ils aident de leurs lumières les premiers pasteurs, seuls juges de droit divin. A plus forte raison les laïques n'ont-ils point part au pouvoir doctrinal, législatif ou judiciaire de l'Église. Jamais on n'a regardé le consentement du peuple comme nécessaire pour donner un caractère obligatoire aux décisions dogmatiques. Il faudrait, pour soutenir cette opinion, avoir oublié les réclamations qui s'élevaient de toutes parts, chaque fois qu'un empereur chrétien tentait de s'immiscer dans les choses de la foi. Si, à diverses époques, des laïques ont mérité de prendre part aux délibérations d'un Concile, cette faveur spéciale avait pour motif d'assurer au témoignage des pasteurs une confirmation plus éclatante, ou bien une sanction civile aux règlements de discipline. De même, le concours du peuple à l'élection ou à la nomination des clercs, soit par lui-même, soit par le souverain, n'implique aucun droit à l'administration intérieure de l'Église : autre chose est de contribuer à désigner le sujet qui doit remplir une fonction, autre chose, de participer à l'exercice de cette fonction. En deux mots, le laïcisme a contre lui l'Écriture sainte et la tradition de tous les siècles : aussi je ne m'arrêterai pas à réfuter une thèse qui méconnaît complétement la constitution de l'Église. Mais, ce qui rentre plus directement dans notre sujet, rien ne justifie moins de pareilles prétentions que l'exemple des apologistes laïques dont je viens de citer les noms. Car, défendre la foi, ce n'est pas la juger ; venir en aide au corps des pasteurs par les lumières de la science, ce n'est pas se substituer à son autorité. Juger de la foi suppose un pouvoir, une juridiction, un caractère de juge ; exposer la croyance n'exige que des connaissances. Tout laïque peut remplir cette fonction. Ce n'est pas seulement un droit, mais un devoir, pour quiconque est à même d'exercer ce ministère avec fruit. Voilà ce qui ressort du rôle que les Justin, les Tatien, les Athénagore et tant d'autres ont joué dans la primitive Église.

En effet, chaque chrétien devient par le baptême membre de l'Église, et reçoit, comme tel, la mission de travailler à la propagation du règne de Dieu dans la mesure de ses forces. Là est le fondement du droit qu'ont les laïques de prendre part à la défense de la foi. Ce droit, exercé sous la surveillance des pasteurs, nul ne peut le leur enlever, parce qu'il émane du caractère indélébile que le baptême leur confère. La vérité est le patrimoine commun de tous les fidèles. Si Jésus-Christ en a confié le dépôt à quelques-uns, il en a commis à tous la garde et la défense. Certes, le laïcisme serait la négation même de la hiérarchie, partant, la ruine de la constitution de l'Église ; mais il ne faudrait pas, sous prétexte de vouloir écarter ce péril, en faire naître un autre. Rien n'est plus favorable au triomphe de la vérité que cette participation des laïques à l'apologie de la foi. Loin de décourager, par des défiances excessives, ceux d'entre eux qui mettent leur talent au service de l'Église, nous devons stimuler leur zèle et applaudir à leur dévouement. Sans doute, c'est toujours une tâche délicate de traiter les questions religieuses, pour ceux qu'une éducation moins spéciale n'a pas complétement initiés à des matières si graves ; mais les avantages dépassent les inconvénients. Le danger disparaît du moment qu'on suit la ligne tracée par l'enseignement des pasteurs, et qu'on est disposé à revenir sur ses pas au moindre signe de l'autorité compétente. C'est ainsi que l'Église a toujours compris et entendu la mission des laïques. Elle n'a jamais songé à leur interdire ce droit, qui mérite encore plus d'être appelé un devoir. A notre époque surtout, où tant de passions ennemies se déchaînent contre la religion chrétienne, il faut que tous, prêtres ou laïques, prennent part au combat de la foi. Il y a là, pour quiconque se sent au cœur l'amour de la vérité, une place à prendre et un rôle à remplir. Par suite du désordre que les révolutions modernes ont jeté dans les esprits, nous en sommes revenus aux temps où les Justin, les Tatien, les Athénagore, parlaient et écrivaient à côté des Irénée et des Théophile d'Antioche : si ce n'est pas l'égalité dans le pouvoir, c'est la fraternité dans la lutte. Aussi, depuis le commencement de ce siècle, l'Église a-t-elle trouvé dans les rangs des laïques quelques-uns de ses plus vaillants défenseurs : à côté des Boulogne, des La Luzerne, des Duvoisin, des Frayssinous, les Joseph de Maistre, les Bonald, les Chateaubriand, ont inscrit leur nom parmi les champions de la foi ; et l'on peut dire, sans manquer de justice envers les morts ni de retenue à l'égard des vivants, que leur exemple a trouvé, en France comme ailleurs, des imitateurs qui continuent leur œuvre et rappellent leur talent.

Donc, Messieurs, ne soyons pas surpris de voir Tatien entreprendre, quoique simple laïque, la défense de la religion chrétienne. Ce qui donnait, aux yeux des païens, de l'autorité à sa parole, c'est la réputation de science qu'il s'était acquise avant sa conversion [1]. Aussi s'étonnait-on, à Rome, que Tatien, le brillant rhéteur, eût préféré la discipline des barbares aux doctrines des philosophes [2]. Cette qualification

---

1. *Disc. contre les Grecs*, 1. — 2. *Ibid.*, 35.

de barbare blessait au vif l'ardent néophyte : il la repousse de toute l'énergie de son âme, pour la rejeter au front de ceux qui l'appliquent aux chrétiens. Lui, qui n'a rien trouvé de satisfaisant dans les cultes et dans les systèmes de l'antiquité, il s'indigne à bon droit d'un orgueil si peu justifié. C'est sous l'empire de ces sentiments, qui se pressent en foule dans son cœur, qu'il ouvre son discours :

« Vous nous appelez barbares, dit-il aux Grecs ; mais y a-t-il un art, une science, une institution que vous n'ayez reçue des barbares ? Votre alphabet, vous le tenez des Phéniciens ; la géométrie, de l'Égypte ; la magie, des Perses ; l'astronomie, des Chaldéens. C'est une reine barbare, Atossa, qui vous a enseigné à écrire des lettres ; les Cyclopes, à travailler le cuivre ou l'airain ; les Tyrrhéniens, à sonner de la trompette ; les Phrygiens, à jouer de la flûte. Donc, pas tant d'arrogance ; déposez votre faste : cessez de nous donner des imitations pour des inventions. Avant de vous louer vous-mêmes, attendez au moins que vous puissiez le faire dans une seule et même langue. Car il y a si peu d'unité parmi vous que vous ne vous comprenez pas même les uns les autres : le dialecte attique ne ressemble pas plus au dorien que l'éolien à l'ionien. Encore si vous aviez fait un bon usage de vos connaissances ; mais vous vous êtes servis de la rhétorique pour faire triompher l'injustice et répandre la calomnie ; de la poésie, pour chanter les combats, les amours des dieux, et pour corrompre les âmes. En philosophie, qu'avez-vous fait de bon ? Y a-t-il un seul de vos coryphées qui ait été exempt d'orgueil ? Le cynisme dans Diogène, la débauche dans Aristippe, la gourmandise dans Platon, la flatterie dans Aristote : voilà les mœurs qui les distinguent. Et de tels hommes se mêlent d'être philosophes ! Faut-il parler d'Héraclite et de ses nuageuses théories, de Zénon et de ses opinions singulières sur l'autre vie, d'Empédocle et de ses prétentions à la divinité, de Cratès et de ses déportements scandaleux, de Phérécyde et de son radotage de vieille femme, recueilli par Pythagore et imité par Platon, quoi qu'on en dise ? Non, ne vous laissez pas entraîner par des hommes qui ne sont rien moins que philosophes, qui ne font que se disputer entre eux, et dire tout ce qui leur passe par l'esprit : la vraie philosophie est ailleurs [1]. »

Certes, voilà une attaque vive et spirituelle : les qualités de Tatien éclatent dès la première page de son discours : polémiste vigoureux, il va droit devant lui et frappe sans ménagement. Nous n'avions pas rencontré dans saint Justin cette chaleur d'âme ni ce mouvement du style. Plus calme que son disciple, le philosophe martyr n'a pas cette ironie mordante qui accable l'adversaire sous la force de son trait. Il faut aller jusqu'à Tertullien pour trouver, à un égal degré, la véhémence de la passion oratoire. Du reste, ce n'est pas le seul trait de ressemblance que nous observerons entre le néophyte assyrien et l'éloquent prêtre de Carthage : ces deux natures se touchent par plus d'un endroit. Si nous examinons l'argumentation en elle-même, nous reconnaîtrons sans peine qu'elle ne manque pas de fondement. Quand Tatien, voulant humilier l'orgueil des Grecs, affirme qu'ils ont fait de nombreux emprunts à ceux qu'ils appellent des barbares ; lorsqu'il leur reproche d'avoir abusé de la rhétorique et de la poésie, qu'il attaque l'enseignement de leurs philosophes dont il incrimine la conduite, il n'avance rien qui ne soit confirmé par les témoignages de l'histoire. L'Orient a été, en effet, le berceau de la civilisation grecque ; on peut affirmer également que l'esprit des Grecs a moins inventé qu'il n'a embelli et perfectionné. De plus, la race des Hellènes n'a pas, en général, fait servir au triomphe du bien les qualités qui lui étaient échues. Enfin les erreurs et les vices de ses sages témoignent de la faiblesse de l'homme livré à ses seules

---

1. *Disc. contre les Grecs*, I-IV.

forces [1]. Renfermé dans ces limites, le blâme formulé par l'apologiste est aussi juste qu'énergique. Mais lorsque Tatien refuse aux Grecs tout caractère d'originalité pour les réduire au rôle d'imitateurs serviles ; qu'il leur reproche jusqu'à la diversité de leurs dialectes, et que, sans rien trouver de bon dans leurs écrits, il dénie à Aristote et à Platon le titre et la qualité de philosophes, il excède la mesure ; il gâte la meilleure des causes par des arguments faibles : il ne raisonne plus, il invective, il raille. C'est le ton de l'homme qui cherche à humilier son adversaire et qui triomphe de son abaissement ; ce n'est pas l'accent de l'apôtre qui cherche à ramener au vrai et au bien des frères égarés. Tatien ne sait pas tempérer par l'onction évangélique la vivacité des coups qu'il porte ; il blesse, il aigrit, il exaspère. Bref, il trahit, dès le premier pas, le défaut de son caractère et ce qui fera le malheur de sa vie, l'exagération ou l'absence de mesure.

Assurément, Messieurs, il serait puéril de vouloir chercher au milieu d'une polémique si ardente cette politesse du langage, ce calcul des limites, cette réserve académique qui devient facile lorsqu'on se trouve, comme nous, éloignés de vingt siècles du théâtre de la lutte. Nous nous exposerions à mal juger les hommes et leurs œuvres en nous laissant dominer par des préoccupations de ce genre. Dans ce choc de deux mondes aux prises l'un avec l'autre, il faut tenir compte de l'ardeur de la controverse, de l'énergie des convictions, de l'âcreté des caractères. Au milieu des violences dont les chrétiens étaient victimes, il n'est pas étonnant qu'une nature rude et impétueuse, comme celle de Tatien, se soit révoltée contre les persécuteurs jusqu'à méconnaître, sous l'empire de

---

1. Voyez, touchant les désordres reprochés par Tatien aux philosophes grecs, Diogène Laërce, l. VI, IX ; Xénophon, *Ep. ad Eschinem;* Tertullien, *Apol.*, 46 ; S Grégoire de Nazianze, *Orat.*, 3, 23; Clément d'Alex., *Pædagog.*, p. 177, 179; Lactance, *Instit.*, l. III, ch. 14, etc.

ce sentiment, ce qu'il pouvait y avoir dans leur religion et dans leur philosophie de louable ou de vrai. Ce qui fortifiait en lui cette haine de l'hellénisme, ce sont les déceptions qu'il y avait trouvées. Il quitte l'Orient, attiré par le renom dont jouissait la civilisation des Grecs : il étudie leurs systèmes, leurs croyances, leurs cultes ; et voilà qu'en place de la vérité il trouve des fables ridicules, des pratiques immorales, des écoles qui vivent de disputes et de contradictions. Puis, quand il s'est reposé au sein de la vérité, il se voit traité de barbare par ces Grecs qui ne savent ni ce que l'on doit croire, ni ce qu'il faut faire. Alors il se retourne contre eux avec toute l'indignation dont son âme est capable : il se plaît à humilier leur orgueil en énumérant tout ce qu'ils doivent aux barbares ; il déverse le sarcasme sur leur mythologie, il flétrit leurs jeux, leurs théâtres, il flagelle leurs philosophes, il stygmatise leurs vices. La Grèce lui apparaît comme la personnification de l'idolâtrie, comme le génie du mal dans l'antiquité : il s'en prend à tout ce qui la rappelle : il s'attaque à ses arts, à ses institutions, et jusqu'à sa langue et à ses dialectes ; rien ne trouve grâce devant lui ; et dans cette réprobation universelle il ne relève que le mal et tait le bien ; il oublie les qualités et les mérites pour ne voir que les erreurs et les crimes. Voilà Tatien : c'est le résumé de son œuvre et le caractère de sa polémique.

Mais si les circonstances de la vie de Tatien et la fougue de son naturel servent à expliquer le peu de mesure qu'il garde dans son discours contre les Grecs, il n'en est pas moins vrai que ce défaut de modération diminue la valeur de son argumentation. A côté des vices qu'il met sur leur compte, et que je ne veux pas nier, on peut dire, sans crainte de se tromper, que Platon a été autre chose qu'un gourmand, et Aristote, qu'un flatteur. Ce n'est pas ainsi que la grande tradition chrétienne, dans les premiers siècles de l'Église et au moyen âge, a compris le rôle de ces deux hommes. Tout en signalant les lacunes et les erreurs de leurs systèmes, elle n'a pas nié les services qu'ils ont rendus à la science, ni leurs titres à l'admiration générale. Évidemment, Tatien méconnaît la mission providentielle de la Grèce. Justement révolté d'un enseignement qui favorise la corruption ou dégénère en vaine dispute, il n'a pas cette largeur de vues qui faisait découvrir à saint Justin des étincelles de vérité disséminées à travers les siècles ou, suivant ses belles paroles, des semences du Verbe divin. Ce n'est pas la Grèce, sans doute, qui a conservé à l'humanité, pure et intacte, la vraie doctrine religieuse et morale ; un autre peuple a rempli cette mission, la plus haute de toutes. Mais la race des Hellènes n'est pas restée en dehors du mouvement qui portait le vieux monde vers l'avenir : elle aussi a contribué à cette vaste préparation évangélique dont la nation juive était le centre et le foyer. Ses plus nobles représentants ont dit, dans un magnifique langage, quelques-unes de ces vérités qui forment la base impérissable de la raison et de la science humaines ; ils ont travaillé à creuser le lit dans lequel allait couler le fleuve de la doctrine révélée. En faisant de sa langue un des plus beaux instruments de la pensée, la Grèce préparait au Verbe divin un vêtement splendide, elle imaginait le signe et le son qui devaient exprimer la « bonne nouvelle » pour la propager dans le monde : elle était l'artiste destinée à prêter une forme humaine au fond divin dont l'humanité entrait en possession. C'est à l'école de ses écrivains et de ses orateurs que les apôtres et les défenseurs de la foi allaient puiser les ressources humaines de la parole sacrée. Même dans l'ordre social, la cité hellénique, malgré toutes ses imperfections, prêtera quelques éléments à la constitution des sociétés chrétiennes. Enfin, Messieurs, si le beau, sous tous ses aspects, est le rayonnement du vrai, si les créations de l'art sont une expression sensible des idées divines, si les chefs-d'œuvre de l'esprit glorifient Dieu en faisant éclater le génie de l'homme, si le progrès des sciences et

des lettres contribue à développer dans l'humanité ce que
Dieu a mis en elle de grandeur et de vie ; si tout ce qui élève
l'homme, sa nature, ses facultés, tend à son perfectionnement
religieux et moral, et sert à l'accomplissement de ses destinées, la Grèce qui, dans l'éloquence, dans la poésie, dans l'art
en général, a découvert le beau, en a fixé les caractères et
transmis les modèles ; la Grèce occupe, dans le plan providentiel, une place qu'on n'a besoin ni d'amoindrir ni d'exagérer :
par elle-même cette part est grande et belle.

Voilà de quelle manière l'école d'Alexandrie, marchant sur
les traces de saint Justin, appréciera le rôle de la Grèce dans
l'antiquité. Sans épargner le blâme à ses erreurs ni à ses vices,
elle rendra justice au génie de ses philosophes et au mérite de
ses sages. Ce qui empêchait Tatien d'atteindre à cette justesse
d'appréciation, c'était le manque de largeur dans les idées et
l'absence de modération dans le caractère. Esprit excessif et
violent, il raille, il dénigre, il s'emporte. Vous n'êtes rien,
tous tant que vous êtes, dit-il aux Grecs ; vous êtes comme
des sourds qui parlent à des aveugles ; vous ressemblez au
geai paré des plumes du paon ; lire vos livres, c'est recom-
mencer l'histoire du tonneau des Danaïdes ; vos grammairiens
s'occupent de bagatelles et votre philosophie est un radotage
de vieille femme [1]. Assurément, cela est piquant, caustique :
Tatien excelle à aiguiser l'épigramme, à enfoncer le trait ;
mais sa verve l'entraîne au delà d'une juste mesure et son
apologie tourne au pamphlet. Or, Messieurs, les hommes de
cette trempe d'esprit sont exposés à un grave danger. Laissez-
les aller à leur pente naturelle, supposez-les au milieu de circonstances difficiles, en butte à l'attaque et à la contradiction:
il est à craindre qu'ils ne s'irritent du blâme, qu'ils ne s'obs-
tinent dans la résistance, qu'ils ne retournent contre la vérité
la violence qu'ils portaient dans la réfutation de l'erreur, et

---

[1] *Disc. contre les Grecs*, III, XXVI.

qu'ils ne finissent par briser les barrières que la foi leur oppose pour aller se jeter dans un parti ou se perdre dans une secte. Je viens de tracer à l'avance, en quelques mots, l'histoire de Tatien et de sa chute. Il figure à la tête de ces esprits fougueux et emportés qui, depuis Tertullien jusqu'à M. de Lamennais, sont devenus les ennemis de l'Église après en avoir été les défenseurs, et qui ont commencé par l'exagération pour terminer par la révolte. C'est une étude aussi curieuse qu'instructive de pénétrer le secret de leurs contradictions, en cherchant sur la première page de leur vie le trait révélateur qui explique la dernière.

DEUXIÈME LEÇON

Caractère de la polémique de Tatien. — Défaut de mesure et absence de vraie modération. — Argumentation de Tatien en faveur de la liberté du culte chrétien. — Preuves qu'il donne de la supériorité du christianisme sur les religions de l'antiquité. — Son système théologique. — Orthodoxie de son discours contre les Grecs. — Tendances d'esprit qui servent à expliquer sa chute. — Point de départ et développement logique de ses erreurs. — Son rigorisme ascétique. — Son activité comme hérésiarque. — Ses qualités oratoires. — Jugement général sur Tatien. — Ses rapports de ressemblance avec Tertullien.

MESSIEURS,

Le premier apologiste qui se soit offert à nous après saint Justin, c'est Tatien son disciple. Déjà nous avons pu entrevoir, par le commencement de son discours contre les Grecs, la tendance générale de son esprit et le caractère de sa polémique. Indigné du mépris que les Grecs affectent pour ceux qu'ils appellent des barbares, Tatien se plaît à humilier leur orgueil par le tableau de leurs misères intellectuelles et morales. Dans ce but, il déploie sa verve satirique contre les philosophes et les poëtes de l'antiquité. Il déchire leurs fables ou leurs systèmes, relève leurs contradictions et flagelle leurs vices. Cette argumentation vive, passionnée, dénote, chez Tatien, un esprit vigoureux et incisif, un naturel ardent et sévère ; mais elle trahit également le côté faible de son caractère, le défaut de mesure ou l'absence de modération. L'énergie avec laquelle il exprime ses idées n'en rachète pas le peu de largeur, et la violence de ses invectives n'est guère tempérée par l'onction de la charité. C'est ce qui donne à sa polémique un ton d'exagération qui en affaiblit le mérite. Sans aller plus loin, il nous est facile de prévoir jusqu'où pourra l'entraîner plus tard cette fougue immodérée que l'autorité de la foi aura peine à contenir dans les limites du vrai et à discipliner.

En relevant ainsi ce qui me paraît une tache dans la polémique de Tatien, j'espère, Messieurs, que vous ne vous êtes pas mépris sur le sens de mes paroles. Par là, je n'entends blâmer ni l'ardeur de ses convictions, ni le zèle qu'il met à les défendre. Gardons-nous bien de confondre la modération avec la faiblesse, et la réserve du langage avec la tiédeur des sentiments. L'esprit de modération dans la controverse ne consiste pas à sacrifier les droits de la vérité, à pactiser avec l'erreur, à lui faire des concessions maladroites ou coupables. A ce compte-là, il n'y aurait d'hommes modérés que les indifférents ou ceux qui n'ont pas de principes sûrs et bien arrêtés. La défense de la vérité ne comporte ni ces ménagements timides, ni ces réticences calculées : rien ne la sert avec plus d'avantage que les positions franches et nettes. Point de ces compromis où les avances sont en pure perte ; de ces accommodements qui brouillent tout et ne concilient rien ; de ces transactions où la ruse n'est que de la frayeur et où l'habileté peut glisser dans la trahison. Le dogme ne se traite pas comme la diplomatie. S'agit-il d'attaquer une doctrine fausse ou dangereuse, il faut savoir parler haut et ferme, n'épargner ni l'argument ni le blâme. Ici, la rigueur n'est que de la justice, et l'indignation, de la charité. Car la vérité est une trop grande chose, elle est pour l'humanité une question trop vitale pour qu'il ne faille pas soutenir ses intérêts et défendre ses droits avec toute l'énergie qui est en nous.

Mais, Messieurs, si la modération n'est pas la faiblesse, la violence n'est pas davantage l'équivalent de la force. Après la mollesse des convictions qui produit l'indifférence, rien n'est plus préjudiciable à la cause de la vérité que l'exagération dans l'attaque. Je ne veux point parler de cette vivacité naturelle que communique au discours la chaleur de l'âme. Un langage digne et mesuré n'est pas nécessairement un style pâle ou effacé. La modération dans la controverse n'exclut ni le coloris, ni le trait, ni le mouvement, ni même l'ironie fine et caustique ; ce qu'elle n'admet pas, c'est l'oubli des convenances, l'amertume et la violence du langage, l'injure en place de raisons, le dénigrement systématique, passionné. Sans doute, il est des circonstances où l'on ne saurait attaquer une doctrine sans blesser celui qui la soutient, ni détruire l'erreur sans démasquer les personnes. C'est dans cette situation particulière que se trouvaient les apologistes des premiers siècles. Pour extirper le paganisme en lui ôtant tout crédit dans l'esprit des peuples, il fallait de toute nécessité mettre à nu les turpitudes du monde ancien, et faire toucher du doigt le vice des religions par leurs conséquences. Traiter de persifflage, de diatribe violente, cette attaque vigoureuse contre la mythologie, ses dieux et ses fables, ce serait méconnaître à la fois le droit et le devoir des défenseurs de l'Évangile. Ce n'est qu'à force de répéter ces invectives mordantes, satiriques, qu'ils ont pu débarrasser la terre de ce grand scandale que le paganisme étalait aux yeux du monde depuis plus de mille ans. De même, il était impossible de délivrer les âmes du joug des sophistes sans montrer qu'ils vivaient de disputes, de contradictions, et que leur conduite démentait leur enseignement. Mais, encore là, y avait-il des distinctions à faire et une mesure à garder. Ainsi, tout en critiquant vivement les religions et les systèmes de l'antiquité, saint Justin avait reconnu les semences de vérité éparses dans le vieux monde ; sans ménager le blâme aux philosophes grecs, il n'avait pas craint d'appeler chrétiens ceux d'entre eux qui, avant le christianisme, conformaient leur vie à la loi morale dont ils avaient connaissance. Voilà une largeur de vues et une droiture d'esprit qui sait concilier les devoirs de la charité avec les exigences de la justice. Eh bien, cette retenue dans le ton et dans la forme, qui est la condition de toute controverse sérieuse, cette réserve judicieuse qui, à côté du blâme, sait faire la part de l'éloge, cette impartialité qui signale les torts de l'adversaire sans lui refuser les qualités qu'il possède, Tatien ne les montre pas au même degré. Il enveloppe dans une réprobation commune l'usage et l'abus, le bien et le mal. C'est dans ce sens que nous avons relevé, dans son caractère comme dans sa polémique, le défaut de mesure ou l'absence de modération.

Toutefois, Messieurs, les lacunes ou les imperfections que nous découvrons dans le discours de Tatien ne doivent pas nous faire oublier les qualités qui le distinguent. Quand l'apologiste lance son trait vif et acéré contre les fables grecques, ou bien qu'il s'élève contre les mœurs des Romains, leurs théâtres et leurs jeux, il déploie les ressources de son talent d'écrivain et de controversiste. Pour vous donner une idée de la vigueur de son style, je citerai ce portrait d'un pantomime de l'époque, qu'on a pris souvent, mais à tort, pour celui de Crescens le Cynique :

« J'ai vu maintes fois un homme, et en le voyant je m'étonnais, et en m'étonnant je le méprisais ; car son extérieur mentait à l'intérieur de son âme. Je le voyais se donner de grands airs, se fendre avec mollesse, rouler des yeux enflammés, gesticuler des mains et s'agiter comme un furieux sous un masque de boue. Tantôt il figurait Vénus, tantôt Apollon. Cet homme était un accusateur de tous les dieux, un résumé de superstitions, un calomniateur de héros, un histrion de meurtres, un répertoire d'adultère et de cupidité, un précepteur de débauche, un promoteur d'homicide : eh bien, cet homme ne recevait que des éloges. Pour moi, je le repoussais avec tout son métier, ses mensonges et son impiété. Voilà pourtant les hommes qui vous conviennent : vous accablez d'outrages ceux qui ne partagent pas vos goûts. Vous voulez que je reste la bouche béante à écouter vos chants? Non, je ne veux pas me laisser exciter par cette pantomime contre nature [1]. »

Tatien n'est pas moins véhément lorsqu'il flétrit ces jeux sanglants où des hommes se tuent pour amuser un peuple qui rit et bat des mains. Mais il réserve toute l'amertume de ses sarcasmes pour cette troupe de cyniques qui, alors, parcouraient les rues de Rome, trafiquant de ce qu'ils appelaient leur philosophie :

« Et vos philosophes, s'écrie-t-il, que font-ils de grand ou de merveilleux ? Ils vont l'épaule nue, affectent de porter une longue chevelure, cultivent leur barbe, laissent pousser leurs ongles qui ressemblent à des griffes d'animaux. A les entendre, ils n'ont besoin de rien ; mais à l'exemple de Protée, ils se servent fort bien du corroyeur pour leur besace, du tisserand pour leur manteau, du menuisier pour leur bâton, et pour satisfaire leur gourmandise, de l'argent des riches et de l'art des cuisiniers. O toi qui te fais l'émule du chien, tu ignores Dieu et tu descends jusqu'à l'imitation des bêtes : tu cries sur la place publique avec l'assurance d'un homme qui n'est rien moins que pauvre, et lorsqu'on ne te donne rien, tu te venges par des injures: pour toi la philosophie n'est que l'art de faire argent [2]. »

Vous le voyez, Messieurs, ce qui domine toujours dans cette nature âpre et rude, c'est la sévérité du caractère et le penchant à la satire. Cette vigueur dans l'attaque du paganisme, Tatien la porte également dans la défense de la religion chrétienne ; car il est temps que nous envisagions son apologie sous cette deuxième face. Ici, le disciple de saint Justin se place sur le même terrain que son maître pour revendiquer en faveur des chrétiens la tolérance civile ou le libre exercice

---

1. *Disc. contre les Grecs*, 22.
2. *Disc. contre les Grecs*, 25

de leur culte. Nul écrivain du IIe siècle n'a mieux fait valoir l'argument *ad hominem* fondé sur la liberté dont jouissaient toutes les superstitions de l'époque. « Pourquoi, dit-il aux païens, me haïrait-on comme un scélérat, si je ne veux pas me conformer aux usages de quelques-uns ? Le prince m'ordonne-t-il de payer le tribut, je suis prêt à le faire. Mon maître me commande-t-il de lui obéir et de m'acquitter de mon service, je reconnais son droit. Il faut respecter l'homme dans la mesure de sa dignité ; mais il n'y a que Dieu qu'on doive craindre, car nul œil ne peut le voir, ni aucun art le saisir. Quant à lui, si l'on veut me forcer de le renier, c'est en cela seul que je n'obéirai pas : je mourrai plutôt que de me rendre coupable de mensonge et d'ingratitude... Vous ne voulez pas observer la discipline de ceux que vous appelez barbares : eh bien, écoutez-nous comme vous feriez pour les prédictions des Chaldéens. Prêtez l'oreille à nos discours, comme vous consultez un chêne qui rend des oracles... vous traitez nos mystères de fables : tolérez-les comme telles ; à tout le moins nos doctrines valent-elles les vôtres. Vous n'avez pas le droit de nous faire un crime du culte que nous rendons à un Dieu sous forme humaine, vous qui prêtez à vos divinités toutes les qualités et jusqu'aux vices des hommes... Pourquoi, nous seuls, ne pourrions-nous pas émettre nos opinions? Vous naissez et vous mourez comme nous ; le même soleil, les mêmes astres se lèvent pour nous tous. Pourquoi la sagesse ne se trouverait-elle que parmi vous ?... Vous préférez les croyances de vos poëtes et de vos philosophes : laissez-moi donc la liberté de choisir et de professer les miennes [1]. »

Voilà de quelle manière Tatien essayait d'obtenir pour les chrétiens le libre exercice de leur culte, en se fondant sur la tolérance accordée aux superstitions païennes, même aux plus

---

1. *Disc. contre les Grecs*, 4, 12, 21, 26, 27.

ridicules et aux plus dangereuses. Il a soin de montrer que la pratique de l'Évangile n'exclut aucun devoir de la vie civile: les disciples du Christ observent toutes les lois qui leur sont imposées, sauf quand on leur demande le sacrifice de leurs convictions. Or, personne ne saurait leur refuser un droit qu'on reconnaît à tout le monde. Vous avez retrouvé sans peine, dans cette argumentation toute personnelle, le fond d'idées développé par saint Justin : tous les apologistes ont raisonné dans le même sens ; et je n'ai pas besoin de vous rappeler que leurs principes n'ont rien de commun avec la théorie rationaliste de la liberté de conscience, d'après laquelle tout homme aurait le droit d'enseigner l'erreur aussi bien que la vérité, sans pouvoir jamais être entravé dans la libre propagation de ses doctrines. Tatien, comme tous ceux qui l'ont précédé ou suivi dans la même voie, prend son point de départ dans la tolérance de fait accordée aux diverses religions de l'époque ; il en conclut qu'il n'y a aucune raison pour exclure le christianisme du droit commun. Puis, à l'exemple de saint Justin, il fait un pas de plus en s'appuyant sur la supériorité de la religion chrétienne. Cette prééminence, il la tire de sa valeur intrinsèque et de sa haute antiquité.

De prime abord, cette dernière preuve semblait un paradoxe, puisque l'Évangile était de date récente ; mais comme, en réalité, tous les dogmes de l'Ancien Testament étaient communs au Nouveau, ce genre de démonstration avait une grande force. Tatien choisit pour terme de comparaison Moïse et Homère ; il cherche à déterminer l'époque à laquelle vécurent l'un et l'autre. A ce sujet, il établit un calcul de chronologie qui forme peut-être la partie la plus remarquable de son apologie : aussi lui a-t-elle valu les éloges de Clément d'Alexandrie, d'Origène et d'Eusèbe [1]. Ce qu'il y a de certain, c'est qu'il montre sur ce point une érudition rare. Il nomme

---

1. Clém., *Strom.*, 1 ; Orig. *contre Celse*, 1, 16 ; Eus., *H. E.*, IV, 29.

dans la suite de son discours quatre-vingt-treize écrivains de l'antiquité profane, tandis que saint Justin n'en cite que trente-cinq, et saint Irénée, dix-huit ; Clément d'Alexandrie, qui en mentionne près de six cents, est le seul auteur ecclésiastique qui le surpasse sous ce rapport. Pour prouver qu'Homère est postérieur de plusieurs siècles à Moïse, Tatien invoque le témoignage d'une foule d'historiens et de grammairiens grecs dont les écrits ne sont pas arrivés jusqu'à nous. Entre l'opinion de Cratès, qui place le poëte quatre-vingts ans après la guerre de Troie, et celle qui le fait vivre cinq siècles après l'événement, l'apologiste en énumère quelques autres qui s'écartent plus ou moins de ces deux termes extrêmes. Il est inutile, Messieurs, de vous faire observer que, là-dessus, nous ne sommes pas plus avancés aujourd'hui qu'à l'époque de Tatien. Mais enfin, dit-il, supposons même qu'Homère ait été contemporain de la guerre de Troie, l'antériorité de Moïse n'en resterait pas moins un fait certain. Ici, le chronologiste chrétien se tourne vers les Chaldéens, les Phéniciens et les Égyptiens, pour chercher ses preuves, en dehors des livres saints, dans les écrits de Bérose, de Théodote, d'Hypsicrate, de Mochus, de Ptolémée de Mendèse, d'Appion le grammairien. S'arrêtant au sentiment de ce ces deux derniers, qui assignent à Moïse la même date qu'à Inachus, il nomme les vingt rois d'Argos qui se sont succédé d'Inachus à Agamemnon, pour montrer que le législateur des Hébreux a vécu plus de quatre cents ans avant la guerre de Troie. Enfin, il reproduit le même calcul pour les écrivains grecs qui ont paru avant ou après Homère. Telle est la plus ancienne chronologie qui se rencontre dans la littérature chrétienne ; et l'on peut dire qu'elle est devenue classique dans plusieurs de ses données. Nous en trouverons une deuxième, plus complète et plus détaillée, dans Théophile d'Antioche [1].

---

[1]. *Disc. contre les Grecs*, 31, 36-41.

Si donc la doctrine des chrétiens est plus ancienne que celle des Grecs, elle mérite à plus juste titre qu'on en tolère la libre profession. Mais l'apologiste assyrien ne se contente pas de faire ressortir cette première marque de supériorité : il expose le fond même de la religion pour démontrer son droit d'être et de vivre, droit basé sur sa valeur intrinsèque. Je m'attache moins, Messieurs, à l'ordre matériel du discours qu'à l'enchaînement logique de ses diverses parties. Comme la plupart des écrivains de son époque, Tatien ne songe guère à développer ses idées suivant un plan régulier et tracé à l'avance. Il passe facilement d'un sujet à l'autre, sans marquer la transition, selon que les matières se pressent dans son esprit ou que le mouvement de l'âme entraîne sa pensée. C'est ainsi qu'il entrecoupe la discussion chronologique que je viens de résumer par une comparaison entre les mœurs des païens et celles des chrétiens, laquelle, placée à cet endroit-là, paraît un véritable hors-d'œuvre. Toutefois, lorsqu'on ne perd pas de vue le but auquel tend l'écrivain, il n'est pas difficile de renouer le fil du raisonnement, bien que les digressions le brisent par intervalle. L'exposition du dogme chrétien est sans contredit ce qu'il y a de plus suivi et de mieux lié dans l'apologie. Essayons de la résumer.

Dieu n'a pas de commencement, et le temps ne mesure pas son existence : Il n'a pas en dehors de soi le principe de son être, car il est lui-même le principe de toutes choses. Il est un pur esprit qui n'admet rien de matériel dans sa nature. Quant à la matière, elle n'est point éternelle, mais elle a été créée dans le temps. Relativement au monde, Dieu était seul avant la création ; mais son Verbe était avec lui, le Verbe principe du monde. Or, le Verbe n'est point né par une division de la substance divine ; le Père lui a communiqué sa nature, sans subir lui-même aucune diminution, comme un flambeau en allume un autre, sans rien perdre de sa clarté, ou de même que la parole n'ôte rien à celui qui la profère. Le Verbe a créé les anges et les hommes : il les a doués en même temps du libre arbitre, afin qu'ils pussent choisir entre le bien et le mal. Or, parmi les anges, il s'en est trouvé qui ont abusé de leur liberté pour transgresser le précepte divin : ceux-ci sont devenus les démons, qui ont entraîné l'homme dans leur chute, et qui, depuis ce moment-là, ne cessent de dresser des embûches au genre humain. Les démons n'ont pas de chair : ils sont formés d'une substance spirituelle, subtile comme le feu et l'air. Pour ce qui est de l'homme, il a été fait à l'image et à la ressemblance de Dieu. Il a un corps et une âme. Ce qui anime le corps, c'est l'esprit vital répandu à divers degrés dans la nature : ce qui fait la vie de l'âme, c'est son union avec l'Esprit-Saint, le Dieu parfait. Par cette union, l'âme s'élève au dessus d'elle-même et devient un esprit qui retrace l'image de Dieu. Au contraire, privée de ce secours divin, elle retombe dans la matière et meurt. C'est ce qui eut lieu pour le premier homme et pour sa descendance. Toutefois, malgré les ténèbres qui l'enveloppent, l'âme humaine a conservé quelques étincelles de cette vertu primitive. C'est donc une grave erreur de croire avec les stoïciens que nous sommes sous l'empire du destin ou de la fatalité : les démons ont accrédité ce sentiment pour persuader aux hommes qu'ils peuvent commettre le mal impunément. Tatien insiste avec force sur le dogme de la liberté humaine : la défense de cette vérité capitale lui inspire un des plus beaux passages de son discours [1] :

« Comment, s'écrie-t-il, pourrais-je admettre que le destin ou la fatalité préside à notre naissance? Ne suis-je pas le maître de mes actes ? Je ne veux pas régner ; il ne me plaît pas de m'enrichir ; je refuse le commandement ; je hais la débauche ; je ne m'engage pas dans des voyages par mer pour amasser des trésors ; je ne cherche pas de couronnes dans les

---

1. *Disc. contre les Grecs*, 4-8 ; 12 21.

jeux publics ; je ne cède pas à la manie d'acquérir de la gloire ; je méprise la mort ; je ne me laisse pas abattre par les maladies et la douleur ne ronge pas mon cœur. Esclave, je supporte mon sort ; homme libre, je ne me glorifie pas de ma condition. Je vois que le même soleil se lève pour tous, que tous meurent également, qu'ils aient vécu dans l'indigence ou dans les délices. Le riche sème, et le pauvre tire sa récolte de la même semence ; la mort met fin à l'opulence des uns et à la misère des autres. Il n'y a qu'une différence entre eux : au milieu du crédit et des honneurs dont il jouit, le riche éprouve plus de besoins, tandis que le pauvre, en modérant ses désirs, trouve plus facilement ce qu'il cherche. Que me parlez-vous de destin, de fatalité ? Pourquoi vous consumer dans les veilles à la recherche de l'argent ? Vos désirs, toujours renaissants, ne sont qu'une mort mille fois répétée. Mourez au monde plutôt en renonçant à ses folies ; vivez pour Dieu, apprenez à le connaître pour recevoir par là une nouvelle naissance. Nous n'avons pas été créés pour mourir ; nous mourons par notre propre faute. C'est le mauvais usage de notre volonté qui nous a perdus : nous sommes devenus esclaves, de libres que nous étions ; le péché nous a vendus au démon. Rien de mauvais ne provient de Dieu ; c'est nous qui avons produit le mal ; mais il reste en notre pouvoir de l'éloigner de nous [1]. »

Ainsi, Messieurs, le dogme de la liberté morale s'allie, chez Tatien, à un vif sentiment de la déchéance originelle. Selon la belle comparaison qu'il emploie, l'âme, en se détachant de l'Esprit-Saint qui la soutenait comme sur des ailes, s'est laissé choir, semblable à un petit oiseau qui sait à peine voler : privée de ce commerce céleste, elle s'est livrée aux appétits inférieurs. Cependant elle conserve un reste de sa vigueur primitive, ce qui lui permet d'opérer quelque bien :

---

1. *Disc. contre les Grecs*, 11.

ce sont des étincelles couvant sous la cendre, et que le souffle divin vient ranimer de nouveau. Ici venait se placer tout naturellement le dogme de la rédemption. Cette partie de la doctrine chrétienne n'est guère développée dans le discours de Tatien ; elle s'y trouve néanmoins dans ses traits principaux. Pour rendre aux hommes la lumière et la vie, le Verbe s'est montré sous forme humaine : il a souffert pour nous, et, par la vertu de son sacrifice, il envoie l'Esprit-Saint qui habite dans l'âme des justes comme dans un temple. De cette manière, l'homme se relève de sa chute et parvient à Dieu par cette union avec l'Esprit-Saint dont il s'était détaché. Or, les démons cherchent par tous les moyens qui sont en leur pouvoir à empêcher cette union ; mais le fidèle, revêtu de la grâce comme de la cuirasse de l'Esprit-Saint, peut résister à leurs attaques et arriver à la vie éternelle, au lieu que les méchants seront livrés avec les démons au supplice d'un feu qui ne s'éteindra jamais [1].

Tel est, en résumé, le système théologique de Tatien. Il a été diversement apprécié. Tandis que les écrivains de l'Église primitive n'ont mis aucune restriction à l'éloge qu'ils ont fait du discours, plusieurs critiques modernes ont cru y découvrir une foule d'erreurs. Admirée sans réserve par Origène, Eusèbe et saint Jérôme, l'apologie de Tatien a été imitée en plus d'un endroit par Clément d'Alexandrie, Athénagore et Tertullien [2]. Bref, il n'y a qu'une voix, dans les premiers siècles, en faveur de l'orthodoxie du discours contre les Grecs. Mais la chute de Tatien ne pouvait manquer de jeter une couleur défavorable sur un ouvrage composé dans la première partie de sa vie ; et, par un mouvement naturel de la pensée, on a été porté à y chercher le germe de ses opinions postérieures. C'est ainsi que, parmi les auteurs catholiques

---

1. *Disc. contre les Grecs*, 13, 14, 15, 16, 20, 21.
2. Orig. *contre Celse*, I, 16 ; Eusèbe, *H. E.*, IV, 29 ; S. Jérôme, *de Script. ecclesiast.* Voyez les annotations de Worth, archidiacre de Worcester, à l'édition d'Oxford, 1700.

eux-mêmes, le P. Pétau, Dupin et Huet, se sont montrés pleins de défiance à l'égard d'un homme qui n'a pas su rester fidèle aux vrais principes de la foi [1]. Quant aux écrivains protestants, il s'en est trouvé qui ont poussé le blâme jusqu'à ses dernières limites. S'il fallait en croire Semler, l'apologie de Tatien ne mériterait pas même qu'on en citât un seul extrait. Bretschneider et Krug voient en lui un platonicien qui n'aurait fait que coudre quelques lambeaux de christianisme aux doctrines du philosophe grec. Dans son *Histoire critique de la philosophie,* Brucker cherche à prouver que l'apologiste a puisé ses doctrines dans la théosophie de la cabale. L'auteur français d'une histoire critique du gnosticisme prétend rencontrer chez lui tous les éléments de ce dernier système. Enfin, Ritter lui reproche, dans son *Histoire de la philosophie chrétienne,* d'avoir nié la spiritualité de l'âme et la consubstantialité du Verbe [2]. Certes, voilà bien des accusations, dont une seule suffirait pour faire condamner le discours, si elle était fondée ; mais il s'en faut de beaucoup que la valeur de ces assertions réponde au ton d'assurance avec lequel on s'est plu à les émettre. Je n'hésite pas un instant à me ranger au sentiment des écrivains de l'Église primitive et à soutenir, avec Bellarmin, Baronius, Le Nourry, Bullus, dom Maran et Mœhler, qu'il n'est aucun passage de l'apologie qu'on ne puisse interpréter dans un sens catholique, bien qu'on y remarque certaines tendances d'esprit et de caractère qui servent à expliquer la chute de Tatien.

Et d'abord, si le discours contre les Grecs avait réellement la physionomie que lui prêtent les critiques dont je parle, il serait, à tout le moins, fort étrange qu'il eût rencontré tant

---

1. Petavius, *Theol. dogm.*, II; Dupin, *Biblioth. des auteurs ecclés.*; Huet, *Origen.,* II, 10.
2. Semler, *Theolog. Streitigk,* 80. — Bretschneider, *Probabilia,* p. 193; Krug, *Gesch. der Phil. alter zeit,* p. 440.— Brucker, p. 381 et suiv.— Matter, *Hist. crit. du gnosticisme,* II, 337 et suiv.; Ritter, p. 333 et suiv.; Daniel, *Tatian del Apologet,* p. 226 et suiv., Halle, 1837.

de faveur dans l'Église primitive ; d'autant plus que le nom de Tatien n'était guère propre à lui ménager cet accueil. Les écrivains du iv° siècle qui ont fait le plus grand éloge de son apologie, tels que saint Jérome et Eusèbe, sont précisément ceux qui ont flétri avec le plus d'énergie les erreurs de la dernière partie de sa vie : certainement, ils n'eussent pas épargné son écrit contre les Grecs, s'ils avaient pu y découvrir le germe de ses hérésies. Mais de plus l'exposition littérale que nous avons faite de son système théologique suffit pour le défendre contre des reproches mal fondés. De tous ces griefs, le moins sérieux est celui que l'on tire de prétendues affinités avec le système de Platon. Lorsqu'on songe avec quelle violence Tatien s'élève contre les philosophes grecs, un emprunt de ce genre paraît inadmissible. Il n'y a pas trace de platonisme dans sa doctrine du Logos, qui se rattache directement à celle de saint Justin. On aurait plus de motifs pour rapprocher ce qu'il dit de l'esprit vital répandu à divers degrés dans la création, de l'âme du monde qui occupe une si grande place dans le Timée, si l'apologiste n'avait soin de distinguer cet esprit vital de l'esprit divin auquel il est inférieur : ce qui exclut toute apparence d'identification entre la vie divine et la vie de la nature [1]. Tatien appuie avec tant de force sur la création de la matière qu'il semble avoir voulu précisément combattre le système de Platon, dont l'éternité de la matière forme un point essentiel. Cela posé, je ne prétends pas nier qu'on ne puisse découvrir dans le discours contre les Grecs quelques teintes platoniciennes, comme l'image de l'âme à laquelle l'Esprit-Saint donne des ailes, et qui, appesantie par le mal, ne sait plus soutenir son vol et retombe dans les régions de la matière ; mais c'est là une pure influence de forme due à l'étude de l'antiquité profane ; au fond, Tatien se montre plus hostile que favorable à la phi-

---

[1] *Disc. contre les Grecs*, 4.

losophie grecque : son œuvre est une vigoureuse réaction contre elle, et nullement une tentative de rapprochement ou de conciliation. Quant aux théories de la cabale, il faut être sous l'empire d'une préoccupation étonnante pour vouloir en trouver un vestige dans la pièce que nous discutons : c'est une de ces méprises trop fréquentes dans le grand travail de Brucker [1]. Lorsque Tatien, s'adressant aux Grecs, parle de la philosophie des barbares, du dogme des barbares, il désigne par là le christianisme : personne n'ignore, en effet, que les Grecs appelaient barbare tout ce qui ne venait pas d'eux : cette dénomination ne s'applique d'aucune manière aux doctrines secrètes de l'Orient. Le dogme de la création, que Tatien enseigne avec tant de précision, exclut nettement l'idée d'une émanation des choses dans le sens panthéistique de la cabale ; l'une ou l'autre expression peu exacte ne suffit pas pour renverser l'ensemble d'un système. De ce que le disciple de saint Justin, une fois engagé dans l'hérésie, ait emprunté plus tard à Valentin quelques-unes de ses erreurs, il ne s'ensuit pas qu'il faille absolument retrouver des éléments gnostiques dans son discours contre les Grecs. Rien ne ressemble moins à cet échafaudage d'Éons qui fait le fond du gnosticisme que la doctrine de la Trinité exposée par Tatien. Il enseigne la consubstantialité du Verbe dans les mêmes termes que saint Justin, auquel il emprunte la comparaison des deux flambeaux et celle de la parole pour montrer que la substance du Père n'éprouve, par la génération du Verbe, ni amoindrissement, ni division. De plus, il appelle Jésus-Christ « Dieu né

---

1. Hégel me semble avoir parfaitement caractérisé la méthode critique de Brucker : « Le procédé de Brucker, dit-il, consiste à prendre l'idée philosophique d'un ancien auteur, à la compléter par tout ce qui en découle et par ce quelle suppose, suivant une déduction rigoureuse et d'après les principes de la métaphysique de Wolf ; puis enfin, à faire passer pour fait historique ce qui n'est qu'une pure invention de son esprit. » (Vorlesung. *Ueber die Geschichte der Philosophie*, 1, p. 57.)

sous forme humaine, Dieu qui a souffert [1] ; » il nomme l'Esprit-Saint « le Dieu parfait ; » il le distingue du Verbe qui l'envoie dans le cœur des justes, et lui attribue l'œuvre de la sanctification des âmes [2] : de telle sorte que la trinité des personnes apparaît clairement dans l'unité de nature. Ici encore, quelque terme peu rigoureux, comme celui de « force rationnelle » appliqué au Verbe, ne saurait nous faire prendre le change sur le véritable sentiment de l'auteur. Enfin, il y aurait une extrême injustice à prétendre que Tatien a nié l'immortalité de l'âme. Il nie tout simplement, comme saint Justin, que l'âme humaine tire d'elle-même cette permanence de la vie que lui assurent la puissance et la volonté divines. S'il affirme quelque part que l'âme des méchants meurt avec le corps, il s'agit dans ce passage de cette mort spirituelle qu'entraîne la perte de la grâce ou la séparation d'avec l'Esprit-Saint, et non d'une destruction ou réduction au néant : c'est ce qu'il appelle dans son langage énergique « la mort dans l'immortalité, » de même qu'on lit ailleurs que les démons meurent chaque fois qu'ils portent l'homme au mal, c'est-à-dire, qu'ils s'éloignent d'autant plus du bien ou de Dieu qui est la vie [3]. Il serait absurde de vouloir chercher autre chose dans la pensée d'un écrivain qui enseigne l'éternité des récompenses et des peines. Donc, sauf l'opinion qui prête aux démons une enveloppe aérienne ou ignée, il n'y a rien dans la partie doctrinale du discours contre les Grecs qui fournisse matière à un reproche sérieux : sans faire violence au texte, il est facile d'expliquer dans le sens de l'orthodoxie toutes les propositions qui s'y trouvent développées.

---

1. *Disc. contre les Grecs*, 13, 21.
2. *Disc. contre les Grecs*, 4, 13, 16.
3. *Disc. contre les Grecs*, 13, 14. Tatien enseigne positivement la survivance de l'âme des méchants lorsqu'il dit : « Il est difficile de croire que l'âme immortelle des méchants acquiert plus de sagacité après sa séparation d'avec le corps. » *Ibid.*, 16.

Est-ce à dire, Messieurs, qu'à défaut d'erreurs positives on ne puisse du moins signaler dans l'apologie de Tatien certaines tendances vers les théories qu'il devait soutenir plus tard ? Assurément non. De même que dans le premier volume de l'*Essai sur l'indifférence* on surprend déjà quelques indices du système qui devait entraîner si loin le trop célèbre et malheureux écrivain dont la chute a causé, de nos jours, un si grand deuil dans l'Église, ainsi en est-il de l'ouvrage composé, au sein de l'orthodoxie, par le chef futur de la secte des Encratites. Il est rare en effet que la vie d'un homme se partage en deux périodes toutes contraires, sans qu'il soit possible de trouver dans l'une de quoi expliquer l'autre. Pas plus que la nature, le monde moral n'offre de transitions brusques et subites. Les grandes erreurs, comme les grands crimes, ont une racine éloignée dans l'âme humaine : elles naissent souvent d'un germe presque imperceptible à l'origine, lequel se développant peu à peu finit par étouffer la vérité. Si M. de Lamennais est venu aboutir au panthéisme ou à la confusion de Dieu avec le monde, c'est que d'autres erreurs avaient préparé cette erreur finale ; c'est que, depuis longtemps, il avait confondu la raison avec la foi et l'autorité du genre humain avec celle de l'Église ; c'est que, même dans ses premiers écrits, il n'avait jamais distingué assez nettement l'ordre naturel de l'ordre surnaturel : cette première confusion a été l'écueil de sa vie et le point de départ de ses égarements. J'ai déjà relevé le défaut capital du caractère de Tatien, l'absence de mesure ou le penchant à l'exagération. Son discours contre les Grecs nous en offre la preuve à chaque pas. Il y a si peu de réserve dans son style ou de sûreté dans son jugement, qu'il ne cesse de côtoyer l'erreur en voulant pousser la vérité jusqu'à ses dernières limites. S'agit-il de marquer l'intime union que la grâce établit entre Dieu et l'homme, il semble identifier l'esprit humain avec l'esprit divin[1].

---

1. *Disc. contre les Grecs*, 12 et 13.

Veut-il peindre, au contraire, la situation d'un homme dans lequel l'Esprit-Saint n'habite plus, il dira que cet homme ne diffère désormais des bêtes que par la parole [1]. S'il cherche à exprimer la mort spirituelle qu'entraîne le péché, il enfle son style comme s'il voulait parler d'une destruction réelle ou d'une annihilation [2]. Enfin, lorsqu'il s'élève contre les vices et les erreurs des païens, il a l'air de ne rien trouver que de satanique en dehors du christianisme. Tendance fatale dans une nature énergique comme celle de Tatien ! Pour cet homme violent, emporté, excessif, il viendra un moment où le christianisme lui-même ne pourra plus le satisfaire, où, croyant voir le mal partout, il s'isolera de l'Église pour chercher la satisfaction de l'orgueil dans une perfection chimérique. C'est ce rigorisme outré qui perdit Tatien.

En effet, il ne paraît pas qu'une erreur dogmatique ait été le point de départ de son hérésie. En général, l'esprit de Tatien n'était guère porté vers la spéculation; et la partie métaphysique de son apologie offre tant de rapport avec les écrits de saint Justin, qu'on peut en faire honneur à l'enseignement du maître sans manquer de justice envers le disciple. C'est la morale chrétienne qui, surtout, avait attiré l'attention de Tatien, de même que les désordres de la vie païenne l'avaient détaché des religions de l'antiquité. De là vient que, dans son discours contre les Grecs, il s'attache de préférence au côté psychologique et moral du christianisme : le dogme de la liberté humaine, l'origine du mal, la chute de l'homme, l'action des démons sur l'humanité, tels sont les points de doctrine qui l'occupent davantage. Or, la manière dont il envisage ces diverses questions montre que la religion chrétienne n'avait pas complétement saisi l'esprit de Tatien. Il ne sait en apprécier que le caractère sévère, impératif. Son Dieu n'inspire que de la crainte et semble inaccessible à la miséri-

---

1. *Disc. contre les Grecs*, 15. — 2. *Ibid.*, 13.

corde. Chose étrange ! Il n'est aucun endroit dans l'apologie où Dieu se présente à nous avec cet attribut de la bonté que l'Évangile révèle à chaque pas. Tout prend un aspect sombre sous la plume de Tatien. S'agit-il des réalités du monde invisible, son imagination écarte les anges qui protégent l'homme pour ne voir que les démons qui l'obsèdent. C'est dans cette situation d'esprit qu'il quitte Rome après le martyre de saint Justin. Indigné de cette exécution sanglante, qui achève de grossir à ses yeux l'empire du mal dans le monde, il se dirige vers l'Orient, sa patrie. Il traverse la Cilicie, la Pisidie, pour fortifier les chrétiens dans leur foi, et vient s'arrêter à Daphné, près d'Antioche[1]. Là, sous ce ciel de l'Orient, dans ces contrées où saint Jean Chysostôme devait s'élever plus tard avec tant de force contre la corruption des mœurs, Tatien fut choqué des désordres qui se glissaient même dans les rangs des fidèles. Pour combattre le mal par le plus grand des modèles, il composa un traité de perfection morale sous le titre « d'Imitation du Sauveur.[2] » Mais son esprit violent et excessif ne sut pas se contenir dans les bornes de la modération et de la vérité. Égaré par un zèle aveugle, il confondit le conseil évangélique avec le précepte, et prétendit imposer à tous, comme un devoir absolu, ce qui n'était qu'une règle de perfection tracée pour quelques-uns. Sous prétexte de vouloir déraciner les vices de la chair, il proscrivit le mariage lui-même qu'il appela une source de corruption et une invention diabolique. Combattu vivement sur ce point, Tatien s'irrita de la contradition qu'il trouvait. Il se tourna vers les Écritures pour y chercher la justification de son sentiment: appliquant à l'usage légitime ce qui ne devait s'entendre que de l'abus, il fit violence aux textes, en mutila quelques-uns, rejeta comme apocryphes ceux qui le contredisaient formelle-

---

[1] S. Épiphane, *adv Hæreses*, 46, 47.
[2] Clément d'Alex., *Stromates*, III, 460.

ment. Bref, il prit la marche que l'hérisie a suivie de tout temps.

Car, vous le concevez sans peine, un esprit comme celui de Tatien devait descendre rapidement la pente de l'erreur. Un rigorisme exalté l'avait amené à condamner le mariage comme une institution satanique. De là aux idées gnostiques sur la matière comme mauvaise en soi il n'y avait qu'un pas. L'impétueux écrivain le franchit sans hésiter. Toujours dominé par un ascétisme faux, il proscrivit l'usage de la viande et du vin comme souillant l'homme de leur nature. Mais, si la matière est impure, comment le Dieu suprême aurait-il pu la créer sans contracter une souillure incompatible avec sa sainteté? Ne fallait-il pas, dans ce cas, attribuer la création de la matière à un être intermédiaire entre Dieu et le monde, au Démiurge? Ici, Messieurs, vient se placer le point de jonction entre les erreurs morales et les erreurs dogmatiques de Tatien. D'une conséquence à l'autre, il était arrivé aux premières limites du gnosticisme sans quitter le terrain des mœurs : les habitudes logiques de son esprit et la nécessité d'appuyer la pratique sur la théorie le poussèrent plus avant. Du moment qu'il imaginait le Démiurge pour combler l'abîme que ses idées sur la matière avait creusé entre Dieu et le monde, tout le système des Éons s'ouvrait devant lui comme le complément naturel de sa doctrine. Arrivé à cette extrémité, il trouva dans le plus hardi des gnostiques, Valentin, un guide qui exerça sur lui une influence décisive. A l'exemple de ce dernier, il alla se perdre dans des rêveries au fond desquelles on découvre la théorie orientale de l'émanation. Pour écarter du Christ tout contact avec la matière, il réduisit l'Incarnation à une apparition fantastique sans réalité sensible. A cet effet, il composa une « Harmonie des quatre Évangiles, » son fameux *Diatessaron*, où il supprima les deux généalogies du Sauveur qui lui paraissaient contraires à son système. Là ne se borna point l'activité de l'infatigable sectaire. Dans le nombre infini de ses ouvrages, selon l'expression de saint Jérôme, figuraient son commentaire sur les Épîtres de saint Paul, qu'il cherchait à interpréter dans son propre sens, et son « livre des Problèmes, » où, sous prétexte d'éclaircir les difficultés de l'Écriture sainte, il essayait d'y transporter ses doctrines. Une de ses assertions favorites, suivant le témoignage de l'Église primitive, c'est qu'Adam ne pouvait pas être sauvé : cette exclusion cadrait parfaitement avec les idées étroites de Tatien. Pour lui, l'Église se réduisait aux proportions d'une secte hors de laquelle il n'y avait pas de salut : cette grande société des hommes avec Dieu, que le Christ est venu fonder sur la terre, était devenue, aux yeux de ce puritain exalté, une coterie de fanatiques qui regardaient avec pitié le reste des mortels : eux seuls se disaient les hommes spirituels, les fils de la lumière, tandis que tous les autres n'étaient que les esclaves de la matière et les enfants des ténèbres.

Ainsi, Messieurs, nous arrivons au dernier mot qui explique toutes les chutes : l'orgueil. Nous venons de suivre le développement logique des erreurs de Tatien, à l'aide des rares vestiges que nous trouvons dans les anciens Pères[1]. Ce que le défaut de mesure et l'absence de modérations nous avaient fait craindre chez le disciple de saint Justin, l'orgueil, cette éternelle tentation de l'esprit humain, l'a réalisé. Sans nul doute, il est triste de voir figurer au nombre des hérésiarques un homme qui, dans la première partie de sa vie, avait marqué son nom au rang des apologistes de la religion catholique; mais cet exemple n'est pas isolé dans l'histoire

---

[1] S. Irénée, *adv. Hær.*, I, 30. — Origène, *de Orat.*, XIII. — Clém. d'Alex., *Excerpta ex Theod.*, p. 806 ; *Stromat.*, III. — Eusèbe, *Hist. ecclés.*, IV, 29. — S. Épiphane, *adv. Hær.*, 46 et 47. — S. Jérôme, *Comm. sur l'Épître aux Galates*, VI; *contre Jovinien*, I. — S. Aug., *de Hær.*, 25. — Théodoret *Hæret. fab.*, I, 20. — Philastrius, *de Hæresibus*, 48, etc., etc.

de l'Église. Tatien avait mis un grand talent au service de la cause chrétienne. Son discours contre les Grecs se recommande à nous par la vigueur et le mouvement de la pensée. Même comme écrivain, le rhéteur assyrien occupe une place distinguée dans l'éloquence chrétienne au IIe siècle. Son style, qui s'écarte rarement du dialecte attique, est vif, animé, et ne manque pas d'un certain coloris[1]. A la vérité, il néglige quelquefois la construction de ses périodes, il s'inquiète peu de lier les propositions entre elles, ce qui empêche sa phrase de couler avec aisance. A l'exemple des sophistes de l'époque, il affecte les tournures recherchées, les mots techniques[2]. Tout en accablant l'art grec de son mépris il ne dédaigne pas de lui emprunter ses ressources: le fougueux adversaire de la science des Hellènes ne parvient pas à effacer entièrement l'ancien rhéteur aux formes élégantes et polies. Bref, à n'envisager que le mérite de la diction, il faut convenir que Tatien laisse loin derrière lui saint Justin, son maître. S'il n'a pas son coup d'œil métaphysique, s'il lui est de beaucoup inférieur en largeur et en élévation, s'il manque de sûreté et de précision dans le jugement, on est obligé d'avouer qu'il a saisi avec force les conditions morales de l'âme humaine. Malheureusement, le moraliste rigide trouva son écueil en voulant déterminer les limites du devoir. Tatien avait une de ces natures rebelles à la règle, que l'exagération du sentiment pousse facilement à l'extrême. Scandalisé de voir que le mal n'avait pas perdu tout empire parmi les disciples de l'Évangile, il crut pouvoir l'extirper en imposant un joug plus sévère à la liberté humaine. Partant de ce principe, il érigea le conseil en précepte, il enveloppa dans un même anathème l'usage et l'abus. Or, l'Église, qui mesure le devoir

---

1 Comme déviations des formes attiques, nous signalerons ὤνατο pour ὤνητο, ἐδέδιεσαν au lieu de ἐδέδισαν, ἀθανασίας en place de ἀθανασίας etc.
2 Γραολογία, δοξομανία, γλωσσομανία, ῥητορολογία, etc. etc.

aux forces de l'homme, qui n'étend pas à tous ce qui est le privilége de quelques-uns, parce qu'elle embrasse tout le genre humain dans la diversité des dons et des aptitudes. l'Église ne pouvait suivre Tatien dans cette voie étroite et exclusive. Alors, froissé dans son orgueil, le réformateur s'isola de la grande société chrétienne : il chercha loin d'elle à se construire un système plus parfait avec les débris d'un symbole mutilé. S'il faut en croire saint Épiphane et saint Jérôme, il ne tarda pas à trouver dans l'esclavage des sens le châtiment réservé à l'orgueil de l'esprit[1] : la secte des Encratites démentit par le déréglement de ses mœurs la sévérité de sa doctrine. Quoi qu'il en soit, Tatien ouvre la liste de ces esprits superbes qui, ne pouvant entraîner l'Église à leurs opinions, se sont vengés de leur isolement en retournant contre elle l'arme qu'ils avaient employée à la défendre. Un demi-siècle plus tard, nous rencontrerons, en Occident, un homme, qui offrira plus d'un trait de ressemblance avec l'apologiste assyrien. Sorti également des ténèbres du paganisme, lui aussi marquera sa place au premier rang des athlètes de la foi : nul autre ne surpassera son ardeur pour le triomphe de l'Église persécutée. Mais, chez lui comme dans Tatien, le défaut de mesure et l'absence de modération produiront les mêmes effets. Un jour viendra où le prêtre de Carthage, égaré par un rigorisme impitoyable, brisera les barrières que l'orthodoxie lui oppose : l'Église ne suffira plus à cette âme altière qui entend la faire plier sous le joug de ses opinions; il lui faudra une morale plus dure, un dogme moins consolant, un Christ aux bras étroits. Alors, à son tour, l'apologiste africain quittera les rangs où il avait si noblement combattu, pour se faire chef de secte. Il est rare que l'histoire présente, à si peu d'intervalle, deux hommes qui se rapprochent davantage par la trempe d'esprit, par les

---

1. S. Épiph., libr. citat.; S. Jérôme, *Remarques sur Osée*, VII.

nuances du caractère, par les circonstances de la vie. Tatien est, en effet, une ébauche frappante de Tertullien qu'il précède et qu'il semble annoncer : c'est Tertullien moins le génie.

TROISIÈME LEÇON

Satire d'Hermias contre les philosophes païens. — L'ironie doit-elle être bannie de la controverse religieuse ?—Critique parallèle des sectes philosophiques chez Lucien de Samosate. — Lucien était-il un apologiste déguisé de la religion chrétienne ?—Examen de ce paradoxe.—Analogies et différences entre la méthode critique de Lucien et celle des apologistes.—Persifflage indirect de la religion chrétienne en maint endroit de ses écrits. — L'Hermotime, ou le choix des sectes. — Analyse de cette œuvre ; son caractère et son but.—Résultats purement négatifs de l'argumentation de Lucien.—Elle aboutit au scepticisme. — Les apologistes tirent la conclusion qui manque chez Lucien en faveur de la nécessité morale d'une révélation.

MESSIEURS,

Pour démontrer l'impuissance des systèmes philosophiques de l'antiquité par le tableau de leurs contradictions, Tatien avait dit dans son discours contre les Grecs : « Vous suivez le sentiment de Platon ; voici que l'école d'Épicure se pose en face de vous comme un adversaire bruyant. Préférez-vous les opinions d'Aristote, les partisans de Démocrite vous accableront d'injures. Héritier de la doctrine de Phérécyde, Pythagore vous dira qu'il a été Euphorbe avant d'être lui-même ; Aristote, au contraire, attaquera l'immortalité de l'âme. Tel est l'accord qui règne parmi vous : vous ne devriez pas, divisés comme vous l'êtes, combattre des hommes qui sont tous unis dans la même foi [1]. » Ces paroles paraissent avoir servi de thème à un écrit composé vers la même époque, « la satire d'Hermias contre les philosophes païens. »

Peut-être, Messieurs, ce titre de satire vous a-t-il causé

---

1. *Disc. contre les Grecs*, 25.

quelque surprise. En effet, il n'est pas commun dans l'histoire de l'éloquence sacrée. Faut-il en conclure que l'ironie ou la satire doive être absolument bannie de la controverse religieuse? Je ne le pense pas. Sans doute, envisagée dans son objet et dans son but, la polémique chrétienne est par elle-même grave et sérieuse ; elle sortirait de son caractère, si elle tournait à la facétie. Les intérêts qui s'y trouvent engagés sont trop élevés pour admettre un pur jeu d'esprit sans utilité pratique. De plus, la charité lui impose des limites qu'elle ne saurait franchir. Une critique qui se bornerait à humilier l'adversaire, en découvrant ses travers et ses vices, ne répondrait pas à l'idée de l'apologie chrétienne. Ce qu'il faut chercher avant tout, c'est de convaincre et de persuader: or, la raillerie n'est pas d'ordinaire le moyen le plus sûr de s'ouvrir le chemin des cœurs. Les blessures de l'amour-propre sont les plus difficiles à guérir, et l'homme se venge par la haine du mépris qu'on lui témoigne. C'est pourquoi l'ironie est une arme qui n'a de succès que dans une main discrète et légère. Toutefois, comme nous le disions dans notre dernière leçon, ce serait méconnaître les droits de la vérité que d'en resserrer la défense dans des bornes trop étroites. La vraie modération n'exclut pas plus l'ironie de la satire que la véhémence de l'invective. Voyez le Christ dans l'Évangile : avec quelle vigueur il s'élève contre les Scribes et les Pharisiens, démasquant leur hypocrisie, mettant à nu leur ignorance et leur mauvaise foi, les appelant sans ménagement des sépulcres blanchis ou une race de vipères! Quel trait d'ironie profonde dans la réponse qu'il leur fait en présence de la femme adultère : Que celui d'entre vous qui est sans péché lui jette la première pierre ! Voyez le portrait que fait saint Paul des philosophes païens dans l'Épître aux Romains, et celui que saint Jude trace des hérétiques dans sa Lettre[1]: on ima-

---

1. S. Luc, xi, 39, 54. — *Ép. aux Rom.*, i, 18-32. — *Ép. de S. Jude*, 8-19.

ginerait difficilement une critique plus incisive et plus mordante. Non, il ne faut pas crier au scandale chaque fois qu'un écrivain catholique peint l'erreur sous des couleurs vives et saisissante, qu'il met en relief ce qu'elle a de ridicule et d'absurde. La charité n'interdit pas l'usage de ses armes, et la justice l'exige. Il est, sans contredit, des situations d'esprit qui méritent plus de pitié que de blâme, des préjugés de naissance ou d'éducation que l'on dissipe plus facilement en les tournant avec adresse qu'en les heurtant de front : ce genre d'adversaires indique à la controverse un ton moins agressif et des formes plus conciliantes. Mais il est aussi une ignorance coupable, une haine de la vérité et une passion du mal qu'il faut combattre à outrance lorsqu'on a l'honneur de défendre la cause chrétienne : ici l'indulgence ne serait que de la mollesse, et la crainte de déplaire ou de froisser, un pur aveuglement. Le Christ, notre grand modèle à tous, a divinement indiqué la marche qu'il convient de suivre dans ces différents cas. Quand il s'adresse à ceux que le défaut de lumières et la faiblesse de la volonté retiennent hors de la bonne voie, il les instruit avec douceur : tout en leur reprochant la dureté de leur cœur, il compatit à leurs misères; il gourmande leurs vices avec l'accent de la bonté plutôt que sur le ton de l'indignation. Au contraire, lorsqu'il en vient à ces esprits superbes qui n'usent de leur fausse science que pour égarer les masses et tromper les simples, il les flagelle de sa parole et les foudroie de ses anathèmes. C'est qu'en effet l'intérêt des âmes exige souvent qu'une main hardie arrache le masque aux ennemis de la foi pour les faire apparaître tels qu'ils sont, ignorant d'ordinaire le dogme qu'ils attaquent, ou l'attaquant avec passion et mauvaise foi. Si le ridicule s'attache aux choses et aux hommes ainsi dépouillés de leur prestige, la faute en est à ceux qui appellent l'attention sur leurs propres travers. Avec la charité pour motif et la justice pour règle, l'invective perd sa violence et la satire son fiel.

Donc, Messieurs, ne soyons pas surpris de trouver la satire dans l'histoire de l'éloquence chrétienne. En perçant de son trait vif et acéré les systèmes philosophiques de l'antiquité, Hermias ne se livrait pas à un vain persifflage ; il cherchait à détacher les âmes d'un enseignement qui ne leur offrait que doutes et contradictions. Au IIe siècle de l'ère chrétienne, les grandes écoles de la Grèce étaient en pleine décadence. Une foule de parasites et de charlatans cachaient sous le manteau de philosophe le vide de leur esprit et le déréglement de leurs mœurs. Il en était résulté, au sein du paganisme lui-même, une vigoureuse réaction contre les différentes sectes qui se disputaient la vraie doctrine. Lucien de Samosate peut être considéré comme le principal représentant de cette tendance critique. La campagne qu'il ouvrit contre les philosophes de son temps offre plus d'un point de ressemblance avec la lutte soutenue par les apologistes chrétiens. Il est rare de rencontrer deux œuvres parallèles inspirées par des motifs plus contraires. Aussi, pour faire ressortir l'analogie et le contraste des deux méthodes, j'ai dessein de comparer quelques dialogues de Lucien avec la satire d'Hermias contre les philosophes. Parcourons, à cet effet, l'*Hermotime* ou le *Choix des sectes*, et les *Sectes à l'encan*, qui figurent à juste titre parmi les meilleures productions du sophiste grec.

Je fais ce rapprochement d'autant plus volontiers qu'il s'est produit de nos jours une opinion fort singulière, qui ne tend à rien moins qu'à transformer Lucien en apologiste déguisé de la religion chrétienne. Jusqu'ici on s'est généralement accordé sur la physionomie de cet écrivain, le plus remarquable qu'ait produit la littérature païenne du IIe siècle. Tel qu'il se dépeint lui-même dans ses ouvrages, Lucien était un de ces esprits que les cultes polythéistes et les systèmes philosophiques de l'antiquité ne pouvaient satisfaire. Ici, il ne voyait que des opinions incertaines, des disputes sans fin ; là, des absurdités palpables. Aidée par une observation attentive de la nature humaine, son intelligence vive et pénétrante saisissait de préférence le côté faible ou ridicule des hommes et de leurs œuvres. Quelque jugement qu'on porte sur le caractère de ses écrits, on ne saurait lui refuser les qualités d'un satirique de premier ordre, auquel on ne peut comparer qu'Aristophane ou Molière. Or, les esprits de cette trempe inclinent facilement au scepticisme : en se moquant de tout, ils finissent par ne plus rien admettre de certain. Dans quelles limites précises se renfermait le septicisme de Lucien? C'est ce qu'il est difficile de déterminer au juste dans ce flot de raillerie, qui échappent à l'analyse. Tantôt, il paraît s'attaquer à la philosophie elle-même ; tantôt, comme dans le *Pêcheur* ou les *Ressuscités,* il semble n'avoir voulu que démasquer les charlatans qui faisaient métier de leur prétendue sagesse. Ici, dans les *Vingt-six dialogues des Dieux,* il tourne en ridicule les superstitions païennes ; là, dans le *Jupiter confondu* et le *Jupiter tragédien,* il se montre l'ennemi de toute religion et l'adversaire du dogme de la Providence ; en tel endroit, il fait le plus grand éloge de la vertu ; en tel autre, il enlève toute sanction à la loi morale en attaquant la doctrine de l'immortalité de l'âme. Ce qu'il y a de certain au milieu de ce scepticisme indécis et flottant, c'est que Lucien ne se rallie à aucune des sectes philosophiques de son temps, bien qu'il marque le plus de préférence pour celle d'Épicure et le moins de sympathie pour celle de Zénon ou de Chrysippe. Sa critique est purement destructive. Mythologie populaire, systèmes scientifiques, rien n'échappe à ses sarcasmes : il ébranle et renverse tout, sans dire ce qu'il convient de mettre en place. Voilà ce qui établit une différence radicale entre sa méthode et celle des apologistes chrétiens, qui ne cherchaient à détruire le paganisme que pour élever sur ses ruines l'édifice de la vérité : différence que Bayle a fort bien remarquée dans son *Dictionnaire historique* [1], et sur laquelle nous revien-

---

[1]. Tome III, p. 678.

drons tout à l'heure. Nul doute qu'en poursuivant ainsi du fouet de la satire les mythologues et les philosophes grecs, il ne se soit rencontré sur un terrain commun avec Tatien et Hermias. On peut même ajouter qu'il servait la cause de l'Évangile, à son insu et malgré lui, par cette attaque spirituelle et hardie. Mais il faut avoir le goût du paradoxe à un haut degré pour conclure de là que Lucien cherchait de propos délibéré à frayer les voies à la religion chrétienne.

Cette tentative de réhabilitation a été faite par un savant moderne. Dans un livre plein d'imagination et de savoir, Kestner, professeur à Iéna[1], essaya de ranger Lucien au nombre des apologistes du christianisme. Certes, la tâche n'était pas facile ; mais il n'est aucune difficulté qui puisse arrêter un critique allemand lorsqu'il vise à tailler dans le neuf. S'il fallait en croire le spirituel écrivain, Lucien, tout en ne professant pas ouvertement la religion chrétienne, se serait proposé pour but de la soutenir par ses écrits. Il est vrai que, dans la première partie de sa vie, le sophiste s'était permis quelques railleries à propos d'une doctrine dont il n'avait alors qu'une connaissance très-imparfaite : de là le ton léger sur lequel il parle du Christ et de ses disciples dans la lettre à un ami au sujet de la mort de Pérégrinus ; encore pourrait-on dire qu'il exprime moins son sentiment que celui des païens de son temps. Plus tard, mieux instruit des principes de la religion nouvelle, il aurait cherché à réparer son erreur, en joignant ses efforts à ceux des apologistes pour combattre les cultes polythéistes et les systèmes philosophiques de l'antiquité. Ce changement qui s'opéra dans l'esprit de Lucien doit être attribué, selon toute apparence, à la lecture des écrits de Tatien son compatriote. Comment supposer, en effet, qu'un homme tellement familier avec toutes les opinions de son époque ait pu ignorer les discours de Justin, d'Athé-

---

1. Kestner, *die Agape*. Iéna, 1819.

nagore, de Tatien, ou bien que, les connaissant, il ne se soit pas formé une idée plus exacte des dogmes qu'ils exposaient avec tant de clarté ? Cette affinité secrète avec les défenseurs de la religion persécutée peut seule expliquer pourquoi Lucien, qui ne cesse de déchirer tous les cultes et les philosophies de son temps, ne lance de trait contre les chrétiens que dans un endroit de ses dialogues. Bien plus, dans le *Philopatris*, il témoigne de son zèle pour l'orthodoxie en s'attaquant aux montanistes. Si enfin, malgré son estime de la doctrine évangélique, il ne s'est pas rallié complétement à elle, c'est que son esprit moqueur et son caractère indépendant l'en tenaient éloigné [1]. Telle est l'hypothèse fort ingénieuse imaginée par Kestner : à défaut d'autre mérite, on ne saurait, à coup sûr, lui refuser celui de l'originalité. Nous allons la discuter brièvement pour savoir si nous devons admettre Lucien au rang des apologistes de la religion chrétienne, ou bien le maintenir à la place qu'on lui a toujours assignée.

A peine le professeur d'Iéna eut-il émis sur Lucien son opinion paradoxale, qu'un autre savant de la même ville, Eichstadt, s'empressa de le réfuter : ce qui n'était pas difficile [2]. En place du sophiste de Samosate, Kestner s'était créé un Lucien imaginaire qui disparaissait comme un fantôme sous l'œil de la critique. Toute sa démonstration se réduisait à de pures conjectures démenties par des faits certains. Nous avons vu, à propos des épitres de saint Ignace, comment Lucien traite les chrétiens, qu'il qualifie de fanatiques et de visionnaires : Jésus-Christ est pour lui un magicien crucifié que ses partisans ont la simplicité d'adorer comme un Dieu [3]. Voilà son véritable sentiment sur le christianisme : en s'exprimant de la sorte, il parle en son nom et rend compte de ses propres

---

1. Kestner, *die Agape*, 480-514 et suiv.
2. Eichstadt, *Prolusio Lucianus num scriptis suis adjuvare religionem christianam voluerit*. Iéna, 1820.
3. Voyez les *Pères apostoliques et leur époque*, XVIII° leçon, p. 384 et suiv.

impressions. Le sceptique railleur est-il revenu plus tard sur ce premier jugement, après une étude moins superficielle de la doctrine évangélique? Rien ne l'indique suffisamment. Ceux qui ont poussé la fantaisie jusqu'à voir en lui un chrétien apostat ne peuvent s'appuyer que sur un mot de Suidas mal interprété : cet écrivain se contente de dire que Lucien fut déchiré par des chiens en punition de la rage qu'il avait montrée contre les disciples de l'Évangile ; encore Suidas ne rapporte-t-il ce fait que sur un simple bruit qui courait de son temps. Certainement, si le dialogue intitulé *Philopatris*, ou l'*Ami de la patrie*, était l'ouvrage de Lucien, l'opinion qui fait de lui un chrétien apostat aurait quelque fondement; mais le doute sérieux qui plane sur l'authenticité de cette pièce ne permet pas d'en tirer une induction bien sûre. Selon toute apparence, il faut reporter le *Philopatris* à l'époque de Julien l'Apostat [1]: ce n'est pas, du reste, le seul dialogue apocryphe qui se soit glissé parmi les œuvres de Lucien. Pour mettre le sophiste de Samosate en rapport avec Tatien, né comme lui en Syrie et vers la même époque, Kestner rapproche leurs écrits entre lesquels il trouve de nombreux traits de ressemblance. C'est ainsi, dit-il, que, dans les *Déserteurs,* Lucien cherche à ménager un accueil favorable au sentiment de Tatien sur l'antériorité de la science des barbares comparée à la philosophie grecque, en ôtant à cette thèse ce qu'elle pouvait avoir d'acerbe et de blessant : le même dessein de venir en aide aux apologistes chrétiens apparaît dans le blâme que le satirique déverse sur les mœurs des sages de la Grèce dans le vingtième dialogue des morts, à l'exemple de saint Justin et de Tatien. Tout cela, Messieurs, n'est qu'un pur jeu d'esprit, qui n'est appuyé sur aucun mot de preuve : avec ce procédé on peut prêter à un auteur telle intention

---

1. Gessner, *de Ætate dial. Lucianei qui Philopatris inscribitur*, Gœttingue, 1748. — Lardner, *Collection of ancient Jewish and Heathen testimonies to the truth of the Christ. religion*, vol. II, p. 365 et suiv.

qu'on veut et trouver dans ses écrits tout ce qu'on y cherche. Je ne veux pas nier que Lucien ait connu les discours des apologistes, et réciproquement, bien que ce point lui-même ne soit pas établi ; mais rien n'autorise à penser qu'il ait voulu leur servir d'auxiliaire : c'est dans un but tout différent du leur qu'il déchire les fables et les écoles de la Grèce. S'il n'a pas déployé plus souvent sa verve aux dépens des chrétiens, ce silence relatif peut tenir à bien des raisons qui nous échappent en partie. On voit assez par le *Peregrinus* que son scepticisme moqueur ne les ménageait pas dans l'occasion. Peut-être les confondait-il avec les juifs comme avaient fait Suétone et tant d'autres. Accoutumé à traiter de chimère ou de superstition tout ce qui dépassait les réalités sensibles, il devait mépriser comme telle une religion qui plaçait l'espérance de ses adhérents dans un monde futur. Nul doute que les calomnies répandues dans le peuple contre les disciples de l'Évangile n'aient ajouté à ce dédain qu'il professait pour eux. Toutefois, l'on aurait tort de croire que l'émule d'Aristophane n'a fait mention des chrétiens que dans un seul de ses dialogues ; un grand nombre de passages permettent de conclure qu'il procédait volontiers contre eux par voie d'allusions voilées ou de parodie.

Cette méthode est familière à Lucien. Sans désigner directement la doctrine qu'il attaque, il en fait une représentation exagérée, une imitation bouffonne, et la peint en charge. De là cette foule de traits ironiques parsemés dans ses écrits et qui sont perdus pour nous. C'est ainsi que le portrait de Peregrinus Protée n'est qu'une caricature du martyr chrétien. L'*Aléthès Historia* fourmille d'allusions semblables. L'analogie du combat entre Phaéton, roi du soleil, et Endymion, roi de la lune, avec la lutte de l'archange et du dragon, n'est peut-être pas assez frappante pour qu'il faille s'y arrêter ; mais, sans vouloir forcer le rapprochement, on peut voir une contrefaçon ironique de l'histoire de Jonas dans la description du vaisseau de Lucien englouti dans le ventre d'une baleine. On dirait une véritable parodie du symbolisme des prophètes, une réminiscence de la Jérusalem céleste dépeinte par saint Jean, lorsqu'on parcourt le tableau que Lucien trace de la ville des bienheureux toute d'or, aux murailles d'émeraude, aux rues pavées d'ivoire, aux sept portes faites d'un seul morceau de cinnamomum, etc. La condition de ces bienheureux qu'on ne peut ni voir ni toucher, et qui ne laissent pas de se tenir debout, de marcher, rappelle les qualités des corps spiritualisés tels qu'ils devront se transfigurer après la résurrection. Enfin, lorsqu'on a égard au procédé habituel de Lucien, on est porté à croire qu'il veut tourner en ridicule le Sauveur marchant sur l'eau, en parlant de ces hommes qui s'avancent sur les flots sans jamais y enfoncer. Il est facile de contester l'un ou l'autre de ces rapprochements; mais l'ensemble résiste à la critique, et prouve assez bien que le satirique enveloppait les fables grecques et les faits évangéliques dans un même persifflage : s'il a travesti plus rarement ces derniers, c'est qu'il les ignorait davantage ou qu'il en faisait moins de cas[1].

En résumé, Lucien conserve pour nous la physionomie qu'on lui a toujours prêtée. Toute tentative pour le mettre dans un rapport plus intime avec la religion chrétienne nous paraît vaine ou hasardée. On s'explique fort bien les points de contact qu'on observe entre sa polémique et celle des apologistes, sans recourir à une hypothèse que rien ne justifie. En s'attaquant aux cultes polythéistes et aux systèmes philosophiques de l'antiquité, il se trouvait sur le même terrain que Tatien et Hermias. Sous ce rapport, il faut bien l'avouer, la ressemblance est quelquefois frappante. Sans le vouloir et à son insu, Lucien travaillait au triomphe de

---

[1]. Eichstadt, lib. citat ; Krebs, *de malitioso Luciani consilio, religionem christianam scurrili dicacitate vanam et ridiculam reddendi.* Leipzig, 1769; Tzschirner, *Fall des Heidenthums*, I, 319, 320. Leipzig, 1829.

l'Évangile en achevant de discréditer les fables du paganisme et les écoles de la Grèce. Pour s'en convaincre il suffit de parcourir l'*Hermotime*, ou *Choix des sectes*, que j'intitulerais volontiers « Preuve de la nécessité d'une révélation divine, par Lucien de Samosate. » L'auteur du dialogue ne tire pas cette conclusion, il est vrai ; mais elle jaillit d'elle-même des prémices qu'il pose. Comme nous le verrons, Hermias arrive au même résultat par une voie analogue dans sa charmante satire contre les philosophes.

Hermotime place une grande confiance dans l'étude de la philosophie ; il s'en promet des avantages merveilleux. Voilà près de vingt ans qu'il s'y applique sans relâche, courbé sur les livres et transcrivant patiemment l'analyse des conférences de son maître. Ses recherches laborieuses l'ont rendu tout pâle, et le travail a desséché son corps. Encore si, après tant d'efforts, il pouvait se flatter d'être arrivé à la connaissance de la vérité ; mais, de son propre aveu, c'est tout au plus s'il commence à entrevoir la route qui peut y mener. C'est là-dessus que Lycinus, son ami, l'entreprend pour détruire ses illusions. Lucien, qui se cache sous les traits de Lycinus, lui demande en premier lieu dans combien de temps il espère, suivant l'évaluation la plus modeste, parvenir au sommet de la montagne où réside la sagesse. Après s'être bien récrié sur la difficulté de l'entreprise, Hermotime, qui a déjà soixante ans, en demande encore vingt. « Encore vingt années, répond Lycinus, c'est beaucoup ; et cependant ce n'est pas assez. D'abord, votre maître vous a-t-il bien garanti que vous avez encore vingt ans à vivre ? Il serait très-fâcheux pour vous de vous engager dans d'immenses travaux pour être surpris par la mort au beau milieu de vos espérances. Mais, supposons même que ce terme vous soit accordé, il me paraît loin d'être suffisant. Car enfin vous n'ignorez pas qu'il est une infinité de sectes qui se prétendent chacune en possession de la vérité : il y a les péripatéticiens, les stoïciens, les épicuriens, ceux de l'école de Platon, les disciples de Diogène, d'Antisthène, de Pythagore, et beaucoup d'autres. Or, leurs préceptes ne se ressemblent pas ; leurs dogmes ne sont pas les mêmes. Comment donc se reconnaître dans ce pêle-mêle d'opinions contradictoires ? Où trouver la vérité ? » Pour bien faire comprendre cette difficulté, Lucien se sert de la comparaison d'une ville lointaine où il s'agit d'arriver. Tout ce passage est admirable de bon sens et de clarté.

« Il est vrai, dit Lycinus, qu'une foule de gens promettent de vous y conduire ; ils disent tous qu'ils en connaissent la route. Le plus grand nombre se donnent pour habitants du pays ; ils sont prêts à vous y mener. Chacun, à l'entendre, en arrive ; cependant la route qu'ils indiquent n'est point unique, n'est point la même ; au contraire, il y en a beaucoup : toutes sont différentes et n'ont aucun rapport commun. En effet, l'une semble mener à l'Orient, une autre au Septentrion ; celle-ci au Midi, celle-là à l'Occident. L'une passe à travers les prairies et les bois, sous les ombrages frais, le long des ruisseaux d'eau vive : elle est délicieuse ; ou n'y rencontre point de pierres qui puissent rendre la marche pénible [1]. L'autre, au contraire, est raboteuse, hérissée de cailloux, exposée au soleil ; elle prépare aux voyageurs la soif et les travaux [2]. Quoi qu'il en soit, on dit que toutes ces routes, qui aboutissent à des points opposés, conduisent à cette ville que nous cherchons et qui est unique. Me voici à présent dans le plus grand embarras ; car, quelle que soit la route à laquelle je me présente, j'y trouve un homme qui, se tenant debout à l'entrée du sentier, me tend la main d'une manière capable d'exciter ma confiance, et m'engage à suivre son chemin en me disant que lui seul

---

1 La philosophie épicurienne.
2. La morale stoïcienne.

connaît la véritable route, que les autres s'égarent, qu'ils ne sont jamais parvenus à la ville, et qu'ils n'ont pu y conduire ceux qui les ont suivis. Si je m'adresse à son voisin, ce sont les mêmes discours et les mêmes promesses ; il dit du mal des autres, un autre en dit de lui, et tous, l'un après l'autre, tiennent le même langage : en sorte que le nombre des chemins et leurs différences m'embarrassent également et me jettent dans la plus grande incertitude, surtout lorsque j'entends chacun des conducteurs soutenir avec opiniâtreté que son chemin est le véritable, et lui donner les plus grands éloges : alors je ne sais plus de quel côté me tourner, ni quel guide je dois suivre pour arriver à la vertu. »

Il serait difficile d'exprimer sous une forme plus simple et plus vive les contradictions de la philosophie grecque et la perplexité qu'elles faisaient naître dans l'esprit. Car, continue Lycinus, « il est d'une nécessité absolue que le véritable chemin soit unique. » De plus, « il faut que des choses d'une aussi grande importance et d'une utilité si générale aient un signe commun qui permette de les reconnaître. » Donc, pour ne pas se tromper dans le choix des sectes, on a besoin de les parcourir toutes l'une après l'autre et d'étudier leurs différents principes. Nous voilà donc obligés de consumer notre vie dans des recherches qui peut-être n'aboutiront à aucun résultat. Encore si une vie d'homme était suffisante pour un pareil labeur ; mais, en supposant qu'il n'y ait que dix sectes philosophiques, et qu'on veuille consacrer vingt années à l'examen de chacune, on arrive à un total de deux siècles. Réduisons ce chiffre de moitié, si vous le voulez : il restera toujours que personne ne pourra parcourir toutes les sectes, lors même qu'on commencerait à étudier depuis le moment de sa naissance. » Ici Hermotime arrête son interlocuteur. « Votre calcul est juste, lui dit-il, mais inutile. Si, par exemple, quelqu'un vous disait : *deux fois deux font quatre*, auriez-vous besoin de parcourir tous les auteurs qui ont traité de l'arithmétique pour vous informer s'il n'en est point qui aient dit que *deux fois deux font cinq ou sept ?* Ne pourriez-vous pas reconnaître à l'instant même que cet homme dit vrai ? Donc, il n'est pas nécessaire d'examiner toutes les sectes l'une après l'autre pour faire un choix judicieux et éclairé. » L'objection était spécieuse ; mais Lycinus n'a pas de peine à la réfuter en distinguant les vérités de sens commun des points controversés entre les philosophes. « Vous confondez, répond-il à Hermotime, des choses unanimement reconnues pour vraies avec des choses contestées : or la différence est extrême. Personne n'a jamais nié que *deux fois deux font quatre ;* mais ce qui divise les philosophes, ce sont les doctrines sur Dieu, sur l'âme, sur le monde. Ainsi, vous stoïciens, vous pensez que l'honnête seul est le beau, tandis que les épicuriens prétendent qu'il n'y a que la volupté qui soit le beau ; et lorsque vous dites que tout est corporel, Platon pense qu'il y a dans les êtres quelque chose d'incorporel. Voilà où commence la contradiction : par conséquent, pour vous prononcer entre les diverses sectes avec connaissance de cause, il faut que vous examiniez attentivement les principes de chacune. »

Assurément, Messieurs, cette partie de l'*Hermotime* est très-remarquable : elle peint avec force la déplorable condition où l'homme se trouverait, s'il était réduit à chercher la vérité dans l'étude comparée des systèmes philosophiques. Sans compter que la grande majorité du genre humain serait incapable de se livrer à un tel examen, on peut affirmer que la brièveté de la vie le rendrait extrêmement difficile à ceux-là mêmes auxquels l'état de leurs facultés permettrait de l'entreprendre. Seulement, Lucien, qui pose très-bien le problème, ne donne pas la solution : habile à détruire, il ne sait rien édifier. Lycinus n'a pas de peine à pousser Hermotime au scepticisme ; mais il ne trouve pas le moyen de l'en faire sortir. Seuls, les apologistes chrétiens étaient en mesure de répondre à la difficulté, d'indiquer le remède à côté du mal. Supposez, en effet, une révélation divine proposée à l'adhésion de l'homme par une autorité infaillible, les doutes soulevés par Lucien disparaissent d'eux-mêmes. Une fois certain que Dieu a parlé, l'homme n'a plus besoin d'aller frapper à la porte des différentes écoles pour découvrir la vérité : il sait d'avance qu'aucune affirmation humaine ne pourrait démentir la parole divine. C'est dans ce sens que Tertullien dira : « Depuis l'Évangile nous n'avons plus à rechercher où est la vérité [1]. » Mais, aussi longtemps que la raison reste abandonnée à ses propres lumières, l'argumentation de Lucien conserve toute sa force. Ce n'est pas qu'on ne puisse arriver à la certitude sur un point quelconque en dehors de la révélation ; mais les causes d'erreurs sont tellement multiples, la recherche du vrai exige tant de connaissances et un temps si considérable, que fort peu d'hommes seraient à même de parvenir à cette situation d'esprit qui bannit le doute. Et remarquez bien que la critique de Lucien est applicable aux sectes protestantes non moins qu'aux écoles philosophiques ; sans une autorité extérieure et vivante qui détermine l'objet et fixe le sens de la révélation, l'homme en est toujours réduit à flotter, incertain et irrésolu, entre une infinité de systèmes contradictoires. S'il n'y a pas d'arbitre suprême, de juge de controverse dont la décision ait force de loi, les mêmes incertitudes reparaissent et les disputes se prolongent sans fin. Il va sans dire que Lucien ne conclut pas à l'existence d'un principe d'autorité en matière de foi ou de croyances ; mais, en signalant la faiblesse et les écarts de la raison individuelle, il établit les prémices qui rendent cette conclusion nécessaire, logique. Reprenons l'analyse de son dialogue.

---

1. Nobis inquisitione opus non est post Evangelium, *Traité des prescriptions*, 8.

Lycinus avait prouvé que la recherche de la vérité à travers les écoles philosophiques est impossible, à cause de la longueur du temps qu'elle exige. Pour échapper à cet argument, Hermotime lui objecte qu'on peut connaître le tout par la partie, qu'il suffit d'examiner les points capitaux des sectes pour être en état de juger du reste. On croirait entendre le ministre calviniste Jurieu cherchant à éluder le raisonnement de Bossuet par la célèbre distinction des articles fondamentaux et non fondamentaux. Le défenseur des philosophes explique sa pensée par une comparaison qui ne manque pas d'originalité. « Quand vous voulez acheter du vin, vous n'allez pas demander à chaque marchand un tonneau entier pour savoir à quoi vous en tenir ; un échantillon vous suffit. Il en est de même de la philosophie : qu'est-il besoin de vider le tonneau lorsqu'on peut, en goûtant une petite quantité, connaître la qualité de tout le vin qu'il contient ? » L'humoriste railleur qui se cache sous les traits de Lycinus tient la rispote toute prête. « Je ne vois pas, répond-il, quel rapport vous pouvez trouver entre le vin et la philosophie, sinon en ce que, semblables aux cabaretiers, les philosophes vendent leurs enseignements, que la plupart les falsifient, usent de supercherie et font mauvaise mesure. Vous comparez une chose qui s'accorde parfaitement avec elle-même, que tout le monde peut aisément connaître, telle que le vin, avec des objets qui n'ont entre eux aucune ressemblance et sur lesquels tout le monde est en dispute à cause de leur obscurité. Nul doute qu'en goûtant une petite quantité de vin vous ne sachiez à l'instant même de quelle qualité est le tonneau entier. Mais la philosophie et les philosophes ont-ils un langage uniforme ! Non. Donc, vous ne pourriez pas, d'après un seul point, et comme on pourrait le dire, sur la première dégustation, connaître quelle est la philosophie dans sa totalité ; elle n'a point, comme le vin, d'échantillon auquel vous puissiez la comparer, pour exiger

qu'elle soit semblable à ce que vous en auriez goûté d'abord.
D'ailleurs, il me semble qu'il est encore une autre différence
qui mérite un sérieux examen : c'est qu'on ne risque que
deux oboles à acheter de mauvais vin, tandis qu'une mauvaise philosophie peut coûter cher à ceux qui l'adoptent. »

Ainsi la difficulté restait tout entière. Bien plus, un nouvel
obstacle venait l'aggraver. « Non-seulement il faudrait, continue Lycinus, connaître à fond toutes les sectes pour être
en état de choisir la meilleure ; mais cela même ne suffirait
pas. Nous manquerions toujours de la chose principale : d'une
méthode de critique et d'examen, d'un esprit pénétrant,
d'un jugement droit et incorruptible, tel qu'il le faut pour
prononcer sur de pareilles matières ; autrement, nous aurions
en vain tout vu de nos propres yeux. Enfin, ne faut-il pas
une dernière condition pour que tout ce travail ne soit pas
en pure perte ? Ne faut-il pas que parmi les philosophes il s'en
trouve quelqu'un qui ait connu la vérité et qui la possède
entièrement ? Sinon, nous courons risque de saisir un fantôme, ou, comme dit le proverbe grec, de combattre pour
l'ombre de l'âne. Or, il n'est pas impossible que la vérité soit
toute différente de ce qu'imaginent les philosophes. Donc,
ce que vous avez de mieux à faire, c'est de renoncer à ces
vains rêves pour rentrer dans la vie commune et ordinaire,
en pratiquant la justice et la sagesse. » Cette dernière réflexion achève de détacher Hermotime du commerce des
philosophes. Il se promet bien de quitter son manteau et de
couper sa barbe : « Désormais, dit-il, si je rencontre par
hasard, et malgré mes précautions, un philosophe sur mon
chemin, je m'en détournerai et l'éviterai comme on évite
les chiens enragés. »

Telle est la dernière conclusion de l'*Hermotime*. Elle pèche
par deux côtés, en ce qu'elle est exagérée d'une part, et
toute négative de l'autre. Tout en soutenant avec raison que
les philosophes de l'antiquité n'avaient pas enseigné la vérité

tout entière et sans mélange d'erreurs, il fallait ajouter, comme saint Justin, que du moins ils en avaient entrevu quelque partie. De plus, si Lucien avait eu une foi robuste en la Providence, il aurait pu se demander s'il n'était pas probable que Dieu fût venu au secours de l'homme en lui révélant ce que la raison avait tant de difficulté à trouver par elle-même. En étudiant sérieusement la doctrine des chrétiens qu'il avait sous les yeux, au lieu de la tourner en ridicule, il aurait eu la solution du problème qui s'était offert à lui : il aurait rencontré en dehors des sectes philosophiques ce qu'il cherchait vainement en elles. Nous avons vu que des déceptions semblables avaient rejeté Justin et Tatien vers le christianisme : en suivant la même voie, Lucien aurait pu arriver au même but. Quoi qu'il en soit, la partie purement critique de son travail offre une analyse aussi fine que profonde des difficultés que présente la recherche de la vérité à l'homme abandonné aux seules lumières de la raison naturelle. Il signale dans la brièveté de la vie, dans la faiblesse des facultés humaines, dans l'absence de connaissances suffisantes, dans l'impossibilité de trouver quelque part un guide infaillible, tout autant d'obstacles pour faire un choix sûr et facile parmi les systèmes contradictoires qui se donnent comme l'expression de la vérité. Cette démonstration implicite de la nécessité d'une révélation divine se trouve resserrée, avec infiniment plus de précision et de vigueur, dans une page de la Somme de saint Thomas d'Aquin contre les Gentils.

Il semblerait, à première vue, que ce rapprochement entre un dialogue de Lucien et une page de saint Thomas ait tout l'air d'un paradoxe ; mais, en y regardant de près, on s'aperçoit facilement que l'analogie est réelle, tout étrange qu'elle paraisse. Ce que la verve du satirique a répandu dans un long entretien, la raison ferme du grand théologien l'a résumé en quelques lignes où chaque mot a sa portée ; et ce n'est pas un fait peu curieux à étudier que cette rencontre accidentelle du brillant écrivain qui assistait aux défaillances de la raison païenne avec l'homme de génie qui traçait à la science chrétienne un programme si vaste et si sûr. Pour démontrer l'extrême utilité d'une révélation Divine, saint Thomas signale trois inconvénients qui résulteraient pour l'homme réduit à chercher la vérité avec les seules forces de sa raison : « D'abord, dit-il, un petit nombre seulement arriveraient à une connaissance exacte de la divinité, tant à cause des nécessités matérielles de la vie, qu'en raison de la paresse, de la lenteur d'esprit, du manque de dispositions naturelles à la science. Puis, ceux-là mêmes que l'état de leurs facultés rendrait capables d'arriver ainsi à la connaissance de Dieu n'y parviendraient qu'avec peine et après de longues recherches, à cause de la profondeur de cette vérité et des conditions multiples que présuppose un tel examen. Ajoutez que le temps de la jeunesse, où le mouvement des passions agite l'âme en divers sens, est peu favorable pour la découverte d'une vérité si élevée. Enfin, les idées se confondent si souvent dans notre intelligence, la faiblesse de notre jugement est telle que l'erreur vient se jeter au travers des recherches de la raison humaine : de telle sorte que les vérités les plus certaines restent à l'état de doute, parce qu'on ne saisit pas toujours la force d'une preuve, et surtout parce qu'on est ébranlé par toutes les contradictions de ceux qui passent pour les maîtres de la science [1]. »

C'est ainsi que saint Thomas tire la conclusion qui manque dans l'*Hermotime* de Lucien. La nécessité d'une révélation divine résulte clairement des difficultés que le contemporain des apologistes signale dans les conditions de l'homme abandonné aux seules lumières de la raison naturelle. Avant d'étudier la satire d'Hermias contre les philosophes grecs, je

---

1. L. t, *Contra Gentes*, c. 4.

tenais à vous montrer comment le grand satirique païen de l'époque se rencontrait avec l'apologiste chrétien, sinon dans la conséquence elle-même, du moins dans le principe qui la renferme. Tant il est vrai que l'Évangile venait répondre au besoin qu'a l'homme de trouver la vérité par une voie courte et facile, au milieu des faiblesses de sa nature et des contradictions de l'histoire !

QUATRIÈME LEÇON

La satire d'Hermias comparée à l'Hermotime de Lucien.—Dans quel sens et dans quelles limites il convient de poser contre le rationalisme la thèse de la nécessité d'une révélation divine.—Forme dramatique qu'Hermias donne à son ouvrage. — Les sectes à l'encan de Lucien. — Parodie chez le sophiste païen ; exposition satirique chez l'apologiste chrétien. — Les coryphées de l'hellénisme se réfutent l'un par l'autre.--La satire d'Hermias et le traité de Plutarque sur les opinions des philosophes.— Tentative de l'éclectisme ancien et moderne pour concilier entre eux ces systèmes contradictoires.—Hermias ne conclut pas contre la philosophie elle-même, mais contre les théories fausses ou insuffisantes.—Le Pêcheur ou les Ressuscités de Lucien.—Secours que trouve la vraie philosophie dans l'enseignement de la foi.

Messieurs,

Dans la controverse qui s'agitait au IIe siècle entre les apologistes chrétiens et les défenseurs du paganisme, une des preuves les plus propres à ébranler la confiance de ces derniers était celle de la nécessité d'une révélation divine. Cette nécessité ressortait, comme une conséquence naturelle, de la critique des religions et des systèmes philosophiques de l'antiquité. Si, en effet, cette examen critique démontrait clairement l'impuissance de la raison à trouver par elle-même la vérité sans mélange d'erreurs, on devait conclure que la bonté divine était venue au secours de la faiblesse humaine par le moyen d'une révélation. En faisant ainsi l'histoire des variations et des contradictions de la philosophie grecque, l'apologétique chrétienne atteignait un double but : elle dessillait les yeux des païens éblouis par le prestige de leurs sages, et inclinait leur esprit à croire au fait même de la révélation, en leur faisant apprécier d'avance l'extrême utilité de ce bienfait. C'est pour des motifs semblables que la thèse de la nécessité d'une révélation est restée l'une des bases de la démonstration chrétienne contre le rationalisme.

Toutefois, Messieurs, il importe de bien préciser dans quel sens une révélation divine était nécessaire et dans quelles limites on peut arguer de cette nécessité contre le rationalisme. Dans l'hypothèse que Dieu daignât constituer l'homme dans un ordre surnaturel ou bien l'y établir après la chute primitive, il est manifeste qu'une révélation devenait absolument nécessaire ; car l'homme n'aurait pu connaître par les seules lumières de sa raison un ordre de choses qui la dépasse. En supposant que Dieu voulût bien le destiner à une fin naturelle, telle que la vision béatifique, il ne pouvait se dispenser de lui révéler les moyens nécessaires pour arriver à cette fin. Cela est de toute évidence. Aussi le rationalisme ne conteste pas la nécessité de la révélation dans l'hypothèse d'un ordre surnaturel. Une fois l'existence de cet ordre démontrée, il accordera sans peine, comme une conséquence rigoureuse, la nécessité absolue d'une révélation positive. Mais là n'est pas la question. Pour atteindre le rationalisme par la preuve de la nécessité d'une révélation extérieure et positive, il faut se placer sur un terrain commun et partir d'un principe convenu. Vous admettez pour l'homme une fin naturelle qu'il ne peut atteindre que par la connaissance de Dieu et par la pratique de la loi morale: eh bien, étant donné l'homme, tel qu'il est par suite de sa déchéance, avec la faiblesse de ses facultés, la brièveté de sa vie, les nécessités matérielles de son existence, les mille causes d'erreurs qui surgissent de ses préjugés et de ses passions, nous affirmons qu'un très-petit nombre serait en état de parvenir par eux-mêmes à une connaissance exacte de Dieu et de la loi morale. Cette impuissance relative, que l'observation psychologique contaste sans peine, l'histoire la confirme par une preuve qui ne souffre pas de réplique. En dehors de la révélation divine, aucun philosophe, quelles qu'aient été ses aptitudes et ses recherches, n'a su formuler le code de la loi naturelle, sans y mêler les plus graves erreurs ; et, encore aujourd'hui, ceux qui se séparent de l'enseignement de la foi ne peuvent s'accorder entre eux sur un seul point, pas même sur l'existence d'un Dieu vivant et personnel. Cela posé, nous concluons que, dans cet état de choses, il était de la sagesse et de la bonté divines de venir en aide à la faiblesse de l'homme par une révélation extérieure et positive, qui permît à tous de connaître la vérité sans mélange d'erreurs par une voie sûre et accessible à chacun. Renfermée dans ces termes, appuyée, d'une part, sur les perfections divines, de l'autre, sur les conditions de l'humanité, la thèse de la nécessité d'une révélation est inattaquable.

Lors donc, Messieurs, que nous affirmons contre le rationalisme qu'une révélation divine était nécessaire à l'homme, nous ne l'envisageons pas relativement à l'ordre surnaturel : je le répète, la nécessité absolue d'une révélation, dans l'hypothèse d'un ordre surnaturel, est reconnue de tout le monde et reste, par conséquent, hors du débat. Nous restreignons la proposition à la fin naturelle de l'homme, la seule que les rationalistes reconnaissent ; et, procédant contre eux par voie d'argument personnel, nous constatons, par l'observation psychologique et par l'étude de l'histoire, l'impuissance relative de l'homme à parvenir avec les seules lumières de sa raison à une connaissance exacte de Dieu et de la loi morale. Je dis l'impuissance relative ; car il ne s'agit pas d'une impuissance absolue, puisqu'il existe une proportion naturelle entre la raison humaine et la connaissance de Dieu ou de la loi morale. Seulement, à cause des motifs que je viens d'énumérer, la recherche de ces vérités serait d'une extrême difficulté pour l'homme réduit aux seules forces de son intelligence ; à tel point que, par le fait, toutes les tentatives de ce genre ont échoué. De même, en concluant de cette impuissance relative à la nécessité d'une révélation divine, nous n'entendons point parler d'une nécessité absolue ou mathématique, mais d'une nécessité relative ou morale, d'une haute convenance basée sur les perfections divines. Une révélation extérieure et positive reste toujours, de la part de Dieu, un acte libre, un don purement gratuit, un bienfait qu'il n'était pas tenu d'accorder à l'homme, car en créant la nature humaine il lui avait fourni les moyens suffisants pour arriver à sa fin ; mais, par suite de sa déchéance primitive et de sa dégradation toujours croissante, le genre humain en était arrivé à un tel degré de misère intellectuelle et morale, qu'il était impuissant à sortir par lui-même de cette condition où l'avait réduit sa propre faute ; et, par conséquent, il convenait souverainement à la sagesse et à la bonté divines de venir en aide à sa faiblesse par un secours miraculeux qui le remit en possession de la vérité.

Voilà pourquoi les apologistes chrétiens ne cessaient de placer sous les yeux des païens le tableau des erreurs et des contradictions de la philosophie grecque, pour leur faire comprendre la nécessité d'un enseignement divin. Sans nul doute, la preuve du fait même de l'existence d'une révélation extérieure et positive restait toujours le point cardinal de la démonstration évangélique. Ce serait un mince avantage d'avoir prouvé que l'humanité avait besoin d'un secours miraculeux pour rentrer en possession de la vérité, si l'on ne démontrait en même temps que cette intervention divine a eu lieu réellement. Il n'est pas moins vrai de dire que cette critique préliminaire des religions et des systèmes philosophiques de l'antiquité avait pour résultat d'en détacher l'esprit des païens pour les préparer à l'examen des fondements de la révélation chrétienne. Nous avons vu que Lucien lui-même donnait la main aux apologistes pour montrer que le mouvement doctrinal du polythéisme n'avait abouti qu'à un pêle-mêle de théories contradictoires, au milieu desquelles la raison humaine ne pouvait rien trouver de satisfaisant. En signalant les inconvénients qui résulteraient pour l'homme réduit à chercher la vérité avec les seules lumières de son intelligence, saint Thomas d'Aquin n'a fait que préciser, sous une forme plus rigoureuse, les difficultés qu'énumérait le grand satirique du IIe siècle, dans l'*Hermotime*, au sujet du choix d'une secte. Si le sophiste de Samosate n'a pas su tirer la vraie conclusion de son dialogue, les apologistes chrétiens, mieux inspirés que lui, se chargeaient de la faire valoir. Nul d'entre eux n'a relevé d'une manière plus spirituelle et plus piquante les contradictions des philosophes grecs qu'Hermias, l'émule de Tatien. La satire qu'il composa contre ces derniers est une des pièces les plus remarquables de l'éloquence chrétienne au IIe siècle. L'apologiste commence par la doctrine de l'âme, sur laquelle il y a eu, parmi les sages de la Grèce, autant d'opinions différentes que d'écoles :

« Les uns disent que l'âme est le feu, comme Démocrite ; d'autres, l'air, comme les stoïciens. Ceux-ci affirment qu'elle est une intelligence ; ceux-là, un mouvement, d'après Héraclite. Tantôt, elle est une exhalaison ; tantôt, une vertu émanant des astres. Pythagore dira qu'elle est un nombre doué de la force motrice, une monade ; Hippon, une eau génitale ; Dinarque, une harmonie ; Critias, le sang ; quelques-uns, un agrégat d'éléments ; plusieurs, un esprit : les anciens sont divisés sur ce sujet. Que de discours, d'arguments, de luttes au milieu desquelles on cherche moins à découvrir la vérité qu'à se disputer ! Mais soit, les philosophes se querellent entre eux sur la nature de l'âme ; du moins, s'accorderont-ils sur le reste ? Pas davantage. L'un dit que le plaisir est le bien de l'âme ; l'autre, qu'il en est le mal ; un troisième, le terme moyen entre le bien et le mal. Ceux-ci déclarent que l'âme est immortelle ; ceux-là, qu'elle est mortelle ;

d'autres, qu'elle ne survit que pour un peu de temps. Quelques-uns la rabaissent à la condition des bêtes ; plusieurs la résolvent en atomes ; il en est qui la font rentrer trois fois dans des corps, ou qui assignent à ses migrations un terme de trois mille ans. Eux qui ne vivent pas même cent ans promettent hardiment trente siècles de durée. Quel nom donner à ces prétentions ? Est-ce de la jonglerie, de la démence, de la manie, de la discorde, ou bien tout cela réuni ? S'ils ont trouvé quelque chose de vrai, qu'ils enseignent la même doctrine, ou que l'un cède à l'autre : dans ce cas, moi aussi, je les en croirai bien volontiers. Mais s'ils tirent l'âme en tout sens, pour la faire passer d'une nature, d'une substance, d'une matière à l'autre, j'avoue que ce flux et reflux d'opinions ne me satisfait nullement. Tantôt je suis immortel et je m'en réjouis ; tantôt je redeviens mortel et j'en verse des larmes. Moi qui tout à l'heure me résolvais en atomes, je deviens eau, air, feu ; puis, un instant après, je ne suis plus ni l'un ni l'autre : on fait de moi une bête sauvage, un poisson. Voilà donc que j'ai pour frères les dauphins ; mais quand je me considère, j'ai peur de mon corps, je ne sais de quel nom l'appeler : suis-je un homme, un chien, un loup, un taureau, un oiseau, un serpent, un dragon, une chimère ? Car il plaît à nos philosophes de me changer en toute espèce de bêtes terrestres, aquatiques, ailées, multiformes, sauvages, apprivoisées, muettes, chantantes, brutes, intelligentes. Je nage, je vole, je m'élève dans les airs, je rampe, je cours, je reste perché. Enfin, pour achever mes métamorphoses, Empédocle se présente à moi et me transforme en arbuste [1]. »

Cette critique de la métempsychose est aussi ingénieuse que juste. On chercherait en vain dans Lucien lui-même un modèle d'ironie plus finement railleuse. Pour faire toucher

1. *Iris. gentil. philos*, I, II.

du doigt l'absurdité du système qu'il combat, Hermias ne dédaigne pas d'employer l'arme du ridicule ; et l'on peut dire qu'il la manie avec autant de souplesse que de force. Or, ce serait manquer d'équité que de lui en faire un reproche. Quand le ridicule se trouve dans une doctrine, qu'il sort pour ainsi dire de la simple exposition qu'on en fait, rien n'empêche de le relever et de s'en servir pour montrer qu'une telle doctrine ne saurait être prise au sérieux. Ce qui viole les règles d'une discussion loyale, c'est de prêter gratuitement et à dessein le ridicule à des choses graves et respectables par elles-mêmes, c'est de dénaturer un dogme ou d'altérer un fait pour s'en moquer à l'aise et y trouver matière à raillerie. Tel est, par exemple, le procédé familier à Voltaire, quand il veut égayer ses lecteurs aux dépens de la Bible. Pour tourner en ridicule ce qu'elle enseigne ou rapporte, il a recours à tous les artifices que peut suggérer la mauvaise foi. Il travestit les personnages, falsifie les textes, traduit mal ce qu'il cite et interprète à faux ce qu'il traduit. Il abuse des mœurs et des coutumes d'une civilisation toute différente de la nôtre pour en faire un objet de risée. Il prend les allégories pour des faits, les paraboles pour des histoires véritables, les visions symboliques pour des actions réelles. Il n'entend rien au langage typique si usité en Orient: il fait avaler à Ézéchiel un volume de parchemin, tandis qu'il s'agit d'une simple métaphore destinée à rendre l'idée avec plus de force ; il peint Jérémie chargé d'un bât, métamorphose Nabuchodonosor en bœuf, bien que le texte ne porte rien de semblable. Il s'inquiète peu de la vérité historique, pourvu qu'il insulte ou fasse rire. Sa critique des livres saints est une plate bouffonnerie, un persifflage indécent qui défigure ce qu'il attaque et dans lequel, par conséquent, l'arme du ridicule n'atteint que celui qui s'en sert. Ce n'est pas ainsi que les Pères de l'Église ont procédé dans leur controverse avec le paganisme. Ils ne prêtent point à leurs adversaires des doctrines imaginaires pour se ménager l'avantage d'un triomphe facile ; ils exposent les systèmes et laissent parler les faits. Si la satire se trouve quelquefois au bout de leur plume, c'est qu'en effet la mythologie païenne était ridicule par elle-même : les aventures des dieux de la fable avaient un côté burlesque qu'il était impossible de dissimuler. Ici, la plaisanterie naissait du sujet, sans qu'on eût besoin de faire le moindre effort pour l'en tirer. De même, par leurs opinions bizarres sur toutes choses, par l'archarnement qu'ils mettaient à s'escrimer entre eux, les philosophes avaient fini par devenir un objet de risée. Il suffisait de les montrer aux prises les uns avec les autres pour faire contre eux la plus mordante des satires : c'est le moyen qu'emploie Hermias. Après avoir résumé les dissentiments des philosophes touchant la nature et les destinées de l'âme, il passe à leurs doctrines sur Dieu et sur le monde.

Pour donner à son exposition une forme plus vive et plus animée, Hermias fait paraître les philosophes l'un après l'autre et leur donne la parole. Chacun vient, à son tour, plaider sa cause et ruiner celle de l'adversaire. Cette succession de personnages, qui défilent sous les yeux du lecteur et jettent en passant le mot de leur système, prête à la satire tout l'intérêt et la vivacité du dialogue : au lieu d'une nomenclature sèche et aride, nous avons un petit drame plein de mouvement, où le changement de ton et la variété des situations soutiennent l'attention. Lucien a disposé la scène à peu près de la même manière dans le dialogue intitulé *les Sectes à l'encan*. Il s'agit d'adjuger les sectes philosophiques au plus offrant, et de déterminer leur valeur relative. A cet effet, Jupiter, se servant de Mercure comme crieur public, vend les représentants des écoles les plus célèbres de l'antiquité, un pythagoricien, un cynique, un cyrénaïque, Démocrite et Héraclite, Socrate, ou plutôt Platon sous le nom de son maître, un stoïcien, un péripatéticien et un sceptique.

Chacun d'eux vient formuler son système et dire ce qu'il sait lui-même ou ce qu'il peut enseigner aux autres. Après cet interrogatoire, on convient du prix, et les sectes sont adjugées en raison de leur valeur. Mercure demande deux talents pour Socrate, tandis qu'il cède Diogène pour deux oboles ; plusieurs même ne trouvent pas d'acheteurs, comme Aristippe, Héraclite et Démocrite. On ne saurait nier que la critique de Lucien dégénère trop souvent en persifflage : il parodie les doctrines des philosophes plutôt qu'il ne les expose. Cependant, tout en versant le ridicule à pleines mains sur les différentes sectes, il saisit avec force le caractère qui les distingue. Ses portraits, quoique chargés, conservent une ressemblance frappante. Chez Hermias, la finesse du trait satirique s'allie toujours à une exposition fidèle des opinions qu'il combat. S'il assaisonne son discours de sel attique, il ne perd jamais la gravité qui sied au controversiste chrétien. Sans discuter lui-même leurs théories contradictoires, il charge les coryphées de l'hellénisme de se réfuter l'un par l'autre :

« Anaxagore vient à moi et me dit : L'intelligence est le principe des choses, leur cause première et souveraine. C'est elle qui fait succéder l'ordre à la Confusion et le mouvement à l'immobilité, qui distingue ce qui est mêlé et prête aux différents êtres leur ornement et leur forme. Sur ce, je deviens l'ami d'Anaxagore et je me range à son sentiment. — Mais voici que Mélissus et Parménide s'élèvent contre lui. Parménide publie, même en vers, qu'il n'y a qu'un seul Être, éternel, infini, immobile, et parfaitement homogène. Je ne sais comment, mais je passe dans ce nouveau parti : Parménide a chassé Anaxagore de mon esprit. — Pendant que je me crois en possession d'un dogme inébranlable, Anaximène vient à son tour et me crie : Vous êtes dans l'erreur ; moi je vous dis que le premier principe, c'est l'air qui, en se condensant, produit l'eau, et, en se dilatant, l'éther et le feu.

Revenu à son état primitif, il est subtil; condensé, il se transforme. Charmé de ce sentiment, je l'embrasse et je m'attache à Anaximène. — Mais quoi ! j'entends une voix qui part du cratère de l'Etna, c'est la voix d'Empédocle qui crie d'un ton menaçant : Il y a deux principes des choses, l'amitié et la discorde : l'un rapproche, l'autre sépare, et leur lutte produit tout ce qui est. Je définis également que ces deux principes sont identiques et divers, infinis et finis, éternels et créés. Bravo ! Empédocle, je te suis, dussé-je aller avec toi jusqu'aux flammes du cratère. — Sur ces entrefaites, Protagoras me tire à lui et me dit : L'homme est la mesure et le critérium des choses : celles qui tombent sous les sens existent réellement ; les autres sont de pures apparences sans réalité. Gagné par ces paroles de Protagoras, je me réjouis d'apprendre que toutes choses ou du moins la plupart sont abandonnées au jugement de l'homme. — Illusion bien courte ! Thalès part d'un point tout différent pour m'annoncer la vérité : L'eau, dit-il, est le principe universel : toutes choses proviennent de l'élément humide et se résolvent en lui ; la terre est soutenue par l'eau. Pourquoi ne pas en croire Thalès, le plus ancien des sages de l'Ionie ? — Il est vrai qu'Anaximandre, son compatriote, proclame le mouvement éternel un principe antérieur à l'eau : C'est par le mouvement, continue-t-il, que toutes choses naissent ou périssent. Eh bien, soit : ajoutons foi aux paroles d'Anaximandre. — Cependant, d'un autre côté, Archélaüs jouit d'une grande réputation : or, il déclare que le chaud et le froid sont les principes de l'univers. Cela donne à réfléchir. — Mais j'entends la grande voix de Platon qui lui oppose ses trois principes, Dieu, la matière et la forme. C'en est fait, je me rends à Platon. Comment agir autrement ? Il faut bien écouter un philosophe qui a fait le char de Jupiter. — Un instant ! derrière lui je vois Aristote, son disciple, qui, jaloux du maître, veut à son tour fabriquer le char. Selon lui, le principe des choses, c'est l'activité et la passivité. Le principe actif est impassible, c'est l'éther ; quant au principe passif, il a quatre propriétés : la sécheresse, l'humidité, la chaleur et le froid : par suite de ces divers changements les êtres naissent ou se corrompent. Décidément, je suis las de me voir ballotté de la sorte en tous sens par des opinions contraires. Je vais m'en tenir désormais au sentiment d'Aristote, sans me laisser émouvoir par quelque doctrine que ce soit.[1] »

Assurément, Messieurs, il serait difficile de mieux peindre ces fluctuations de la philosophie païenne, qui ne pouvaient manquer de jeter les esprits dans un état de doute et d'indécision. Il y a beaucoup d'art dans cette exposition vive et rapide, où chaque système se trouve placé dans la bouche de son auteur : cette mise en scène ajoute à l'effet du discours sans lui faire perdre de sa clarté. Sans doute, Hermias n'est pas le premier qui ait présenté le tableau des variations et des contradictions de l'hellénisme : nous l'avions déjà rencontré, moins animé et moins complet, dans saint Justin et dans Tatien ; il n'est guère d'apologiste qui n'en ait reproduit quelques traits. Même, en dehors de l'éloquence chrétienne, la critique s'y était essayée maintes fois avec succès. Cicéron, en particulier, se plaisait à relever ce qu'il y avait d'indécis et de flottant dans les opinions de ses devanciers. Mais le traité le plus spécial et le plus étendu que l'antiquité profane nous ait transmis sur cette matière, ce sont les cinq livres de Plutarque touchant les *Opinions des philosophes*. Que l'ouvrage entier soit sorti de la main de l'historien de Chéronée, ou bien qu'il ait subi un remaniement postérieur, il importe peu à la question. Tel qu'il est, il offre une mine de connaissances précieuses que les apologistes chrétiens ont exploitée avec profit. Plutarque groupe les questions philosophiques autour de quelques points généraux, puis il énu-

---

1. *Irris. gentil. philos.*, III, IV, V.

mère, sur chacune d'elles, les sentiments des différentes écoles, qu'il rapporte le plus souvent sans les discuter. Ce qui manque à son livre, d'ailleurs si riche de faits et de renseignements, c'est un ordre bien suivi dans l'arrangement des matières : il ne s'attache ni à la succession des temps ni à l'enchaînement logique du sujet. Je ferai le même reproche à l'écrit d'Hermias. Si, au lieu de commencer par Anaxagore pour s'arrêter à Épicure, l'apologiste avait passé en revue une école après l'autre, telles qu'elles ont paru dans l'histoire, cette gradation de doctrines eût été plus conforme au développement réel de la philosophie grecque. Toujours est-il qu'on chercherait vainement dans l'analyse de Plutarque le relief et la vivacité de couleurs qui distinguent celle d'Hermias. Le moraliste païen se contente d'une exposition maigre et décharnée : il traîne le lecteur à travers mille opinions entassées sans lien ni méthode, tandis que le philosophe chrétien sait porter dans son discours le mouvement et la vie par la forme dramatique qu'il lui prête. J'aime, Messieurs, à placer sous vos yeux la suite de cette charmante petite satire, parce qu'elle me paraît une des productions les plus originales de l'éloquence chrétienne au IIe siècle.

« Que faire, s'écrie-t-il, après s'être déclaré pour Aristote ? Voici que des philosophes plus vénérables que ceux-ci par leur ancienneté ôtent tout courage à mon âme par leurs contradictions. J'apprends de Phérécyde que le triple principe des choses, c'est Jupiter ou l'éther, Chthonie ou la terre, et Saturne ou le temps ; que l'éther est le principe actif, la terre, le principe passif, et le temps, le principe contenant tout ce qui naît. — Malheureusement, je trouve le même désaccord parmi les anciens. Car Leucippe traite tout cela de bagatelles : selon lui, le principe des choses, ce sont les atomes, infinis et immobiles ; les plus subtils d'entre eux s'élèvent et forment le feu ou l'air, tandis que les plus grossiers produisent, en descendant, l'eau et la terre. Quel sera le terme de toutes ces leçons au milieu desquelles je ne trouve rien de vrai ? Peut-être sera-ce Démocrite qui m'affranchira de l'erreur en me démontrant que les principes des choses sont l'être et le non-être ; que l'espace plein est l'être, et l'espace vide, le non-être ; que l'espace plein produit toutes choses dans l'espace vide par le mouvement et la forme des atomes. — Je serais tenté de me laisser aller vers ce bon Démocrite pour rire avec lui, si je n'en étais détourné par Héraclite qui me dit en pleurnichant : Le feu est le principe de tout ce qui existe : raréfié, il est un élément actif ; condensé, un élément passif : de ces deux forces, l'une réunit, l'autre sépare les êtres. Me voilà saturé de principes, j'en suis plein comme un homme ivre. — Cependant, je ne puis pas faire à Épicure l'affront de mépriser sa belle théorie sur les atomes et le vide : le voici qui m'appelle pour m'enseigner que les êtres naissent et périssent par la rencontre des atomes qui se mêlent dans tous les sens et sous mille formes. — Ce n'est pas moi qui irai vous contredire, excellent Épicure ; mais ne voyez-vous pas Cléanthe qui sort la tête du puits pour se moquer de votre sentiment ? A mon tour, je vais puiser à la source de la vérité, et j'établis avec lui que le principe des choses, c'est Dieu et la matière : la terre passe en eau, l'eau en air, l'air s'élève, le feu se rapproche de la terre, le monde est pénétré par l'âme universelle dont une partie nous anime. Encore si j'étais au bout, mais une foule de docteurs arrivent vers moi de la Libye, Carnéade, Clitomaque et leurs sectateurs : ils foulent aux pieds les opinions de tous les autres et déclarent tout uniment qu'on ne peut rien saisir, que l'imagination mêle toujours ses fantômes à la perception de la vérité. C'est donc à un pareil résultat qu'aboutit tout mon labeur ! Après avoir mis un temps si long à les recueillir, je me vois réduit à chasser de mon esprit toutes les opinions que j'ai adoptées ! Car, si on ne peut atteindre à rien, la vérité cesse d'être à la portée de l'homme, et cette philosophie tant vantée n'embrasse que des ombres, loin de comprendre la science des choses [1]. »

C'est ainsi qu'Hermias obligeait la philosophie grecque de confesser son impuissance à découvrir par elle-même la vérité sans mélange d'erreurs. Par cette critique aussi spirituelle dans la forme que vraie au fond, il amenait les esprits de son temps à reconnaître la nécessité d'une révélation divine qui pût mettre fin à leurs incertitudes par un enseignement invariable et sûr. Car enfin, cette multitude de systèmes contradictoires, soutenus par des hommes également recommandables par le talent, ne pouvait avoir d'autre résultat que de prolonger l'indécision et le doute. Je n'ai pas besoin d'ajouter que les variations de la philosophie moderne produiraient absolument le même effet, si l'Évangile n'était là pour maintenir la vérité au milieu de nous par la garantie d'une autorité infaillible ; car, depuis le panthéisme indien jusqu'à la métempsychose, toutes les théories anciennes ont trouvé de nos jours d'ardents défenseurs, dont les luttes auraient pour conséquence inévitable de jeter la même confusion dans les intelligences. Sans la révélation chrétienne, le spectacle qu'offrait l'antiquité païenne se renouvellerait sous nos yeux. Il est vrai que pour échapper au scepticisme qui l'envahissait d'une part, à la religion révélée qui la pressait de l'autre, la philosophie, séparée de la foi, allait tenter au IIIe siècle un effort qu'elle a répété de nos jours sans plus de succès. Ne pouvant arriver à l'unité, elle essaiera de la fusion : obligée de convenir que les divers systèmes se contredisent l'un l'autre, elle dira que tous pèchent par leur caractère exclusif, et qu'en dégageant ce qu'il y a de vrai dans chacun pour éliminer ce qui s'y trouve de faux, on parvient à la solution de toutes choses. Nous verrons plus tard comment l'éclectisme

---

1. *Irris. gentil. philo.*, VI. VII.

alexandrin appliquera cette méthode rajeunie par une école contemporaine. Mais déjà nous pouvons affirmer que l'argument tiré par Hermias des contradictions de la philosophie grecque conservera toute sa force. Car l'éclectisme, ainsi entendu, renferme une impossibilité radicale et une véritable pétition de principe. On ne peut pas unir deux principes qui s'excluent, ni concilier ensemble des théories contradictoires. Entre le matérialisme, qui nie l'existence de l'esprit, et l'idéalisme, qui nie la réalité du corps, il n'y a pas d'accord possible, parce qu'il n'y a ni point de contact ni rapport commun : il faut se prononcer pour l'un ou pour l'autre, ou bien rejeter les deux : les combiner, ce serait vouloir mêler le feu avec l'eau. Il en est de même de tous les autres systèmes. La vérité est tout d'une pièce ; elle n'est pas un amalgame d'éléments hétérogènes, un assemblage de morceaux pris d'ici et de là. En cherchant à opérer la fusion entre des doctrines qui se détruisent l'une par l'autre, on arrive à zéro. De là vient que l'éclectisme n'a jamais pu formuler un principe bien arrêté. La variation est essentielle à ce système : chassé d'une position, il se réfugie dans une autre sans qu'on puisse le joindre ni le serrer de près. De plus, il court dans un cercle vicieux d'où il est incapable de sortir : pour procéder avec quelque chance de succès, il lui faudrait à son point de départ ce qu'il avoue lui-même ne pouvoir atteindre qu'après de longs détours. L'éclectisme, en effet, suppose la vérité déjà trouvée, c'est-à-dire ce qui est en question. Car, pour appliquer une règle, il faut la posséder ; pour comparer, il faut un terme de comparaison ; pour juger, il faut avoir déterminé préalablement la base du jugement. On ne peut se convaincre de la fausseté d'une théorie qu'en la rapprochant de ce qu'on sait être la vérité, comme on ne saurait calculer les dimensions des objets sans les rapporter à une mesure déjà connue ; de même encore qu'il serait impossible de décider si une chose est noire ou blanche, si l'on n'avait auparavant la notion du blanc et du noir. Cela est de toute évidence. C'est pourquoi l'éclectisme n'est d'aucun secours pour quiconque en est encore à chercher la vraie doctrine ; il n'offre d'avantage, comme méthode critique, qu'à celui qui se trouve déjà en possession de la vérité. Conséquemment, cet essai de conciliation, tenté à différentes époques, ne saurait aboutir à un résultat satisfaisant : il ne remédie d'aucune façon au défaut d'unité qui distingue les systèmes philosophiques.

Venons à la conclusion de l'écrit d'Hermias : « J'ai exposé toutes ces doctrines, dit-il, pour montrer le désaccord qui règne entre les philosophes : ils s'épuisent inutilement dans des recherches sans terme ni fin ; ils vont au hasard, parce que leurs opinions ne reposent sur aucun principe clair et certain [1]. » On aurait tort de regarder cette conclusion comme purement négative ; car l'intention de l'auteur ne saurait être douteuse. C'est pour gagner les esprits à la religion chrétienne qu'il cherchait à les détacher des sectes philosophiques. Son but est manifeste par le texte de saint Paul qu'il choisit pour épigraphe : « la sagesse de ce monde n'est que folie aux yeux de Dieu. » Le seul reproche qu'on puisse faire au dénoûment de cette pièce satirique, c'est d'être trop brusque. Si, en regard du tableau des contradictions de la philosophie grecque, Hermias avait exposé la doctrine chrétienne dans sa majestueuse harmonie, ce contraste eût ajouté à l'effet du discours. Telle est, en réalité, la marche que suivent d'ordinaire les apologistes du IIe siècle : ils commencent par déblayer le terrain par la critique des religions et des systèmes de l'antiquité ; puis, développant la partie positive de leur argumentation, ils font paraître aux yeux de leurs lecteurs l'édifice de la vérité chrétienne. Hermias n'embrasse que la moitié de ce programme que traçaient à l'apologétique les nécessités de

---

1. *Irris. gentil. philos.*, 10.

l'époque ; aussi bien son ouvrage est-il moins une défense de
la religion chrétienne qu'une attaque directe contre l'hellénisme, ce qui en réduit le cadre à des proportions moins
vastes. Telle qu'elle s'offre à nous, cette satire est un petit
écrit plein de verve et de savoir, dans lequel une critique
toujours juste se déploie sous une forme ingénieuse et piquante, sans recourir à d'autre moyen qu'à une exposition
vive, spirituelle, dramatique, des différents systèmes de la
philosophie ancienne.

Car, Messieurs, ce que je vous prie de remarquer en terminant, c'est qu'Hermias ne conclut pas contre la philosophie
elle-même, mais contre les théories fausses ou exclusives professées par les philosophes. Déjà Lucien s'était cru obligé d'établir cette différence dans l'une de ses plus brillantes compositions, le *Pêcheur* ou les *Ressuscités*. Afin de se venger du
mal que le satirique avait dit sur leur compte dans les *Sectes
à l'encan*, les chefs des diverses écoles demandent à Pluton
la faveur de retourner sur la terre pour un seul jour : le roi
des enfers se rend à leur désir. Alors ils s'en vont tous ensemble trouver Lucien, qu'ils accablent d'injures jusqu'à vouloir le lapider. Celui-ci en appelle des philosophes qui le condamnent à la philosophie elle-même, qu'il prétend n'avoir
jamais attaquée. On convient de s'en rapporter au jugement
de la Philosophie, qui s'entoure de la Vertu, de la Tempérance, de la Justice, de la Science et de la Vérité ; celle-ci s'adjoint comme compagnes la Liberté et la Franchise, la Conviction et la Démonstration. La scène se passe sous le portique
du temple de Minerve. Les philosophes confient leur cause à
Diogène, qui fait un long réquisitoire pour démontrer que Lucien a traité la philosophie de sottise et de niaiserie. A son
tour, l'accusé prend la parole pour détruire les charges qui
pèsent sur son compte. « Ce n'est pas la philosophie, dit-il,
qu'il a voulu combattre dans ses satires, mais ceux qui se
couvrent de son manteau et qui la déshonorent par leur en-

seignement et par leur conduite. » Là-dessus, Lucien profite de l'occasion pour résumer en quelques pages aussi véhémentes que spirituelles tout ce qu'il avait écrit, dans ses dialogues, contre les philosophes de son temps. Gagnés par ses raisons, les représentants des différentes écoles se désistent de leur accusation, et la philosophie le déclare absous à l'unanimité des suffrages.

Quoi que l'on puisse penser de ce verdic d'acquittement obtenu par Lucien, il est certain que l'apologétique chrétienne ne s'attaquait pas à la philosophie elle-même. Ses objections ne tombent que sur la science isolée ou séparée de la foi. Non, le christianisme n'a point arrêté l'essor de la pensée humaine vers les régions du monde intelligible ; il venait, au contraire, lui apporter un secours et une règle. En proposant à la raison par voie d'autorité les vérités qui avaient fait l'objet de ses recherches, il les mettait à l'abri du doute et de la négation : il replaçait l'intelligence sur ses véritables bases et lui donnait un point d'appui inébranlable. Même depuis la révélation chrétienne, la philosophie est restée une science réelle que la théologie ne peut ni ne doit absorber ; seulement, ce qu'elle n'avait pu trouver par elle-même, la foi le lui a enseigné. La révélation est venue suppléer à l'insuffisance des lumières naturelles affaiblies par une décadence progressive: elle a remis le genre humain en possession de vérités qu'il n'aurait jamais dû oublier, mais qui, par le fait, s'étaient perdues ou altérées de telle sorte qu'un travail de vingt siècles n'avait pas abouti à les reconstruire sous leur forme première. Sans nul doute, l'existence de Dieu, l'immortalité de l'âme, la notion de la loi morale, sont des vérités rationnelles auxquelles l'homme adhère sans peine sitôt qu'on les propose à son assentiment ; mais, autre chose est de les admettre comme telles ou même de les démontrer par des preuves certaines du moment qu'on les connaît ; autre chose, de les découvrir par soi-même. Aucun philosophe de l'antiquité ne les a formulées sans y mêler les plus graves erreurs ; seule, la révélation les a enseignées avec une netteté et une précision qui bannissent toute incertitude, en les appuyant sur l'autorité divine. C'est pourquoi, toute distincte qu'elle est de la foi, la philosophie ne saurait être indépendante d'elle. Dès l'instant qu'elle aspire à cette indépendance, qu'elle se sépare de la révélation pour marcher à l'écart dans l'isolement de sa faiblesse, elle s'expose aux mêmes dangers et retombe dans les mêmes égarements que dans les temps anciens. C'est ce que l'expérience n'a que trop prouvé. A quoi est venue aboutir en France, au siècle dernier, la philosophie séparée de la foi ? Au matérialisme, absolument comme autrefois dans l'école d'Épicure ou dans celle de Leucippe et de Démocrite ? Quel a été de nos jours, en Allemagne, le point d'arrivée de la philosophie séparée de la foi ? Le panthéisme, comme jadis dans l'école de Xénophane et de Parménide. Ce sont là des faits éclatants qui prouvent que la philosophie, en s'isolant de la révélation, tourne sur elle-même dans le cercle d'erreurs où s'était agité le vieux monde. Réduite à ses propres forces, elle manque de guide et de direction : elle remet perpétuellement en question ce que l'autorité de la parole divine a placé hors d'atteinte. C'est l'histoire de la toile de Pénélope, où le travail du lendemain vient détruire celui de la veille. Aussi, ne soyons pas surpris de trouver moins de vérités positives dans tel système contemporain que dans celui d'Aristote ou de Platon. Avec ces prétentions à l'indépendance, il ne saurait y avoir de progrès sérieux dans les sciences philosophiques. Aujourd'hui, c'est la métempsychose qui reparaît ; demain, ce sera je ne sais quelle autre théorie renouvelée des Grecs. Rien ne se fait lorsqu'on ne songe qu'à défaire, et qu'on revient sans cesse sur ce qui est acquis à la science : c'est le meilleur moyen de ne jamais avancer, et même de reculer. Si, au contraire, la raison accepte dans l'autorité de la parole divine un frein et une règle ; si, en présence des variations et des contradictions de la philosophie isolée ou séparée de la foi, elle reconnaît son impuissance à marcher seule et sans guide ; si elle est résolue d'avance à suivre la voie que la révélation lui trace, à revenir sur ses pas quand elle s'est heurtée contre l'enseignement divin : dans ces conditions, la philosophie est une science sûre et salutaire. La foi est là qui l'empêche de s'égarer, qui la redresse au besoin et lui ouvre sur Dieu, sur l'âme et sur le monde, des horizons plus vastes où la raison peut désormais se plonger sans crainte, parce qu'elle ne court plus risque de s'y perdre. Appelez cela une entrave à la liberté humaine, soit : c'en est une, comme la grammaire est une entrave à la liberté de mal écrire, comme la logique est une entrave à la liberté de déraisonner, comme la loi est une entrave à la liberté de mal faire. Il n'y a d'absolument indépendant que Dieu et la vérité qu'il a marquée du sceau de son infaillibilité. Si, après cela, la philosophie trouve que le titre de suivante de la théologie est trop modeste, elle peut l'échanger contre celui de compagne, d'auxiliaire, de sœur même, si elle le juge à propos : qu'elle fasse ses efforts pour le mériter, nous sommes trop équitables et trop polis pour le lui refuser.

CINQUIÈME LEÇON

Réaction de la philosophie et de l'éloquence païenne contre le christianisme. — Premiers écrivains qui aient attaqué la religion chrétienne : Crescens, Fronton, Celse, Philostrate — Caractère de la polémique de Celse. — La vie d'Apollonius de Tyane, par Philostrate. — Tendance et but de ce roman philosophique. — Éléments historiques qui s'y trouvent mêlés à la fiction — Philostrate veut créer un type de perfection égal ou supérieur au Christ. — Insuccès de cette tentative. — Apollonius de Tyane, vraie caricature du Sauveur. — Philostrate n'a pas le sens de la véritable grandeur morale. — Imitation de l'apostolat chrétien dans les voyages d'Apollonius. — Philostrate ne réussit pas mieux dans l'idéal du thaumaturge que dans celui du sage et de l'apôtre. — Le vrai surnaturel en présence du surnaturel faux dans les deux premiers siècles. — Traits heureux semés çà et là dans ce roman philosophique. — Jugement général sur cette composition. — L'idéal de la grandeur et de la beauté morale dans l'Évangile.

Messieurs,

Les travaux de l'apologétique chrétienne ne pouvaient manquer d'appeler sur la religion persécutée l'attention des littérateurs et des philosophes païens du IIe siècle. Jusqu'à l'ère des Antonins, cette classe de lettrés qui formait l'aristocratie intellectuelle du monde romain s'était peu occupée d'une doctrine qu'on rangeait parmi les mille superstitions de l'époque. Nous avons vu avec quel air d'indifférence ou de mépris les gens d'esprit, infatués de leur mérite, avaient accueilli le christianisme naissant. Tacite le traite de superstition pernicieuse ; Suétone le confond avec le judaïsme dans un égal dédain ; Pline contredit l'éloge qu'il en fait par une épithète flétrissante ; Sénèque et Plutarque le passent sous silence. Épictète ne voit dans la conduite des chrétiens qu'un fanatisme aveugle ; Marc-Aurèle, un entêtement dont il ne se rend pas compte ; Galien n'y touche qu'en passant, pour signaler ce qu'il appelle leur obstination et leur crédulité [1] ; Pausanias et Apulée n'en font aucune mention. Enfin, Lucien tourne leurs croyances en ridicule sans les discuter sérieusement. Mais, vous le concevez sans peine, cette conspiration du silence ou du mépris ne pouvait durer longtemps devant les progrès toujours croissants de l'Évangile. Déjà, vers le milieu du IIe siècle, le christianisme avait gagné assez de terrain pour que les esprits cultivés du temps dussent songer à joindre les efforts de la science à ceux de l'autorité. Menacé sur son propre terrain par les attaques des apologistes, le polythéisme se vit obligé de repousser par des arguments ce qu'il avait cru pouvoir étouffer par une répression sanglante. C'est aux premières tentatives de cette réaction de la littérature païenne contre le christianisme que nous allons assister aujourd'hui.

Crescens, de la secte des cyniques, est le premier philosophe grec qui se soit engagé avec les chrétiens dans une polémique ouverte. À la vérité, il est impossible de déterminer si ce fut par écrit, ou de vive voix seulement, qu'il discutait avec saint Justin et Tatien, les seuls qui aient parlé de lui. Comme les cyniques se mêlaient de préférence aux classes populaires, il est probable que Crescens cherchait à faire valoir les accusations qui trouvaient le plus d'accès auprès d'elles, les reproches d'athéisme ou d'impiété. Tel est, en effet, le rôle odieux que saint Justin et son disciple attribuent à ce vil sycophante qui n'a pas laissé de trace après lui. Une attaque plus sérieuse, parce qu'elle partait de plus haut, ce fut l'écrit de Cornélius Fronton, qui avait été précepteur de Marc-Aurèle et de Lucius Vérus. Ce personnage consulaire, un des rhéteurs les plus distingués de l'époque, composa contre les chrétiens une invective que nous ne

---

1. Galien, *de Pulsuum differentiis*, l. II, c 4 ; III, 3.

possédons plus, mais dont Minucius Félix nous a conservé le souvenir[1]. On peut présumer avec quelque vraisemblance qu'il cherchait à justifier par ce discours les persécutions qui eurent lieu sous Marc-Aurèle. C'est dans ce but qu'il se faisait l'écho complaisant des plus infâmes calomnies, en reprochant aux disciples de l'Évangile des crimes semblables à ceux d'Œdipe et de Thyeste. Il ne paraît pas, toutefois, que le libelle de Fronton ait eu un grand retentissement, puisque les apologistes chrétiens, à l'exception d'un seul, ont gardé le silence sur cette œuvre de haine et de mauvaise foi. Ce qui produisit une sensation bien plus vive et plus durable, ce fut l'ouvrage de Celse, l'ami de Lucien, qui lui adressa l'un de ses opuscules intitulé *Alexandre* ou le *Faux Prophète*.

Le nom de Celse est devenu inséparable de celui d'Origène qui l'a immortalisé en le réfutant. Aussi, pour examiner en détail les objections du sophiste grec, il faudrait anticiper sur l'histoire de l'éloquence chrétienne dans l'école d'Alexandrie; car, sans la réponse d'Origène, nous n'aurions plus un seul fragment de la diatribe composée par Celse sous le nom de *Discours véritable*. C'est pourquoi je me bornerai pour le moment à marquer en quelques traits le caractère de cet écrivain et la portée de son attaque. Esprit superficiel et léger, Celse manque de sérieux et de profondeur. Sa critique se joue constamment à la surface des doctrines, sans en pénétrer le fond. Il effleure du bout de la plume les faits et les idées qu'il discute, et se contente le plus souvent d'y chercher matière à contradiction. On voit assez, par le genre de difficultés qu'il soulève, que le sens de la religion chrétienne lui fait défaut : l'idée d'une rédemption du genre humain lui reste complétement étrangère ; un des points qui le heurtent le plus, c'est l'accueil que l'Église fait aux pécheurs

---

[1]. Minut. Félix. *Octavius*, 9, 31.

dans le but de les réhabiliter. Du reste, lui-même ne paraît guère s'être soucié de mettre beaucoup d'unité dans son propre système. Épicurien au fond, il platonise dans l'occasion, suivant que cette évolution peut tourner au profit de sa cause. Pourvu qu'il atteigne son but, qui est de travestir et de décrier, il change de forme à chaque instant et fait arme de tout : juifs, païens, gnostiques, il fait parler tour à tour les ennemis de l'Église, et au nom des principes les plus opposés. De là vient que ses objections se détruisent d'ordinaire l'une par l'autre. Tantôt il accuse les chrétiens de n'avoir pas de culte extérieur et sensible, tantôt il leur reproche de n'être pas assez spiritualistes. Après s'être moqué de leur humilité, qu'il traite de bassesse, il soutient plus loin que leur doctrine favorise l'orgueil par la haute idée qu'elle donne de la nature humaine. Veut-il critiquer les Évangiles, il les accepte pour authentiques ; hors de là, il les rejette. D'un côté, il ramasse, sur la foi des juifs, toutes les fables qu'ils débitent sur le Sauveur ; de l'autre, il déchire leurs livres saints[1]. Évidemment, prise en elle-même, l'œuvre de Celse avait peu de valeur ; sa polémique n'était qu'une manœuvre de parti sans bonne foi ni loyauté. Est-ce à dire, Messieurs, que Celse n'ait pas été pour les chrétiens un adversaire dangereux ? Non, certes. Il avait précisément ce genre d'esprit qui réussit auprès du grand nombre, cette variété de connaissances qui éblouit à première vue, cette vivacité de traits et cette souplesse de formes qui dissimulent le manque de force ou de profondeur. Il laisse là les principes d'une métaphysique abstraite, se dépouille du bagage d'une érudition pesante pour manier avec plus de facilité l'arme légère de la plaisanterie. Il épilogue sur les textes, élude les arguments qu'on lui oppose, présente la doctrine

---

1. Origène *contre Celse*, vii, 36, 42 ; vi, 15 ; iv, 69, 75, 76 ; ii, 10, 13, 34, etc., etc.

sous un faux jour, tourne ses adversaires en ridicule ; il persiffle, invective, calomnie. Bref, il a inauguré cette polémique railleuse, frivole, toute d'injure et de bons mots, qu'Hiéroclès et Julien l'Apostat ont reprise dans les siècles suivants, et qui a trouvé dans Voltaire son expression la plus complète. Celse a été leur précurseur, et il est resté leur modèle à bien des égards. Aussi, je ne suis pas étonné que le plus brillant écrivain du IIIe siècle, Origène, l'ait pris à partie dans un long traité pour détruire l'effet qu'avait produit l'ouvrage de cet épicurien sceptique et moqueur.

Toutefois, Messieurs, le polythéisme savant ne devait pas s'en tenir à cette première tentative. Bien qu'il épuisât contre la religion chrétienne tous les traits de l'injure et de la calomnie, il ne pouvait s'empêcher de voir en elle un système puissant qui se propageait en dépit des attaques et des proscriptions. Pour arrêter les progrès de l'Évangile avec quelque apparence de succès, il fallait, de toute nécessité, lui opposer une doctrine qui fût capable de lutter avec la sienne et d'en contrebalancer la force. Or, d'une part, les fables païennes étaient tombées en discrédit ; de l'autre, les écoles philosophiques se trouvaient en pleine décadence. Le scepticisme et l'incrédulité avaient gagné la plupart des esprits cultivés de l'époque. Au milieu de ce malaise général, le christianisme offrait un asile sûr à ceux qui, fatigués du doute, cherchaient le repos dans la certitude d'une révélation divine. A l'exemple de saint Justin, de Tatien, d'Hermias, d'Athénagore, ils venaient échanger de vaines opinions controversées dans les écoles contre une philosophie enseignée de Dieu lui-même. Quant à ceux qui, soit inattention, soit hostilité, s'obstinaient à vouloir trouver en dehors de l'Évangile quelque chose qui pût les satisfaire, il ne leur restait que cette alternative d'imaginer de nouveaux systèmes ou de rajeunir les anciens. Mais, quel moyen de construire une théorie entièrement neuve, après que le génie grec avait épuisé, sur ce point, toutes les ressources de l'invention? Et d'ailleurs, la sève créatrice était tarie dans ce monde de grammairiens et de rhéteurs. Ce qu'il y avait à la fois de plus facile et de plus avantageux, c'était de restaurer les anciens systèmes pour les approprier aux besoins de l'époque. Peut-être, en choisissant dans chacun ce qu'il renfermait de bon, arriverait-on à former un ensemble plus parfait que ce qui avait existé jusqu'alors, un corps de Doctrines qui pût soutenir le parallèle avec le christianisme. Je ne dis pas, Messieurs, remarquez-le bien, que cette tentative de restauration ait été le résultat d'un calcul prémédité avec cette rigueur et cette précision qu'on est obligé de porter dans l'analyse d'un grand mouvement philosophique ; non, elle naissait tout naturellement de la situation que la décadence des écoles, d'une part, les progrès du christianisme, de l'autre, avaient faite au polythéisme savant. Toujours est-il que ces tendances à l'éclectisme ou au syncrétisme préparaient une ère nouvelle à la philosophie étrangère ou hostile à l'Église. Il est vrai que ce travail de rénovation ou de rajeunissement n'apparaît dans toute son étendue qu'au IIIe siècle, chez Plotin et chez Porphyre : par conséquent, nous n'avons pas à le décrire en ce moment ; mais déjà, vers l'époque où nous sommes arrivés, la marche des esprits l'annonce, on commence à tenter des essais de ce genre. Néo-pythagoriciens, néo-péripatéticiens, néo-stoïciens, néo-platoniciens, tous s'efforcent de rendre la vie aux anciens systèmes en les faisant valoir sous une nouvelle forme. Parmi ces divers essais, je m'arrête à celui qui nous offre le plus d'intérêt, parce qu'il se rapporte plus directement au sujet qui nous occupe. Je veux parler de la *Vie d'Apollonius de Tyane* par Philostrate. Ce roman philosophique a été imaginé dans le but évident d'opposer au divin fondateur du christianisme un type égal ou supérieur de perfection morale et de grandeur surnaturelle. Aussi Hiéroclès, au IVe siècle, et l'école de Voltaire, au siècle dernier, ont-ils exploité le merveilleux qui s'y trouve pour mettre en suspicion les miracles du Sauveur Nous allons étudier de près cette pièce peu connue, et si curieuse à plus d'un égard, parce qu'elle nous montre jusqu'où s'élevait l'éloquence païenne dans la conception d'un idéal de sagesse et sainteté.

Avant Lucien, aucun auteur n'avait parlé d'Apollonius de Tyane. Ce silence suffirait à lui seul pour prouver que l'ouvrage de Philostrate est un tissu de fictions. Si, en effet, le pythagoricien du premier siècle avait été l'homme extraordinaire pour lequel le sophiste de Lemnos veut le faire passer, un thaumaturge qui aurait rempli la terre entière du bruit de son nom, depuis les Indes jusqu'aux colonnes d'Hercule, un personnage mêlé à tous les événements de son temps, le protecteur des villes, l'ami, le conseiller des rois et des empereurs, le réformateur universel des anciens cultes, auprès duquel tous les sages et les philosophes des temps passés n'auraient été que des enfants, comment expliquer, dans ce cas, que les écrivains contemporains ou postérieurs, pendant un siècle entier, n'aient pas même prononcé son nom? Je ne crois pas, Messieurs, qu'il soit nécessaire de pousser plus avant pour se convaincre que la biographie d'Apollonius de Tyane a tout l'air d'une fable. Philostrate nous dit bien qu'il a consulté les archives des villes, les registres des temples, les traditions orales; mais ce sont là de pures allégations que chaque romancier peut se permettre pour donner du crédit à son œuvre: lui-même est obligé de convenir que son héros était peu connu, qu'on le tenait en général pour un magicien et un philosophe fort médiocre. La source principale où il dit avoir puisé, ce sont de prétendus mémoires d'un compagnon d'Apollonius nommé Damis, qui les aurait confiés à l'un de ses amis, lequel les aurait fait connaître à l'impératrice Julie, femme de Septime Sévère, laquelle enfin aurait chargé Philostrate de les transcrire et de les mettre en ordre. Voilà l'unique fondement de la narration. Qu'était-ce que Damis ? A-t-il jamais existé autrement que dans l'imagination du biographe ? Ou bien, s'il a vécu, quelle est la valeur de son témoignage ? Là-dessus, nous n'avons pas un seul détail que la critique puisse prendre au sérieux. Ces mémoires secrets, ensevelis dans le mystère pendant tout un siècle, et qui revoient le jour tout juste à point nommé pour servir la cause de Philostrate, sont un de ces moyens artificiels dont les romanciers ont abusé de tout temps pour éveiller l'attention et piquer la curiosité. En fin de compte, nous sommes réduits à la seule autorité de Philostrate qui n'ayant rien vu par lui-même, n'ayant pas conversé avec ceux qui auraient pu voir, n'a pas les qualités d'un témoin digne de foi. S'il restait un doute à cet égard, l'analyse de son œuvre suffirait pour le dissiper en prouvant qu'elle n'a pas le caractère d'un récit historique.

Par là, je n'entends pas dire que tout soit absolument faux dans la relation de Philostrate. L'existence d'Apollonius de Tyane ne saurait être mise en question. Il y a eu, en effet, un philosophe pythagoricien de ce nom qui, né trente ou quarante ans après Jésus-Christ, a joui d'une certaine célébrité. Nous avons de lui un petit recueil de lettres qui, à vrai dire, ne donnent pas une haute idée du personnage ; encore faut-il en compter quelques-unes dont l'authenticité est sujette à caution [1]. Si la 58ᵉ du recueil est véritablement de lui, on est obligé d'en conclure qu'il professait le panthéisme pur. En voulant consoler un père de la perte de son fils, il enseigne que la naissance et la mort n'ont rien de réel, que c'est toujours la même substance divine dont l'homme paraît se

---

1. *Les Lettres* d'Apollonius de Tyane se trouvent dans les collections de Henri Étienne, d'Alde et de Cujas. Elles ont été publiées séparément, avec la version d'Eilhard Lubin, par Commelin, 1601, in-8. Oléarius les a placées dans le second volume de son édition des *Œuvres de Philostrate*, en y ajoutant les *Fragments de Stobée*. Je cite d'après son recueil.

détacher en naissant et à laquelle il s'unit derechef par la mort, sans qu'il y ait autre chose dans tout cela qu'un simple changement de formes, qui n'affecte pas la substance de l'Être divin, unique sujet de ces diverses modifications. Spinoza n'eût pas mieux dit. Quant au récit de Philostrate, si on voulait le resserrer dans les limites rigoureuses de la vérité historique, il en resterait peu de chose. Lucien, qui le premier a fait mention d'Apollonius, le met sur le même rang qu'Alexandre Abonoteichos, dont il dévoile les impostures dans le *Pseudomantis*. Quant aux écrivains postérieurs à Philostrate, ils ont accepté ou contredit sa narration, sans y ajouter de renseignements puisés à d'autres sources. Eunape de Sardes, Vopiscus, Nicomaque, Victorien et Sidoine Apollinaire s'en rapportent aveuglément au témoignage du sophiste de Lemnos. Dion Cassius et Xiphilin nous apprennent que Caracalla avait élevé un temple à Apollonius, parce qu'il le regardait comme un célèbre magicien. Eusèbe l'appelle un malheureux sophiste qui faisait profession de magie plutôt que de philosophie. Lactance voit dans sa biographie une pure fiction, comparable au roman d'Apulée de Madaure. Saint Augustin n'en fait pas plus de cas : il prouve que toute cette fantasmagorie ne repose sur le témoignage d'aucun auteur digne de foi. Saint Jérôme, tout en contestant le caractère miraculeux de ses prestiges, paraît admettre la réalité du voyage de ce pythagoricien à travers le monde. Saint Jean Chrysostôme réduit à des jongleries toutes les merveilles qu'on lui prête. Photius se montre encore plus sévère contre l'ouvrage de Philostrate qu'il appelle un tissu d'extravagances. Enfin, dans la science moderne, il n'y a qu'une voix sur le peu de confiance que mérite cette œuvre ; car ce qu'en a dit l'école de Voltaire ne pèse d'aucun poids dans la balance de la critique. En résumé, si l'on dégage la vie du philosophe de Tyane de ce faux merveilleux dont elle est enveloppée, il reste peu de données vraiment historiques sur le personnage que le rhéteur de Lemnos a choisi pour héros de son roman.

Quel a donc pu être, Messieurs, le but de Philostrate dans cette singulière composition, qui, envisagée au point de vue littéraire, ne manque pas de mérite ? A mon sens, il n'est pas difficile à deviner. Bien que l'auteur semble n'avoir en vue que d'exalter le disciple de Pythagore, ce travail de l'esprit cache une arrière-pensée qui se trahit d'elle-même. Pourquoi cette tentative d'élever au-dessus des proportions de la nature humaine, de porter jusqu'à une hauteur idéale ce qui de soi-même ne dépassait pas les conditions ordinaires de la vie ? C'est, sans doute, parce qu'on avait sous les yeux une grandeur morale qu'il était impossible de nier, devant laquelle il fallait s'avouer vaincu, si l'on ne parvenait à lui opposer quelque chose d'égal ou de supérieur. Le christianisme, en effet, présentait au monde un type de vertu et de perfection inconnu jusqu'alors, et que le Sauveur avait réalisé dans sa personne. On pouvait bien, en présence de ce fait, se montrer injuste railleur, cruel même, mais non pas se défendre d'un certain étonnement qui n'allait pas toujours jusqu'à l'admiration ; car tout le rappelait chez les chrétiens, tout en portait l'empreinte : les Évangiles, la vie des fidèles, la conduite des martyrs. Aussi Pline en est-il ému ; Lucien ne sait trop qu'en penser ; Épictète et Marc-Aurèle ont peine à s'en rendre compte. Ce qui surtout était de nature à frapper les esprits même les plus prévenus, c'était cette grande figure du Christ qui, malgré les nuages dont le paganisme s'efforçait de la couvrir, rayonnait de plus en plus dans la perfection de ses traits, cette expression divine de force et de mansuétude, de sacrifice et de charité qui parlait à l'âme ou du moins commandait l'attention. On conçoit donc qu'il ait pu venir à l'esprit d'un philosophe du IIe siècle de chercher dans le passé une apparition analogue, ou bien de l'y placer en suppléant à la réalité par l'imagination, dans un but de rivalité ou pour tel autre motif. Or les vies de Socrate, de Platon, de Pythagore, étaient trop connues, trop historiques, elles n'offraient point assez d'attrait aux esprits avides du merveilleux pour se prêter à cette transfiguration religieuse et poétique. Au contraire, il avait paru cent ans auparavant un homme que son caractère mystérieux ou peu défini rendait propre à ce rôle de thaumaturge et de prophète : assez connu pour qu'on ne pût contester sa réalité, il l'était trop peu pour bannir la fiction. En se jouant avec habileté dans ce clair-obscur, on pouvait obtenir tel effet qu'on voudrait. Dès lors il devenait facile d'élever un piédestal à ce philosophe magicien, et d'environner sa tête du nimbe de la sainteté en laissant tomber sur elle quelques rayons échappés du Christ. Vous trouverez peut-être, Messieurs, que je prête à Philostrate trop d'art ou de calcul : il se peut, en effet, qu'il ne se soit pas toujours bien rendu compte de son œuvre, qu'il n'ait pas eu pleinement conscience des motifs qui le faisaient agir ; mais c'est le devoir de la critique de saisir, autant que possible, le jeu de la pensée, spontané ou réfléchi. Eh bien, Philostrate a-t-il réussi dans son entreprise ? A-t-il su imaginer un vrai modèle de sainteté, un type de perfection morale auquel on ne puisse rien reprendre ? Non, il est resté fort au-dessous de sa tâche. En dépit de ses efforts pour atteindre à l'idéal, malgré les emprunts dissimulés qu'il fait à l'Évangile, il n'a su placer en face de Jésus-Christ que la figure grimaçante d'un magicien, un fanfaron de vertus ; tranchons le mot, un véritable don Quichotte de la philosophie qui s'en va chevauchant par le monde, en quête de luttes et d'aventures singulières.

Entrons dans les détails. Dès le premier pas, nous sommes en plein merveilleux. Pour grandir son héros, Philostrate multiplie les prodiges autour de son berceau : il lui faut à son tour une annonciation divine, une étoile miraculeuse, un chant d'allégresse ; sauf l'arrivée des Mages de l'Orient, l'analogie est complète. Seulement le romancier païen brode à sa façon le tissu légendaire. C'est le dieu Protée qui apparaît à la mère d'Apollonius pour lui annoncer qu'il va s'incarner en elle ; c'est un éclair qui descend sur la terre et qui remonte vers le ciel ; ce sont des cygnes qui battent des ailes et remplissent le voisinage de leurs accords. Je passe ce qui regarde les études d'Apollonius à Tarse sous le rhéteur Euthydème, à Egées sous Euxène d'Héraclée, parce qu'on n'y trouve rien de remarquable. A l'âge de seize ans, il se soumet à la discipline de Pythagore : il s'abstient de viande et de poisson pour ne vivre que de fruits et d'herbages ; il renonce au vin, quoiqu'il n'en condamne pas l'usage ; il va nu-pieds, laisse croître ses cheveux et ne s'habille que de lin, pour ne rien porter qui provienne des animaux : le dogme de la métempsychose inspirait aux pythagoriciens ces scrupules de délicatesse envers les bêtes. Il garde un silence absolu pendant cinq ans et renonce au mariage pour pratiquer la continence parfaite. Après la mort de son père, il cède la moitié de ses biens à son frère, qu'il retire du désordre, distribue le reste à ses parents pauvres en ne se réservant que peu de chose. A l'exemple d'Anaxagore et de Cratès, il se dépouille d'un fardeau qui le gêne pour vaquer plus librement à l'étude de la philosophie [1].

On ne saurait nier que Philostrate ait fait ici un effort heureux pour élever le caractère moral de son héros. Je ne m'arrête pas à examiner si le portrait est fidèle : l'auteur est obligé de confesser qu'on n'avait pas, en général, une si haute opinion de la tempérance et du désintéressement d'Apollonius ; Euphrate le Syrien, entre autres, lui reprochait au contraire une convoitise insatiable. Mais prenons l'ouvrage pour ce qu'il est, une peinture idéale du sage,

---

1. *Vie d'Apollonius de Tyane*, par Philostrate, l. I. c, 1-8.

sans grand souci de la vérité historique. En choisissant dans l'antiquité païenne ce qu'elle offrait de plus sévère, la discipline pythagoricienne, et en y ajoutant quelques vertus chrétiennes, telles que la continence et la charité, Philostrate arrive à une conception morale qui ne manque pas d'élévation. Mais tout cet échafaudage de vertus apparentes repose sur une base fragile. On dirait un ver caché qui ronge la racine d'une plante, un souffle empoisonné qui la flétrit dans sa fleur. L'orgueil est, en effet, le mobile unique des actions d'Apollonius et l'âme de sa vie. Le héros de Philostrate est pétri de vanité : il pose pour un dieu ou du moins pour un homme divin. Sa préoccupation constante, c'est de se faire valoir et de paraître aux yeux du monde le plus grand des humains. A l'entendre, il possède le don des langues, il connaît les pensées les plus intimes de l'homme ; pour lui, la nature n'a pas de mystères, ni l'avenir de secrets. Il affecte de traiter d'égal à égal avec les princes, les estimant trop heureux de recevoir les leçons et les conseils d'un tel maître. A ceux qui l'interrogent sur ce qu'il porte avec lui, il répond qu'il n'a en propre que la vertu, la justice, la tempérance, la magnanimité, dont il fait présent à ceux qui en sont dignes. Il n'apprécie les hommes qu'au degré où ils l'admirent, et les éloges qu'ils lui donnent sont la mesure de l'estime qu'il professe pour eux. Évidemment, Philostrate n'a pas le sens de la véritable grandeur, parce qu'il n'a pas la notion de l'humilité chrétienne. Il n'a pas compris ces divines paroles qui traversaient le monde païen étonné de les entendre : « Que votre main gauche ignore le bien qu'a fait votre main droite. — N'accomplissez pas la justice pour vous attirer la louange des hommes, mais en vue de votre Père céleste qui vous réserve la récompense. — Quand vous aurez achevé votre tâche, dites-vous à vous-mêmes : Nous n'avons fait que notre devoir, nous sommes des serviteurs inutiles. » Voilà l'idéal du vrai mérite, qui est de s'effacer derrière le devoir et de s'ignorer lui-même. Lorsqu'on parcourt la vie de ce philosophe, qui se drape dans son manteau avec tant de complaisance, on se rappelle ce beau passage de Massillon : « La philosophie ne détruisait les vices que par le vice. Elle n'apprenait avec faste à mépriser le monde que pour s'attirer les applaudissements du monde : elle cherchait plus la gloire de la sagesse que la sagesse elle-même. En détruisant les autres passions, elle en élevait toujours une plus dangereuse sur leurs ruines, je veux dire l'orgueil ; semblable à ce prince de Babylone qui n'avait renversé les autels des dieux des nations que pour élever sur leurs débris sa statue impie, et ce colosse monstrueux d'orgueil qu'il voulait faire adorer à toute la terre [1]. »

Ces éloquentes paroles de Massillon tombent de tout leur poids sur Apollonius de Tyane, tel que Philostrate l'a dépeint. Ce n'est pas, du reste, le seul point sur lequel le héros du roman paraisse vulnérable. Ses récriminations amères contre Euphrate son ennemi, dans le plaidoyer adressé à Domitien, montrent que le sentiment de la haine ou de la vengeance n'était pas éteint dans son âme ; et les conversations peu chastes dans lesquelles il se complaît prouvent que l'orgueil n'est pas une force suffisante pour comprimer les mauvais penchants de la nature humaine. Mais laissons là un moment le caractère moral d'Apollonius, pour l'envisager sous une autre face : après le sage, voyons l'aventurier. Toujours préoccupé du soin d'exalter le personnage qu'il a choisi pour type, Philostrate ouvre un champ immense à son activité, et le promène à travers tout le monde connu des anciens. Apollonius part de Tyane, sa patrie, dans le but de pousser jusqu'aux Indes pour communiquer avec les Brahmanes. Il traverse la Pamphylie et la Cilicie, séjourne à Antioche et arrive à Babylone par le chemin de la Mésopotamie. La renommée le précède dans les divers lieux où il arrive : tous le connaissent et

---

1. *Sermon sur la vérité de la religion.*

lui font un accueil digne de sa haute réputation. Le roi de Babylone, en particulier, s'estime heureux de posséder un tel hôte, et veut marquer son bonheur par la magnificence de ses dons. Apollonius profite d'un séjour de quatre mois à Babylone pour conférer avec les Mages de la Chaldée qu'il ne tient pas pour parfaits; puis il poursuit sa route vers les Indes. Arrivé au Caucase il y trouve les liens qui enchaînèrent Prométhée sur son rocher; de même sur le mont Nyssa, il rencontre des lauriers plantés par Bacchus et un temple que ce dieu s'était construit. On peut juger par ce récit de la critique de Philostrate, si tant est qu'il ait voulu débiter sérieusement de pareils contes. Après avoir passé quelque temps chez Phraotes, roi de l'Inde, qui le comble d'honneurs, Apollonius se rend auprès de Jarchas, chef des Brahmanes, avec lesquels il converse pendant quatre mois et qui le jugent digne d'être regardé comme un dieu. Initié à la science et à la discipline des Brahmanes, il retourne à Babylone, de là dans l'Asie-Mineure, à Éphèse, à Smyrne, où les populations le tiennent pour un personnage divin et l'écoutent comme un oracle. Là ne se bornent pas les pérégrinations de l'infatigable philosophe; il faut que l'Occident participe également aux bienfaits de sa mission. Nous le retrouvons successivement à Athènes, où l'hiérophante d'Éleusis refuse de l'initier aux mystères comme magicien; à Rome, où Tigillin, préfet du prétoire, le fait surveiller de près; en Espagne, où il conspire contre Néron avec le gouverneur de la Bétique; en Égypte où il confère avec les gymnosophistes, qui ne le tiennent pas en haute estime; à Alexandrie, où il a de longs entretiens avec Vespasien et Titus pour leur apprendre à régner; à Rome, où il arrive de nouveau pour être accusé devant Domitien et absous par ce prince; enfin, dans l'Asie-Mineure, où il disparaît tout à coup sans qu'on sache comment. Bref, il fait le tour du monde : il est partout, il se mêle à tout, il combine et ordonne tout pendant un demi-siècle; et quand on consulte les témoignages de l'époque, personne ne dit mot de lui jusqu'à Philostrate, qui, seul, a le secret de cette vie extraordinaire¹.

Voilà, Messieurs, si je ne me trompe, une véritable caricature de l'apostolat chrétien. Apollonius entreprend au service de la philosophie ce que les apôtres avaient fait pour la cause de la foi. Je suis porté à croire que ces longs voyages ne sont pas une pure invention de Philostrate, bien qu'il ait étendu et arrangé l'itinéraire à son gré. Il n'était pas rare, en effet, au 1er et au IIe siècles, de voir des sophistes ou des rhéteurs ambulants aller de ville en ville, à travers le monde romain, écrivant et discourant sur toutes choses : Dion Chrysostôme est le plus célèbre d'entre eux. On dirait que la Providence ait voulu les faire surgir à l'époque des premières conquêtes de la foi pour opposer à la stérilité de la parole humaine la puissance et la fécondité de l'apostolat chrétien. Philostrate n'ignore pas l'existence de ces hommes nouveaux qui ont porté l'Évangile jusqu'aux extrémités de la terre; il leur emprunte quelques traits pour rehausser la figure de son héros. Il se plaît à montrer Apollonius apaisant une sédition à Aspende, exhortant ceux de Smyrne et d'Éphèse à la tempérance, à la charité, s'élevant avec force contre le luxe des femmes d'Athènes, réprouvant les bacchanales et abolissant les combats de gladiateurs. Il y a dans ces pages un reflet de la prédication évangélique et un écho de ces généreuses protestations que les apologistes faisaient entendre contre les jeux cruels et les pratiques immorales des païens. Mais le sophiste grec ne sait pas soutenir son personnage à cette hauteur : si l'apôtre de la philosophie s'élève par intervalle, il ne tarde pas à retomber dans le rôle d'un aventurier vulgaire et bavard. On peut en juger par les niaiseries qui font la matière ordinaire de ses discours et de ses conversations. Il disserte gravement

---

1. *Vie d'Apollonius de Tyane* par Philostrate, l., I-VIII.

et au long sur la question de savoir pourquoi les éléphants n'ont pas de cornes ; comment les aigles et les cigognes conservent leurs petits ; si la diversité des couleurs est nécessaire à la peinture; si le Pactole roule des paillettes d'or; si les arbres sont la plus ancienne chose qu'il y ait sur terre ; lequel des deux procure le meilleur sommeil, l'usage du vin ou celui de l'eau; en quoi la flûte est préférable à la lyre, etc. Voilà les grands sujets sur lesquels le philosophe de Tyane devise le long de ses voyages, les hautes vérités qu'il porte depuis le Gange jusqu'aux colonnes d'Hercule, à travers mille aventures risquées pour la plus grande part de la philosophie. J'ai prononcé le nom de don Quichotte: le mot n'est pas trop fort. Rien ne ressemble mieux au roman de Cervantes que celui de Philostrate. Et, pour surcroît de ressemblance, nous trouvons à côté d'Apollonius un vrai Sancho Pança dans la personne de Damis, son fidèle compagnon. Comme l'écuyer du célèbre hidalgo, Damis a du bon sens, un esprit pratique qui lui suggère parfois des réflexions sensées. Malgré l'admiration naïve qu'il professe pour son maître, il ne partage nullement ses goûts héroïques et cherche à modérer son enthousiasme pour la philosophie. Lorsque, dans un élan de désintéressement, Apollonius refuse les dons du roi de Babylone, Damis l'engage vivement à ne pas faire cet affront au prince, à songer un peu aux provisions de voyage : « On pourrait, dit-il, voir dans ce refus de l'arrogance et du mépris. » La même scène se renouvelle chez le roi des Indes, où le chevalier de la philosophie ne veut pas changer de monture. Quand les Brahmanes s'offrent à faire de lui un devin, Damis les remercie très-poliment de leur complaisance, en leur déclarant qu'il se soucie fort peu de cet honneur, pourvu qu'il puisse prévoir ce qui lui est utile et nécessaire. Enfin, lorsque Apollonius veut à toute force aller à Rome et mourir pour la philosophie, Damis trouve qu'il y aurait imprudence à se jeter ainsi dans la gueule du loup, et qu'il ne faut pas laisser éteindre la philosophie en cherchant à mourir pour elle[1]. En vérité, si Cervantes avait eu besoin de trouver quelque part le type de don Quichotte et de Sancho Pança, il n'aurait eu qu'à choisir Apollonius de Tyane et Damis, et à transformer en chevaliers errants ces deux amants de la philosophie. Et voilà, Messieurs, ce qu'au siècle dernier une école de critiques, Voltaire en tête, prétendait sérieusement opposer à Jésus-Christ et à l'Évangile ! pour conserver le droit de croire à leur bon sens, j'aime à penser qu'aucun d'eux ne s'était jamais donné la peine d'ouvrir Philostrate.

J'arrive à la partie la plus importante du roman, celle qui lui a valu l'attention des adversaires du christianisme. Il ne suffisait pas à Philostrate d'avoir voulu exprimer dans Apollonius de Tyane l'idéal du sage, ni de l'avoir promené, comme un apôtre de la philosophie, à travers le monde entier; il fallait de plus lui attribuer une puissance surnaturelle et faire reluire autour de sa figure l'auréole du thaumaturge. Ici, l'intention de parodier les faits évangéliques est évidente. Déjà nous avons vu comment le sophiste grec prodigue le merveilleux autour de la naissance de son héros. A l'entendre, la vie entière d'Apollonius n'aurait été qu'une série de prodiges. A peine sorti de l'enfance, le disciple de Pythagore guérit un hydropique dans le temple d'Esculape; tous les malades affluent vers lui pour obtenir la santé. Il chasse le démon du corps des possédés, arrête le fléau de la peste à Éphèse, prédit à Vespasien et à Titus leurs destinées futures, se rend invisible à volonté et se transporte en un clin-d'œil à de fortes distances. C'est surtout vers la fin du roman que l'imitation de l'Évangile devient transparente. Apollonius disparaît devant Domitien au moment où ce prince veut l'interroger; il apparaît immédiatement après à Démétrius et à Damis qui se trouvaient à Pouzzoles. Ceux-ci n'en peuvent croire leurs yeux; mais le maître leur dit, comme Jésus-

---

1. *Vie d'Apollonius de Tyane*, par Philostrate, l. vii, c 6.

Christ à ses disciples: « Touchez-moi, et si je vous échappe sous la main, si vous ne pouvez me retenir, je vous permets de croire que vous n'avez devant vous qu'une ombre vaine; si, au contraire, vous sentez au toucher de la fermeté et de la consistance, vous êtes bien obligés de juger que je suis encore vivant et que je n'ai point délaissé mon corps[1]. » De plus, lui aussi converse pendant quarante jours avec ses disciples après ce simulacre de résurrection. Enfin, Philostrate se croit tenu de terminer une vie si féconde en merveilles par une ascension au ciel, où une voix invite le philosophe à monter. S'il vous restait quelque doute sur cette contrefaçon des miracles de l'Évangile, tentée par le sophiste de Lemnos, je citerais le récit de la résurrection d'un mort qu'il attribue à son héros: c'est une fiction calquée sur le miracle opéré par le Sauveur en faveur de la fille de Jaïre et du fils de la veuve de Naïm:

« Une jeune fille avait été tenue pour morte le jour même de ses noces. On plaça son corps dans un cercueil, et le mari, précédant le convoi funèbre, témoignait sa douleur par des sanglots; tout le peuple se joignit à lui pour déplorer une fin si triste. Or, il arriva qu'Apollonius se trouvait par hasard sur le chemin que suivait le convoi. « Déposez la bière, dit-il aux porteurs, je vais changer à l'instant même vos pleurs en joie.» Cela dit, il demanda le nom de la défunte. Tout le monde s'imaginait qu'il voulait prononcer une oraison funèbre pour consoler le mari et les parents. Mais lui, s'approchant de la jeune fille, la secoua fortement et lui dit tout bas quelques mots à l'oreille. Aussitôt elle revint à la vie et se mit à parler, comme Alceste ressuscitée par Hercule. Le père de la mariée remit à Apollonius une grande somme d'argent en reconnaissance du bienfait; mais le philosophe voulut que ce don retournât à la jeune fille pour augmenter sa dot[2]. »

1. *Vie d'Apollonius de Tyane*, par Philostrate, l. VIII, c. 5.
2 *Ibid.*, l. IV, c. 16.

C'est ainsi que Philostrate forgeait des miracles pour opposer son thaumaturge de fantaisie au divin fondateur du christianisme. Pour le coup, le romancier grec sent bien qu'il s'est trop aventuré. Aussi a-t-il soin d'ajouter que peut-être la prétendue morte conservait encore un reste de vie, et qu'une grosse pluie survenue à l'instant même l'avait fait revenir de sa pâmoison. Bref, il n'est pas sûr de son fait, quelque envie qu'il ait de le faire valoir. Si, en effet, un pareil miracle avait eu lieu sous les yeux de Rome entière, on en trouverait quelque vestige ailleurs que dans le cerveau de Philostrate. Toujours est-il que l'imagination et la bonne volonté ne manquent pas au biographe : il épuise tout le dictionnaire des sciences occultes pour mettre en relief la puissance surnaturelle du personnage qu'il a choisi pour type, bien qu'il s'ingénie à écarter de lui le soupçon de magie ou de sorcellerie. En véritable nécromancien, Apollonius évoque l'ombre d'Achille, avec laquelle il s'engage dans de longs entretiens. Comme les devins du paganisme, il cherche des présages dans les entrailles d'une lionne morte. Non-seulement il observe le langage des oiseaux, mais il entend leur langage qu'il interprète à sa façon. Il apprivoise des satyres avec du vin, fait des invocations au fleuve Cydnus pour obtenir la guérison d'un chien enragé. La croyance à la métempsychose est un des artifices les plus fréquents qu'il emploie pour mystifier le peuple. Il fait accroire aux Égyptiens que l'âme d'Amasis, un de leurs anciens rois, a passé dans le corps d'un lion qu'il fait placer dans un temple. Lui-même a été autrefois le patron d'un navire égyptien; Jarchas, le chef des Brahmanes, un antique roi des Indes qui avait quinze pieds de haut; un autre Indien, Palamède, qui assista au siège de Troie, etc. Il n'y a de fable si ridicule et si absurde qu'on la suppose, de fantasmagorie si bizarre qu'on puisse l'imaginer, qui ne se trouve dépassée dans le roman de Philostrate. En voulant retracer l'idéal d'un thaumaturge, le rhéteur grec n'a réussi qu'à peindre un magicien et un jongleur.

Ce serait donc faire trop d'honneur à Philostrate que de discuter sérieusement la vérité historique des miracles attribués à Apollonius de Tyane. Si le philosophe pythagoricien avait fait la centième partie des prodiges que son biographe lui prête, nous en trouverions, à tout le moins, un écho, un vestige quelconque dans les écrits du temps, tandis que tous, sans exception, gardent le silence le plus profond sur des événements qui auraient dû remuer le monde. Le témoignage isolé de Philostrate, écrivant à plus d'un siècle de là, n'offre pas la moindre garantie. Quelle créance donner aux paroles d'un auteur qui semble avoir pris à tâche de charger sa narration de fables qu'on ne serait pas étonné de rencontrer dans les contes de fées ou dans les récits des Mille et une nuits? Il suffit de lire ce que le romancier débite sur la bête Martichoras ou sur la pierre Pantaure et cent autres fadaises de ce genre, pour se convaincre que ses assertions ne reposent sur aucun fondement. Du reste, il paraît s'être fait lui-même si peu d'illusion sur le caractère fabuleux de son livre, qu'il avertit le lecteur de ne pas prendre au pied de la lettre tout ce qu'il raconte. Est-ce à dire, Messieurs, qu'en rejetant comme faux et controuvés les miracles proprement dits attribués à Apollonius, on ne doive admettre quelque chose d'extraordinaire dans ses prestiges et dans ses sortilèges? Je ne le pense pas. Il y a, si je ne me trompe, sur cette figure grimaçante du magicien de Tyane, le reflet d'une puissance surnaturelle qui se plaît à contrefaire l'œuvre de Dieu. Ceux qui suppriment sans motif le rôle que joue cette puissance dans les destinées humaines ne sauraient voir dans le héros de Philostrate qu'un fourbe et un imposteur ; pour nous qui, appuyés sur l'autorité de la révélation et sur l'étude de l'histoire, faisons une large part au jeu de ce pouvoir invisible, nous sommes disposés à chercher un trait de plus dans une physionomie si étrange; surtout lorsque nous considérons à quelle époque elle a paru : au moment où la vérité s'était manifestée au monde sous une forme visible, où le bien avait remporté son triomphe définitif dans la personne de l'Homme-Dieu. Or, dans ce choc suprême de la vérité avec l'erreur, du bien avec le mal, Satan ramassait toute sa puissance pour tenter un dernier effort. Il cherchait à opposer aux œuvres de Dieu le prestige des siennes, au vrai surnaturel un surnaturel faux, les apparences du miracle au miracle lui-même, la divination à la prophétie ; partout, l'illusion à la réalité : en deux mots, il faisait la parodie du christianisme tant par les pratiques ténébreuses des gnostiques que par celles des païens. De là le spectacle tout particulier qu'offrent le 1er et le 11e siècles de l'ère chrétienne. Sans ouvrir l'Évangile, où Satan lutte pour ainsi dire corps à corps avec le Fils de l'Homme, il suffit de lire un auteur païen de l'époque pour y trouver la trace de cette puissance railleuse et bizarre. Dans Lucain comme dans Tacite, chez Apulée aussi bien que chez Philostrate, il n'est question que de songes, d'apparitions, d'évocations de morts, d'enchantements, de sorcellerie, de magie. Ce serait, à mon sens, avoir jeté un coup d'œil bien superficiel sur l'histoire de ce temps-là, que de réduire à la supercherie tout cet ensemble de phénomènes, et de prétendre que l'esprit humain n'a été dupe que de ses propres inventions. Il est trop évident qu'à ce moment si décisif pour l'humanité une force invisible essayait de lutter avec la puissance divine, et que le faux surnaturel se jetait au travers du surnaturel véritable pour en combattre l'effet par le prestige de ses contrefaçons. C'était le rire de l'orgueil qui montait de l'abîme pour railler l'œuvre du Tout-Puissant : « Similis ero Altissimo. » De là cette multitude de magiciens, de devins, d'hommes adonnés à la théurgie et à la goétie que la prédication évangélique rencontrait sur ses pas. Apollonius de Tyane me paraît avoir occupé une grande place dans cette caricature du plan divin :

saisi du vertige de l'orgueil comme Alexandre d'Abonoteichos et tant d'autres, il est devenu l'un des jouets de cette puissance de ténèbres qui cherche à travestir l'économie surnaturelle; il a été, permettez-moi ce mot qui exprime toute ma pensée, le singe de Jésus-Christ.

Tel est le véritable sens de l'œuvre de Philostrate, bien que le sophiste grec ne se soit pas rendu lui-même un compte exact des caractères et des motifs de son travail. Il y a, je le répète, quelques traits heureux dans ce roman philosophique de la fin du IIe siècle. S'il n'avait absolument aucune espèce de valeur, on ne s'en serait pas occupé, et nous aurions perdu notre temps à le parcourir. Ce qu'on y trouve de plus remarquable, c'est l'alliance, imaginaire sans doute, de la discipline pythagoricienne avec quelques vertus évangéliques, telles que la continence et la charité. Il en résulte une certaine sévérité de principes et une couleur morale assez vive répandue sur tout l'ouvrage. Quand Apollonius flétrit les vices de ses contemporains ; lorsqu'au pied du Caucase il dépeint le sage s'élevant par la vertu plus haut que toutes les montagnes de la terre ; qu'il prouve aux habitants de Smyrne que la vertu est le plus bel ornement d'une cité ; lorsqu'il disserte aux jeux olympiques sur la prudence, la tempérance et la force d'âme, il rappelle Socrate ou Platon discourant sur les mêmes sujets. Je ne parlerai pas de la discussion du Ve livre, où le philosophe de Tyane exhorte Vespasien à prendre les rênes de l'empire, tandis qu'Euphrate le Syrien conseille à l'heureux général de rétablir la république, parce que c'est une pure imitation des passages de Dion Cassius et de Suétone, où Mécène et Agrippa jouent le même rôle devant Auguste. Mais le discours dans lequel Apollonius trace à Vespasien la conduite qu'un prince doit tenir fait honneur à Philostrate ; j'en citerai quelques traits :

« La royauté est une des plus grandes choses qui concernent le train de la vie humaine, et il n'est pas facile d'en marquer les devoirs ; néanmoins, je vous dirai ce qui me semblera pour le mieux. Vous ferez de vos richesses le meilleur usage, si vous en faites part à ceux qui sont dans le besoin et que vous permettiez aux riches de jouir de leurs biens à leur aise, sans les troubler ni leur nuire. Gardez-vous bien de croire que tout ce que vous auriez fantaisie d'en faire vous soit licite pour cela, mais prenez la justice et la modération pour règles, si vous voulez en user comme il convient. Que les lois soient toujours vos souveraines ; respectez-les, bien que vous soyez empereur ; car, si vous les observez tout le premier, les peuples rangés sous votre sceptre s'y soumettront d'autant plus volontiers, et il leur sera moins dur de s'y plier. Ayez les dieux en plus grande vénération qu'à l'époque où vous n'étiez encore qu'une personne privée, puisque vous avez reçu d'eux tant de bienfaits, et qu'ils vous ont élevé à une telle dignité, etc. [1] »

Ce langage ne manque pas de fermeté ni d'élévation ; il respire même un accent de piété qu'on retrouve en maint endroit de l'ouvrage. Mais la forfanterie ne cesse jamais de se mêler aux paroles et aux actions d'Apollonius : après chacune d'elles, il lui faut un admirateur qui les déclare sages, divines ; et, à défaut d'autres, il s'en charge tout seul. Même dans les rares passages du livre qui méritent d'être appréciés, on remarque des choses qui heurtent ou qui détonnent. Ainsi, je ne partage nullement l'admiration de Voltaire pour cette prière d'Apollonius : « O Dieu ! donnez-moi les choses que je mérite [2]. » Il y a dans cette courte formule un ton faux, une note qui crie, un sentiment de sa valeur propre qui réclame le bienfait comme une dette. La piété que Philostrate prête à son héros n'est au fond que de la supers-

---

1. Philostrate, *Vie d'Apoll.*, v, 13.
2. Δοίητε μοι τὰ ὀφειλόμενα Philostrate, l. IV. — Voltaire, introd. à l'*Essai sur les mœurs*, chap. des Miracles. Comme il lui arrive trop souvent, Voltaire traduit mal en lisant : «Les choses que vous jugerez convenables.»

tition, malgré quelques tirades contre le culte des idoles : le magicien de Tyane adore le soleil, les fleurs, les dieux de la Grèce ; s'il se montre panthéiste dans ses lettres, il est loin d'être monothéiste dans le récit de son biographe. Enfin, les discours que fait Apollonius pour prouver qu'un philosophe ne doit pas craindre la mort ont un air de charlatanisme qui les rend insupportables. En voulant atteindre au sublime du martyre chrétien, le rhéteur grec arrive au ridicule. Rien ne tourne à la plaisanterie comme ce philosophe qui parle sans cesse de mourir et reste toujours en vie, qui se bat les flancs pour chercher une persécution, sans trouver personne qui veuille lui décerner les honneurs du martyre. En résumé, l'œuvre de Philostrate est une vaine tentative : au lieu de s'élever au type de la perfection morale, à l'idéal de la grandeur surnaturelle, il n'a réussi qu'à imaginer un personnage excentrique. Son juste est un fanfaron de vertu ; son apôtre de la philosophie, un chercheur d'aventures ; son thaumaturge, un magicien et un jongleur. Lorsque, après avoir achevé cette lecture nauséabonde, on lit une page de l'Évangile, toute idée de comparaison s'évanouit. Quel contraste ! Vous avez beau réunir tous les efforts qu'a faits l'esprit humain pour concevoir le type de la grandeur et de la beauté morale, vous resterez au dessous de la réalité telle qu'elle s'offre à vous dans l'Évangile. Prenez le caractère de Socrate, le juste idéal de Platon, le sage du Portique, essayez de les fondre dans une harmonie puissante, dégagez-les des imperfections que votre œil y découvre, portez-les à leur plus haute expression, vous n'approcherez jamais de cette figure unique qui défie le parallèle. Trop élevée ou trop basse, chimérique ou vulgaire, votre conception, toujours défectueuse par quelque endroit, excèdera la mesure ou n'y atteindra pas, sans pouvoir toucher à ce point exact qui est la limite de la perfection. Vous outrerez la sagesse faute d'une règle précise ; vous rapetisserez la grandeur en voulant l'exagérer ; vous fausserez la vertu par un alliage quelconque : vous n'arriverez pas à imaginer un caractère auquel on ne puisse rien reprendre, ne serait-ce que l'excès d'une qualité. Il est un seul livre où l'on trouve un idéal sans reproche, et il n'y a qu'un homme sur la terre qui l'ait réalisé. Là, dans ce livre, il y a véritablement la simplicité sans bassesse, l'élévation sans enflure, la bonté sans faiblesse, la fermeté sans roideur, le pouvoir sans dureté, la douleur sans plainte, le sacrifice sans faste et sans ostentation. Voilà l'idéal ! Tout y est grand, tout y est saint, tout y est parfait : de cette grandeur qui ne se dément jamais, de cette sainteté toujours d'accord avec elle-même, de cette perfection au dessus de laquelle rien ne se conçoit ni ne peut s'imaginer. Essayez d'y ajouter ou d'en retrancher un trait, ou même d'y substituer un idéal supérieur, vous n'y réussirez jamais : personne n'a osé le tenter depuis dix-huit siècles, parce qu'en deçà il y a l'imperfection, et au delà, le faux et le chimérique. Cet idéal, ce n'est pas l'humanité qui l'a inventé ; elle l'a vu réalisé, elle l'a contemplé dans son expression vivante ; cet idéal, ce ne sont pas des philosophes qui l'ont retracé au monde, mais quelques hommes du peuple trop simples et trop ignorants pour avoir pu redire autre chose que ce qu'ils avaient vu et entendu. C'est pourquoi leur témoignage est une garantie irrécusable de la réalité du caractère moral de Jésus-Christ, comme le caractère moral de Jésus-Christ est une preuve éclatante de sa divinité.

SIXIÈME LEÇON

Requête d'Athénagore en faveur des chrétiens. — Ton et caractère de cette pièce. — Fermeté de logique et modération dans la forme. — Athénagore réclame le droit commun pour les disciples de l'Évangile. — Pourquoi le despotisme païen s'obstinait à repousser une demande si légitime. — Cause morale des persécutions contre l'Église. — Lutte historique entre le bien et le mal. — L'opposition que rencontre le bien tourne finalement à son triomphe. — Les persécutions contre l'Église ont pour effet de manifester la force divine qui est en elle. — Comment ces grandes crises de la vie religieuse rentrent dans le plan providentiel.

Messieurs,

Nous avons étudié la réaction de la littérature païenne contre le christianisme vers la fin du IIe siècle, c'est-à-dire à l'origine du mouvement philosophique qu'on est convenu d'appeler le néoplatonisme. Crescens, Fronton et Celse sont les premiers qui aient engagé avec les défenseurs de l'Évangile une véritable controverse ; car on ne saurait appeler de ce nom les paroles de haine et de mépris que les écrivains antérieurs avaient laissé tomber en passant sur la religion chrétienne, depuis Tacite jusqu'à Lucien. Philostrate, qui parut peu de temps après Celse, suivit une voie toute différente. Au lieu de se borner à faire des objections contre la doctrine et les faits évangéliques, il essaya d'y opposer quelque chose d'égal ou de supérieur. De là le roman d'Apollonius de Tyane, qui était destiné, dans la pensée de son auteur, à effacer les miracles de Jésus-Christ et des apôtres par les merveilles plus grandes encore attribuées au pythagoricien du Ier siècle.

Certes, l'œuvre de Philostrate n'était pas plus sérieuse par elle-même que les objections de Celse, les accusations de Fronton et les diatribes de Crescens. Nous n'avons eu besoin que de la parcourir pour nous convaincre qu'elle n'a aucune portée doctrinale ou historique. Toutefois, Messieurs, gardons-nous bien de croire que l'erreur n'offre nul danger, lorsqu'on n'a pas de peine à la découvrir ou à la réfuter. Grossière ou spécieuse, elle a toujours une certaine force parce qu'elle trouve dans les passions une complicité qui la sert. Il en est qui s'imaginent volontiers que la vérité n'a qu'à se faire entendre, pour être, à l'instant même, acceptée de tous : vaine illusion que l'expérience des siècles et l'étude de l'histoire devraient, ce semble, avoir dissipée depuis longtemps. Sans doute, l'homme est né pour la vérité : il éprouve un penchant naturel à la connaître et à la chercher ; il goûte une satisfaction intime après l'avoir trouvée. Mais si, d'une part, il se sent incliné vers elle, de l'autre, les mauvais instincts de sa nature déchue l'en tiennent éloigné. Il la redoute et la fuit, parce qu'elle lui impose des obligations qui le gênent. Voilà pourquoi l'erreur a tant de prise sur l'esprit humain : les vices du cœur lui facilitent l'accès de l'intelligence. Un mauvais argument, qui flatte la passion, a souvent plus de force relative que les plus belles preuves qui viennent à l'appui du devoir. Ajoutez à cette connivence du vice avec l'erreur l'entêtement de l'orgueil qui empêche l'homme de reconnaître son tort, de revenir sur ses pas après qu'il s'est engagé dans une fausse voie, et vous comprendrez ce qu'il faut à la vérité de temps et d'efforts pour triompher dans le monde. Certes, Messieurs, en comparant les doctrines, on est obligé de convenir que la lutte du paganisme avec le christianisme n'était pas sérieuse. Il suffisait d'un peu d'attention et de bon sens pour se convaincre que les aventures des dieux de la fable ne méritaient pas d'être mises en parallèle avec l'Évangile. Eh bien, il a fallu trois siècles pour persuader au monde païen que sa mythologie n'était qu'un tissu de fables ridicules et immorales. Il en était de même des calomnies répandues contre les chrétiens : elles se détruisaient d'elles-mêmes. En se donnant la moindre peine pour examiner leurs principes et pour interroger leur vie, il devenait impossible de supposer que leur culte se réduisît à un infanticide, et leurs agapes fraternelles à des méfaits atroces. Et pourtant, si invraisemblables, si absurdes qu'elles fussent, nous retrouvons encore à la fin du IIIe siècle les mêmes accusations : mille fois réfutées, elles reparaissent toujours, sans que la mauvaise foi tienne le moindre compte des démentis les plus éclatants, des réfutations les plus victorieuses. Tant la vérité a de peine à se faire jour à travers les nuages dont les préjugés et les passions s'efforcent de la couvrir !

C'est pourquoi l'apologétique chrétienne poursuivait son œuvre à travers les calomnies des sophistes et les violences du pouvoir. Obligée de se défendre contre des attaques sans cesse renaissantes, elle multipliait ses requêtes et ses protestations. Vous concevez dès lors que les discours composés à cet effet ne pouvaient guère varier que dans la forme : le polythéisme tournait dans un cercle d'objections que les apologistes se voyaient forcés de parcourir l'un après l'autre. Cependant, chacun d'eux conserve sa physionomie propre, son caractère distinctif. C'est ainsi que saint Justin se montre moins agressif dans la plupart de ses écrits que Tatien et Hermias, qui manient plus volontiers l'arme du ridicule et de la satire. Sous ce rapport, il s'est produit dans l'éloquence chrétienne au IIe siècle ce qu'on observe partout ailleurs, où des hommes d'une trempe d'esprit différente exposent et défendent la même doctrine. L'un y met plus de calme, l'autre y porte plus de vivacité ; celui-ci cherche ce qui rapproche, celui-là constate ce qui divise, selon les dispositions et les aptitudes de chacun. Rien ne me paraît plus étroit que de restreindre l'apologie de la foi à une méthode exclusive, en condamnant tout ce qui s'en écarte. Il y a plusieurs manières de soutenir la cause de la vérité, pourvu qu'on reste dans les limites de l'orthodoxie, et qu'on prenne pour règles la justice et la charité. Dieu varie les dons de la nature comme ceux de la grâce, et c'est l'unité dans la variété qui produit l'harmonie. Voilà ce qui prête tant d'éclat et de charme à cette pléiade d'écrivains ou d'orateurs qu'on appelle les Pères de l'Église : au milieu d'une grande diversité dans le ton et dans la forme, on remarque parmi eux une identité parfaite de vues et de sentiments. Ainsi, je ne crains pas de courir après l'antithèse en disant que nous trouvons à côté d'Hermias et de Tatien un apologiste qui, tout en tirant les mêmes conclusions, imite davantage saint Justin pour la modération du langage et le soin d'éviter ce qui peut aigrir des esprits déjà hostiles ou prévenus, c'est Athénagore.

Athénagore est une des plus belles figures de l'éloquence chrétienne au IIe siècle. Controversiste savant et habile, écrivain ferme, plein de mesure et de dignité, rempli de déférence pour le pouvoir dont il déplore l'aveuglement, animé d'un profond sentiment de la justice, des droits de la vérité et des devoirs du chrétien, le philosophe athénien joint aux habitudes d'une logique sévère l'expression des plus nobles qualités de l'âme. Il est à regretter que l'histoire ne nous ait pas transmis plus de détails sur sa vie. Jusqu'à Méthode de Tyr, cité par saint Épiphane, aucun auteur ecclésiastique n'a parlé de ses écrits[1]. A la fin du IVe siècle nous trouvons dans Philippe Sidétès des renseignements plus complets, mais peu authentiques. « Athénagore est le premier, dit-il, qui ait présidé à l'école d'Alexandrie. Il vivait du temps d'Adrien et d'Antonin, auxquels il adressa une apologie en faveur des chrétiens. Après sa conversion au christianisme, il continua

---

1. S. Épiphane, *adv Hæreses*, LXIV. 21.

de porter le pallium, insigne de la philosophie. Or, c'est au moment qu'il s'apprêtait à écrire contre les chrétiens, peu de temps après Celse, que l'Esprit divin toucha son cœur par la lecture des saints livres: à l'exemple du grand Paul, il devint l'apôtre de la religion qu'il voulait persécuter. Il eut pour disciple Clément d'Alexandrie, qui fut le maître de Pantène[1]. » Il y a plusieurs erreurs dans ce fragment. Clément d'Alexandrie n'a pas été le maître, mais le disciple de Pantène, comme il le déclare lui-même. De plus, il n'est pas probable qu'Athénagore ait été le chef de l'école d'Alexandrie ; car, dans ce cas, son nom serait cité par Eusèbe, qui nous fournit tant de détails sur cette célèbre institution, et ses œuvres ne seraient pas restées ensevelies dans un oubli si profond. Enfin, ce n'est pas à Adrien et à Antonin qu'Athénagore adressa sa requête, mais à Marc-Aurèle et à Commode, vers l'année 177, comme le portent tous les anciens manuscrits. Quant au fait de la conversion du philosophe athénien, tel que Philippe Sidétès le rapporte, nous n'avons aucune raison de le révoquer en doute. Dans l'absence de témoignages sur ce nouveau défenseur de la religion persécutée, tournons-nous vers son œuvre. En voici le début:

« Votre empire, grands princes, est habité par des hommes qui vivent sous des lois et suivent des coutumes différentes : chacun d'eux est libre de s'attacher aux institutions de sa patrie, quelque ridicules qu'elles paraissent, sans être inquiété par une ordonnance ou par la crainte d'un jugement. Le Troyen regarde Hector comme un dieu et vénère Hélène qu'il confond avec Diane. Le Lacédémonien rend les honneurs divins à Jupiter Agamemnon et à Phylonoé la fille de Tyndare. L'habitant de Ténédos adore Ténès ; l'Athénien sacrifie à Neptune Erecthée… En un mot, tous les peuples, toutes les nations du monde offrent les sacrifices et célèbrent les mystères qui leur

---

[1]. Philippus Sidetès in *serm.*, 24, *apud Nicephorum Calixtum*.

conviennent. Les Égyptiens, en particulier, honorent comme des dieux les chats, les crocodiles, les serpents, les aspics et les chiens. Ni vous ni les lois n'y mettez obstacle : vous pensez que, si c'est un crime et une impiété de ne pas admettre l'existence d'un Dieu, il est nécessaire que chacun adore les dieux qu'il reconnaît, afin que la crainte de la divinité l'empêche de mal faire; nous seuls, nous faisons exception à la règle. D'où vient cela? Ne faites pas, je vous prie, comme le vulgaire qui se détourne dès qu'il entend prononcer notre nom ; car ce n'est pas le nom qui est digne de haine, mais le crime qui mérite le châtiment et le supplice. On admire votre douceur, votre mansuétude, le caractère pacifique et humain que vous montrez à l'égard de chacun : tous jouissent des mêmes droits ; l'équité préside au partage des honneurs que reçoit chaque cité. Grâce à votre sagesse, l'empire repose dans une paix profonde. Mais nous qu'on appelle chrétiens et qui ne faisons de tort à personne ; nous qui, remplis de piété envers Dieu, sommes dans les meilleures dispositions pour votre pouvoir impérial, *comme je le montrerai dans la suite de ce discours*, vous permettez qu'on nous tourmente et qu'on nous persécute ; parce que vous ne vous intéressez pas à notre sort, on nous traite en ennemis à cause du nom que nous portons. C'est pourquoi nous ne craignons pas de produire notre affaire au grand jour, et de vous montrer qu'on nous accable sans motif et contre toutes les lois, en vous priant d'avoir égard aux maux que nous souffrons et de ne pas nous livrer sans défense aux coups des sycophantes[1]. »

Il y a, Messieurs, dans ces paroles une simplicité pleine de grandeur et une mâle énergie qui rappellent Démosthène. Cette raison grave et puissante que déployait l'orateur d'Athènes se retrouve chez Athénagore avec cette sobriété d'expression et cette émotion contenue qui prêtent au dis-

---

1. *Legatio pro christianis*, 1.

cours tant de force et de véritable chaleur. Certes, si jamais apologie était de nature à produire quelque effet sur l'esprit des empereurs romains, c'est bien celle que nous étudions. Il était impossible de défendre le droit en témoignant plus de respect à ceux qui le violaient. Athénagore rend justice aux grandes qualités de Marc-Aurèle : il le félicite du bon ordre et de la paix qui règnent dans l'empire ; sans toucher à la flatterie, son langage est insinuant, poli ; l'orateur ne prend pas le ton de la menace, il se plaint, il supplie. Ce qu'il déplore, ce qui l'afflige profondément, c'est la partialité révoltante que l'on montre à l'égard des chrétiens. Ici son raisonnement devenait inattaquable ; car les faits parlaient d'eux-mêmes. On accordait à tout le monde la liberté de croire, de parler et de faire, excepté aux seuls chrétiens. L'Empereur permettait à Fronton, l'un de ses amis, et à Celse, d'inventer ou de propager contre l'Église les calomnies les plus atroces ; mais lorsqu'un apologiste se levait, comme saint Justin, pour prendre en main la cause de la religion persiflée, noircie, travestie par de vils sophistes, le pouvoir étouffait sa parole dans le sang. Le vénérable survivant des temps apostoliques, saint Polycarpe, expirait à Smyrne sous les violences d'un proconsul ; les martyrs de Vienne et de Lyon, saint Pothin à leur tête, subissaient tous les tourments que peut imaginer une barbarie raffinée, pendant que Fronton écrivait tranquillement contre les chrétiens un infâme libelle, presque sous les yeux de l'Empereur. A coup sûr, il y avait dans ce contraste une ironie cruelle ; mais je n'en suis pas étonné. Marc-Aurèle avait des qualités : il écrivait bien, il se piquait d'être un penseur et il l'était, il avait fait des guerres heureuses ; autour de lui, tout le monde l'encensait, lui prodiguait des honneurs comme à un dieu ; il osait tout, il pouvait tout ; sa volonté avait force de loi et ne trouvait d'obstacles nulle part, excepté chez les chrétiens. Là seulement, il rencontrait une force morale qu'il ne parvenait pas à vaincre, des hommes qui disaient simplement et sans emphase : « Il ne nous est pas permis d'adorer vos dieux, parce que nous ne reconnaissons qu'un seul Dieu créateur et maître de l'univers. C'est pour nous un devoir sacré d'observer la loi qu'il nous a révélée par son Fils. Vous pouvez nous enlever nos biens, notre famille, notre patrie, nous ôter la vie même, si vous le voulez; mais il est une chose que vous ne sauriez nous ravir, c'est notre foi à Dieu et à son Christ. » Vous concevez quelle impression ces généreuses paroles devaient produire sur le despotisme païen. Autour du prince, les courtisans se récriaient sur une telle audace ; dans les provinces, les préfets faisaient du zèle ; ils devançaient par l'impétuosité de leur bonne volonté des ordres de proscriptions trop lents à venir au gré de leur dévouement. Comment ! pousser la rébellion jusqu'à ne pas penser comme l'Empereur ! pratiquer une religion différente de la sienne !... Les proconsuls ne revenaient pas de l'étonnement que leur causait cet excès d'insolence. Évidemment, les chrétiens ne pouvaient être que des séditieux, des factieux qui cherchaient à soulever les masses et compromettaient le salut de l'empire. Aussi, on ne les jugeait même pas ; on les supprimait sans les entendre : il suffisait d'être chrétien pour être poursuivi comme tel. De là ces éloquentes protestations des apologistes de la religion persécutée. « Vous reconnaissez, disaient-ils, à tous vos sujets le droit de pratiquer tel culte qu'il leur plaît ; vous permettez à quelques-uns d'entre eux d'adorer des chats et des crocodiles, et vous nous condamnez à mort parce que nous proclamons le Dieu éternel, tout-puissant et infini ! Mais, du moins, écoutez-nous avant de prononcer sur notre sort. Vous accordez à nos adversaires la liberté de nous accuser ; laissez-nous celle de nous défendre. Vous avez vos tribunaux : à eux d'examiner si nous sommes coupables ou non ; mais n'étouffez pas notre voix par des mesures violentes, et ne sévissez pas contre nous par le seul motif que nous sommes chrétiens et que nous ne pensons pas comme vous. » C'est le raisonnement que poursuit Athénagore avec une fermeté de logique qui ne laisse de recours qu'à l'arbitraire et à la mauvaise foi.

« Si l'on parvient à nous convaincre du moindre crime, nous consentons volontiers à subir, je ne dis pas une peine, mais le plus sévère et le plus terrible des châtiments. Car tout ce qu'on a débité jusqu'à ce jour sur notre compte se réduit à de vaines rumeurs sans fondement ; jamais on n'a prouvé qu'un chrétien se soit rendu coupable d'un délit. Si donc l'accusation se borne au nom que nous portons, à vous, grands princes, qui joignez à des sentiments si humains le goût le plus vif pour la science, à vous, dis-je, de nous protéger par une loi contre l'injustice qu'on nous fait. Vos bienfaits embrassent le monde entier, ils s'étendent aux particuliers comme aux cités ; faites en sorte que, nous aussi, nous ayons sujet de vous témoigner notre gratitude : laissez-nous être fiers de pouvoir publier que nous vous devons notre délivrance. Lorsqu'on met un homme en jugement, on n'a pas coutume de le punir avant d'avoir la preuve de sa culpabilité : il ne serait pas digne de votre justice qu'on agît différemment à notre égard, que chez nous le nom seul tînt lieu de raisons, comme si le devoir des juges n'était pas de rechercher si l'accusé est coupable, au lieu de s'acharner contre un nom comme formant la matière d'un crime. De sa nature et pris en lui-même, un nom est chose indifférente ; ce qui constitue la vertu ou le vice, ce sont les actions bonnes ou mauvaises associées au nom. Vous comprenez ces choses mieux que nous, vous qui êtes versés dans la littérature et dans la philosophie [1]. »

Assurément, la procédure que flétrit Athénagore était inique. Déjà nous avions entendu saint Justin s'élever avec force contre ces jugements sommaires qui venaient frapper

---

1. *Legatio pro christ.*, II.

le nom de l'accusé, sans s'inquiéter de son innocence ou de
sa culpabilité. Le philosophe athénien ne fait que répéter
en d'autres termes ce qu'avait dit son devancier, et ce que
Tertullien rajeunira par sa verve originale. Cette persistance
à ne pas tenir compte des preuves les plus convaincantes aurait de quoi désespérer les apologistes de la foi, si l'amour de
la vérité et l'intérêt des âmes ne soutenaient leur patience.
Car, remarquez-le bien, il n'y a que les vérités religieuses
et morales qui aient le privilége de rencontrer une résistance
si vive et si opiniâtre. Hors de là, un fait une fois établi, un
raisonnement bien lié, ne soulèvent guère de difficultés que
parmi ceux qui font parade de scepticisme. Il n'en est pas
de même de la religion et de tout ce qui y touche de près
ou de loin. Prenez telle question que vous voudrez dans cet
ordre de choses qui concernent la croyance et le devoir.
Vous l'exposerez avec clarté, vous partirez de principes incontestables, vous en déduirez des conséquences logiques,
vous réunirez à l'appui un ensemble de faits, de témoignages, d'autorités qui ne souffrent pas de réplique ; votre
thèse est large, lumineuse, accablante : pour le coup, dites-
vous, c'en est fait ; on ne reviendra pas là-dessus ; plus de
doutes, plus d'objections possibles. Ne le croyez pas : quand
vous aurez prouvé votre thèse cent fois, la cent-unième fois
vous retrouverez l'objection toute prête, toujours fière d'elle-
même et pleine de confiance ; ce sera probablement la plus
pauvre et la plus vieille de toutes : quelques hardes tombées
du bagage de Celse, quelque arme rouillée dans l'arsenal de
Voltaire, un conte bleu oublié dans un coin de l'Encyclopédie,
l'histoire de la papesse Jeanne, une scène inédite de l'Inquisition ou de la Saint-Barthélemy, que sais je ? Car, chose
singulière, en fait d'objections, ce sont les plus grandes pauvretés qui ont joui de l'immortalité la plus glorieuse : on ne
peut pas dire d'elles comme des roses de Malherbe qu'elles
vivent l'espace d'un matin ; elles vivent des siècles, toujours

bien caressées et bien choyées. Athénagore va nous donner tout à l'heure la raison de ce fait que je me borne à constater pour le moment. Car, déjà au IIe siècle, ce sont les bruits les plus absurdes, les anecdotes les plus scandaleuses, qui trouvaient le plus d'écho. Pour rendre l'Église odieuse aux yeux du peuple, les courtisans de l'Empereur, Fronton à leur tête, faisaient des libelles où ils prêtaient aux chrétiens des mœurs infâmes, jusqu'à imaginer des repas dignes d'Atrée et des forfaits comparables à ceux d'OEdipe. Je le répète, il y aurait de quoi fatiguer le courage des défenseurs de la foi, dans cette tactique déloyale qui consiste à reprendre des objections rebattues, usées, à ressasser indéfiniment les mêmes calomnies, sans avoir le moindre égard aux réponses les plus péremptoires ; mais il faut en prendre son parti et voir les hommes tels qu'ils sont et non tels qu'ils devraient être. A l'exemple des apologistes de l'Église primitive, nous devons nous résigner à voir l'erreur revenir sans cesse à la charge, et à repousser les mêmes attaques sans nous lasser d'une répétition inévitable. Ainsi, ne soyons pas surpris de retrouver chez Athénagore les arguments développés par saint Justin : des griefs identiques appelaient une réponse uniforme. Je continue à reproduire cette démonstration nette, calme, pleine de vigueur et de modération, qui remplit une des meilleures pages de l'éloquence chrétienne au IIe siècle :

« Ceux que l'on juge parmi vous sont pleinement rassurés, lors même qu'on leur reproche les plus grands crimes. Ils savent, en effet, qu'on fera une enquête sur leur vie : ils sont persuadés d'avance qu'on ne s'arrêtera pas à leur nom, ni à l'accusation elle-même, si elle est fausse ; ils attendent avec une égale confiance l'arrêt de condamnation ou le verdict d'acquittement. Donc ce qui est de droit commun pour tout le monde doit s'appliquer à nous également. Ce que nous demandons, c'est de ne pas encourir la haine et le châtiment par le seul motif que nous nous appelons chrétiens ; car en quoi un nom peut-il nous rendre coupables ? Nous consentons de grand cœur à être jugés sur les griefs qu'on fait valoir contre nous : s'ils sont fondés, qu'on nous punisse ; sinon, qu'on nous relâche. Seulement, ne nous jugez pas sur un nom ; examinez les faits. Là-dessus nous sommes rassurés ; car nul chrétien n'est criminel, à moins d'être hypocrite[1].

Le droit commun ! Voilà ce que demande Athénagore. Il prie l'Empereur de mettre les chrétiens sur un pied d'égalité avec les païens, et de faire observer à leur égard les formes régulières de la justice. Sans nul doute, cette requête était aussi raisonnable que modeste : l'apologiste ne cherche pas même à se prévaloir du privilège de la vérité ; il ne réclame pour les adorateurs du vrai Dieu que la tolérance accordée à ceux qui adorent les chats et les crocodiles. A coup sûr, on ne saurait être moins exigeant ni plus réservé ; et cependant, c'est à quoi le despotisme païen ne voulait consentir à aucun prix. Est-ce donc, Messieurs, pour l'erreur une si grande difficulté d'admettre la vérité au bénéfice du droit commun ? Oui, il faut en convenir, cela n'est pas facile. Car l'erreur, par elle-même, n'a pas de force ; elle n'exerce d'ascendant que par les préjugés qu'elle nourrit et par les passions qu'elle flatte. Si elle laissait à la vérité une liberté pleine et entière, elle ne pourrait pas soutenir la lutte : elle trahirait, dès le premier pas, son impuissance et sa stérilité. Pour prolonger sa propre existence, elle a besoin d'enchaîner la vérité, de l'entraver dans l'exercice de ses droits, de la gêner dans ses moyens d'action, de limiter son influence ou de restreindre son domaine par des mesures violentes et arbitraires. De là ces persécutions contre l'Église catholique dont l'histoire est pleine. Dans l'esprit des sophistes païens du IIe siècle, la liberté de croire et de faire devait être pour

---

1. *Legatio pro christ.*, II.

tout le monde, surtout pour eux, jamais pour les chrétiens :
c'est uniquement sur ces derniers qu'ils appelaient les proscriptions, les haines et les défiances du pouvoir, les coups
d'autorité, l'application des pénalités les plus fortes et les plus
sévères. Tels les courtisans, tel le maître. Marc-Aurèle, en
particulier, était un libre penseur qui trouvait fort commode
de ne pas croire à l'immortalité de l'âme, mais qui ne permettait pas aux chrétiens de penser autrement que lui. En
agissant de la sorte, le despotisme païen rendait à la vérité
un hommage éclatant : sans le vouloir, il avouait que la
lutte avec l'Église ne devenait possible que par la persécution.
Une telle conduite était misérable sans doute ; mais l'erreur
restait dans son rôle habituel. Admettre l'Église à la participation d'un droit commun à tous, c'eût été lui assurer une
force que les sophistes repoussaient par instinct ; l'unique
moyen d'avoir raison d'elle, c'était de la mettre hors la loi,
de lui interdire le feu et l'eau, suivant l'adage antique.
Comme nous l'avons vu, Athénagore s'élève avec une douleur
pleine de dignité contre cette violation flagrante des principes
de l'équité naturelle : s'adressant à un prince qui se piquait
de philosophie, il a soin de faire observer qu'on était loin
d'user du même procédé à l'égard des philosophes :

« S'agit-il de juger les philosophes, on ne les tient pas
pour bons ou pour mauvais, avant le jugement, à cause de
la science qu'ils enseignent ou de l'art qu'ils professent. On
les absout s'ils sont reconnus innocents, on les punit dans le
cas contraire, sans que l'accusation retombe sur la philosophie. Car le mal est dans l'abus de la philosophie ; quant à
la science elle-même, elle est hors de cause. Eh bien,
appliquez-nous le même principe : n'incriminez pas le nom
que nous portons ; examinez la vie de ceux qu'on accuse.
C'est pourquoi, en commençant cette apologie de nos doctrines,
je fais un appel à votre équité, grand prince, je vous prie de
ne pas vous laisser prévenir par des bruits insensés qui se

répandent dans la multitude : portez également dans l'examen de notre cause cet amour de la science et de la vérité qui vous distingue. De cette manière vous ne serez pas entraînés à mal faire par défaut de prudence, et l'on cessera de nous faire la guerre, quand nous aurons dissipé les vaines rumeurs qui circulent contre nous [1]. »

Il est impossible, Messieurs, de trouver dans la bouche d'un opprimé s'adressant à un persécuteur des reproches moins amers et une douleur plus contenue : il y a dans ces paroles une réserve et une délicatesse de charité qu'on ne se lasse pas d'admirer. Athénagore évite avec soin tout ce qui peut blesser l'orgueil de Marc-Aurèle ; il veut ménager à son amour-propre un retour facile. Il laisse à entendre que l'Empereur a été trompé par de fausses rumeurs ; un examen plus attentif suffira pour dissiper des préventions mal fondées. Tel était le langage digne, respectueux de ces hommes que les courtisans du prince dépeignaient comme des factieux qui menaçaient le repos de l'empire. Mais, chose étrange ! c'est précisément cet esprit de modération, cet éloignement de toute opposition séditieuse, qui enhardissaient le despotisme païen. Si, au lieu de se plaindre et de gémir, de subir avec résignation les violences dont ils étaient l'objet, les chrétiens avaient revendiqué leur droit les armes à la main, s'ils avaient organisé la guerre civile dans l'empire, il est à croire qu'on y eût regardé à deux fois avant de leur refuser une liberté qu'on accordait à ceux qui adoraient les chats et les crocodiles. A défaut de la justice, la crainte aurait pu inspirer des mesures moins rigoureuses. Mais non, la religion chrétienne faisait aux fidèles un devoir de la soumission et leur interdisait toute pensée de révolte : ils ne craignaient pas, mais ils n'étaient pas à craindre. Ils élevaient la voix, il est vrai, pour adresser des supplices à l'Empereur : ils

---

1. *Legatio pro christ.* II.

exposaient ouvertement leurs doctrines, réfutaient avec une grande liberté de langage les calomnies qu'on répandait contre eux ; ils priaient, ils parlaient, ils écrivaient ; mais là se bornait leur activité. Ce n'était pas eux qui conspiraient, qui faisaient des révolutions dans l'empire ou qui assassinaient les princes. Les assassins et les conspirateurs étaient ailleurs, dans les rangs de ceux qui excitaient l'Empereur contre les chrétiens. Chose admirable! pendant trois siècles de persécution sanglante, atroce, pas une sédition, pas une émeute n'éclata parmi les chrétiens, tandis qu'autour d'eux la révolution était en permanence et le trône toujours vacant. L'État n'avait pas de plus fermes soutiens, ni l'Empereur de sujets plus dévoués, de soldats plus fidèles que ces hommes qu'on envoyait à la mort parce qu'ils plaçaient Dieu au-dessus de César. Le despotisme païen ne l'ignorait pas : c'est pourquoi il abusait de leur obéissance, il exploitait leur vertu, il osait tout contre eux parce qu'il pouvait tout sans avoir rien à redouter de leur patience et de leur fidélité. En cela, il croyait faire preuve de force, et c'était sa faiblesse.

Je dis, Messieurs, que c'était sa faiblesse, parce qu'il n'y a pas de force contre le droit, ou du moins il n'y a contre le droit qu'une force apparente et passagère. Rien ne le prouve mieux que ces grandes luttes de l'éloquence chrétienne avec le paganisme. Jamais on n'a vu le droit réduit à un tel état de faiblesse et d'isolement ; jamais peut-être il ne se trouva en face d'une puissance plus formidable. En apparence, la défaite du droit était certaine ; la force était ailleurs. Elle était dans cet homme qui faisait mouvoir un empire immense du geste et de la voix, dans ces légions qui avaient vaincu le monde, dans ce pouvoir aux mille bras qui s'étendaient jusqu'aux extrémités des provinces pour y étouffer chaque parole, chaque cri, chaque mouvement qui déplaisait au maître. Voilà où était la force ; et maintenant, en présence de cette force unique, illimitée, incalculable, où était le droit ? Le droit ! Il était avec un pauvre vieillard qui se mourait dans les catacombes, ou qu'un proconsul insultait à Smyrne ; il était avec quelques pauvres jeunes filles qui expiraient sur les bûchers de Vienne et de Lyon ; il était avec cette poignée de proscrits auxquels on refusait un autel, un foyer, une patrie. Voilà où était le droit, faible, isolé, méconnu, sans appui et sans ressources. Je le répète, à s'en tenir aux apparences, la victoire de la force illégitime n'était pas douteuse. Si l'on avait dit à Marc-Aurèle qu'un jour le successeur de l'un de ces hommes que l'on persécutait serait assis sur son trône et commanderait au monde, il n'aurait fait qu'en rire, et il y avait de quoi. Et cependant cette grande faiblesse, c'était la force réelle, parce que c'était le droit. Celse et Fronton avaient beau insulter à la majesté de cette faiblesse ; Marc-Aurèle avait beau déployer contre elle ce pouvoir formidable qu'il tenait en main, elle défiait leur haine par le calme de sa patience. Il devait venir un moment où las de s'user, sans profit et sans gloire, contre cette puissance morale, le despotisme païen s'arrêterait vaincu, en proclamant par l'aveu de son impuissance qu'il n'y a pas de force durable contre le droit, et que tôt ou tard la vérité finit toujours par avoir raison.

Voilà pourquoi les apologistes chrétiens ne cessaient d'affirmer le droit, la justice, la vérité, sans se laisser décourager par l'insuccès de leurs requêtes et de leurs protestations. Pour le moment, arguments et prières, tout restait stérile ; mais l'avenir allait réparer les injustices du présent. En attendant le terme marqué par la Providence, les défenseurs de la religion persécutée restauraient dans les âmes la notion du juste : ils flétrissaient l'arbitraire, l'abus de la force, le mépris de l'homme, la délation érigée en système, l'absence de formes régulières et le manque de garanties dans le jugement des accusés, tout ce mélange de violence et d'hypocrisie qui s'appelait le despotisme païen. A force de s'élever contre une procédure inique, ils ramenaient dans la société des idées plus saines, des sentiments plus humains ; ils préparaient à la longue l'avènement du droit chrétien basé sur la justice et sur la vérité. Ils n'ignoraient pas que les bonnes causes ne triomphent d'ordinaire qu'après une longue résistance ; qu'il peut y avoir pour le droit des crises violentes, des éclipses passagères ; mais ils savaient également que Dieu accorde la victoire à la persévérance. Animés de cet espoir, ils défendaient l'Évangile avec cette énergie invincible que donnent à l'homme l'amour du devoir et la conscience du droit.

Revenons au discours d'Athénagore. Déjà nous avons pu apprécier par le début la manière large et ferme dont il envisage la défense de la foi. Après avoir revendiqué pour les chrétiens la participation au droit commun, au bénéfice de la tolérance civile dont jouissent tous les sujets de l'empire, il annonce dans quel ordre il va présenter l'apologie du christianisme. C'est une proposition en forme qui suit l'exorde selon les principes de l'art. Car nous rencontrons chez Athénagore une régularité de plan et une sévérité de méthode qui font défaut aux autres apologistes de la même époque. Il n'imite pas saint Justin et Tatien, qui usent d'une plus grande latitude dans le développement des matières, et dont les compositions ne s'enchaînent pas dans un ordre bien rigoureux. Fidèle aux traditions de l'art grec, le philosophe athénien divise son sujet en plusieurs parties, qu'il traite chacune à son tour. Encore est-il rare de trouver dans Démosthène lui-même une harangue aussi fortement liée. Comme nous le montrerons plus tard, le traité de la Résurrection d'Athénagore dépasse de loin tout ce que la littérature païenne offre de plus méthodique et de plus serré :

« On nous reproche trois crimes : l'athéisme, des repas de Thyeste et des alliances d'Œdipe. Que si vous parvenez à nous trouver coupables sur l'un de ces trois chefs, n'hésitez pas ;

ne ménagez personne, sévissez, frappez, exterminez-nous avec nos femmes et nos enfants, s'il en est un seul parmi nous qui vive comme les bêtes. Encore les animaux observent-ils les lois de la nature : ils se respectent dans les limites d'une même race, et savent reconnaître ceux qui leur font du bien. Si donc il se trouvait un homme plus cruel que les bêtes mêmes, il n'y aurait pas de châtiment proportionné à un tel forfait. Mais si tous ces reproches se réduisent à des paroles en l'air et à de pures calomnies, s'ils prennent leur source dans l'hostilité naturelle du vice contre la vertu, dans l'opposition de deux principes contraires qui se combattent suivant une loi providentielle: si vous-mêmes rendez témoignage à notre innocence en défendant de nous dénoncer : dans ce cas, examinez nos mœurs et nos doctrines, le zèle et la soumission que nous montrons envers votre autorité impériale et votre dynastie. Nous ne vous demandons pas de priviléges ; tenez la balance égale entre nos ennemis et nous. Nous les vaincrons, nous qui ne craignons pas de donner notre vie pour la vérité [1]. »

En disant que le vice est de sa nature hostile à la vertu, que la lutte de ces deux principes est le grande loi de l'histoire, Athénagore signale, avec une remarquable profondeur de sens et de coup d'œil, la cause morale des persécutions. Allez au fond de cette opposition ardente, vivace, vous n'y trouverez pas autre chose que la guerre entre le bien et le mal. On hait l'Église parce qu'elle enseigne le devoir, parce qu'elle abaisse l'orgueil, parce qu'elle ne transige pas avec les passions humaines, parce qu'elle met un frein à l'ambition et à la cupidité. En général, on ne tient pas assez compte des causes morales, lorsqu'on cherche à expliquer les événements de l'histoire ; et pourtant, c'est la solution du problème et le mot de l'énigme. On nous calomnie, s'écriait Athénagore, parce que l'homme déteste les vertus qu'il n'a pas et se plaît

---

1. *Legatio pro christ*, III

à prêter à son semblable les vices dont il est esclave. Il y a dans le mal une haine du bien, ouverte ou cachée, qui le pousse à étouffer ce qui l'offusque et le gêne. La Bruyère disait : « Je voudrais voir un homme sobre, modéré, chaste, équitable, prononcer qu'il n'y a point de Dieu; il parlerait du moins sans intérêt ; mais cet homme ne se trouve point [1]. » Je dirai après lui : je voudrais bien voir l'humilité, la chasteté, la justice persécuter l'Église ; mais ce phénomène ne se rencontre pas. Est-ce au nom de la vertu que Henri VIII, ce meurtrier domestique, se vengeait sur l'Église du refus qu'elle avait fait de sanctionner ses forfaits, en détachant un royaume entier de l'unité chrétienne ? Est-ce au nom de la vertu que Luther brisait un vœu sacré pour lever contre l'Église l'étendard de la révolte ? Est-ce au nom de la vertu que l'infâme auteur *de la Pucelle d'Orléans* et l'écrivain cynique *des Confessions* ameutaient contre l'Église les passions du xviii° siècle? Non, mille fois non, il faut le dire sans détour et hautement, avec la franchise qu'inspire la conscience de l'honnête homme : c'est le vice qui hait l'Église, c'est l'ambition, la cupidité, les passions des sens. Ah ! si c'était la vertu, il y aurait de quoi réfléchir. Mais non : il y a des vertus ignorantes, faibles, accessibles au doute et aux préjugés ; quant à la haine contre l'Église, elle n'a pas de prise sur une âme droite et honnête. Il faut être vicieux pour haïr cette grande société du bien ; et si je voulais élever à l'Église un piédestal dont elle n'a pas besoin, je laisserais de côté ses héros, ses saints, ses hommes de génie ; j'irais de Néron à Henri VIII et au delà, et je produirais la liste de ses persécuteurs.

Athénagore appelle cette lutte entre le bien et le mal une loi naturelle ou providentielle [2]. Toute hardie qu'elle paraisse, l'expression est juste. Étant donné la liberté de l'homme et

---

1. *Caractères*, xvi, des esprits forts.
2. *Legatio pro christ.*, III, xxxi.

son penchant au mal, on ne voit guère comment il pourrait en être autrement. Les principes contraires se combattent dans l'ordre moral comme dans l'ordre physique. Il n'y a pas lieu de s'en effrayer, car cette opposition est tout entière à l'avantage du bien qui, sans elle, ne se produirait pas sous toutes ses faces et dans sa plénitude. Que de forces morales resteraient languissantes, assoupies, inertes, si la lutte avec le mal ne venait les réveiller et les mettre en jeu ! Par là, les âmes se retrempent, les caractères se relèvent, les convictions s'affermissent, les vertus s'épurent et se fortifient. Ce sont ces secousses réitérées, ce choc répété par intervalle, qui font éclater ce qu'il y a dans l'humanité de grand, de beau, de divin. Voilà dans quel sens l'apologiste pouvait dire que la lutte entre le bien et le mal rentre dans le plan providentiel. Dieu permet que le mal existe et se déploie dans le monde, parce qu'il en résulte un plus grand bien pour l'ensemble des choses. Cette proposition, qui a tout l'air d'un paradoxe, est rigoureusement vraie, au pied de la lettre, et s'applique au mal physique non moins qu'au mal moral. Assurément la souffrance est un mal ; mais que de vertus dont elle est la source ou l'occasion ? la patience, la résignation, la fermeté, la confiance en Dieu, chez celui qui souffre ; la bienveillance, la charité, le dévouement dans les autres. C'est ainsi qu'un mal relatif, partiel, peut faire naître un bien général, absolu, et ajoute à la beauté morale de la création. Il en est de même du mal proprement dit ou du péché. Avec cette divine hardiesse qui n'est qu'à elle, l'Église catholique n'a pas craint d'appeler la faute d'Adam une faute heureuse. Pourquoi ? Parce que l'ordre de la rédemption a élevé l'humanité bien au dessus de ce qu'elle était avant la chute ; parce que, comme dit saint Paul, la grâce a surabondé là où avait abondé le péché. Ainsi en est-il encore des persécutions contre l'Église : en soi, elles sont un mal, non pas tant à cause des violences qu'elles exercent, que parce qu'elles ravagent des âmes. Mais si, d'autre part, on voulait énumérer ce qu'elles ont valu à l'Église de force véritable, de grandeur et de vitalité, ce qu'elles ont fait éclater de science, de zèle, de foi, de vertu, d'héroïsme, on trouverait qu'il en est résulté un plus grand bien. Envisagé à ce point de vue, le plan providentiel s'éclaircit admirablement et se dessine dans toute son ampleur. Le mal n'en reste pas moins le mal, c'est-à-dire une chose qu'il faut éviter et craindre ; mais les objections tirées de la permission divine paraissent chétives, frivoles, en regard du bien général que produit ce contraste ou cette opposition. Je ne veux pas traiter, en ce moment, une question si importante et si vaste, avec toute l'étendue qu'elle mérite ; nous la retrouverons sur notre chemin avec les apologistes qui l'ont examinée plus au long : comme Athénagore n'a fait qu'y toucher en passant, je dois me renfermer dans les mêmes limites.

SEPTIÈME LEÇON

Influence des persécutions du IIe siècle sur le développement de l'éloquence chrétienne. — Progrès de la forme et de la méthode chez Athénagore. — Son système théologique. — L'idée de Dieu — Le spiritualisme chrétien opposé au matérialisme païen. — Preuve rationnelle de l'unité de Dieu. — Application de l'esprit philosophique au dogme chez Athénagore. — Exposition du dogme de la Trinité. — Accord parfait avec le symbole de Nicée. — Défense de l'orthodoxie d'Athénagore. — La doctrine des chrétiens justifiée par leur conduite. — Argument tiré de la charité évangélique. — Blâme formulé contre les secondes noces. — Jugement sur l'apologie d'Athénagore.

Messieurs,

Nous disions, en terminant notre dernière leçon, que les persécutions contre l'Église ont pour effet de manifester la force divine qui est en elle. Envisagées dans leur influence sur la littérature chrétienne, ces grandes crises de la vie religieuse ne manquent pas d'amener également un résultat favorable. De même que l'éloquence politique a coutume de se produire avec plus d'éclat aux époques où la force illégitime menace les droits et les intérêts d'un peuple, ainsi les épreuves qui traversent l'histoire de l'Église marquent-elles pour l'éloquence sacrée une ère de développement et de progrès. On l'a dit bien des fois et avec raison : ce sont les luttes qui ravivent l'éloquence, parce que la vivacité de l'attaque provoque l'ardeur de la défense. Il est vrai que les luttes ne font jamais défaut à la parole évangélique : sa mission est précisément de combattre sans relâche l'erreur et les passions au nom du devoir et de la vérité. Mais, quand la violence extérieure vient s'ajouter aux efforts combinés du vice et de l'incrédulité, le rôle des défenseurs de la foi s'agrandit avec les périls d'une situation exceptionnelle. Dans ces graves circonstances, il s'agit pour eux de ramasser toute leur énergie pour faire face à des attaques multiples. C'est ainsi que nous devons aux persécutions du II° siècle un perfectionnement plus rapide dans l'éloquence chrétienne. Cette nécessité continuelle de présenter aux empereurs l'apologie de la religion ne pouvait que hâter l'essor de la littérature et de la science théologiques. D'une part, il fallait exposer le dogme avec clarté, choisir les arguments les plus propres à faire impression sur l'esprit des païens, chercher des formules plus nettes, des définitions plus précises pour exprimer les idées chrétiennes, porter l'esprit de critique dans l'examen du polythéisme lui-même. On voit tout de suite quel profit devait résulter de ce travail pour la méthode d'exposition ou de démonstration des vérités révélées. D'autre part, le degré de culture des lecteurs auxquels s'adressaient les apologistes obligeait ceux-ci à se rapprocher davantage des formes classiques, à reprendre les traditions de l'art grec pour les rajeunir en les appropriant à un genre de compositions toutes neuves par le fond. On peut donc affirmer en toute assurance que les luttes du paganisme avec le christianisme ont puissamment contribué à développer la littérature chrétienne : c'est sous le coup des attaques dirigées contre l'Église que l'éloquence sacrée s'est élevée progressivement à cette hauteur où nous la verrons arriver au IV° siècle.

Ce progrès, avons-nous dit, est moins sensible dans les écrits de saint Justin et de Tatien que chez Athénagore. C'est surtout par l'esprit de méthode et par un plus grand soin de la forme que le philosophe d'Athènes se distingue de ses contemporains. Nous avons vu avec quelle élévation et quelle fermeté de logique il défend le droit des chrétiens persécutés en flétrissant l'iniquité de la procédure imaginée contre eux. Après cet exorde, où le respect du pouvoir s'allie si bien à une franchise pleine de dignité, l'apologiste s'attache à réfuter les calomnies qu'on répand contre les disciples de l'Évangile : le reproche d'athéisme est le premier qui attire son attention.

Assurément, s'il est un grief qui nous semble étrange dans la bouche des païens, c'est bien celui que je viens d'énoncer ; car le christianisme venait précisément présenter au monde l'idée de Dieu dans toute sa pureté. Sans doute, l'idée de Dieu était au fond de toutes les religions anciennes, comme elle se trouve naturellement dans tout homme qui jouit du plein usage de sa raison ; mais si nul peuple, nul homme jouissant du plein usage de sa raison, n'en est complétement privé, il n'est pas moins vrai de dire que, avant le christianisme et en dehors du peuple juif, l'idée de Dieu était généralement altérée, affaiblie, défigurée ; et cela parmi les philosophes comme dans le peuple. Le panthéisme ou le dualisme chez les uns, le polythéisme chez les autres, telles sont les formes sous lesquelles cette idée fondamentale se présente à nous dans l'antiquité païenne. C'est là un fait historique, qu'on peut nier ou révoquer en doute lorsqu'on veut absolument chercher matière à controverse, mais qui est irréfutable comme tout fait. Le christianisme seul a rétabli parmi les hommes l'idée de Dieu dans sa pureté primitive : par là, il confirmait la révélation mosaïque en y ajoutant la notion précise de la trinité des personnes dans l'unité de la nature divine. Depuis lors, l'idée de Dieu n'a plus pu subir la moindre altération : l'enseignement chrétien est là qui la défend contre toute atteinte. Je dis l'enseignement chrétien, car si les philosophes n'ont plus réussi à l'entamer, ce n'a pas été faute de bon vouloir ni d'efforts : les tentatives de ce genre n'ont pas manqué depuis dix-huit siècles ; mais le christianisme la conserve dans les âmes avec une vigilance qui défie toute surprise.

C'est à lui que le déisme lui-même doit cette notion d'un Dieu créateur sans laquelle son symbole se réduirait à une pure négation. Je sais bien que les partisans de ce système affectent quelquefois de regarder comme un bien propre ce qui n'est qu'un emprunt fait à la révélation ; mais une simple observation suffit pour montrer combien cette prétention est vaine ou mal fondée. Je m'imagine, en effet, que ceux d'entre les philosophes modernes, qui, pour un motif ou pour un autre, se sont soustraits à l'autorité de la foi, ont été élevés comme nous tous ; c'est-à-dire qu'à l'âge de huit ou de neuf ans, et même plus tôt, on leur a présenté, non pas précisément Aristote et Platon, où, du reste, ils n'auraient pas trouvé la notion d'un Dieu créateur, lors même qu'ils eussent été en état de l'y chercher, mais un petit livre plus modeste, dans lequel ils apprenaient, et non sans beaucoup de peine, ce que c'est que Dieu, sa nature, ses perfections, sa providence, etc. Voilà comment les choses se passent pour tout le monde, même depuis 1789. Il faut être de bon compte : c'est sur les genoux de nos mères chrétiennes et par l'enseignement du catéchisme, qui est le commentaire divin de cette première parole de l'éducation, que nous tous, qui que nous soyons, philosophes ou non, nous avons appris à connaître Dieu. Non pas que l'idée de Dieu ne soit naturelle à l'homme, puisqu'elle fait le fond de sa raison ; mais l'enseignement chrétien nous y rend attentifs, la réveille, l'énonce en termes formels, l'exprime, la définit d'une manière exacte et précise, la dégage de toute erreur et nous empêche de la confondre avec l'idée des choses créées, ce qui a été l'éternelle tentation de l'esprit humain et la source des égarements du polythéisme. Voilà de quelle manière cette grande idée, toute naturelle qu'elle est à l'homme, a besoin d'un enseignement extérieur et positif qui la protége contre toute altération. Il est donc vrai de dire que le christianisme seul a rétabli dans le monde la véritable notion de Dieu, et qu'il la conserve pure et intacte dans la conscience humaine, malgré tous les efforts qu'on a faits pour la dénaturer depuis le gnosticisme des premiers siècles jusqu'au panthéisme allemand.

Comment donc se fait-il que les païens aient pu être amenés à formuler contre les chrétiens le reproche d'athéisme? Messieurs, en étudiant avec vous l'attitude de l'ancien monde en face de l'Évangile, nous avons trouvé la raison de ce fait dans les idées grossières que le polythéisme s'étaient formées de la divinité [1]. Le matérialisme païen ne concevait que des dieux multiples et corporels : voyant que les disciples de l'Évangile n'adoraient pas de divinités de ce genre, on en concluait qu'ils n'en reconnaissaient d'aucune sorte ou qu'ils étaient athées. Pour détruire cette accusation, Athénagore commence par établir que les chrétiens ne sont pas les seuls qui aient rejeté les dieux de la mythologie. Tout en mêlant de graves erreurs à leurs opinions sur le principe des choses, par suite de l'ignorance où ils étaient de la révélation divine, plusieurs écrivains de l'antiquité se rapprochaient du monothéisme chrétien : tels sont, parmi les poëtes, Euripide et Sophocle, et dans les rangs des philosophes, Philolaüs, Lysis, Opsime, Platon, Aristote, et même les stoïciens ; ce sentiment n'a pas suffi pour les faire regarder comme athées. En cherchant ainsi à désarmer la haine de ses adversaires par des témoignages non suspects, le philosophe athénien s'efforce d'élever leur esprit jusqu'aux plus hautes notions du spiritualisme chrétien :

« Dieu ne tombe pas sous les sens ; il ne peut être saisi que par l'entendement. Comment refuserions-nous de l'honorer, nous qui avons tant de raisons pour croire à son existence : l'ordre admirable qui éclate dans l'univers, l'harmonie du

---

1. Voyez les Apologistes chrétiens au IIe siècle, S. Justin, IIIe leçon.

monde, l'accord parfait qui règne entre les diverses parties de cette œuvre immense ! C'est lui qui a créé et qui conserve toutes choses. Sans doute, nous le distinguons de la matière ; mais cette différence que nous établissons entre le Créateur et son ouvrage prouve précisément en faveur de nos doctrines. Car la matière est créée et sujette à la corruption ; Dieu est, au contraire, unique, incréé, éternel, invisible, impassible, infini, incompréhensible. Il se suffit à lui-même, il comprend tout, il est à la fois lumière inaccessible, monde parfait, esprit, puissance, raison. Il n'est pas devenu, parce qu'il est l'Être, et que l'on ne devient que lorsqu'on n'a pas été. Le monde est entre ses mains comme le vase d'argile dans celles du potier : il doit au céleste ouvrier sa forme et sa beauté. C'est pourquoi nous rapportons nos hommages à Dieu et non à la créature, de même qu'il serait insensé de refuser les honneurs à un prince pour les rendre à la demeure qu'il s'est construite. Si nous n'offrons pas à Dieu les mêmes sacrifices que vous, c'est que le Père et Créateur de toutes choses n'a nul besoin du sang, de l'odeur et de la fumée des victimes. Il est à lui-même, l'odeur la plus suave, car rien ne saurait ajouter à sa plénitude. Voulez-vous lui faire l'offrande la plus agréable de toutes, cherchez à connaître Celui qui a étendu les cieux et les a déroulés comme une sphère immense ; qui a établi la terre comme un centre de gravité, et ramassé les eaux dans la mer ; qui a séparé la lumière des ténèbres et orné d'astres le firmament ; qui a fait produire toute semence à la terre, qui a créé les animaux et formé l'homme. Qu'est-il besoin d'hécatombes pour le Tout-Puissant ? Élevez vers lui des mains pures : c'est une victime non sanglante, un culte spirituel qu'il vous demande [1]. »

Tel est le beau langage par lequel le spiritualisme chrétien cherchait à retirer les intelligences de l'état de dégradation

---

[1]. *Legatio pro christ.*, IV, XVII.

où elles étaient plongées, pour les élever jusqu'à l'idée pure de Dieu. Mais Athénagore ne se contente pas d'opposer l'idée chrétienne de Dieu aux représentations grossières du polythéisme ; il cherche de plus à confirmer par la raison l'enseignement de la foi, en prouvant l'unité de la nature divine. Ce passage mérite notre attention, parce qu'il renferme la première démonstration purement rationnelle que nous trouvions dans l'éloquence chrétienne. J'aime, Messieurs, à vous rendre attentifs à cette application de l'esprit philosophique au dogme : elle revêt chez Athénagore un caractère de précision et de sévérité qui annonce la scolastique. C'est le mérite propre qui distingue les écrits du philosophe d'Athènes, et qui leur assure un rang à part dans la littérature du IIe siècle. Nous avions bien remarqué dans saint Justin des efforts heureux pour défendre la foi par les armes de la science ; mais la méthode qu'il emploie n'est pas à beaucoup près aussi rigoureuse que l'argumentation d'Athénagore :

« Il n'y a eu dès le principe qu'un seul Dieu créateur de toutes choses : c'est ce que je vous prie de bien considérer pour saisir le fondement rationnel de notre foi. Si, en il y avait eu dès le principe deux ou plusieurs dieux, de deux choses l'une : ou ils occuperaient le même espace, ou bien ils occuperaient chacun un lieu distinct. Or, ils ne sauraient occuper le même espace ; car, étant dieux et par conséquent inengendrés, ils ne seraient pas semblables l'un à l'autre. Seuls, les êtres créés ressemblent à un exemplaire ; mais des êtres inengendrés ne pourraient avoir de ressemblance entre eux, puisque n'étant pas nés ils n'auraient été formés à l'image de personne. Dira-t-on que Dieu est un, de la même manière que le corps humain forme un tout composé de plusieurs parties telles que la main, l'œil, le pied ? Une pareille idée peut bien s'appliquer à un homme, comme Socrate, par exemple, qui, étant né et sujet à la corruption, se compose de différentes parties ; mais il n'en saurait être de même de

Dieu, parce qu'il est inengendré, impassible et indivisible. Donc, s'il existait plusieurs dieux, ils ne pourraient occuper un seul et même lieu, puisqu'ils différeraient l'un de l'autre et ne formeraient pas un tout dont les différentes parties pussent correspondre aux divers points du même espace. Que si chacun d'eux doit occuper un lieu distinct, comme le créateur du monde pénètre dans tous les sens l'œuvre qu'il a faite, où seront les autres ? Car si le monde, sphérique comme il est, se trouve limité par les corps célestes, et que le créateur est de plus par delà son œuvre qu'il dirige par sa providence, où trouver un espace pour un autre dieu ? Ce ne sera pas dans le monde, puisqu'un autre le remplit déjà, ni au delà du monde, puisque là aussi se trouve le créateur. Conséquemment il ne saurait y avoir de place pour un deuxième dieu. Le mettrez-vous à la fois au dessus du monde et de Dieu, dans un autre monde ou autour d'un autre monde ? Alors, il n'est plus autour de nous, il ne peut plus régir le monde, sa puissance diminue parce qu'elle est circonscrite dans un lieu déterminé. Donc, s'il ne peut être dans un autre monde ni autour d'un autre monde, il n'est nulle part, il n'existe pas, puisque Dieu remplit déjà et occupe tout l'espace... Conséquemment il n'y a eu dès le principe qu'un seul Dieu créateur du monde [1]. »

L'idée qui domine dans cette argumentation est celle-ci : Dieu est immense, donc il est unique ; car deux êtres immenses, ou se confondraient dans un seul, ou s'annuleraient l'un l'autre. Dieu est partout, il est présent à tout l'espace, non par parties, comme les corps, mais à la manière des esprits, indivisiblement et tout entier ; non-seulement il est présent au monde qu'il a créé, mais il existe au delà en lui-même : par conséquent, son immensité exclut la possibilité d'un deuxième être de même nature. Prise dans l'idée géné-

---

1. *Legatio pro christ.*, VIII.

rale qui lui sert de base, la preuve d'Athénagore est bonne ; mais il est possible de la serrer davantage et de la compléter. Au lieu de se borner à l'immensité, qui n'est qu'une face de l'infini, pour parler ainsi, il est préférable de s'attacher à l'idée de l'être infini dans sa plénitude, ou à celle de l'être parfait : alors, l'argument acquiert une force et une clarté irrésistibles. La coexistence de deux êtres infinis renferme une contradiction dans les termes ; car l'un serait la limite, partant la négation de l'autre. On arrive à la même conclusion par l'idée de l'être parfait. Deux êtres absolument parfaits répugnent à la raison : ou ils auraient les mêmes perfections, et alors rien ne les distinguerait l'un de l'autre ; ou bien celui-ci aurait des perfections qui manqueraient à celui-là, et, dans ce cas, ils ne seraient point parfaits tous les deux. C'est ainsi que la scolastique a précisé la preuve de l'unité de Dieu, en faisant toucher du doigt les conséquences absurdes de la doctrine contraire. Je relèverai également dans le raisonnement d'Athénagore une locution impropre. A vrai dire, Dieu n'occupe pas d'espace, il n'a pas d'existence locale ; ou plutôt, comme l'a dit Tertullien, il est à lui-même son lieu [1] : sans être renfermé nulle part, il est partout en restant tout entier en lui-même, selon la belle expression de saint Augustin [2]. Mais, par suite de l'infirmité du langage humain, il est difficile de ne pas employer des expressions trop matérielles en parlant de l'ubiquité de Dieu. L'essentiel est d'exclure nettement de l'être divin l'existence locale à la manière des corps, dont les différentes parties répondent aux divers points de l'espace : c'est ce que fait Athénagore. En résumé, sa preuve rationnelle de l'unité de Dieu, appuyée d'ailleurs sur le témoignage de l'Écriture, est un essai remarquable de discussion philosophique:

---

1. *Contra Praxeam*, v.

2. « Nullo contentus loco, sed in se ipso ubique totus. » *Ep. ad Dardanum*. 57.

nous devions nous y arrêter un instant, parce qu'elle est la première de ce genre qui se trouve développée avec quelque étendue dans l'éloquence chrétienne.

Vous concevez, Messieurs, que le reproche d'athéisme ne pouvait subsister devant une exposition si franche et si nette du dogme catholique. Il fallait pousser l'injustice ou la déraison jusqu'à ses dernières limites pour regarder comme athées des hommes qui enseignaient l'unité de Dieu et qui la démontraient par des preuves rationnelles non moins que par le témoignage de leurs livres saints. Mais Athénagore ne s'en tient pas à cette réponse, toute concluante qu'elle est. Après avoir dégagé de tout nuage l'idée de Dieu, telle qu'elle apparaît au regard de la raison, il s'efforce d'élever plus haut encore l'esprit de ses lecteurs en les faisant pénétrer dans la partie la plus intime de la théodicée chrétienne. Le christianisme, en effet, ne s'était pas contenté de rétablir parmi les hommes la notion de la divinité dans sa pureté primitive ; il y avait ajouté une donnée supérieure que la raison n'aurait pu fournir par elle-même. C'est dans le sein de l'éternité, dans les profondeurs de l'essence suprême, qu'il avait porté l'œil de l'intelligence, en lui permettant de scruter le mystère de la vie intime de Dieu. S'il replaçait la philosophie sur ses véritables bases par l'idée du Dieu unique, il posait dans le dogme de la Trinité le fondement de la théologie : il restaurait la raison en même temps qu'il ouvrait à la foi des perspectives plus vastes et plus hautes. Athénagore n'hésite pas à initier les empereurs romains à cette partie de la doctrine révélée, pour écarter avec plus de succès le reproche d'athéisme. Son exposition du dogme de la Trinité est la plus scientifique et la plus précise que nous ayons rencontrée jusqu'à présent :

« Toutes choses ont été créées, ornées par le Verbe, et sont conservées par lui. Car nous reconnaissons également un Fils de Dieu ; et ne trouvez pas ridicule que Dieu ait un Fils : nous n'avons pas sur Dieu et sur son Fils le même sentiment que les poëtes ; ceux-ci font paraître dans leurs fables des dieux qui ne sont pas meilleurs que les hommes. Mais le Fils de Dieu est le Verbe du Père en idée et en opération ; car toutes choses ont été créées par ce Verbe. Le Père et le Fils ne font qu'un. Le Fils est dans le Père comme le Père est dans le Fils, par l'unité et par la vertu de l'Esprit : c'est ainsi que l'Intelligence ou le Verbe du Père est le Fils de Dieu. Si, par la pénétration de votre esprit, vous croyez pouvoir comprendre ce que c'est que le Fils, je vous dirai en peu de mots qu'il est la première production du Père, non pas qu'il ait été fait, car dès le commencement Dieu, qui est une intelligence éternelle et toujours raisonnable, avait en lui-même son Verbe ; mais parce qu'au milieu d'une nature en confusion, d'une manière inerte et non débrouillée, du mélange des choses légères avec les choses épaisses, le Verbe s'est avancé pour en être le principe et la forme. C'est en quoi l'Esprit prophétique s'accorde avec mon discours, lorsqu'il dit : le Seigneur m'a établi le commencement de ses voies pour toutes ses œuvres. Quant à ce qui regarde le même Esprit prophétique, lequel agit dans les hommes inspirés, nous disons qu'il est une émanation de Dieu, et qu'en procédant de lui il retourne à lui comme le rayon du soleil. Qui ne sera donc étonné qu'on nous fasse passer pour athées, nous qui reconnaissons Dieu le Père, Dieu le Fils et l'Esprit-Saint, qui affirmons leur puissance dans l'union et leur distinction dans l'ordre [1] ? »

Un peu plus loin, Athénagore revient sur le même dogme, qu'il formule encore avec plus de netteté :

« Pour nous, nous faisons peu de cas de cette vie ; nous ne sommes guidés que par le désir de connaître Dieu et son Verbe, de savoir quelle est l'unité du Fils et du Père, la communion du Père avec le Fils ; ce que c'est que l'Esprit,

---

1. *Legatio pro christ.*, x.

quelle est l'union des trois et la distinction dans l'unité, de l'Esprit, du Fils et du Père [1]. »

Voilà, Messieurs, comment un siècle et demi avant le concile de Nicée le philosophe athénien exprimait le dogme de la Trinité, en termes formels et précis. On ne saurait rien désirer de plus explicite que cette profession de foi dont il serait difficile de dépasser la rigueur. Le mot personne n'y est pas; mais il ne se trouve pas davantage dans le symbole de Nicée, que personne n'a jamais suspecté d'arianisme. De même le mot consubstantiel n'est pas employé par Athénagore; mais l'idée qu'il exprime est reproduite dans l'apologie jusqu'à satiété : « Le Père et le Fils ne font qu'un, le Fils est dans le Père, le Père dans le Fils par l'unité et par la vertu de l'Esprit : il y a union des trois. » Voilà bien l'unité et la communauté de nature, ou les mots ne signifient plus rien. « Nous reconnaissons Dieu le Père, Dieu le Fils et l'Esprit-Saint; nous enseignons la distinction dans l'unité, de l'Esprit, du Fils et du Père. » Si ces paroles n'énoncent pas clairement la distinction des trois personnes, il faut renoncer à vouloir rendre une idée quelconque. Il est donc permis de croire que jamais doute n'aurait dû s'élever à cet égard : à coup sûr, il en serait ainsi dans tout autre ordre de choses ; mais, en matière de religion, il faut se résigner à voir nier l'évidence. Pour ne rien omettre dans mon sujet, je dois signaler deux attaques contre la doctrine d'Athénagore, sorties, l'une, du protestantisme au xviie siècle, l'autre, du rationalisme contemporain.

Dans l'une de ses lettres, le ministre calviniste Jurieu avait cru pouvoir s'appuyer sur Athénagore pour prouver que, dans l'esprit des premiers Pères, le Verbe n'avait pris d'existence actuelle que par la création du monde. A cet effet, soit ignorance de la langue grecque, soit légèreté, il

---

1. *Legatio pro christ.*, xii.

s'était permis de mal traduire le passage qu'il incriminait ; il en convint lui-même en réformant sa première version. J'ai placé sous vos yeux la phrase dont abusait Jurieu : elle présente un sens parfaitement clair à quiconque ne veut pas la tourmenter pour en faire sortir ce qu'elle ne contient pas. Athénagore enseigne que le Verbe existe de toute éternité en Dieu, qu'il n'a pas été fait, mais qu'il s'est avancé pour devenir l'exemplaire et la cause efficiente du monde : c'est ce que signifient les mots *idée* et *opération*. Il ne s'agit pas dans cet endroit d'une existence actuelle que le Verbe aurait reçue par la création du monde, tandis qu'auparavant il n'avait eu qu'une existence virtuelle dans le sein du Père ; il n'est question ici que de son opération extérieure, de sa manifestation temporelle comme archétype et cause productrice de toutes choses. Pour donner aux païens quelque idée du Verbe et de l'Esprit-Saint, Athénagore ne s'appesantit pas sur les processions éternelles auxquelles ils n'eussent rien compris ; il trouve plus convenable de faire connaître et de désigner les deux personnes divines par les opérations extérieures que l'Écriture leur attribue : le Fils, par la création, le Saint-Esprit par l'inspiration des prophètes. C'est ainsi que Bossuet analyse contre Jurieu le passage d'Athénagore avec sa sagacité habituelle : « On voit, conclut-il, que la doctrine des anciens docteurs n'est au fond que la nôtre, puisque ce qu'on appelle parmi nous l'opération extérieure de Dieu agissant par son Verbe, c'est ce qu'ils appelaient dans leur langage la sortie du Verbe, son progrès, son avancement vers la créature ; sa création au dehors à la manière qu'on vient de voir, et en ce sens une espèce de génération et de production, qui n'est en effet que sa manifestation, et précisément la même chose que saint Athanase a depuis si divinement expliquée dans sa cinquième oraison contre les Ariens [1]. »

---

1. *Sixième avert. aux prot.*, 113.

Je regrette d'être obligé de dire que ces paroles de Bossuet atteignent également un théologien catholique, le Père Pétau, qui accusait Athénagore d'avoir confondu le Verbe avec le Père jusqu'à la création du monde. Il est vrai que le célèbre jésuite rétracta plus tard quelques-unes de ses assertions, peu mesurées, au sujet des premiers écrivains de l'Église ; mais ce changement d'opinion prouve précisément combien il s'était avancé à la légère dans une matière si délicate. C'est manquer aux devoirs de la critique que de juger un auteur d'après une phrase isolée ou une expression peu exacte, et non sur l'ensemble de ses idées : avant que la terminologie soit définitivement fixée, une doctrine irréprochable au fond peut se renfermer sous une forme peu rigoureuse. Le Père Pétau est choqué d'entendre dire à Athénagore que « le Fils de Dieu est le Verbe du Père en idée et en opération » : je suis loin de prétendre que ce soit la meilleure manière d'exprimer le dogme ; mais, rapprochée du contexte, la phrase ne présente rien d'équivoque. L'apologiste veut faire entendre par là que le Verbe réfléchit toute l'intelligence et la puissance du Père, qu'il est la cause exemplaire et efficiente du monde ; il explique sa pensée en ajoutant immédiatement après : « Car toutes choses ont été faites selon lui et par lui. » Passons à une attaque plus récente.

L'auteur français d'une histoire de l'école d'Alexandrie, que nous avons rencontrée sur notre chemin en parcourant saint Justin, veut bien reconnaître que la doctrine d'Athénagore sur la Trinité est explicite et précise, quoiqu'elle soit encore fort loin, dit-il, de la formule complète à laquelle la théologie chrétienne atteindra plus tard [1]. J'ai démontré tout à l'heure que, sauf les mots *personne* et *consubstantiel*, qu'Athénagore remplace par des expressions équivalentes, son exposition du dogme de la Trinité est aussi pleine et aussi nette que celle

---

1. M. Vacherot, 1, 232, 233, 234.

de nos catéchismes : aussi je ne m'arrêterai pas à un reproche hasardé sans aucun mot de preuve. Mais ce qui révolte dans un écrivain si prompt à condamner les Pères de l'Église, c'est une phrase telle que celle-ci : « Athénagore conçoit le monde tantôt comme l'œuvre de Dieu, tantôt comme sa substance même et son corps. » Il est vrai que l'apologiste cite cette opinion, mais non comme étant la sienne : il l'attribue aux Péripatéticiens, ajoutant que, même dans ce cas, il ne faudrait pas adorer la matière [1]. Une pareille méprise ne saurait être excusée par la précipitation d'une première lecture ; il faut être sous l'empire d'une préoccupation toute particulière pour prêter une énormité de ce genre à un auteur qui dit, en propres termes : « Nous distinguons Dieu de la matière, nous disons qu'autre chose est Dieu et autre chose la matière, qu'il y a une grande distance entre les deux, car Dieu est éternel et incréé, tandis que la matière est créée et sujette à la corruption… Dieu n'avait pas besoin de créer le monde : il se suffisait à lui-même ; la matière est entre ses mains comme le vase d'argile dans celles du potier [2]. » On ne peut qualifier trop sévèrement de tels procédés : le moins qu'on puisse en dire, c'est qu'ils finiraient par déshonorer la science française en faisant d'elle un objet de risée pour ceux qui lisent et qui pensent.

La définition de l'idée chrétienne du Dieu unique, et l'exposition du dogme de la Trinité, tels sont les deux points saillants qu'on remarque dans la partie dogmatique du discours d'Athénagore. Par là, il repoussait avec un plein succès le reproche d'athéisme que les païens adressaient aux disciples de l'Évangile. Là cependant ne se borne pas l'argumentation de l'apologiste. Sans doute, il suffisait de faire connaître le symbole des chrétiens pour les venger des accusations de leurs ennemis ; mais n'y avait-il pas une preuve plus élo-

---

1. *Legatio pro christ*, XVI.
2. *Legatio pro christ*, IV, XV, XVI

quente encore de leur innocence dans leur conduite et dans leur vie ? Pourquoi ce soin de conserver la pureté, cette grande sévérité de mœurs, ce mépris de la vie présente et ces aspirations vers la vie future, si la foi en Dieu ne remplissait leur âme ? En rapprochant leurs vertus des vices de leurs adversaires, il devenait facile de juger de quel côté se trouvaient les vraies croyances, les convictions fermes et ardentes. Ici, le défenseur de la religion persécutée triomphe, parce qu'il se sent sur un terrain où l'attaque n'est possible qu'à la mauvaise foi la plus insigne. Il s'applaudit de pouvoir célébrer la vertu devant un prince qui se fait gloire de l'estimer. Son âme s'échauffe, s'exalte devant l'image de la sainteté qui brille dans l'Église ; et, sous l'impression des sentiments qui la dominent, elle éclate dans un mouvement d'éloquence où la fermeté du style soutient la vigueur de la pensée :

« Ici, permettez-moi d'élever la voix pour m'expliquer avec une pleine franchise, puisque je me défends devant des princes philosophes. Voyez ceux qui analysent les syllogismes, résolvent les amphibologies, expliquent les étymologies ; qui enseignent les homonymes, les synonymes, les catégories, les axiomes, ce que c'est que le sujet et l'attribut ; qui promettent de rendre leurs auditeurs heureux par ces dissertations ou d'autres semblables : en est-il parmi eux dont la vie soit tellement parfaite que non-seulement ils ne haïssent pas leurs ennemis, mais qu'ils les aiment ; que loin de maudire ceux qui les ont accablés de leurs malédictions ils les bénissent, jusqu'à prier pour ceux-là mêmes qui en veulent à leur vie ? Au contraire, ils ne cessent de chercher pour leur profit dans les secrets de leur art de quoi faire du mal aux autres, montrant assez par là que c'est l'art de bien dire qu'ils professent, et non l'art de bien faire. Mais, chez nous, vous trouverez des gens simples, des artisans, des femmes qui, à la vérité, ne vous démontreront point par le raisonnement les avantages de notre doctrine, mais qui vous en persuaderont l'excellence par leur conduite. Ils ne débitent pas de beaux discours ; ils produisent de belles actions : ne pas rendre le mal à qui les frappe, ne pas intenter de procès à qui leur fait du tort, donner à ceux qui demandent, aimer le prochain comme soi-même : voilà leurs œuvres [1]. ! »

Ce défi porté aux sophistes et aux rhéteurs de l'époque ne pouvait être relevé par les princes philosophes auxquels s'adressait l'apologiste ; car Épictète lui-même, le maître de Marc-Aurèle, se lamentait de ne pas trouver *un seul stoïcien commencé*. Les belles maximes ne manquaient pas, il est vrai, dans la bouche des maîtres de la science païenne : leurs livres offraient un étalage de sentences exprimées avec art ; mais l'éloge de la vertu est aussi aisé que la pratique en est difficile. Pendant que les philosophes discouraient sur le devoir, les chrétiens l'accomplissaient : voilà le contraste que signale Athénagore, et les faits étaient là pour confirmer sa parole par un témoignage irrécusable. Il s'attache en particulier à faire ressortir la vertu de charité, parce qu'elle frappait davantage par son opposition avec l'esprit de haine et de vengeance qui animait le monde païen. Sans nul doute, sur ce point également, quelques sages de l'antiquité avaient trouvé de belles et de généreuses paroles : loin de les méconnaître, nous aimons à les recueillir pour l'honneur de l'humanité. C'est ainsi que Cicéron, définissant ce qu'il appelait l'amour du genre humain, avait dit : « C'est une loi de la nature que tout homme fasse du bien à son semblable quel qu'il soit, par cela seul qu'il est homme comme lui [2]. « Voilà une des phrases les plus heureuses qui soient tombées de sa plume. L'orateur félicitait César « de ce qu'il n'oubliait rien que les injures » : compliment qui, à dire vrai, ressemblait fort à une

---

1. *Legatio pro christ.*, xi.
2. « Caritas generis humani. — Hoc natura præscribit ut homo homini quicumque sit, ob eam ipsam causam quod is homo sit, consultum velit »

ironie amère. A son exemple, Salluste vantait la générosité des Romains, « qui aimaient mieux, disait-il, pardonner les injures que de s'en venger » : éloge qui recevait de huit siècles d'histoire un démenti encore plus éclatant. Enfin Lucain avait trouvé un vers magnifique pour montrer « que Caton se croyait né, non pour lui-même, mais pour le monde entier [1]. » Je n'ai pas besoin de citer le vers de Térence, parce qu'il est trop connu : « Je suis homme, et rien de ce qui intéresse les hommes ne saurait m'être indifférent. » Il est vrai que ce vers n'a pas tout le sens philanthropique et humanitaire qu'on lui prête avec trop de complaisance. Il se trouve dans la première scène du 1er acte de l'*Heautontimorumenos*. Chrémès exhorte Ménédème à travailler un peu moins, et à ne pas se donner tant de peine. Celui-ci prend fort mal le conseil et lui répond : « Il faut que vous ayez bien du temps de reste pour vous mêler de ce qui ne vous regarde pas. — Je suis homme, réplique Chrémès, et rien de ce qui intéresse les hommes ne saurait m'être indifférent. Prenez que je vous donne un conseil ou que je veuille m'instruire : si vous faites bien, je vous imiterai ; si vous faites mal, je chercherai à vous corriger. » Sur quoi Ménédème répond : « Je me trouve bien comme je suis ; quant à vous, vous ferez selon que vous jugerez à propos. » En tout cela, Chrémès joue assez bien le rôle d'un importun dont la curiosité cherche à surprendre un secret de famille ; mais prenons la phrase dans le sens le plus favorable. Je le répète, ces maximes étaient nobles et élevées ; mais les faits en démontraient la complète stérilité : le paganisme n'en restait pas moins une école d'inhumanité. L'égoïsme des castes, la haine de l'étranger, la vengeance sous le nom de grandeur d'âme, la pitié flétrie comme une faiblesse, le mépris le plus insultant de la vie humaine, les cruautés du

---

1. ... « Hi mores, hæc duri immota Catonis
   « Secta fuit.....
   « Non sibi, sed toti genitum se credere mundo   (*Pharsale.*)

cirque et de l'amphithéâtre, des homicides pour passe-temps, l'absence de toute œuvre, de toute institution de bienfaisance pour la souffrance ou la pauvreté, et, pour couronner le tout, la condamnation de la moitié du genre humain sous le nom d'esclaves : voilà ce qui répondait aux trois ou quatre phrases sonores que nous venons de citer. Seul, le christianisme a su réduire en pratique la théorie de la charité, non-seulement chez quelques âmes d'élite, mais, comme le disait Athénagore, dans les classes les plus infimes de la société. C'est lui qui, depuis dix-huit siècles, a combattu les mauvais instincts de l'homme, apaisé les colères, arrêté les violences, étouffé les haines ; qui a enseigné l'oubli des offenses et le pardon des injures ; qui a protégé le faible, soulagé le pauvre et brisé à jamais les fers de l'esclave ; qui, avec une fécondité inépuisable, a créé, organisé ces milliers d'œuvres, d'établissements, d'institutions, dont l'ensemble enveloppe l'humanité souffrante comme d'un immense réseau : tel est son véritable esprit, son caractère, sa puissance, et l'une des preuves les plus évidentes de son origine surnaturelle ou de sa divinité, c'est d'avoir été appelé par tous, incroyants ou fidèles, la religion de la charité.

Ainsi, la vie des chrétiens, non moins que leur doctrine, réduisait à néant le reproche d'athéisme ; car la pratique scrupuleuse du devoir, en vue d'une vie future, suppose une foi vive dans un Dieu rémunérateur. Cette double preuve faisait tomber également les deux autres griefs qu'Athénagore s'était proposé de détruire. « Comment supposer avec la moindre apparence de raison, s'écrie-t-il, que nous soyons assez cruels pour faire notre nourriture de la chair humaine, nous qui n'assistons pas même à vos combats de gladiateurs, parce que nous faisons peu de différence entre tuer un homme et le regarder tuer [1] ? » C'était marquer d'un trait énergique la distance infinie qui séparait la religion nouvelle des cultes

---

[1] *Legatio pro christ.*, XXXV.

polythéistes. « Quant aux infâmes désordres que nous prête l'imagination dépravée de plusieurs, notre réponse est bien simple : c'est la morale de leurs dieux qu'ils mettent sur notre compte, non la nôtre. Chez nous, le désir coupable, le regard est assimilé à l'acte même. » Athénagore part de là pour décrire la pureté des mœurs qu'on observait parmi les chrétiens : ce tableau est digne d'attention, parce qu'il prouve combien le protestantisme s'est écarté des traditions de l'Église primitive en s'élevant contre le célibat religieux par la bouche de Luther et de Calvin :

« Dans l'espérance que nous avons d'une vie future, nous méprisons les choses de la vie présente jusqu'à nous en interdire les jouissances. Chacun de nous a une épouse avec laquelle il a contracté mariage suivant les lois établies par vous dans l'unique but assigné de Dieu. Il s'en trouve également un grand nombre parmi nous, de l'un et de l'autre sexe, qui gardent le célibat jusqu'à l'âge le plus avancé, pour s'unir plus étroitement à Dieu. Que si la virginité produit une union plus intime avec Dieu, il suffit d'un désir ou d'une pensée pour nous séparer de lui ; à plus forte raison évitons-nous toute action coupable. Car notre religion ne consiste pas dans des exercices de parole ; elle nous apprend à faire de bonnes œuvres : c'est pourquoi chacun doit rester comme il est né, ou se contenter d'un seul mariage. Les secondes noces sont, en effet, un adultère spécieux. Le Sauveur a dit : « Quiconque renvoie sa femme et en épouse une autre commet un adultère » : par là il défend à la fois de répudier une femme devenue infidèle et d'en prendre une autre. Car celui qui se sépare de sa première femme, même après qu'elle est morte, commet un adultère déguisé, parce qu'il transgresse l'ordre de Dieu qui, dans le principe, a créé un homme et une femme, et qu'il dissout un lien qui devait subsister dans l'unité d'une même famille [1]. »

1. *Legatio pro christ.*, XXXIII.

J'avoue, Messieurs, que le blâme infligé par Athénagore aux secondes noces est trop sévère : cette qualification d'adultère spécieux ou dissimulé est évidemment outrée. Cependant je n'en conclurai pas, avec Tillemont, que le philosophe athénien était affilié à la secte des Montanistes, qui ne se produisit que plus tard. Pour réprouver les secondes noces, Montan s'appuyait sur une révélation nouvelle que ses prophétesses auraient reçue du Paraclet ; il n'y a pas trace d'un pareil argument dans Athénagore. En général, le mariage d'un veuf ou d'une veuve était jugé avec sévérité dans l'Église primitive : on le tenait bien pour licite, mais il y avait dans cette bigamie successive quelque chose qui blessait le sentiment austère des premiers chrétiens. La raison de ce fait n'est pas difficile à trouver. D'abord l'extrême dépravation des mœurs que le paganisme traînait à sa suite ne pouvait être corrigée que par une discipline rigoureuse. On n'avait aucune idée de la sainteté du mariage dans cette société romaine d'où sortaient la plupart des fidèles : la licence du divorce ouvrait la porte à tous les abus, et la perspective d'un deuxième mariage favorisait les désordres du premier. Sénèque nous apprend, dans des phrases crûment énergiques, combien cette facilité de contracter de nouvelles unions précipitait la décadence des mœurs [1]. Aussi le droit romain lui-même cherchait-il à mettre obstacle à une coutume devenue trop fréquente : il n'hésitait pas à noter d'infamie une veuve qui se remariait dans l'année de son deuil [2]. On conçoit donc sans peine que l'Église primitive se soit efforcée de rendre les secondes noces aussi rares que possible, pour augmenter le respect d'un engagement sacré dont le paganisme s'était fait un jeu. D'autre part, il est incontestable que la monogamie complète ou l'exclusion d'un deuxième contrat, même licite, est plus conforme

---

1. « Inde recentissimum sponsaliorum genus, adulterium ; et in consensu vidui cælibatûs, nemo uxorem duxit, nisi qui abduxit » *De Beneficiis*, I, IX. — 2. L. 1, 2, *Cod. de Secund. nupt.*

à l'institution primitive du mariage et à l'unité de la famille. Cette nouvelle donation du cœur semble blesser la fidélité du souvenir, la délicatesse d'un sentiment qui devrait survivre à la mort. Si l'on ajoute les inconvénients qui en résultent le plus souvent pour les enfants, la division presque inévitable qui s'introduit dans la famille, on comprend, sinon le blâme formulé par quelques Pères contre les secondes noces, du moins le reproche d'imperfection que la conscience chrétienne a toujours fait valoir. Je devais ce mot d'explication sur une phrase d'Athénagore que je suis loin d'approuver, mais qui, examinée de près, n'est pas dénuée de toute espèce de fondement.

Voici la conclusion du discours : « Je viens de détruire les accusations portées contre nous, en montrant la piété, la douceur et la tempérance qui distinguent les chrétiens. A vous maintenant, qui êtes si dignes de gouverner, par votre bonté, votre modération, votre humanité, qui joignez les dons de la science aux qualités naturelles; à vous, dis-je, de donner à ma parole votre assentiment royal. Qui serait plus digne d'être écouté favorablement que nous, qui prions pour la prospérité de votre empire, afin que, de père en fils, vous vous transmettiez le pouvoir et que votre domination, toujours croissante, puisse s'étendre à tout l'univers? Votre bonheur est notre intérêt; car il nous importe de pouvoir mener une vie tranquille en vous rendant de grand cœur l'obéissance qui vous est due[1]. »

Cette péroraison, si noble et si touchante, couronne dignement une apologie où la force du raisonnement s'allie à la modération du ton et de la forme. Par la clarté d'un style élégant et simple, par la fermeté d'une discussion aussi méthodique que serrée, par l'ordre et l'enchaînement des idées, le discours d'Athénagore mérite d'être rangé parmi les meil-

---

1. *Legatio pro christ.* XXXVII.

leures productions de la littérature chrétienne au ɪɪᵉ siècle. Avec moins de véhémence que Tatien, moins de verve et de finesse d'ironie qu'Hermias, l'apologiste athénien déploie des qualités plus solides comme écrivain et comme penseur. Chez lui, aussi bien que dans les écrits de saint Justin, l'esprit philosophique soutient l'éloquence et relève l'érudition. En étudiant cette composition si remarquable à plusieurs titres, on peut juger des rapides progrès que faisaient les lettres chrétiennes à une époque où l'art était en décadence. Sans vouloir rien exagérer, j'ose dire, Messieurs, qu'elle peut souffrir le parallèle avec les meilleures harangues des beaux temps de la Grèce. Si les formes grammaticales y sont moins correctes et moins pures, on y trouve plus de précision dans l'analyse du sujet et d'ampleur dans le développement des preuves. Je ne parle pas de la cause elle-même ni du fond des idées: ce sont les plus hautes idées que le langage humain puisse exprimer, et la plus grande cause que l'éloquence ait jamais défendue dans le monde.

HUITIÈME LEÇON

Traité d'Athénagore sur la résurrection des morts. — La question de la vie future dans les religions et dans les systèmes philosophiques de l'antiquité. — Affaiblissement de cette croyance à l'époque de l'apparition du christianisme. — Le dogme de la vie future chez les Hébreux. — Pourquoi la mention des peines et des récompenses éternelles est moins fréquente dans l'Ancien que dans le Nouveau Testament. Développement de la doctrine des fins dernières à travers le Pentateuque et les autres parties de l'Écriture sainte — Pourquoi le dogme de la résurrection des corps rencontrait une opposition si vive parmi les païens. — Athénagore commence par agiter la question de méthode. — Apologie et démonstration. — La rhétorique au IIe siècle. — Analyse du discours d'Athénagore. — Exemple de preuve rationnelle d'un dogme révélé dans l'éloquence chrétienne au IIe siècle.

Messieurs,

Vers la fin de son apologie, Athénagore avait cherché dans la doctrine des chrétiens sur la vie future un dernier argument pour détruire les calomnies qu'on répandait contre eux. « On conçoit, disait-il, que le crime n'épouvante nullement ceux qui n'admettent pas la survivance de l'âme au corps ; mais nous qui croyons fermement que l'âme est immortelle, et que le corps lui-même ressuscitera pour partager avec elle la récompense ou le châtiment, nous ne saurions nous faire un jeu de fouler aux pieds les lois de la morale. » Sans entrer pour le moment au fond de la question, l'apologiste s'était contenté d'énoncer la croyance des fidèles à la vérité d'un avenir, afin de montrer quel puissant mobile les poussait à la pratique du devoir. Mais, tout en glissant rapidement sur un point de doctrine que son sujet ne l'amenait pas à développer davantage, il semblait insinuer qu'il en ferait plus tard l'objet d'un travail spécial. En effet, nous possédons d'Athénagore un traité sur la *Résurrection des morts*, véritable chef-d'œuvre de discussion claire, nerveuse, méthodique. On dirait une thèse de l'école pour la finesse de l'analyse et la rigueur des déductions, tandis que, d'autre part, l'agrément d'une rhétorique ornée bannit la sécheresse sans tomber dans l'enflure. On chercherait vainement dans les dialogues de Platon ou dans les traités d'Aristote une dissertation où le mérite littéraire et la valeur philosophique s'unissent dans une mesure plus appropriée au sujet. Aussi, Messieurs, je compte bien donner à cette pièce toute l'attention qu'elle me semble mériter, parce qu'elle nous montre de quelle manière l'éloquence chrétienne procédait, au IIe siècle, dans l'exposition et dans la défense d'un dogme particulier.

Parmi les questions qui intéressent l'esprit humain, il n'en est pas de plus grave ni de plus fréquemment agitée que celle de la vie future. Quelles que soient les préoccupations qui assiègent l'homme durant son existence actuelle, l'avenir lui inspire une inquiétude dont il ne peut se défendre. Il sent que sa destinée ne s'arrête pas aux limites de la vie présente, mais qu'elle se prolonge au delà dans un monde nouveau : ce sentiment invincible n'est pas seulement un désir, une aspiration vague et mal définie ; c'est une croyance qui emprunte aux lumières de la raison et de la tradition une certitude complète. Aussi, après le dogme de l'existence de Dieu, il n'est aucune vérité qui ait jeté des racines plus profondes dans la conscience humaine que l'existence d'une vie future. Vous avez beau parcourir les annales de tous les peuples, depuis les races qui ont occupé le plus haut degré sur l'échelle de la civilisation jusqu'à celles qui demeurent plongées dans l'abaissement de l'ignorance, toujours et partout vous trouverez cette notion fondamentale qui se confond avec l'idée même de la justice divine. C'est là un de ces faits qui dominent l'histoire de l'humanité, et dont le caractère d'universalité n'est plus, du reste, contesté par personne. Sans doute, ici encore, nous rencontrons le même phénomène qui s'était offert à nous pour l'idée de Dieu. Avant le christianisme et en dehors du peuple juif, le dogme de la vie future s'était altéré, défiguré, au point de devenir méconnaissable chez plus d'une nation. Comme il est en quelque sorte le dernier mot de la religion, il recevrait l'empreinte de chaque système religieux dont il réflétait les tendances ou exprimait le caractère. Ainsi, là où prédominait le panthéisme, comme dans l'Inde, la doctrine sur l'avenir tendait vers l'extinction finale ou l'absorption de l'être humain dans la substance divine ; ce qui fait encore le fond du brahmanisme ou du bouddhisme actuel. Chez les peuples où régnait le fatalisme astrologique mêlé aux superstitions matérialistes, tels que les Égyptiens et les Chaldéens, la notion de l'autre vie se présentait sous la forme de migrations à travers les espaces célestes et dans le corps des animaux. Dans le magisme ou mazdéisme, religion antique de la Perse et de la Médie, le triomphe d'Ormuzd sur Ahrimane, point capital du système, amenait logiquement la réunion finale des bons et des méchants dans une même félicité. Enfin, les Grecs et les Romains portaient dans leurs descriptions des Champs-Élysées et du Tartare l'esprit de leur religion qui se résumait, comme nous l'avons vu l'an dernier, dans l'apothéose de l'homme ou l'anthropomorphisme. Si je voulais dépasser l'âge chrétien, je n'aurais pas de peine à montrer dans la vie future, telle que l'a imaginée le Coran, l'expression fidèle du sensualisme arabe. Bref, la doctrine des fins dernières de l'homme a pris la forme des divers systèmes religieux dont elle était la conséquence suprême ; elle en a reproduit le trait dominant. Mais, je le répète, ce qu'il y a de primitif et d'universel, à travers cette grande variété de sentiments, c'est la croyance à une vie future, où des peines et des récompenses sont appliquées par la justice divine dans la mesure du mérite et du démérite de l'homme-

Ainsi, Messieurs, il en est du dogme de l'immortalité de l'âme comme de celui de l'existence de Dieu : bien qu'obscurci et altéré avant le christianisme et en dehors du peuple juif, on le retrouve à toutes les époques, dans la conscience du genre humain. Cette conclusion reste la même, si des systèmes religieux nous passons aux écoles philosophiques de l'antiquité. Il est vrai que, dans ses dernières, le doute est moins rare et la négation plus hardie : la tradition religieuse s'est moins éloignée du dogme de la vie future que la spéculation philosophique, au sein des nations polythéistes. Ceux qui, à l'exemple des métaphysiciens de l'école d'Élée, ne reconnaissaient qu'un être unique et immobile, ne pouvaient, sans se contredire, admettre l'immortalité de la personne humaine. Il en était de même des physiciens de l'école d'Ionie et de l'école atomistique : leurs doctrines matérialistes aboutissaient à une négation expresse ou tacite de la vie future. Le panthéisme des stoïciens ne parvenait tout au plus qu'à sauver la double substance de l'homme d'une destruction totale, mais non sa personnalité. Quoi que l'on doive penser du sentiment d'Aristote sur la permanence individuelle de l'âme, ne concevant pas Dieu comme une providence, le chef de l'école péripatéticienne et ses disciples n'étaient guère en droit de supposer des peines ou des récompenses dans une autre vie. C'est la gloire de Pythagore et de Platon, de s'être rapprochés davantage de la vérité sur ce point capital de la destinée humaine. Non pas que le dogme de la vie future ne se trouve mêlé à de graves erreurs dans le système de ces deux philosophes. La métempsychose qu'ils admettent enlève à cette croyance son vrai caractère et sa portée morale, en effaçant le souvenir des actes accomplis dans les vies antérieures. Par l'hypothèse chimérique de la préexistence des âmes, Platon compromet la doctrine qu'il veut défendre contre les négations intéressées de la sophistique de son temps. Bien plus, en réduisant toute faute à une erreur involontaire, il détruit, en principe, la théorie du mérite et du démérite, partant, la moralité de la récompense et de la peine. Enfin, par sa division de l'âme du monde en âmes individuelles, et par l'identité qu'il paraît établir entre Dieu et la raison qui pénètre chaque âme, il ouvre une issue au panthéisme, et prépare le système des néoplatoniciens, où la notion de la vie future se réduit à l'absorption de l'âme individuelle dans l'âme universelle ou en Dieu. Certes, voilà de grandes altérations dans l'enseignement du dogme qui doit exercer le plus d'influence sur la direction de la vie. Il n'est pas moins vrai de dire que Platon a fait les plus louables efforts pour déterminer les conditions futures de l'existence humaine ; et parmi les autres philosophes, plus éloignés que lui de la vérité, il s'en est trouvé qui, par une heureuse inconséquence, ont conservé une doctrine que repoussait leur système. Tant il est naturel à l'homme de chercher dans une vie future le complément de sa vie présente, trop courte et trop précaire pour être le terme de sa destinée.

Donc, en résumé, les systèmes philosophiques comme les religions de l'antiquité se sont généralement accordés sur l'existence d'une vie future, sans pouvoir toutefois en déterminer les conditions d'une manière exacte et précise. C'est pourquoi une révélation divine était nécessaire pour suppléer à l'insuffisance d'une raison livrée aux disputes et aux contradictions de ce monde. Vous le voyez, Messieurs, par quelque côté qu'on touche aux questions religieuses et morales, on arrive à reconnaître l'extrême utilité ou la haute convenance d'un enseignement révélé qui pût mettre fin aux incertitudes de l'esprit humain. Chose étrange, c'est précisément à l'époque où le christianisme vint s'établir dans le monde, que le dogme de la vie future était le plus effacé dans la conscience des peuples : ce rapprochement, ou plutôt ce contraste, suffirait pour montrer que l'Évangile n'était pas l'expression naturelle des idées du temps, mais qu'il venait s'imposer d'en haut. Quant aux peines réservées aux méchants dans une autre vie, personne n'y croyait plus parmi les philosophes et les hommes d'État, depuis Jules César qui les rejetait en plein sénat, jusqu'à Cicéron et Sénèque qui s'en moquaient dans leurs écrits [1]. Si la négation devenait moins formelle sur l'immortalité de l'âme et sur une espèce de bonheur qui suivrait la mort, elle était remplacée par le doute chez les meilleurs esprits. On peut en juger par ceux-là mêmes qui penchent le plus vers l'affirmative, tels que Cicéron et Sénèque : l'un traite quelque part de beau rêve ce qu'il admet ailleurs ; l'autre s'écrie dans les Tusculanes : « Renonçons une bonne fois à tout espoir d'immortalité [2]. » Gibbon a donc pu dire avec raison : « Nous connaissons assez les actions, les caractères et les motifs des personnages éminents qui florissaient du temps de Cicéron et des premiers Césars, pour être assurés que leur conduite en cette vie ne fut jamais dirigée par une conviction sérieuse des punitions et des récompenses d'un état futur [3]. » Si l'on ajoute que les fables grossières, par lesquelles la mythologie défigurait la croyance à une autre vie,

---

1. Salluste, *Catil*, 51. — Cicéron. *de Off.*, III, 28, 29 ; *Tuscul.*, I, 5, 6, 8, 16, 21 ; *de Nat. deorum*, II, 2 ; *Pro Cluentio*, 61 ; *de Senect.*, 19. — Sénèque *Benef.*, IV, 19 ; VII, 1 ; *Ep.* 29 à *Lucile*, § 10. — Voyez également Plutarque, *de la Superst.*, 4 ; *de la Vie obscure*, 7. — Épictète, *Dissert. d'Arrien*, III, 13, § 15. — Marc Aurèle, *Pensées*, II, 17. — Sénèque, *Ep. à Lucile*, XXIV. 17, 18 ; LXXV, 13, 14 ; LXXXII, 13, 18 ; *Consol. ad Marciam*, XIX, § 3. — Virgile, *Géorgiq.*, II, 490, 492. — Horace, *Carm.*, I, 4, v, 16. — Properce, *Eleg.*, III, 3. v. 51-68. — Juvénal. *Sat.*, II, 149-152. Pline l'Ancien, *Hist. nat.*, VIII, 55.

2. Cicéron, *Tuscul.*, I, 9, 11, 17, 21 ; *de Senect.*, 19. — Sénèque, *Ep. à Lucile*, IV, 2 ; XXX. 5 ; LXIV, 3 et 4 ; LXXXII, 15 ; *Consol. ad Marciam*, XIX, 3-5. — Voyez également Panaetius, cité par Cicéron, *Tuscul.*, I, 32. — Cornutus cité par Stobée, I, 52. — Lucain, *Pharsale*, III, 39, 40. — Épictète, *Dissert. d'Arrien*, III, 13, § 14-16. — Marc-Aurèle, *Pensées*, III, 3, IV, 21 ; V, 33 ; VIII, 25, 58 ; XI, 3. etc. *Ibid.*, II, 17 ; IV, 5 ; V, 13 ; VI, 24 ; VII, 10 ; XII, 5, 21, etc. — Tacite, *Agricola*, 40. — Cf., *les Pères apostoliques et leur époque*, VIIIe leçon. — *Les Apologistes chrétiens au IIe siècle*, saint Justin, XIII leçon.

3. *Histoire de la décadence de l'empire romain*, t. III, p. 41.

l'avaient livrée aux railleries des sceptiques, et fini par la ruiner dans l'esprit du peuple qui s'en égayait comme d'une pure plaisanterie, on comprendra sans peine que nulle autre époque n'était moins disposée à recevoir avec faveur la doctrine de la vie future, telle que le christianisme la présentait au monde d'après la tradition de l'Ancien Testament, complétée par la révélation du Nouveau.

Je dis, Messieurs, la tradition de l'Ancien Testament. Car, s'il est vrai de dire que la notion d'une vie future ne s'est complétement perdue chez aucun peuple, à plus forte raison devait-elle se conserver parmi les Hébreux, dont le symbole religieux offre une supériorité si marquée sur ceux de l'ancien monde. Non pas qu'il faille s'attendre à l'y trouver avec le caractère de précision et le degré de clarté qu'elle a pris dans l'Évangile : la religion mosaïque n'était que l'aurore du christianisme, qui devait faire succéder le plein midi de la foi au demi-jour de l'espérance. C'est faute d'avoir établi cette distinction capitale que plusieurs écrivains ont été choqués de ne pas rencontrer dans l'Ancien Testament une mention plus fréquente des peines et des récompenses de l'autre vie. Les sophistes du xviii° siècle, Voltaire en tête, n'ont pas manqué de se prévaloir de ce fait pour conclure que les juifs ne croyaient pas à l'immortalité de l'âme avant la captivité de Babylone ; et cette assertion, à tout le moins fort étrange, a été répétée de nos jours avec une confiance si téméraire et si naïve à la fois, que je crois devoir m'y arrêter un instant. Nous avouons sans la moindre peine que Moïse, s'adressant à un peuple grossier et charnel, s'applique de préférence à le retenir dans la ligne du devoir par la promesse des bénédictions et la menace des châtiments temporels ; mais rien n'est plus facile à expliquer que cette conduite du législateur. La croyance à l'immortalité de l'âme et à une vie future faisait déjà partie de la révélation primitive ; elle était universellement répandue et incontestée chez les Hébreux : par conséquent, il n'y avait aucun motif pressant d'insister sur un dogme que rien ne menaçait, et qui découlait comme une conséquence rigoureuse de la loi naturelle telle qu'elle était écrite dans le cœur de chaque homme. Envisagée dans sa partie dogmatique et morale, la révélation mosaïque n'ajoutait guère aux révélations précédentes : identique avec ces dernières, elle conservait également la sanction générale des peines et des récompenses de l'autre vie ; c'est comme loi civile et nationale qu'elle recevait une sanction particulière dans les prospérités temporelles garanties tant à la nation qu'aux individus par une Providence spéciale, en vertu du pacte conclu avec Jéhovah. On conçoit donc que le législateur ait appuyé avec plus de force sur la sanction directe et immédiate de la loi politique et cérémonielle, sauvegarde nécessaire du dogme et de la morale : par là, il atteignait plus sûrement son but au milieu d'un peuple esclave des sens, incapable de porter des vérités si relevées et de se laisser conduire par des motifs tout spirituels. Je dis plus : le caractère de ce peuple lui faisait un devoir de jeter en quelque sorte un voile, transparent, il est vrai, sur un dogme dont la superstition abusait généralement au sein du polythéisme. L'évocation et l'apothéose des morts, telles sont les deux pratiques auxquelles avait abouti chez les nations voisines la foi antique à la permanence des âmes. On voit par toute l'histoire d'Israël combien ce peuple était enclin aux superstitions de ce genre, qui auraient compromis la conservation du dogme fondamental de l'unité de Dieu, en remplaçant le culte de Jéhovah par celui des ancêtres et la voix des prophètes par les oracles des morts. Ici la mission providentielle confiée à la race choisie exigeait ces sages réserves qui marquent les œuvres divines. De même que la notion de la Trinité ne pouvait qu'être insinuée à des esprits qui éprouvaient la tentation perpétuelle de fractionner l'Être divin, de même encore que la doctrine des anges devait leur être présentée sous une forme qui les empêchât de rendre aux envoyés de Dieu le culte dû à Dieu seul, ainsi fallait-il user de précautions pour que le dogme de la permanence des âmes, mal compris du vulgaire, n'ouvrît pas la porte à des superstitions coupables. En supposant cette croyance fondamentale, sans la livrer aux fausses interprétations d'une multitude ignorante, on retenait ce qu'elle a d'efficacité pour la direction de la vie, tout en écartant le danger qu'aurait pu offrir un enseignement moins voilé : c'est ce qu'a fait Moïse avec cette connaissance profonde des besoins et de l'esprit du peuple auquel Dieu l'appelait à donner une loi.

Telles sont, Messieurs, quelques-unes des raisons par lesquelles on peut expliquer pourquoi le législateur des juifs n'a pas insisté d'une manière plus expresse et plus formelle sur le dogme de la vie future. Est-ce à dire qu'on ne trouve pas d'indice de cette croyance dans les premiers livres de l'Ancien Testament ? Non, certes : le Pentateuque l'insinue, la suppose, l'énonce. En défendant si énergiquement d'évoquer les morts, Moïse montre bien que tout son peuple croyait comme lui à l'immortalité de l'âme ; car on n'interroge pas ce que l'on ne croit point exister. Lorsqu'il interdit aux Hébreux les transports d'une douleur excessive à la mort de leurs proches, il leur rappelle dans leur titre «d'enfants de Dieu » un motif de ne pas s'affliger comme ceux qui n'ont pas d'espérance. Pour Moïse et les Hébreux, la vie de l'homme sur la terre n'est qu'un pèlerinage, un voyage en pays étranger : c'est dire assez que, suivant eux, la vraie patrie de l'homme est hors de cette vie. A leurs yeux, mourir, c'est *retrouver ses pères, aller se réunir à son peuple :* expression consacrée qui ne peut désigner que le lieu de réunion, le rendez-vous commun des âmes après la mort, et non pas simplement le tombeau ; car le Pentateuque l'applique à des hommes ensevelis loin de la tombe de leurs ancêtres, dans des contrées toutes différentes. Quand Jacob s'écrie qu'il descendra dans le *schéol* avec Joseph, ce n'est pas dans le tombeau, réceptable du corps, qu'il espère retrouver son fils, puisqu'il le suppose devoré par une bête féroce, c'est-à-dire privé de sépulture. Là, comme ailleurs, le mot *schéol*, employé plus de soixante fois dans les Écritures, signifie le séjour commun des âmes après la mort, comme le mot *kéber* exprime le lieu de sépulture ou le tombeau. Au moment de mourir, Jacob déclare à ses fils qu'il attend le salut qui viendra de Dieu. Évidemment, voilà le cri d'un homme qui a l'espoir d'obtenir l'effet des promesses divines dans une autre vie. Lorsque Balaam, enviant le sort du peuple de Dieu, s'écrie : « Que je meure de la mort des justes et que ma fin soit semblable à la leur, » il exprime clairement la croyance à une vie future où le juste reçoit sa récompense ; car, par elle-même et abstraction faite du bonheur qui l'attend dans une autre vie, la mort du juste est souvent plus cruelle que celle de l'impie. En donnant ces paroles comme inspirées de Dieu, Moïse montre assez que lui-même et son peuple partageaient la foi et l'espérance du du prophète étranger. Donc, si la doctrine d'une autre vie ne se présente pas à beaucoup près, sous une forme aussi explicite dans le Pentateuque que dans l'Évangile, elle y est supposée, figurée, indiquée de telle sorte qu'on ne saurait concevoir le moindre doute sur la croyance des Hébreux à la permanence des âmes après la mort [1].

À mesure qu'on avance vers les temps où la révélation chrétienne devait déchirer le voile qui enveloppait certaines parties du mosaïsme, le dogme de la vie future rayonne

---

[1]. *Levit.*, XIX, 1; XX, 6; *Deutér.*, XVIII 11, — *Deutér.*, XIV, 1 et suiv. — *Genèse*, XLVII, 8, 9. — *Gen.*, XV, 15 ; XXV, 8, 17 ; XXXV, 29 ; XLIX, 29, 32 ; *Nombr*, XX, 24, 26 ; *Deutér.*, XXXI, 16 ; XXXII, 50 ; — *Gen.*, XXXVII, 35. — *Gen.*, XLIX, 18. — *Nomb*, XXIII, 10. — Voyez *la Vie future*, par Th.-Henri Martin. Paris, 1858, p. 33 et suiv. — *De l'immortalité de l'âme chez les Juifs*, par Brecher, trad. franç. Paris, 1857.

d'une clarté plus vive à travers les livres de l'Ancien Testament. Ici, c'est Job qui se console des afflictions terrestres par cette espérance qui repose dans son sein : « Je sais que mon Rédempteur est vivant, et qu'à la fin des temps il me fera sortir de la poussière ; ma peau me revêtira une seconde fois, et je verrai encore le Seigneur dans ma chair. Je le verrai moi-même, de mes yeux, mes yeux le contempleront, moi-même je le verrai, et non un autre [1]. » Là, c'est Anne, mère de Samuel, qui exprime la croyance commune à Israël dans ce passage de son cantique : « Le Seigneur fait mourir et fait vivre, fait descendre dans le schéol et en fait remonter. » Plus loin, c'est Salomon qui enseigne la permanence des âmes, le jugement futur, la destinée finale des bons et des méchants : « A la mort, la poussière retourne à la terre d'où elle est venue ; mais l'esprit retourne à Dieu qui l'a donné. — Dieu jugera toutes les actions des hommes, même les plus secrètes, soit bonnes, soit mauvaises. — L'impie meurt dans son impiété, mais le juste est plein d'espérance à la mort. — Que l'arbre tombe au midi, ou qu'il tombe au nord, là où l'arbre sera tombé, là il restera. » Deux siècles après, c'est Isaïe qui exprime en ces termes le sort des impies : « La vie de ces hommes ne meurt pas, leur feu ne s'éteint pas et ils seront une horreur à toute chair. » Enfin, c'est Daniel qui proclame l'éternité des récompenses et des peines avec une clarté que l'Évangile n'a guère dépassée : « Beaucoup de ceux qui dorment dans la poussière de la terre se réveilleront pour la vie éternelle, les autres pour les

---

1. Le texte hébreu actuel présente quelques variantes comparé à la Vulgate et aux Septante : « Je sais que mon rédempteur est vivant et qu'à la fin des temps il s'élèvera au dessus de la poussière ; et après que ma peau que voici aura été détruite, de ma chair je verrai Dieu ; je le verrai favorable à moi ; mes yeux le verront et non un autre que moi. » Quelque version que l'on préfère, on y trouvera toujours ces deux vérités capitales : la permanence de l'identité personnelle après la mort et la résurrection des corps à la fin des temps.

opprobres et pour une honte éternelle. » Je n'insisterai pas davantage sur un fait à l'appui duquel il serait facile de citer des textes sans nombre, depuis les Psaumes où Dieu apparaît sans cesse comme l'espérance du juste et la terreur du méchant pour l'éternité, jusqu'au II° livre des Machabées, où la prière pour les morts offre un témoignage éclatant de la croyance des juifs à l'immortalité de l'âme. A partir du Pentateuque, le dogme de la vie future suit, à travers les livres de l'Ancien Testament, ce progrès dans la lumière dont l'Évangile a été le terme et le couronnement[1].

En effet, quel que soit le degré de précision ou de clarté auquel la doctrine des fins dernières de l'homme arrive dans l'Ancien Testament, il s'en faut bien qu'on l'y trouve aussi nettement formulée que dans l'Évangile. C'est le propre du christianisme d'avoir éclairci et complété ce qu'il y avait d'obscur et d'inachevé dans les révélations précédentes. Tout en écartant comme superflu ce qui n'est de nature qu'à satisfaire une vaine curiosité, il a déterminé d'une manière rigoureuse ce qu'il importe de savoir touchant nos destinées finales. Immortalité de l'âme, résurrection du corps à la fin des temps, jugement dernier, éternité des peines et des récompenses de l'autre vie, épreuve temporaire pour la justice imparfaite, vision béatifique et félicité sans bornes pour les saints, privation de la vue de Dieu et châtiments sensibles pour les méchants : telles sont les vérités capitales qu'il a enseignées, confirmées, développées. Par là, il rétablissait dans le monde la véritable notion de la vie future, en y ajoutant les clartés nouvelles qu'il avait plu à Dieu de répandre sur la destinée de l'homme.

Or, parmi les divers points qui composent la doctrine chrétienne des fins dernières de l'homme, il n'en est aucun

---

1. Job, XIX, 25, 27. — Ier *livre de Rois*, II, 6. — *Ecclésiaste*, XII, 7, 14; *Prov.*, XIV, 32; *Eccles.*, XI, 3. — Isaïe, LXVI, 24. — Daniel, XII, 1-3. — *Psaumes*, XXXVIII, 13; LXXII, 25, 26; XV, 9-11; XXXVI, 9, 18, 35, 38; XLVIII, 16, 20 — II° liv. des Mach., XII, 43, 46, etc., etc.

qui ait soulevé plus d'opposition dans le monde païen que
la résurection des corps, dont Athénagore a entrepris la défense dans le traité que nous allons étudier. Déjà, chez les
juifs eux-mêmes, une école célèbre, celle des Sadducéens,
s'était élevée contre un sentiment admis dans les traditions
de la synagogue. A plus forte raison, le dogme de la résurrection devait-il sembler aux païens un non-sens et une
chimère. Ceux d'entre eux qui considéraient la mort comme
la fin et la solution de toutes choses ne pouvaient se faire à
l'idée d'une palingénésie de ce genre. Quant aux autres, ils
consentaient bien à supposer la survivance de l'âme; mais
leurs idées sur la matière comme principe de corruption et
siége du mal ne leur permettaient pas d'en admettre la recomposition future. Ils ne voyaient dans le corps qu'une
prison de l'âme, dont le bonheur et la liberté véritable con-
sistaient à se dépouiller pour toujours d'une enveloppe grossière et pesante. Même les partisans de la métempsycose, qui
enseignaient la migration successive de l'âme dans différents
corps, n'envisageaient ce retour vers la matière que comme
une chute ou un châtiment: par conséquent, ils devaient être
choqués d'entendre dire aux chrétiens que la résurrection du
corps constitue pour l'âme une véritable récompense. Vous
concevez d'après cela combien ce dogme heurtait de front
toutes les idées reçues dans le paganisme. Ce n'est pas qu'on
ne puisse en retrouver la trace dans la tradition de quelques
anciens peuples, chez les Égyptiens, par exemple ; mais des
fables absurdes l'avaient défiguré au point de le rendre méconnaissable. Aussi, je le répète, aucune autre partie de la
doctrine catholique ne rencontra plus de difficulté dans l'esprit des païens. A peine saint Paul a-t-il prononcé devant
l'Aréopage le mot de résurrection, qu'un bon nombre d'auditeurs éclatent de rire. Après avoir réduit en cendres les corps
des martyrs de Vienne et de Lyon, les bourreaux les jettent
dans le Rhône en disant avec ironie : Nous verrons bien s'ils

ressusciteront un jour. Montrez-nous, dira Autolycus à Théophile d'Antioche, un seul homme qui soit ressuscité d'entre les morts : sa présence nous convaincra. Cécilius porte le même défi à Octavius dans le dialogue du Minucius Félix : il appelle la doctrine de la résurrection un conte de vieille femme. Celse va plus loin : il la nomme l'espérance des vers. Les adversaires de Tertullien et de Lactance y voient une sottise, une stupidité [1]. Cette haine et ce mépris des païens pour un des dogmes les plus consolants de la foi enflammaient le zèle des apologistes chrétiens. Il n'est aucun d'entre eux qui ne se soit appliqué à justifier et à défendre ce sentiment enraciné dans le cœur des fidèles. Déjà saint Justin avait composé sur cette question un écrit dont nous ne possédons plus qu'un fragment; mais le traité le plus substantiel et le plus nourri que nous trouvions là-dessus dans l'éloquence chrétienne au IIe siècle, c'est l'opuscule d'Athénagore sur la résurrection des morts.

Je tenais, Messieurs, à rappeler ces notions préliminaires, parce qu'il importe, avant d'aborder une question, de savoir comment elle a été envisagée et comprise dans la suite des temps. Examinons à présent l'écrit d'Athénagore pour en déterminer la valeur dogmatique et le mérite littéraire. Voici comment le philosophe chrétien entre en matière :

« La certitude, qui fait le caractère de la vraie doctrine, n'empêche pas l'erreur de croître à côté d'elle. Ce n'est pas que le faux naisse du fond même des choses ou de leur principe ; il tire son origine de ceux qui se font un plaisir et une étude de corrompre la vérité en y mêlant un germe d'erreur capable de l'étouffer. C'est ce qu'il est facile de voir par la conduite des anciens philosophes qui ont disserté

---

1. *Actes des Ap.*, XVII, 32. — Eusèbe, *Hist. eccles.*, t. II, p. 35 et suiv. — Théoph., *ad Autol.*, I, 13. — Minut. Felix, XI. 33, 35. — Orig. *contre Celse*, V, 14. — Tertull., *ad Nat.*, I, 19. — Lactance, *Instit. div.*, VII, 26.

sur toutes choses. Ils ne se sont pas plus accordés avec leurs contemporains qu'avec ceux qui les ont précédés : aussi en est-il résulté une rare confusion de langage et d'opinions. Y a-t-il une vérité quelconque qui n'ait trouvé des détracteurs ? La nature de Dieu, sa science, ses opérations, d'autres vérités qui sont la règle et le fondement de la piété, tout a eu le même sort ; rien n'a été épargné. Il s'en est trouvé qui, à la vue de ses contradictions, ont fini par désespérer de découvrir jamais la vraie doctrine ; d'autres ont fait plier toutes choses au gré de leurs caprices ; plusieurs enfin se sont fait un jeu de révoquer en doute les principes les plus évidents. C'est pourquoi j'estime qu'il faut faire usage d'une double méthode, en défendant la vérité contre les uns et en l'établissant devant les autres. S'agit-il des incrédules et des sceptiques, il convient d'entreprendre contre eux l'apologie de la vérité ; quant à ceux qui, mieux intentionnés, sont avides de saisir le vrai, il vaut mieux procéder avec eux par la démonstration directe. En effet, il importe de faire la part des circonstances, en suivant l'ordre qu'elles indiquent au discours : faute de quoi et pour vouloir s'en tenir à une règle invariable, on court risque de négliger ce qui convient davantage et de faire des raisonnements aussi infructueux que déplacés. Nul doute que, pour démontrer une proposition, l'ordre naturel ne prescrive d'établir la vérité avant de répondre aux objections qui la combattent ; mais les dispositions de ceux qui nous écoutent demandent souvent qu'on renverse cet ordre pour obtenir un meilleur résultat. Ainsi voit-on le laboureur attentif à n'ensemencer une terre qu'après l'avoir défrichée, en arrachant ce qui pourrait endommager la bonne semence qu'il veut lui confier ; ainsi voit-on un habile médecin ne faire prendre à son malade le remède salutaire qu'après l'avoir débarrassé du principe morbide. Il en est de même de celui qui veut enseigner la vérité : jamais il ne pourra la faire goûter à ses auditeurs, tant que leur esprit restera prévenu d'une opinion fausse, qui les met en garde contre la doctrine qu'on cherche à leur persuader. C'est pour cette raison que nous n'avons pas fait difficulté d'user quelquefois de la méthode qui consiste à dissiper les préjugés contraires à la vérité avant de l'établir directement : en cela, nous consultions l'intérêt des âmes. Nous croyons devoir agir de la même sorte en traitant de la résurrection des corps [1]. »

Comme vous le voyez d'après cet exorde, Athénagore agite en premier lieu la question de méthode. Il se demande s'il vaut mieux commencer par la preuve directe du dogme de la résurrection, ou s'il est préférable de détruire auparavant les objections des adversaires : c'est ce qu'il appelle disserter pour ou touchant la vérité. Dans son histoire de la philosophie chrétienne, Ritter s'est évidemment trompé en supposant qu'Athénagore songe à établir une antithèse entre la preuve philosophique et l'argument fondé sur la foi : il ne s'agit pas ici d'une pareille distinction [2]. L'écrivain du iie siècle ne fait que poser un problème d'art dont la rhétorique s'est toujours préoccupée : faut-il démontrer tout d'abord la proposition qu'on veut établir, ou bien détruire au préalable les préjugés qui empêchent de l'admettre ? Or, il résout cette question conformément aux règles tracées par la raison appuyée sur l'expérience. A s'en tenir aux exigences de la logique et à l'ordre naturel du sujet, il est évident que l'orateur doit prouver sa thèse avant de réfuter les objections qu'elle soulève : en d'autres termes, l'antériorité de la démonstration sur l'apologie est indiquée par la nature même des choses et la marche habituelle de l'esprit. Mais, comme l'observe fort bien le philosophe d'Athènes, les dispositions de l'auditoire exigent souvent qu'on intervertisse cet ordre,

---

1. *De Resurr. mort.*, 1.
2. *Geschichte der christlichen Philosophie*, erster Theil, p. 310, Hambourg, 1841.

et qu'en donnant d'abord la solution des difficultés on dégage, pour ainsi dire, la vérité avant de l'établir directement. Il peut arriver, en effet, que la force des préventions ne permette à l'orateur de développer ses preuves qu'après avoir déchiré les nuages qui enveloppent la vérité dans l'esprit des auditeurs. C'est ainsi que Cicéron a procédé dans son plaidoyer pour Milon, et son exemple a été suivi par tous les grands maîtres. Pour justifier sa méthode, Athénagore revient sur la même observation à la fin de la première partie de son discours. Permettez-moi de vous citer ce passage qui complète le premier pour montrer comment les auteurs chrétiens du IIe siècle comprennent la théorie de l'éloquence. Aussi bien, l'examen de leurs doctrines ne doit-il pas nous faire oublier l'étude de la forme qu'ils adoptent et des procédés qu'ils suivent de préférence dans leurs écrits :

« Nous avons déjà marqué plus haut la différence qui existe entre la démonstration et l'apologie de la vérité, aussi bien que les circonstances de lieu et de personne qui déterminent l'emploi alternatif de ces deux méthodes. Mais il ne me paraît pas inutile de revenir sur le même point pour mieux expliquer ma pensée, et pour relier ce qui me reste à déduire avec ce que vous venez d'entendre. J'accorde que dans l'ordre naturel du sujet, établir la vérité c'est plus que de la défendre ; mais je soutiens en même temps que la défense doit précéder comme un satellite, que c'est à elle de préparer les voies, d'aplanir les difficultés et d'écarter les obstacles. Comme le principal soin de l'homme doit être d'assurer son salut, il est aussi pour lui de la dernière importance de bien connaître la vérité : c'est pourquoi un discours qui tend à l'établir mérite la préférence sur celui qui n'aboutit qu'à la défendre, dès qu'on a égard à la nature, à l'ordre et à l'utilité de l'un et de l'autre. La nature du premier est de nous faire connaître les choses telles qu'elles sont:

son ordre ou son rang est le même que celui des vérités dont il est le fidèle interprète ; son utilité enfin consiste en ce qu'il procure à ceux qui en sont persuadés une assurance de leur bonheur. Une simple défense de la vérité ne peut avoir le même effet ni les mêmes avantages ; car réfuter le mensonge n'est pas autant que confirmer la vérité. La réfutation ne mérite que la seconde place, parce qu'elle déploie sa force contre ceux qui sont égarés par des opinions fausses : or, qui ne sait que l'erreur n'est qu'une corruption de la vérité, semblable à l'ivraie semée sur le bon grain ? Malgré cela, l'apologie doit quelquefois précéder, et il y a des circonstances où elle devient plus utile : c'est quand il s'agit de lever les obstacles qui naissent de l'incrédulité de plusieurs, de dissiper l'erreur et les doutes de ceux qui s'approchent de la vérité. Enfin l'apologie et la démonstration ont cela de commun, qu'elles aboutissent toutes deux à une même fin, qui est de préparer l'homme à la piété, l'une, en détrompant du mensonge, l'autre, en confirmant la vérité. Cependant il ne faut pas les confondre : la démonstration est nécessaire, comme je l'ai dit, pour ceux qui sont disposés à croire, qui ne veulent pas hasarder leur salut en négligeant la vérité ; l'apologie n'est pas nécessaire toujours ni à l'égard de tout le monde, mais elle le devient quelquefois, et alors elle produit un plus grand fruit [1]. »

Peut-être, Messieurs, trouvez-vous comme moi ces remarques un peu subtiles et trop délayées. Si je ne me trompe, elles se ressentent du goût de l'époque pour les dissertations de grammaire et de rhétorique. Rien n'était plus fréquemment agité dans les écoles de sophistes que des questions de ce genre. On peut en juger par les ouvrages qui nous restent des rhéteurs contemporains d'Athénagore, tels qu'Hermogène de Tharse, le plus célèbre de tous, Démétrius et Théon

---

1. *De resurr. mort*, XI

d'Alexandrie, Aphthonius d'Antioche, Alexandre Numénius. On voit assez par le soin qu'il met à justifier sa méthode que le philosophe chrétien se préoccupait vivement, à leur exemple, des préceptes et des règles de l'art. Je suis bien éloigné de lui en faire un reproche ; mais cette discussion sur la méthode forme une exception originale, peut-être unique dans la littérature chrétienne du IIe siècle. Le principe une fois posé, Athénagore l'applique à son sujet : il divise son traité en deux parties, l'une négative, l'autre positive. Dans la première, il réfutera les objections qu'on a coutume de faire contre la résurrection des corps ; dans la seconde, il développera les preuves directes qui établissent ce dogme. Je vais commencer par présenter en peu de mots l'analyse du discours, ce qui n'est pas plus difficile que de résumer une thèse de saint Thomas ou de Scott, tant il y a d'ordre et de clarté dans cette œuvre d'éloquence et de philosophie chrétienne.

Pour que les adversaires de la résurrection fussent reçus à persévérer dans leur incrédulité, il leur faudrait pouvoir démontrer de deux choses l'une : ou que Dieu ne peut pas ressusciter les corps ou qu'il ne le veut pas. Dans le premier cas, c'est parce que Dieu n'aurait pas de science ou de force suffisante, ou bien parce que la chose en elle-même impliquerait contradiction. Dans le second cas, c'est parce que la résurrection répugnerait à la justice ou à la majesté divine. Or, rien de tout cela ne saurait se soutenir. Dieu peut ressusciter les corps, et rien ne l'empêche de le vouloir. Il le peut, car il ne manque pour cela ni de force ni de lumière, et la chose elle-même n'a rien qui implique. Dieu ne manque pas de lumière : il connaissait les éléments et les principes des corps avant leur union, il saura les distinguer après leur séparation. Dieu ne manque pas de force : la résurrection n'en demande pas plus que la création. D'autre part, il n'implique pas que les corps ressuscitent : chacun retrouvera ce qui lui appartient. L'anthropophagie même n'y mettra point obstacle ;

tout aliment ne se change pas en suc nourricier ; tout suc nourricier ne devient pas chair ; toute chair accessoire ne fait point partie essentielle du corps, qui ne la retient que pour un temps. Enfin rien n'empêche que Dieu veuille ce qu'il peut, ni sa justice, ni sa dignité. Sa justice : en ressuscitant l'homme, Dieu ne fait tort à personne, ni aux autres créatures spirituelles qui n'en restent pas moins ce qu'elles sont ; ni aux autres créatures matérielles qui, inférieures à l'homme, ne sauraient prétendre à la même destinée ; ni enfin à l'homme lui-même, considéré selon l'âme, qui recevra un vêtement incorruptible, ou selon le corps, pour qui la résurrection sera un surcroît d'honneur. Sa dignité : si Dieu n'a pas jugé qu'il fût au dessous de lui de créer le corps de l'homme sujet à la corruption, à plus forte raison ne saurait il dédaigner de le rendre incorruptible. Donc les objections que l'on dirige contre la résurrection des corps sont vaines et futiles.

Après l'apologie, la démonstration. Non-seulement la résurrection ne répugne pas, mais elle est au contraire très-fondée en raison. La création et la nature de l'homme, le jugement qu'il doit subir et sa fin dernière en sont autant de preuves. La création de l'homme : car l'homme n'a pas été créé pour les besoins du Créateur ou pour l'utilité de quelque créature, mais afin qu'il jouît à jamais de la vie qui lui est propre: c'est par là qu'il se distingue des animaux qui n'ont qu'une vie périssable; Dieu n'aurait pas fait de l'homme le chef-d'œuvre de ses mains, si son intention n'avait été qu'il subsistât toujours tel qu'il est, c'est-à-dire qu'il pût ressusciter. La nature de l'homme : car l'homme n'est pas un pur esprit, il est composé d'un corps et d'une âme: par conséquent, si l'âme est immortelle, il faut que le corps ressuscite un jour pour participer à son immortalité ; sinon l'homme ne subsisterait pas tout entier, et l'harmonie de son être serait rompue à jamais. Le jugement: car, s'il y a une providence, il y aura un jugement : or il faut que l'homme tout entier soit jugé, puni ou récompensé, parce que le bien et le mal, les passions, source du péché, les vertus et les vices, non moins que les lois, embrassent tout l'homme, le corps comme l'âme. La fin de l'homme : car tout être a une fin conforme à sa nature: par conséquent la fin particulière à l'homme n'est pas celle de son âme ou de son corps pris isolément, mais bien celle des deux réunis. Donc la résurrection des corps est nécessaire.

Tel est, Messieurs, le résumé du discours dépouillé de la forme toujours simple, parfois élégante, qu'Athénagore a su lui prêter. Ce qui frappe tout d'abord dans cette argumentation pressante, nerveuse, c'est qu'elle emprunte sa force aux principes mêmes de la raison. Non pas qu'elle fasse abstraction de la foi qui lui sert de base: on voit assez par quelques citations bibliques que l'apologiste prend pied dans la révélation qu'il cherche à confirmer par le raisonnement[1]. Il n'est pas moins vrai de dire que sa thèse porte le caractère d'une démonstration rationnelle. Or, cette application de l'esprit philosophique au dogme révélé est vraiment remarquable chez Athénagore. Déjà nous en avions trouvé un exemple dans l'apologie adressée à Marc-Aurèle; ici elle s'offre à nous plus vaste et plus complète. Cela prouve, Messieurs, que, dès l'origine du christianisme, le travail de l'intelligence s'appliquait aux vérités de la foi pour les formuler exactement, les coordonner entre elles, en développer le germe fécond et en acquérir par là une perception plus claire et plus distincte. Tout en prenant la tradition pour règle et pour guide, les premiers défenseurs de l'Évangile ne se croyaient pas dispensés d'en montrer la confirmation dans les faits de

---

[1]. *De resurr. mort.*, xviii, xix, etc.
Schœll s'est évidemment trompé en affirmant qu'Athénagore n'a pas recours à la Bible pour établir sa thèse, *Hist. de la litt. grecque*, t. V, p. 106 ; trad. franç. Paris, 1824.

l'histoire et dans les lois de la conscience. Ils posaient le principe qui a toujours dominé la philosophie chrétienne et que le moyen âge a si bien défini dans cette maxime fondamentale : la science véritable, c'est la foi qui cherche l'intelligence, *fides quærens intellectum.* Maintenant, quelle est la valeur des preuves rationnelles alléguées par Athénagore en faveur de la résurrection des corps ? Est-il possible de dépasser, touchant ce dogme, les limites de la vraisemblance, lorsqu'on s'en rapporte aux seules lumières de la raison ? Comment faut-il résoudre les objections qu'on a maintes fois soulevées contre cette croyance capitale ? Telles sont les questions qu'il nous reste à examiner. A ce sujet, je me propose de rapprocher des difficultés signalées par le philosophe d'Athènes quelques systèmes récents sur la vie future. Il nous sera facile d'établir que Kant, dans son traité *de la Religion réduite aux limites de la raison pure,* et l'auteur français d'un livre intitulé *Terre et Ciel,* n'ont fait que reproduire des sophismes déjà réfutés en grande partie par les premiers écrivains de l'Église. Ce travail de comparaison nous permettra d'apprécier le degré de science et de pénétration qu'Athénagore a su porter dans un traité philosophique qui occupe un rang à part dans l'éloquence chrétienne du IIe siècle.

NEUVIÈME LEÇON

Usage de la raison dans les choses de la foi. — Examen des motifs de crédibilité. — Solution des objections. — Développement des preuves. — Application de cette méthode dans le Traité d'Athénagore sur la résurrection des morts. — Objections tirées de l'anthropophagie. Réponse d'Athénagore. — Théorie des épreuves successives substituée à la doctrine chrétienne par l'auteur de *Terre et Ciel*. — Examen de ce système. L'objection réfutée par Athénagore, renouvelée par quelques écrivains modernes. — En quoi consiste précisément l'identité spécifique et individuelle du corps humain. — Objection tirée de l'inutilité des membres du corps humain et dans la vie future. — Réponses des apologistes. — Quelques difficultés analogues. — Esprit philosophique d'Athénagore.

Messieurs,

Un des reproches les plus fréquents que nous trouvions dans la bouche des premiers adversaires du christianisme, c'est l'absence de raison suffisante qu'ils supposaient dans l'acte de foi. A les entendre, les disciples de l'Évangile adhéraient aveuglément et sans motif aux dogmes qu'on leur enseignait. Celse et Lucien plaçaient dans cette objection leur meilleure confiance; et vous n'ignorez pas que, depuis lors, la sophistique de tous les siècles a constamment reproduit le même thème d'accusation. Or, rien n'est moins sérieux qu'un tel grief; et la moindre attention suffit pour le faire écarter comme injuste et mal fondé. La religion chrétienne proscrit si peu l'usage de la raison dans les choses de la foi, qu'elle en fait à tous un devoir rigoureux. Comme saint Paul l'écrivait aux Romains, « la soumission du chrétien doit être raisonnable; » et l'apôtre saint Pierre, exprimant la même pensée, exhortait les fidèles à se tenir toujours prêts à pouvoir justifier leur foi et rendre compte de l'espérance qui est en eux [1]. » D'où il suit que l'acte de foi exigé par la doctrine catholique n'est pas une adhésion aveugle, mais une obéissance raisonnée. Si l'Église soustrait à l'examen critique l'objet même de la révélation, puisqu'il serait déraisonnable de vouloir discuter la parole de Dieu, il n'en est pas de même des motifs ou des fondements de la foi: chacun peut et doit savoir pourquoi il croit. C'est ce qu'on appelle l'examen ou l'étude des motifs de crédibilité : examen nécessaire à ceux qui doutent ou qui ne croient pas encore, pour arriver à la foi ; étude toujours utile à ceux-là mêmes qui croient déjà pour se confirmer dans leur croyance. Or, les fondements rationnels sur lesquels repose la foi catholique, c'est la véracité de Dieu, qui ne saurait enseigner l'erreur ; l'autorité de l'Église, dépositaire infaillible de la parole divine ; les preuves multiples de la révélation, qui garantissent à la fois l'existence d'un enseignement divin et l'autorité de l'Église interprète de la doctrine révélée. Appuyé sur ces trois motifs, qui s'enchaînent dans l'unité de leur force, l'acte de foi est aussi raisonnable qu'on peut le désirer dans l'état présent des facultés humaines. Le géomètre n'a pas plus de raisons de croire à la vérité de ses théorèmes, ni le physicien d'admettre les faits qui tombent sous ses sens, que le simple fidèle n'a de motifs pour adhérer aux vérités de la foi : la certitude est égale, de part et d'autre, bien qu'elle s'acquière par des voies et dans des conditions différentes.

Ainsi, Messieurs, le premier usage de la raison dans les choses de la foi consiste dans l'examen ou l'étude des motifs de crédibilité. Mais là ne se borne point l'activité de l'intelligence s'appliquant aux vérités révélées. S'il est impossible de démontrer, par les principes de la raison, des mystères qui la

---

1. S. Paul *aux Rom.*, xii, 1. — I*re* *Ép.* de S. Pierre, iii, 15.

dépassent, on peut du moins prouver qu'ils ne renferment rien qui lui soit contraire. A vrai dire, ce dernier travail n'est pas indispensable, du moment que la certitude est acquise au fait même de la révélation. Ce fait une fois établi, il est évident qu'on ne saurait trouver de contrariété entre une vérité révélée et un principe de la raison : c'est Dieu lui-même qui se contredirait, puisqu'il est tout ensemble l'auteur de la raison et de la révélation. C'est pourquoi le théologien, qui a fourni des preuves suffisantes de l'existence de la révélation, est en droit d'opposer une fin de non-recevoir générale à toutes les objections qui supposeraient une contradiction entre une vérité révélée de Dieu et une vérité connue par la raison. Retranché dans la certitude de la révélation comme sur un terrain inattaquable, il peut affirmer hardiment, *a priori*, que la contradiction supposée n'existe pas réellement, lors même qu'elle serait apparente. Lui contester ce droit, ce serait violer toutes les règles de la méthode et heurter le sens commun. Toutefois, eu égard à la diversité des besoins et des situations, la théologie ne s'est jamais refusée à descendre dans le détail du dogme, pour dissiper jusqu'à l'ombre d'une contradiction. Depuis les Pères de l'Église jusqu'aux apologistes modernes, elle s'est toujours fait un devoir de ne laisser aucune objection sans réponse. Si, malgré cette défense, pleinement suffisante, il reste encore quelques obscurités, elles naissent de la faiblesse de notre esprit, incapable de saisir le comment et le pourquoi dans une doctrine qui touche à l'infini par tous les côtés. Pourvu qu'elle écarte tout reproche de contradiction, on ne saurait demander à la science de l'infini une évidence intrinsèque que la science du fini elle-même ne peut pas toujours donner.

Voilà donc un deuxième usage de la raison dans les choses de la foi, c'est de montrer que la révélation ne renferme rien de contraire aux vérités naturelles. Assurément, cela suffirait pour mettre le dogme à l'abri de l'attaque; mais le théologien peut faire un pas de plus dans l'intelligence ou dans l'apologie des vérités révélées. Je ne veux point parler de ce travail de forme et de méthode, qui consiste dans la définition, la classification, le développement des dogmes, suivant les lois naturelles du langage et de la pensée : il est évident que, sous ce triple rapport, la raison trouve ample matière à exercer ses forces. J'envisage, en ce moment, l'application de l'intelligence au fond même de la doctrine révélée. Or, non-seulement le théologien doit établir qu'elle ne répugne point aux principes de la raison, mais il ne lui est pas impossible de prouver qu'elle leur est conforme, qu'elle répond aux besoins de l'homme, et que, toute mystérieuse qu'elle est, elle répand les plus vives clartés sur les vérités naturelles mêmes. Ici, un champ vaste et magnifique s'ouvre devant le philosophe ou l'orateur chrétien. Arrivé à cette partie de sa tâche, il n'aura pas de peine à faire ressortir l'accord de la science et de la foi, l'harmonie des dogmes de la révélation avec les principes de la raison. Il montrera que le dogme de la Trinité est la formule suprême, l'expression infinie d'une loi dont les vestiges se trouvent dans la nature et dans l'esprit, dans la conscience et dans la société ; que l'Incarnation fait resplendir dans tout leur éclat les perfections de Dieu, sa sainteté et sa justice, sa sagesse et sa bonté ; que la doctrine du péché originel résout la question du mal, en même temps qu'elle explique les conditions psychologiques et morales de l'homme ; que les sacrements correspondent parfaitement à notre nature et à tous ses besoins, qu'ils s'échelonnent le long de la vie, suivant les âges et les situations ; que la loi eucharistique n'est que la loi générale de la vie, transportée dans l'ordre surnaturel et divin, où elle reçoit sa plus haute application ; que l'Église est l'idéal de la société religieuse, telle que la raison peut la concevoir et l'imaginer ; que le christianisme seul donne à l'histoire du genre humain son unité et son véritable sens. Certes, voilà de larges perspectives que la foi ouvre à la raison. Non pas, je le répète, qu'il soit possible d'arriver à une démonstration purement rationnelle des mystères ; sinon, la foi perdrait son caractère et se résoudrait dans la science. Mais des inductions légitimes et d'évidentes analogies peuvent élever le dogme à un tel degré de vraisemblance philosophique, que la raison trouve en elles une confirmation puissante de la preuve d'autorité. Appuyée sur des motifs suffisants de crédibilité, confirmée, autant que possible, par le témoignage de la raison qui s'accorde avec elle bien loin de la contredire, la foi catholique implique l'usage le plus raisonnable que l'intelligence puisse faire de son droit et de sa force.

Telle est, Messieurs, la méthode que suit Athénagore dans la défense du dogme de la résurrection. D'une part, il s'applique à démontrer qu'elle n'a rien de contraire à la raison ; de l'autre, il cherche à prouver qu'elle est conforme à la nature de l'homme et à l'idée de justice. Examinons cette double face de son sujet. Nous avons vu, la dernière fois, comment il s'appuie sur la science infinie et la toute-puissance de Dieu pour réduire à néant les objections des adversaires. Il leur oppose le fait de la création pour les obliger d'admettre la possibilité de la résurrection. Si Dieu a pu former le corps de l'homme à l'origine, à plus forte raison pourra-t-il le reconstituer à la fin des temps. Il ne saurait y avoir de doute sérieux sur la valeur de cet argument, qui conserve toute sa force contre le rationalisme contemporain. Du moment qu'on admet la création du premier couple humain, le dogme de la résurrection ne peut pas fournir matière à difficulté, car la recomposition du corps de l'homme dans l'avenir n'est pas plus incroyable que sa création dans le passé. Or, la science s'accorde avec la foi pour enseigner que la première association d'une âme et d'un corps humain n'a pu s'effectuer que par un acte de la volonté créatrice. Nous n'en sommes plus à l'époque où Dupuis soutenait que le genre humain existe parce qu'il a toujours existé, où Lamark prétendait que l'homme est sorti des espèces inférieures nées spontanément, puis modifiées par une série de transformations successives : la science a fait justice de ces théories matérialistes. Les découvertes géologiques et paléontologiques sont venues confirmer le témoignage de l'histoire, en montrant que l'espèce humaine n'a pas toujours existé sur la terre, mais qu'elle y est apparue, il y a quelques milliers d'années, comme un type nouveau, et non comme le résultat d'un développement progressif de types plus anciens. C'est une loi universellement reconnue et constatée, qu'aucune espèce inférieure, ne saurait produire des individus d'une espèce supérieure, mais que la fécondité s'arrête aux limites de chacune. Or, si l'on écarte ces rêveries, démenties par la science, pour s'en tenir aux faits qu'elle observe et aux lois qu'elle formule, il ne reste, pour expliquer la formation du premier couple humain, d'autre hypothèse possible que celle d'une création : l'explication donnée par la Bible est également la seule qui ait une valeur scientifique. Conséquemment, nous pouvons invoquer en faveur de la résurrection des corps un précédent que la science elle-même est obligée d'admettre. Si l'apparition de l'homme sur la terre a été un fait tout nouveau et vraiment merveilleux, pourquoi la fin de la race humaine ne serait-elle pas marquée par un fait également miraculeux, par la résurrection? Miracle pour miracle, le second est moins étonnant que le premier. C'est ainsi que la réponse d'Athénagore, loin d'avoir perdu de sa force, emprunte une nouvelle clarté aux découvertes de la science moderne [1].

Si la création du premier homme fournissait au philosophe chrétien un argument valable pour la possibilité de la résurrection, ne pouvait il pas alléguer à bon droit un deuxième fait qui exclut de notre part l'étonnement par l'habitude, et

---

1. *De Resurr. mort.*, IV. — *Item,* Fragm. S. Justini, *de Resurr*, V.

l'incrédulité par l'expérience journalière, mais qui, pris en lui-même, n'en reste pas moins un mystère incompréhensible, savoir, la naissance de l'homme et sa génération ? A l'exemple de saint Justin, Athénagore s'appuie sur ce phénomène tout aussi merveilleux que la résurrection des corps à la fin des temps : « Qui pourrait jamais se persuader, dit-il, si l'expérience ne nous l'apprenait, que dans ce germe, si simple et si uniforme en apparence, il soit caché tant d'artifice, tant de ressorts capables de faire jouer plus tard l'admirable machine de nos corps, dont les parties emboîtées les unes dans les autres, malgré leur prodigieuse variété, sont déjà toutes renfermées dans un si petit espace? Qui de nous y soupçonnerait des nerfs, des cartilages, des muscles, des chairs, des viscères, en un mot, tout ce qu'il y a de parties essentielles à un corps ? Quelle différence entre ce corps imperceptible et ce même corps déjà robuste et dans sa juste grandeur ! Quelle différence même entre l'état de l'enfance et celui de la jeunesse, entre la fleur et la force de l'âge !... ¹ » Évidemment, pour qui sait réfléchir, il y a dans ce progrès de l'homme déjà mûr, comparé avec ce qu'il était à son point de départ, une merveille non moins grande que la résurrection. Car enfin, il ne faut pas se faire illusion ni être dupe des mots. Sans doute, la naissance de l'homme et son développement s'opèrent suivant des lois que nous appelons naturelles, tandis que la résurrection peut être nommée à juste titre un fait surnaturel ou miraculeux ; mais, pour Dieu, il n'y a ni lois naturelles, ni faits surnaturels ; les uns comme les autres sont, au même degré, l'effet de sa puissance qui se déploie, suivant un cours uniforme et ordinaire, dans les lois que nous appelons pour ce motif lois naturelles, et d'une façon extraordinaire, dans les faits qui se produisent en dehors du cours régulier des choses, et qu'on nomme pour cette raison

---

1. *De Resurr. mort.*, XVII, IV. — *Item*, Fragm. S. Justini, *de Resurr.*, V.

faits miraculeux. Voilà toute la différence. Considérée en elle-même, la résurrection future des corps n'est pas plus prodigieuse et n'exige pas plus de puissance de la part de Dieu que leur formation actuelle.

Aussi, Messieurs, le rationalisme s'est-il moins attaqué à la possibilité d'une nouvelle union de l'âme avec des organes, qu'à celle de la résurrection d'un corps identique avec celui dont les éléments, dispersés après la mort, seront entrés dans des combinaisons nouvelles. Athénagore résume avec beaucoup de clarté l'objection qu'on a coutume de faire valoir à ce sujet. Combien de fois n'arrive-t-il pas, disaient les adversaires de la résurrection, que des hommes sont dévorés par des bêtes féroces, que leurs membres servent à engraisser les poissons ou deviennent la pâture des oiseaux de proie? Lors donc que la chair de l'homme, devenue nourriture, se trouve confondue avec celle des bêtes qui l'ont digérée, comment faire l'analyse et la séparation de cet alliage ? Bien plus, comme parmi ces animaux il y en a qui sont bons à manger, il ne saurait manquer d'arriver que les parties du corps humain, changées en leur substance, n'entrent avec celle-ci dans le corps d'un autre homme, qui se nourrit ainsi aux dépens d'un de ses semblables. Faut-il rappeler ces scènes sanglantes où des hommes, poussés par la famine ou par tout autre extrémité, ont dévoré leurs frères ; les nations sauvages chez lesquelles l'anthropophagie a passé en coutume ? N'est-il pas évident, par tout cela, que la résurrection est impossible ? Comment se peut-il, en effet, que deux corps qui, successivement, ont été en possession de même substance, reparaissent dans leur entier, et sans qu'il leur manque une bonne partie d'eux-mêmes ? Car, après tout, ou ces parties litigieuses retourneront à leur premier possesseur, et dès lors, elles laissent un grand vide dans le dernier ; ou elles se fixeront chez celui-ci, et, dans ce cas, c'est une perte irréparable pour le premier. Telle est la difficulté présentée par Athénagore avec une netteté qui ne laisse rien à désirer. Voici comment il y répond. Tout ce qu'un animal mange contre le gré et l'intention de la nature trouve dans sa disproportion même un obstacle inévitable à une parfaite union. D'où il suit que la chair de l'homme, n'étant pas un aliment naturel pour un autre homme, ou n'est pas digérée par ce dernier, ou n'est pas convertie en sa substance, ou bien ne fait qu'y passer pour se perdre et se dissiper après, soit par des maladies, soit par des accidents divers, soit enfin par des voies purement normales. En tout cas, Dieu saura rendre à chacun ce qui lui est essentiel pour redevenir, en substance, ce qu'il était auparavant. Telle est la réponse d'Athénagore à l'objection qu'il s'était proposée [1].

Si nous voulions examiner cette argumention dans tous ses détails, elle nous mènerait trop loin en nous transportant sur un terrain qui n'est pas le nôtre, celui de la médecine. Ce qu'il y a d'incontestable en elle, c'est le principe qui l'a dominé, à savoir, que la chair humaine n'est pas un aliment naturel à l'homme. Maintenant, cette nourriture est-elle incompatible avec notre nature au point de ne pouvoir être ni digérée, ni assimilée d'une manière durable ? Nous n'avons nul besoin de résoudre cette question, que nous renvoyons très-volontiers à la Faculté de médecine. Cependant, sans vouloir m'engager dans une dissertation médicale, je dirai qu'Athénagore me semble commettre une erreur en supposant que la chair de l'homme ne saurait être ni digérée, ni assimilée. S'il en était ainsi, on ne comprendrait pas comment une coutume si révoltante aurait pu se prolonger chez les insulaires de la mer du Sud et parmi les habitants de la Nouvelle-Zélande : or, La Condamine, Cook et Forster ne nous permettent guère de révoquer en doute la réalité de ce fait. Nous trouvons également dans l'histoire

---

1. *De Resurr. mort*, IV. VIII.

des peuples civilisés plusieurs cas d'anthropophagie provoqués par l'aliénation mentale ou par la famine, comme lors du siége de Numance par Scipion, du siége de Jérusalem par Vespasien, et de celui de Paris par Henri IV ; comme aussi sur quelques vaisseaux surpris par la famine au milieu de l'Océan. Le récit des naufragés de la Méduse nous en offre un terrible exemple. Or, dans ces différents cas, la chair de l'homme tenait véritablement lieu d'autre nourriture substantielle. Il y a plus : comme Galien nous l'apprend dans son livre *Sur les qualités des aliments*, un effroyable excès de sensualité portait certains Romains, du temps de Commode, à rechercher la chair de leurs semblables. Au témoignage de Pline, Védius Pollion ne faisait dévorer ses esclaves par des murènes qu'afin de savourer la chair humaine sous une autre forme. Dans une dissertation spéciale sur ce sujet, Jacobi de Hatzfeld fait mention de deux anthropophages mis à mort pour cette infâme coutume, et qui jouissaient d'une santé vigoureuse. Enfin, l'on ne voit pas pourquoi la chair humaine, étant composée des mêmes éléments substantiels que le corps des animaux, ne saurait être ni digérée, ni assimilée par l'homme. La réponse d'Athénagore ne me paraît donc pas solide sur ce point ; mais aussi elle n'est nullement nécessaire. Il nous suffit de répondre qu'il n'est pas impossible à la toute-puissance du Créateur de réunir les molécules dispersées, de telle sorte que, dans le corps ressuscité, il n'y en ait aucune qui ne lui ait appartenu à quelque époque de sa vie mortelle. Cela posé, on ne prouvera jamais que, pour recomposer ainsi chaque corps humain, il n'y aurait pas assez de molécules, à moins d'en prendre sur lesquelles d'autres corps humains pourraient avoir des droits supérieurs. En effet, dans ce flux continuel et ce renouvellement incessant qui constituent le jeu de la vie physiologique, les matériaux qui ont appartenu successivement à un même corps humain depuis l'enfance jusqu'à la vieillesse suffiraient pour former un corps colossal, s'ils étaient réunis. Conséquemment, rien ne sera plus facile que de trouver dans cet amas de matériaux, qui ont fait partie d'un même corps, une quantité suffisante pour le recomposer, lors même que ce corps, à un moment donné de sa vie, aurait été absorbé tout entier par d'autres corps humains. Il en est de même de ces derniers : si l'on envisage la quantité de matière qu'ils se sont assimilée durant leur existence terrestre, on conclura sans peine qu'il ne sera pas difficile de prendre là-dessus de quoi les recomposer sans rien enlever aux autres. Assurément, ce choix et cette répartition ne sauraient être qu'une œuvre de la toute-puissance divine ; mais, pour qui admet l'existence d'un Dieu Créateur, la difficulté disparaît. Cette question va s'éclaircir davantage, si nous examinons de quelle manière l'objection d'Athénagore a été généralisée et retournée par l'auteur français d'un livre intitulé : *Terre et Ciel*.

L'écrivain dont je parle est partisan du système qui, sous le nom de métempsycose, a joué un si grand rôle dans le monde ancien. Il espère que le génie initiateur de la France, retournant à la foi des vieux Gaulois, finira par faire prévaloir l'antique croyance des druides. Suivant lui, les épreuves de chaque âme, commencées avant la vie présente, se continueront pendant toute l'éternité. Notre âme, dit-il, passant alternativement d'un séjour à un autre, changeant de corps à chaque fois, et indéfiniment variable dans les apparences sous lesquelles elle se témoigne, poursuit, au rayonnement des soleils, de migration en migration, et de métamorphose en métamorphose, le cours diversifié de son immortalité [1]. Si l'auteur s'était contenté de soutenir que le séjour réservé aux élus est dans les régions célestes des astres, au milieu des plus belles merveilles de la création, il aurait émis une opinion que l'on peut contester, mais qui n'a rien de contraire à la révélation. Ce qui

---

[1] *Terre et Ciel*, par M. Jean Reynaud, 3ᵉ édition, Paris, 1858, iv, 300.

heurte de front le dogme catholique, c'est l'hypothèse des épreuves successives avec toutes les conséquences qui en découlent : hypothèse aussi dangereuse que chimérique. Si les plus grands crimes sont toujours réparables dans des vies futures, le vice n'a plus de frein suffisant qui l'arrête ; et si la béatitude peut toujours y finir par une chute, la vertu n'a plus pour se soutenir au milieu de ses sacrifices que l'espérance d'un bien précaire. La doctrine de la métempsycose est sans force pour enchaîner le mal et pour encourager le bien. Si la terrible alternative d'un bonheur ou d'un malheur sans fin ne retient pas toujours l'homme sur la pente du vice, que sera-ce si, au lieu d'une seule épreuve décisive, on lui propose une série d'épreuves indéfinies, où il pourra toujours effacer les égarements d'une vie antérieure ? Il se dira : Jouissons du présent ; nous tâcherons de mieux faire dans une autre vie. L'auteur de *Terre et Ciel* affirme que nos âmes ont déjà vécu avant d'habiter le corps dont elles se servent aujourd'hui, qu'elles sont venues s'incarner dans cette race souillée parce qu'elles avaient péché dans une vie antérieure : d'autre part, il admet que ces vies successives, dont chacune renferme les peines et les récompenses dues à la précédente, sont séparées par la perte du souvenir. Mais, si le souvenir de la vie précédente se perd dans le passage à la vie suivante, il n'y a aucun lien moral, aucune solidarité entre elles. Quel moyen de se repentir de fautes dont on n'a pas le moindre souvenir ? Comment les expier de manière à mériter le pardon ? Il n'y a pas d'immortalité véritable sans la conscience de l'identité personnelle. Ajoutez que, dans cette hypothèse, tous les malheureux seraient des coupables, qu'il faudrait délaisser pour ne pas s'opposer à la justice divine ; tous les heureux du siècle devraient voir dans les avantages de la naissance et de la fortune autant de récompenses dues à des mérites acquis dans une vie antérieure : ce serait le triomphe de l'orgueil et la ruine de la charité.

Enfin, de deux choses l'une : ou cette série d'épreuves successives aura un terme, ou elle se prolongera indéfiniment : si elle n'a pas de terme, c'est un éternel voyage vers un but qu'on n'atteint jamais ; si elle s'arrête à une épreuve finale, les prétendues difficultés qu'on voulait écarter reparaissent tout entières pour cette épreuve décisive. Je ne saurais donc voir dans ce rajeunissement de la métempsycose qu'un jeu d'esprit assez ingénieux, qui ne résiste pas plus à la critique de la raison qu'aux preuves de la révélation.

Mais, Messieurs, ce n'est pas l'ouvrage en lui-même qui doit nous occuper ; nous n'avons à examiner que l'objection qui en découle contre la résurrection des corps. Il va sans dire que l'auteur de *Terre et Ciel*, supprimant la conscience de l'identité personnelle dans le passage d'une vie à l'autre, n'admet pas que le corps ressuscité puisse être identique avec celui dont les éléments auront été dispersés par la mort. Voici comment il s'élève contre ce qu'il appelle « une avarice insensée à l'égard de quelques vieilles reliques : »

« Qui ne sait aujourd'hui que si la configuration de nos personnes est à nous, à part quelques changements, pour toute la durée de notre existence, la substance de nos corps ne demeure pas même intégralement en notre possession pendant un jour ? Les molécules qui constituent nos organes sont dans un flux perpétuel ? Celles qui s'y rencontrent aujourd'hui appartenaient hier à d'autres tourbillons, et retourneront demain au fonds commun; dans lequel de nouveaux êtres viendront à leur tour les puiser. Comme un lac dont les rivages conservent la même figure, mais dont le contenu se renouvelle sans cesse ; ou mieux encore, comme la flamme de la lampe, qui, à première vue, semble vivre d'elle-même, et persévérer dans sa substance comme dans sa forme, et qui, étudiée de plus près, n'est qu'un courant continu qui nous fait illusion, parce qu'il ne nous est visible que sur une partie de son trajet : tel est le corps de l'homme.

Il n'est permanent qu'en apparence. Détachez la flamme quand vous laissez la lampe, et vous pourrez enlever le corps quand vous abandonnez la terre qui la sustente. Et d'ailleurs, si vous avez tant d'attachement pour la poussière qui a eu l'honneur de vous servir ici-bas, que vous ne puissiez vous résoudre à la licencier pour toujours à l'heure de votre mort, que ne réclamez-vous, pour les ravir avec vous au séjour céleste, toutes les sueurs que vous avez successivement rejetées dans le cours de votre existence terrestre ? Tous ces matériaux vous sont essentiels au même titre que ceux qui formeront votre corps à votre dernier jour[1]. »

Si l'on dégage l'objection du voile poétique qui la recouvre, elle se résume à dire que le corps humain ne saurait conserver son identité dans la vie future, puisque, dans la vie présente elle-même, il n'est permanent qu'en apparence. J'avoue, Messieurs, qu'il n'est pas facile de préciser en quoi consiste, à proprement parler, l'identité spécifique et individuelle du corps humain. D'une part, il est certain que notre organisme se renouvelle successivement de telle sorte qu'au bout d'un espace de temps déterminé, de sept ans selon l'opinion commune, il ne conserve plus une seule des molécules qui le constituaient auparavant. D'autre part, il n'est pas moins constant qu'au milieu de ce flux et reflux incessant, le corps humain ne perd nullement son identité spécifique : l'homme ne reçoit pas plusieurs corps dans le cours de sa vie ; mais il garde toujours le même, celui qu'il a pris à sa naissance. Cela posé, quel est le principe de cette identité des corps vivants? C'est là un de ces mystères que l'on rencontre à chaque pas dans les sciences naturelles. Est-ce l'union permanente avec une seule et même âme qui maintient l'unité du corps à travers toutes les phases de sa destinée? Est-ce une chaîne ou un tissu invariable, un moule original qui fait le

---

1. *Terre et Ciel*, par M. Jean Reynaud, 3ᵉ édition, Paris, 1858, IV, 298

fond du corps humain, *stamen originale*, comme disaient les anciens ? Ou bien, comme on a cherché à l'établir plus récemment, cette identité spécifique et individuelle résulterait-elle d'un principe vital distinct de l'âme, lequel survivrait au renouvellement incessant et total de la matière corporelle ? A mon avis, ce qui fait que le corps humain reste toujours identique avec lui-même, tout en se renouvelant sans cesse, c'est, d'une part, que ses éléments continuent d'appartenir à une seule et même âme, et de l'autre, qu'il conserve, à travers toutes les mutations, les différences spécifiques qui excluent toute ressemblance parfaite entre deux êtres de la création. En tout cas, il ne saurait y avoir le moindre doute sur cette identité individuelle, pas plus que sur celle de la plante ou de l'animal, bien que l'un et l'autre ne conservent plus au bout d'un certain temps une seule des molécules qui auparavant faisaient partie de leur substance. Donc, en résumé, pour que le corps ressuscité puisse être identique avec le corps détruit par la mort, il n'a pas besoin de récupérer « toutes les sueurs que nous avons successivement rejetées dans le cours de notre existence terrestre. » Ces matériaux ne sont pas tous essentiels pour constituer l'identité parfaite ; et nul d'entre nous n'a l'ambition de devenir comme le colosse de Rhodes. Il suffit que le corps soit de nouveau réuni à l'âme, tel qu'il était à un moment donné de la vie, à l'heure de la mort, par exemple, avec les éléments qui le constituaient alors et les différences spécifiques qui le caractérisaient : de cette manière, rien ne manquera pour constituer l'identité numérique et individuelle. On pourrait même aller plus loin. Il serait encore vrai de dire que nous ressusciterons avec *nos propres corps,* lors même que nous ne conserverions plus une seule des molécules qui en faisaient partie avant la mort, pourvu, d'ailleurs, que le corps ressuscité reproduise la même forme, les mêmes traits, en un mot, les mêmes différences spécifiques qui le distinguaient alors. Seulement, nous ne voyons pas pourquoi il serait plus difficile à la puissance divine de restituer à chaque corps ses propres éléments organiques, que de le recomposer à l'aide d'éléments étrangers. La foi n'est nullement intéressée dans ces hypothèses scientifiques, car l'Église n'a pas défini en quoi consiste précisément l'identité spécifique et individuelle des corps. L'objet du dogme, c'est la résurrection de l'homme avec *son propre corps*, selon l'expression du IVe concile de Latran : hors de là, le champ reste ouvert à la liberté des opinions.

Je passe à une autre difficulté, dont Athénagore n'a pas fait mention, mais que saint Justin cherche à résoudre dans le fragment qui nous reste de son *Traité sur la résurrection*. A quoi bon, disaient les adversaires du dogme, transporter dans la vie future des membres qui n'exercent plus leurs fonctions, des dents qui n'ont plus rien à broyer, un estomac qui ne digère plus, etc. ? L'objection a été reprise également de nos jours par l'auteur de *Terre et Ciel*, qui la formule de cette manière :

« Quel goût éclairé ne serait choqué du spectacle de ce paradis, où ils s'imaginent faire régner toutes les splendeurs du beau, et où ils ne réussissent qu'à faire éclater les plus criants contre-sens ! ces élus ne prennent plus d'aliments, et ils ont conservé une bouche et des mâchoires; ils n'ont plus besoin de lutter contre la pesanteur, et leurs corps se termine par deux appendices que l'on ne saurait même comprendre, si la gravité ne les expliquait ; ils n'ont plus rien à toucher ni à saisir, et ils ont des mains ; ils ne doivent plus agir, et ils étalent un appareil de formes que l'action seule justifiait, et qui, devenues sans but et sans usage, n'ont plus aucun accord, ni entre elles, ni avec le monde où elles se voient ! Ne m'empêchez donc pas de jeter à ces vaines idoles l'anathème que le Psalmiste jetait aux idoles de l'Égypte : Elles ont des oreilles et elles n'entendent pas; elles ont des narines et elles ne sentent pas ; elles ont des mains et elles ne palpent pas ; elles ont des pieds et elles ne marchent pas ; leur poitrine ne rend aucun son [1]. »

Cette raison paraît si puissante au défenseur de la métempsycose, qu'il n'hésite pas à transporter dans le ciel la plupart des fonctions de la vie actuelle, jusqu'à la génération elle-même, qu'il cherche à dissimuler, il est vrai, sous le nom « d'incarnation spontanée ». Le principe qui domine son esprit, c'est que le beau n'est vraiment tel qu'à la condition d'être utile. Je n'en suis pas étonné : les préoccupations *utilitaires* ont toujours été très-vives chez les disciples de Fourier et de Saint-Simon. Or, le principe qui fait dériver le beau de la notion de l'utile est radicalement faux. Nul doute que l'utile ne puisse être un élément du beau, mais il n'en constitue pas l'essence. La condition des bienheureux peut réaliser l'idéal de la beauté et de la perfection, sans que leurs membres reprennent les fonctions qu'ils remplissaient ici-bas. C'est la perfection intellectuelle et morale qui, rejaillissant sur le corps, l'ennoblit et l'élève, et non l'opération physique. L'instrument peut cesser d'agir quand l'œuvre est achevée, et persévérer néanmoins comme un témoignage permanent des mérites acquis. Si, malgré la cessation d'une partie de leur activité, les membres des saints sont associés à leur triomphe, c'est qu'ils méritent de prendre part à une félicité dont ils ont été les instruments : leur permanence n'est donc pas inutile. Et d'ailleurs, quel est l'homme qui connaît assez les mystères de l'autre vie pour oser affirmer que les corps spiritualisés, devenus impassibles et glorieux, ne sauraient avoir une destination qui nous échappe, ni servir à des usages plus appropriés à leur condition nouvelle ? C'est méconnaître entièrement les qualités supérieures qui devront les distinguer, que de les enchaîner pour toujours aux fonctions grossières auxquelles les besoins de la vie mortelle les avaient assujettis sur la terre.

1. *Terre et Ciel*, par M. Jean Reynaud, 3ᵉ édition, Paris, 1858, iv, 297.

Une autre objection, analogue à cette dernière, avait déjà été mentionnée par saint Justin ; et bien qu'Athénagore la passe sous silence, je crois devoir la rappeler pour faire voir qu'aucune difficulté n'avait échappé à l'apologétique primitive. « Si la chair doit ressusciter, disaient les adversaires du dogme, il faut qu'elle redevienne ce qu'elle était pendant la vie : celui qui aura été privé d'un œil ici-bas ne le recouvrera pas dans le ciel ; le boiteux restera boiteux ; de même, toute autre mutilation devra se reproduire, sinon, l'identité ne serait point parfaite. — O aveuglement de l'âme ! répondait l'apologiste. N'avez vous pas entendu la parole de Celui qui, sur cette terre déjà, rendait la vue aux aveugles et l'usage de leurs membres aux boiteux ? Le Sauveur a fait toutes ces choses pour confirmer la foi à la résurrection de la chair. Car si, dès cette vie, il a opéré la guérison des corps, à plus forte raison déploiera-t-il sa puissance pour que la chair ressuscite intègre et parfaite [1]. »

En effet, Messieurs, cette objection est de toutes la moins sérieuse. Pour que le corps ressuscité puisse être identique avec celui dont les éléments auront été dispersés par la mort, il n'est pas nécessaire que ses défauts reparaissent dans une autre vie. Tout en maintenant cette identité, nous n'avons pas besoin de transporter dans le ciel toutes les laideurs qui se voient sur la terre. D'une part, il est vrai de dire que chaque corps conservera, même après sa transfiguration, son caractère distinctif et ses différences spécifiques ; d'autre part, qu'il atteindra l'idéal de sa perfection. Cela n'est pas difficile à concevoir. Il n'y a pas deux êtres dans la création qui se ressemblent parfaitement ; mais chacun réalise, d'une façon qui lui est propre, l'idée du beau. De même, il n'est pas une figure humaine qui, tout en demeurant identique

---

[1] Fragment de S. Justin sur la *Résurrection des corps*, IV. — Éd. Migne, tome VI, p. 1578.

dans ses traits fondamentaux, ne soit susceptible de s'embellir parfaitement, quand on la suppose élevée à son idéal. C'est l'expression de cet idéal que l'art s'efforce de saisir pour imaginer la beauté parfaite. Or, ce que l'art humain est impuissant à imaginer, Dieu le réalise pour le corps de chaque bienheureux : il lui communique la perfection de la beauté qui lui est particulière; il l'élève à l'idéal en lui conservant le caractère qui le distingue. Ainsi délivrés des défectuosités qui voilent ici-bas en eux le divin principe du beau, les corps, une fois ressuscités, éclateront avec leurs diversités spécifiques dans la pure splendeur de la beauté. L'auteur de *Terre et Ciel* ne comprend pas que notre âme puisse recevoir un organisme supérieur dans une autre vie, à moins de l'emprunter aux astres. Je ne vois nullement le motif de ce recours au monde des étoiles pour arriver à un état plus parfait. Pourquoi rompre ainsi l'harmonie entre la vie présente et la vie future? Quel besoin de rechercher dans Mars ou dans Vénus des éléments quelconque pour former un corps totalement nouveau, qui n'aurait plus aucun rapport ni lien d'union avec l'organisation actuelle? N'est-il pas plus rationnel et plus logique de supposer que l'homme récupère un jour, avec un mode d'existence supérieur, le corps qu'il a présentement, de telle sorte que ce corps, devenu impassible et lumineux, doué d'une agilité et d'une subtilité plus grande, soit approprié aux conditions de la vie future ? Même à ne l'envisager que comme simple hypothèse et abstraction faite des preuves qui l'établissent, l'enseignement théologique offre plus de vraisemblance que le rêve d'une création à venir, qui n'aurait plus aucun rapport avec l'ordre de choses actuel.

Jusqu'ici nous avons examiné les objections qu'on a coutume de faire valoir contre la résurrection des corps : la solution de ces difficultés forme la partie négative du travail d'Athénagore. Mais, comme je le disais en commençant, l'éloquence chrétienne ne doit pas se borner à démontrer que le dogme ne renferme rien de contraire à la raison ; elle n'a rempli complétement sa tâche qu'après avoir fait ressortir l'harmonie des vérités révélées avec les vérités naturelles. Le dogme de la résurrection n'est pas une vérité d'évidence immédiate, un axiome qu'il suffise d'énoncer pour que l'esprit en perçoive la vérité par une intuition directe; c'est une conséquence qui découle d'un principe plus général. Athénagore distingue avec beaucoup de justesse les vérités d'évidence immédiate, comme les premiers principes de la raison, et celles qu'on déduit par le raisonnement. Ce passage, qui sert de transition à sa première partie, fait honneur à son esprit philosophique : « La démonstration la plus propre à tranquilliser l'esprit et à lui ôter tout soupçon d'erreur est, sans doute, celle qui ne se fonde sur rien d'étranger à la matière que l'on traite, ni sur des opinions purement probables, mais sur les notions les plus simples et les plus naturelles, ou du moins sur des vérités qui découlent immédiatement des principes les plus évidents. Pour ce qui est de ces premiers principes, il suffit de les énoncer, et, pour en convenir, l'esprit n'a besoin que d'une attention sérieuse. Mais quand il s'agit de convaincre d'une vérité dont l'évidence n'éclate pas d'abord, telles que sont ces conclusions tirées de certains principes qu'elles supposent, alors il faut de l'ordre et de la justesse pour montrer la liaison que les vérités les plus éloignées ont avec celles qui précèdent. On doit surtout se garder de déranger l'ordre naturel des idées, de confondre ce qui doit être distingué, et de briser le nœud par où les vérités tiennent les unes aux autres. Il me semble donc que ceux qui cherchent à approfondir le sujet en question, et qui veulent se décider avec prudence sur ce qu'il convient de penser de la résurrection des morts, doivent avant toute chose peser attentivement la force des différentes raisons qui peuvent leur être de quelque usage; voir ensuite comment il convient de les ranger, ce qu'il faut mettre en tête, ce qui ne doit être placé qu'au second et au troisième rang, et par où il est à propos de finir[1]. »

Assurément, ces réflexions sont fort judicieuses. J'aurais aimé pouvoir vous montrer aujourd'hui comment le philosophe chrétien applique cette théorie au développement des preuves directes de la résurrection ; mais l'heure avancée m'oblige de renvoyer cette examen à ma prochaine leçon, où je compte terminer l'étude des œuvres d'Athénagore. Si je vous arrête un peu longtemps sur la question qui nous occupe, c'est que nous ne rencontrerons plus dans l'éloquence chrétienne au IIe siècle un écrit ayant pour objet l'apologie d'un dogme particulier. Il est essentiel pour nous d'observer la marche que suivaient les premiers écrivains du christianisme dans l'exposition de la doctrine, d'analyser les arguments et la méthode qu'ils choisissaient de préférence pour porter la conviction dans les âmes. Et d'ailleurs, il suffit d'avoir égard aux systèmes qui se produisent autour de nous, au besoin de solutions positives qui travaille la philosophie moderne, pour se convaincre que la question de la vie future est toujours la plus importante de toutes.

[1]. *De Resurr. mort.*, XIV.

DIXIÈME LEÇON

Dans quelles limites la raison peut établir par ses propres principes l'immortalité de l'âme et la résurrection du corps. — Développement des preuves rationnelles dans le Traité d'Athénagore. — Vraisemblance philosophique tirée du motif de la création de l'homme. — Erreur de Kant sur le dogme de la résurrection. — Argument que puise Athénagore dans la nature et la constitution de l'homme. — Le corps fait partie intégrante de la nature humaine, bien que la personnalité réside essentiellement dans l'âme. — Contradiction singulière des adversaires de la résurrection. — Définition de l'homme ; son degré sur l'échelle des êtres. — Sans la résurrection le plan divin manque d'unité et d'harmonie. — Induction tirée de l'idée de justice. — Sans la résurrection, la sanction de la loi morale est incomplète. — Preuves d'analogie empruntées à la nature. — Jugement général sur les écrits d'Athénagore.

Messieurs,

La question de la vie future est une de celles qui divisaient le plus les défenseurs et les adversaires du christianisme au IIe siècle. Tandis que la philosophie païenne flottait, incertaine et irrésolue, entre la théorie de l'absorption ou de l'extinction finale et de vagues aspirations vers un état de choses mal défini, la théologie chrétienne enseignait avec autant de force que de clarté l'immortalité de l'âme et la résurrection du corps. Ce que la raison, livrée à elle-même, n'avait pas su déterminer d'une manière rigoureuse et précise, la révélation venait l'établir avec la garantie infaillible de l'autorité divine.

Quand je dis que la raison, abandonnée à ses propres forces, n'avait pas su résoudre d'une manière satisfaisante le problème de la vie future, je suis loin de prétendre qu'elle soit sans lumière sur ce point fondamental. Et d'abord, elle peut démontrer, par les principes qui lui sont propres, l'immortalité de l'âme, ou du moins la permanence de la personnalité humaine dans une autre vie. L'âme, étant immatérielle de sa nature, n'est point composée, comme le corps, de parties séparables ; sa simplicité exclut toute division : par conséquent, la dissolution du corps n'entraîne pas de soi la destruction de l'âme. Tel est le premier pas que la raison peut faire dans la question de la destinée humaine, et nulle objection ne saurait l'atteindre dans les limites de cette conclusion. Mais remarquez-le bien, ce raisonnement, tout légitime qu'il est, ne conclut pas positivement à l'immortalité de l'âme : tout ce qu'on peut en déduire, c'est que la mort du corps n'entraîne pas, comme conséquence naturelle, la mort de l'âme ; il n'en est pas moins vrai que l'âme, tout en échappant par sa nature à une dissolution de parties qui ne s'aurait l'atteindre, pourrait être anéantie par un effet de la volonté divine. La spiritualité de l'âme ne suffit donc pas à elle seule pour prouver l'immortalité de la personne humaine; toutefois, ce principe posé, il est facile de pousser plus avant dans la solution du problème de la vie future. En effet, quelle raison de supposer que Dieu veuille anéantir l'âme créée pour le connaître et pour l'aimer ? Aucune. L'hypothèse d'un anéantissement a donc le premier tort d'être absolument gratuite et tout à fait invraisemblable. Mais la raison n'en est pas réduite à cette réponse toute négative. Il n'est aucune de nos facultés qui atteigne ici-bas sa fin complète. L'intelligence, le cœur, la volonté, tout en nous aspire à l'infini. Nous voulons vivre, vivre encore, vivre toujours. Le néant nous fait horreur, et la mort elle-même ne nous cause tant d'épouvante que parce qu'elle semble nous en offrir quelque image. Or, serait-il possible que Dieu n'eût mis en nous ce sentiment et ce désir invincibles de l'immortalité que pour nous bercer d'un vain rêve, et nous rendre le jouet d'une illusion fatale ? Assurément, si cette induction n'a pas le caractère d'une démonstration rigoureuse, elle conduit à une probabilité voisine de la certitude. Enfin, l'ordre moral achève de faire éclater aux yeux de la raison la nécessité d'une vie future. S'il est un fait certain, c'est que la vertu n'est pas toujours récompensée, ni le vice toujours puni sur cette terre : donc, s'il y a une justice divine, il faut que l'équilibre se rétablisse dans un autre monde, où la loi morale reçoive sa sanction définitive et complète.

Voilà sur quels motifs la raison peut appuyer la croyance à l'immortalité de l'âme, sans même recourir à l'autorité de la révélation. Je n'ai fait que les indiquer, parce qu'il n'entre pas dans mon sujet de les développer plus au long. Si je ne me trompe, Messieurs, vous en avez saisi tout à la fois la force et l'insuffisance relatives. Si la raison, réduite à ses seules lumières, peut conclure avec une entière certitude à l'existence d'une vie future où la loi morale reçoit sa sanction définitive et complète, il n'en est pas de même lorsqu'il s'agit pour elle de déterminer la durée et les conditions de cette vie. Ici, les probabilités et les vraisemblances prennent la place de la certitude. C'est pourquoi la révélation achève et précise ce que les données purement rationnelles ont de vague et d'incomplet. Elle enseigne, sans la moindre hésitation, que Dieu n'anéantira jamais l'âme humaine qu'il a créée à son image ; que nos aspirations vers un bonheur sans fin ne resteront pas vaines et stériles ; que la loi morale aura une sanction suprême dans des récompenses ou des peines éternelles. En deux mots, elle garantit la satisfaction de nos désirs et donne un corps à nos espérances. Tout ce qui reste de doute et d'incertitude dans la doctrine philosophique de la vie future disparaît devant l'enseignement de la foi, qui supplée à l'insuffisance des lumières naturelles par le secours des vérités révélées.

Passons maintenant de l'âme au corps. Il est certainement

plus facile d'établir par des preuves rationnelles l'immortalité de l'âme que la résurrection du corps. Car la permanence de la personnalité humaine n'exige pas, comme condition absolue, la réunion de l'organisme avec l'âme. Suivant la doctrine chrétienne, les bienheureux jouissent dans le ciel de la vision béatifique, bien qu'ils ne doivent rentrer en possession de leur corps qu'à la fin des temps. La résurrection, n'étant pas le résultat des lois naturelles, mais un fait miraculeux, ne saurait être déduite comme une conséquence rigoureuse des principes de la raison ; c'est la révélation qui nous garantit par une autorité irréfragable la réalité de cet événement futur. Est-ce à dire que la raison ne puisse pas confirmer le témoignage de la foi à l'aide des principes qui lui sont propres? Non, certes. Rien ne lui est plus facile que de montrer la haute convenance de la résurrection en s'appuyant sur les perfections de Dieu et sur la nature de l'homme. Sans vouloir affecter dans ses inductions la rigueur des théorèmes de géométrie, elle peut prêter au dogme révélé un tel caractère de vraisemblance philosophique, que la foi est puissamment fortifiée par cet accord avec les vérités naturelles. Tel est le but que se propose Athénagore dans la deuxième partie de son discours.

La première preuve positive qu'il allègue en faveur de la résurrection du corps est tirée du motif de la création de l'homme. « On a beau parcourir l'univers, dit-il, jamais on ne trouvera un être dont l'intérêt ou les besoins aient été le motif de notre création. L'homme n'a pas été créé pour les anges ni pour les animaux privés de raison ; il a été créé pour vivre de la vie qui lui est propre et pour glorifier Dieu par cette vie : en d'autres termes, il n'est pas un moyen, mais une fin, ou plutôt, sa fin unique est Dieu. Que les créatures faites pour l'usage de l'homme périssent à jamais, cela se conçoit : elles cessent d'avoir une raison d'être, du moment que l'homme n'a plus besoin de leur secours ; mais l'homme, n'étant fait pour aucune autre créature, conserve toujours la même raison d'être : le motif qui a porté Dieu à le produire, savoir, sa propre gloire et le bonheur de l'homme, reste tout entier le même : par conséquent, l'homme ne saurait périr, ou, s'il tombe un moment, quant à la partie inférieure de son être, c'est pour se relever à jamais au jour de la résurrection. Certes, Dieu n'aurait pas fait l'homme tel qu'il est, il ne l'aurait pas orné des dons de l'intelligence, ni pourvu abondamment de tout ce qu'il faut pour l'immortalité, si son intention n'était pas que le chef-d'œuvre de ses mains durât toujours. La vie présente, si courte et si précaire, ne serait pas en harmonie avec la grandeur de l'homme, la puissance de ses facultés et l'immensité de ses désirs. Dans un ouvrage dont la durée serait si peu proportionnée aux merveilles qu'on y découvre, nul ne reconnaîtrait l'empreinte de cette sagesse souveraine qui doit marquer les œuvres divines. Si l'homme ne paraissait un instant sur la scène du monde que pour disparaître à jamais, sa création ne serait qu'un pur caprice, un jeu de fantaisie sans but ni raison suffisante. « Cette preuve de l'immortalité est fort belle [1]. Un philosophe moderne l'a reproduite presque dans les mêmes termes qu'Athénagore, dans un livre que je cite d'autant plus volontiers, qu'un but d'hostilité mal couvert nous rend la louange plus difficile et plus rare :

« Pourquoi Dieu voudrait-il m'anéantir ? Il m'a créé. Son but, en me créant, était-il de me faire traverser cette vie pour arriver à la mort ? Je vois autour de moi bien des êtres dont l'existence est moins longue que ma vie terrestre, et qui disparaissent sans laisser de traces ; mais ils ne sont que des accessoires, des êtres secondaires, créés pour l'ensemble, non pour eux-mêmes. Comme ils ne se connaissent pas, ils ne sauraient être un centre d'action. Ma condition est bien différente. Non-seulement ma nature corporelle est incompara-

---

1. *De Resurr. mort.*, xii-xiv.

blement supérieure ; mais j'ai conscience de ce que je suis : je sens pour ainsi dire la vie ; je l'aime, je la désire. Le néant me fait horreur. Même dans l'avenir incertain où elle se cache, la mort est le tourment de ma pensée. Faut-il croire que Dieu m'a donné cette lumière, cet amour, cette terreur, pour s'en jouer ? qu'il lui a plu de m'attacher si tristement à une vie qu'il ne me donnait que pour un temps restreint ? de me condamner à cette mort qui accable mon esprit ? Au milieu de tous ces êtres endormis, pourquoi m'éveiller, si je suis une proie toute prête pour le néant ? Est-ce un Dieu sage, qui ne me rend si grand que pour me rendre si malheureux ? Je puis vivre demain, puisque je vis aujourd'hui. Je ne fais pas obstacle à Dieu. Il m'a donné l'être gratuitement, mais ce bienfait reçu me confère un droit, puisque Dieu est juste [1]. »

Sans doute, Messieurs, ce raisonnement s'applique surtout à l'âme, qui est le siége de l'intelligence et de la volonté ; mais le corps n'entre-t-il pour rien dans le jeu de la vie humaine ? ne fait-il point partie intégrante de notre nature ? Ici Kant nous arrête. D'après lui, la croyance à la résurrection est née d'un préjugé matérialiste qui fait résider la personnalité dans un corps organisé. Voici comment il s'exprime à ce sujet, dans son livre *de la Religion dans les limites de la raison*, où, sous prétexte de vouloir mettre la Bible d'accord avec la raison, il détruit l'autorité de l'une et sape les fondements de l'autre : « La résurrection du corps contrarie extrêmement la raison dans la croyance qu'elle prépare pour l'avenir : elle suppose, en effet, d'une part, la matérialité de tous les êtres du monde, le matérialisme (psychologique) de la personnalité de l'homme, personnalité qui ne pourrait être qu'à la condition de l'identité du corps ; d'un autre côté, le matérialisme (cosmologique) de la présence dans le monde en général, présence qui, sous ce point de vue, ne peut avoir

---

1. *La Religion naturelle*, par M. Jules Simon, p. 274, 275. Paris, 1857.

lieu que dans l'espace ¹. » Lorsqu'on cherche à pénétrer le sens de ces formules germaniques, on y surprend deux erreurs que Kant prête gratuitement à la doctrine de la résurrection. Il suppose qu'elle partage la personnalité entre l'âme et le corps, et qu'elle exclut l'existence d'esprits dégagés de toute matière. Si, au lieu de se perdre dans les nuages, le philosophe de Kœnigsberg s'était donné la peine d'ouvrir un catéchisme pour le lire attentivement, il aurait pu s'épargner une observation à tout le moins naïve. Il me semble que le matérialisme cosmologique n'a rien à voir ni à faire dans une doctrine qui admet l'existence des anges, c'est-à-dire de purs esprits, affranchis de tout lien matériel. Le dogme de la résurrection implique si peu le partage de la personnalité entre l'âme et le corps, que, suivant l'enseignement de l'Église, les saints jouissent dès maintenant de la vie bienheureuse, tandis que leurs corps ne ressusciteront qu'à la fin des temps : or, c'est bien la personne des élus qui vit au séjour de la gloire : nul jamais ne s'est avisé d'invoquer *l'âme* de saint Pierre et de saint Paul, comme s'il n'y avait présentement dans le ciel que la moitié de leur personne. La critique de Kant se résout donc dans un paralogisme assez grossier. Nous aussi, nous disons que la personnalité humaine réside tout entière dans l'âme, substance une et indivisible ; qu'elle est constituée par le moi, principe actif et intelligent, sujet unique de la connaissance et du sentiment, cause efficiente de nos déterminations. Mais, si nous ne divisons pas la personne humaine entre l'âme et le corps, nous affirmons à juste titre que le corps fait partie intégrante de la nature de l'homme et de sa constitution ; que l'homme cesserait d'occuper la place qui lui revient dans l'ensemble des choses, de remplir le rôle particulier qui lui est assigné entre les purs esprits et les êtres privés de raison, si son âme restait à ja-

---

1. Kant, *de la Religion dans les limites de la raison*, traduct. de M. Trullard, p. 224. Paris, 1841.

mais séparée du corps. C'est ainsi que la nature de l'homme vient s'ajouter au motif de sa création pour fournir, en faveur de la résurrection des corps, une deuxième preuve qui complète la première. Écoutons Athénagore :

« La nature humaine est l'assortiment admirable d'une âme immortelle et d'un corps dont les organes sont proportionnés aux facultés de l'âme. Ce n'est pas à l'âme seule et selon sa nature particulière, ni au corps seul et sans aucun rapport avec l'âme, que Dieu a prétendu donner l'être et la vie, mais bien à l'homme qui réunit ensemble l'âme et le corps. Dieu veut qu'il y ait entre ces deux associés communauté de vie, de fin, de destinée, et que cette communauté aille en un certain sens jusqu'à l'identité. En effet, l'âme et le corps ne faisant qu'un même être, auquel on attribue également et les affections de l'âme et les mouvements du corps, les raisonnements et les sensations, l'inertie et l'activité, ne faut-il pas aussi que tout ce composé ait le même sort et un but unique ? Ne faut-il pas qu'il règne une espèce d'harmonie et de sympathie entre tout ce qui concerne l'homme, et qu'il en soit de sa fin et de sa destinée comme il en est de sa naissance, de sa nature, de sa vie animale, de ses actions, de ses passions, c'est-à-dire que tout cela soit commun à tout l'homme, et que la fin de l'homme soit proportionnée à sa nature ? Ne voyons-nous pas que l'harmonie qui résulte de toutes les opérations de l'âme et de tout le mécanisme du corps n'est qu'une seule et même harmonie, que l'esprit n'a pas la sienne à part, et la matière encore moins ? Pourquoi donc voudrions-nous diviser la destinée de ce tout unique ? Or, si tout l'homme est destiné à une même fin, il ne pourra l'atteindre qu'autant qu'il conservera sa constitution naturelle. Mais comment l'homme pourra-t-il persévérer dans sa constitution naturelle, sans que toutes les parties qui la forment se trouvent réunies ? Et comment pourront-elles se réunir, si celles qui ont été disséminées ne viennent pas se ranger de nouveau et dans le même ordre qu'auparavant ? La nature de l'homme, ou sa constitution, prouve donc la nécessité d'une résurrection [1]. »

Lorsqu'on voit avec quelle force l'éloquence chrétienne a toujours insisté sur l'intime union des deux substances qui constituent la nature humaine dans sa totalité, on ne peut s'empêcher de relever une contradiction évidente chez la plupart des adversaires du dogme de la résurrection. D'un côté, ils ne parlent que de réhabiliter la chair, de l'émanciper; ils rêvent pour elle une ère d'affranchissement, de liberté complète : c'est un éternel plaidoyer en faveur de ses appétits et de ses instincts ; peu s'en faut que, dans un élan d'enthousiasme lyrique, plusieurs d'entre eux n'aillent jusqu'à lui passer, au détriment de l'esprit, le sceptre de la souveraineté. A les entendre, l'Église opprime la chair par les rigueurs de son dogme et les sévérités de sa discipline : c'est une esclave dont il faut briser les fers pour la remplacer sur le trône d'où un ascétisme faux l'avait bannie. Je ne fais que rappeler ces déclamations intéressées, qui ont retenti autour de nous depuis quarante ans, et qui se prolongent dans plus d'un ouvrage récent. Puis, lorsqu'on dit à ces apôtres bruyants de l'indépendance de la chair que ce corps, dont ils célèbrent les magnificences avec tant d'emphase, se relèvera de la poussière, plein de vigueur et d'immortalité, qu'il aura l'insigne honneur de partager avec l'âme les gloires d'une béatitude sans fin, à l'instant même, l'enthousiasme tombe et le panégyrique fait place au mépris. Alors cette chair tant exaltée, tant glorifiée, perd sa dignité et sa valeur : ce n'est plus qu'une vieille guenille qu'il ne vaut pas la peine de traîner en paradis, quelques reliques sans nom qu'il faut laisser à jamais là où les vents du ciel les ont dispersées, un vêtement usé auquel on daigne à peine jeter un regard d'éternel

---

[1]. *De Resurr. mort.*, xv.

adieu. Voilà où aboutit ce grand zèle pour le corps de l'homme. Ce n'est pas ainsi que l'Église catholique comprend l'honneur et la dignité de la chair. Si elle flétrit avec toute l'énergie du sentiment de la grandeur morale ces prétendues réhabilitations qui ne font que glorifier ce qu'il y a de plus bas et de plus grossier dans l'être humain, elle conçoit pour la chair des destinées plus hautes : loin d'en flatter les instincts dépravés ou d'en diviniser les passions, elle lui montre, dans une éternelle communauté de vie avec une âme faite à l'image de Dieu, un avenir de grandeur et de félicité ; elle la sauve d'une dissolution passagère pour la reporter, rayonnante et pure, au séjour de l'immortalité.

C'est qu'en effet, Messieurs, la résurrection du corps a son fondement rationnel dans la nature ou dans la constitution de l'homme. Pour embrasser l'être humain dans une définition complète, il faut éviter également de s'arrêter aux limites de l'animalité et de se perdre dans la pure spiritualité. La raison nous dit qu'aucun être ne peut sortir des conditions essentielles dans lesquelles il a plu à Dieu de le renfermer ; chacun doit continuer à se mouvoir dans la sphère qui lui est propre, et garder le rang que sa nature lui assigne dans l'ensemble des choses. C'est le principe incontestable que Pope a développé en ces termes dans son *Essai sur l'homme* :

« Nos erreurs ont leur source dans les raisonnements de l'orgueil. On sort de sa sphère et l'on s'élance vers les cieux. L'orgueil en veut toujours aux demeures célestes ; les hommes voudraient être des anges, et les anges des dieux. Si les anges qui aspiraient à devenir des dieux sont tombés, les hommes qui espèrent devenir des anges se rendent coupables de rébellion. Qui ose souhaiter de renverser les lois de l'ordre pèche contre la cause éternelle... Le bonheur de l'homme, si

---

1. Kant, *de la Religion dans les limites de la raison*, trad. de M. Trullard, Paris, 1841, p 225. — M. Jean Reynaud, *Terre et Ciel*, p. 293, 30', etc.

l'orgueil ne nous empêchait point de le reconnaître, n'est pas de penser ou d'agir au delà de l'homme même, d'avoir des forces spirituelles et corporelles au delà de ce qui convient à sa nature et à son état... Si nous pouvions empiéter sur les puissances supérieures, les inférieures le pourraient sur nous; autrement, il y aurait un vide dans la création, où un degré étant ôté, la grande échelle est détruite. Qu'un chaînon soit rompu, la chaîne de la nature l'est et l'est également quel qu'il soit, le dixième et le dix-millième [1]. »

Quelque fausse application que le poëte anglais puisse en faire, le principe qu'il pose est inattaquable. Il n'y a pas d'ordre sans gradation régulière et constante. Comme tout autre être, l'homme doit se maintenir au degré qu'il occupe sur l'échelle de la création. Or ce degré intermédiaire le place entre les esprits dégagés de toute matière et les animaux privés de raison. Là est son rang naturel. Qu'un matérialisme grossier supprime la partie supérieure de son être, ou qu'un spiritualisme exagéré le sépare à jamais de son enveloppe corporelle, ces deux théories extrêmes méconnaissent également sa constitution, qu'elles altèrent en la mutilant. Il ne s'agit ni de confondre l'homme dans la catégorie des anges à laquelle il n'appartient pas, ni de le rabaisser à la condition des bêtes au-dessus desquelles sa nature le tient élevé. Définissez-le comme il vous plaira, appelez-le un animal raisonnable, avec Aristote, une intelligence servie par des organes, comme M. de Bonald; ou mieux encore, un esprit fait chair, une intelligence incarnée, toujours est-il que vous ne le désignerez point par ce qui lui est propre, à moins de tenir compte à la fois de l'âme et du corps. Cette dualité de substances dans l'unité d'une seule et même nature et nécessaire pour conserver à l'homme la place qui lui revient dans l'ensemble des choses. En le créant, Dieu a jeté, pour ainsi

---

[1]. Pope, *Essai sur l'homme*, I, Amsterdam, 1768.

dire, un pont entre le monde des esprits et le monde des corps ; il a lié entre elles, par un trait-d'union permanent, la matière et l'intelligence. La fonction particulière à l'homme, c'est d'élever la matière à la hauteur de l'esprit, de faire reluire sur elle le rayon de la beauté morale, de l'ennoblir par ce commerce intime et ce contact de tous les moments, de l'associer enfin à toutes les grandeurs de l'intelligence : par son organe, par sa médiation, l'univers physique, ramassé dans son corps comme dans un abrégé sublime, s'élève vers le Créateur, qu'il bénit par la voix d'un représentant naturel, roi et pontife de la création. Voilà pourquoi l'homme, destiné à relier deux mondes entre eux, participe à la fois de l'un et de l'autre : il existe comme la pierre, il croît comme la plante, il sent comme l'animal, il pense comme l'ange ; il résume en lui tous les modes d'existence inférieurs pour les couronner par la vie de l'intelligence. Cela posé, séparez les deux substances sans espoir de réunion, détruisez le temple de l'âme sans le rééditier jamais : l'accord est rompu, l'harmonie disparaît, le plan divin perd sa grande unité, et cette chaîne magnifique des êtres, qui s'étend jusqu'à Dieu, n'a plus d'anneau intermédiaire par lequel l'existence matérielle se rattache à l'existence spirituelle. Si donc il y a de la justesse et de la proportion dans l'œuvre de la création, si tout y conspire pour former un ensemble harmonique et bien ordonné, il faut que l'homme recouvre, après une dissolution momentanée, ce qui faisait de lui le représentant naturel de l'univers physique auprès de Dieu, son médiateur et son organe : en d'autres termes, il faut qu'il ressuscite.

Cette preuve est péremptoire pour qui ne s'obstine pas à chercher des démonstrations géométriques dans un ordre de choses qui n'en comporte pas. Pour la fortifier encore davantage, Athénagore y ajoute une troisième induction tirée de l'idée de justice. Il commence par établir en principe que la loi morale ne reçoit pas, dans cette vie, sa sanction définitive et complète :

« Ce n'est pas dans cette vie, dit-il, que Dieu exerce toute sa justice à l'égard de l'homme ; car nous voyons des athées, des scélérats de profession, transgresseurs effrontés de toutes les lois divines et humaines, couler des jours paisibles à l'abri des maux que méritent leurs crimes, pendant que des hommes d'une vertu exemplaire traînent les restes d'une vie malheureuse, en butte à la calomnie et à la violence, accablés de douleurs, de calamités et de mauvais traitements... Oui, il s'en faut bien que les bons reçoivent dans cette vie une récompense proportionnée à leurs vertus, et les méchants une peine égale à leurs crimes. Les conditions présentes de notre nature ne sont pas en rapport avec une rétribution parfaite : il est des hommes qui ne seraient pas en état de porter tout le poids des châtiments mesurés sur le nombre et l'énormité de leurs fautes. Non, un brigand qui commet vol sur vol, meurtre sur meurtre, un oppresseur aussi cruel que puissant, un tyran altéré de sang, ne sauraient, par une seule mort, expier tous leurs forfaits. Un impie qui, non content de mal penser de la divinité, se fait une habitude et un jeu de l'outrager par ses insultes et ses blasphèmes ; pour qui il n'y a rien de sacré ; qui foule aux pieds toutes les lois ; qui sacrifie l'honneur d'autrui à ses débauches, sans que le sexe même mette des bornes à sa brutalité ; un impie de cette force qui détruit injustement des cités entières, portant partout le fer et le feu, n'épargnant ni maisons ni habitants, saccageant les provinces, éteignant dans leur sang familles, peuples, races, un tel monstre peut-il, dans un corps mortel, subir des peines proportionnées à ses abominations ? La mort l'enlèverait avant qu'il eût pu expier un seul de ses forfaits. Ce n'est donc pas dans la vie présente que la justice de Dieu s'exerce avec une pleine rigueur [1]. »

---

1. *De Resurr. mort.*, XVIII, XIX.

Ce raisonnement est accablant de force et de vérité. Pour en atténuer la portée, on a coutume de dire que le vice trouve son châtiment dans le remords, et la vertu, sa récompense dans la satisfaction du devoir accompli. Certes, il y a là une première application de la justice divine ; mais, à elle seule, elle serait insuffisante. Qui ne sait que le remords s'affaiblit par l'habitude du vice, que le sens moral émoussé, oblitéré par des crimes répétés, ôte à l'aiguillon du remords ce qu'il a de vif et de poignant ; que la voix de la conscience, étouffée par celle des passions, ne s'élève plus que timidement et à de rares intervalles chez l'homme qui s'est fait par une coutume invétérée une seconde nature ? Donc, si le remords était l'unique sanction de la loi morale, il s'ensuivrait que plus on s'enfoncerait dans le crime, moins on serait puni, et que le châtiment, loin d'être proportionné aux fautes, diminuerait en raison de leur nombre et de l'habitude qu'on a d'en commettre. Ce serait offrir une prime d'encouragement à la scélératesse endurcie et consommée. La conséquence saute aux yeux, et il faudrait s'aveugler soi-même pour ne pas la voir. D'autre part, nul doute que la vertu ne trouve une première récompense dans la satisfaction et la paix intérieure qui accompagnent ou qui suivent l'accomplissement du devoir ; mais, si l'on met en regard de cette jouissance intime les privations et les sacrifices qu'elle impose, ses luttes et ses combats, les épreuves du dehors, l'injustice des hommes, la calomnie, la persécution, souvent même la torture, le supplice, il faut avouer que la récompense de l'homme vertueux ne serait pas grande, si l'espérance d'une autre vie ne soutenait son courage. A tout le moins faudrait-il pouvoir se flatter de vivre longtemps pour jouir en paix de cette satisfaction que procure le devoir accompli ; or, le soldat qui s'expose à une mort certaine pour sauver sa patrie, le martyr qui brave la flamme du bûcher pour ne pas trahir la foi de son âme, se priveraient eux-mêmes de la seule félicité attribuée à la vertu. Le plus grand, le plus méritoire des sacrifices serait le seul qui resterait sans récompense. Est-ce juste ? Est-ce possible ? Aussi saint Paul n'hésitait pas à dire que les gens de biens seraient les plus malheureux des hommes, s'il n'y avait point d'autre vie où la vertu fut récompensée. Pour qui sait réfléchir, la nécessité d'une vie future est évidente et la démonstration d'Athénagore sans réplique. Car enfin, il ne s'agit pas de dire que la vertu mériterait par elle-même qu'on la pratiquât, lors même qu'il n'y aurait nul espoir de récompense. Là n'est pas la question. Nous n'envisageons pas en ce moment les motifs que l'homme peut ou doit avoir d'accomplir la loi morale, mais les exigences de la justice divine. Or, ou il n'y a pas de justice divine, ou Dieu ne peut pas permettre que les biens de ce monde soient le plus souvent la proie du crime, et que tous les maux viennent accabler le juste sans qu'il y ait, dans une autre vie, une compensation suffisante. S'il ne doit pas à l'homme cette répartition équitable, il se la doit à lui-même, à sa justice et à sa bonté, à la répugnance essentielle qu'il éprouve pour le mal et à l'amour infini qu'il ressent pour le bien.

Mais, continue le philosophe chrétien, si la loi morale ne reçoit que dans une autre vie sa sanction définitive et complète, le corps, aussi bien que l'âme, doit avoir sa part dans cette rétribution proportionnée au mérite. Car c'est en union avec le corps que l'âme accomplit tous ses actes bons ou mauvais : donc, c'est en union avec lui qu'elle doit recevoir sa récompense ou subir sa peine. Si l'âme est le sujet de la connaissance et le principe de nos déterminations, il n'est pas moins vrai de dire que la loi morale règle les fonctions du corps non moins que les mouvements de l'âme. La chair est l'organe habituel, l'instrument nécessaire par lequel le principe spirituel se produit au dehors, agit et opère. Dès lors, n'est-il pas juste, n'est-il pas rationnel que ce compagnon de l'âme, lequel a partagé ses travaux, contribué à son mérite ou à son démérite, coopéré à tous ses actes, soit également associé à sa destinée finale et participe à son immortalité par la résurrection ? Il serait ridicule, Messieurs, d'objecter que, de cette manière, tout ce qui a servi à l'âme dans le monde extérieur pour atteindre sa fin devrait, au même titre, avoir part à son triomphe; car le corps, étant uni à l'âme par le lien le plus étroit et le plus intime, exclut toute comparaison avec les instruments étrangers ou éloignés qui ont été au service de l'homme pendant sa vie terrestre. Toutefois, Athénagore ne se dissimule pas que cette troisième preuve est moins générale que l'induction tirée de la nature de l'homme, puisqu'elle ne s'applique pas à ceux qui, morts avant d'avoir atteint l'âge de raison, n'ont pu faire un usage méritoire de leur corps ; restreinte au reste de l'humanité, elle conserve toute sa force. Enfin, Athénagore ajoute une dernière considération, tirée de la fin de l'homme, laquelle doit être conforme à notre nature, et, par conséquent, s'étendre aux deux parties qui la composent. Mais il est évident, comme il l'observe lui-même, qu'elle rentre dans les précédentes, dont elle offre la reproduction sous une autre forme [1].

Telles sont les preuves alléguées par Athénagore en faveur de la résurrection des corps : ce sont les meilleures que l'on puisse présenter, sans sortir de l'ordre naturel ; et il est juste d'ajouter que l'écrivain du IIe siècle les développe avec autant d'éloquence que de savoir. On s'étonne qu'il n'ait pas fait valoir, je ne dirai pas un argument rigoureux, mais une preuve d'analogie que l'on rencontre fréquemment dans les écrivains chrétiens du IIe et du IIIe siècles. Pour incliner l'esprit des païens vers un dogme qui soulevait parmi eux une vive opposition, les apologistes aimaient à chercher, dans le monde physique, des images sensibles de la résurrection. Le renouvellement perpétuel dont la nature est le théâtre

---

1. *De Resurr. mort.*, XVIII-XXV.

leur fournissait un indice ou une figure de la palingénésie miraculeuse que présidait l'Évangile. Comme le Traité de saint Justin sur la résurrection ne nous est parvenu que par fragments, nous ignorons si l'auteur avait fait ressortir cette face de son sujet. Mais nous trouvons ce rapprochement dans un autre écrit de la même époque, l'apologie de Théophile d'Antioche. Permettez-moi d'anticiper sur l'étude de cet ouvrage, en détachant un tableau assez court, que Tertullien reproduira plus tard en le chargeant de toutes les couleurs de son imagination, si riche et si puissante :

« Remarquez combien Dieu vous a fourni de motifs pour croire à ce mystère. Considérez comme les temps, les jours et les nuits se renouvellent et ressuscitent, pour ainsi dire. Voyez dans les semences et dans les fruits autant d'images de la résurrection du corps : le grain de froment, par exemple, jeté dans la terre, se dissout, meurt, puis ressuscite et pousse des épis. De même, les arbres ne semblent-ils pas revivre, lorsque dans la saison que Dieu leur a marquée ils produisent des fruits, latents en quelque sorte et invisibles auparavant ? Que de fois n'arrive-t-il pas qu'un passereau ou tout autre oiseau, après avoir avalé la graine d'un pommier ou d'un figuier, la rejette sur une terre pierreuse, sur quelque monument désert ? Eh bien, cette semence qu'on croyait absorbée à jamais et dissoute par la chaleur animale pousse de rechef des racines et devient un arbre. La sagesse divine opère toutes ces choses pour montrer que la résurrection de tous les hommes ne lui est pas impossible. Que si vous désirez des images encore plus éclatantes de la résurrection, ne vous bornez pas à la terre; regardez le ciel. La lune ne semble-t-elle pas mourir et renaître pour nous chaque mois ? Ne se passe-t-il pas en vous-même et à votre insu des phénomènes analogues ? Peut-être vous est-il arrivé de recouvrer, après une longue maladie, la force et la santé du corps que vous aviez perdues ? Comment cette vigueur vous est-elle revenue après vous avoir quitté? Cela provient, dites-vous, de la nourriture que vous avez prise, et qui s'est convertie en votre substance. Fort bien; mais c'est là précisément l'œuvre de Dieu, à qui seul il appartient d'opérer ces merveilleux effets [1]. »

C'est ainsi que l'éloquence chrétienne cherchait dans le monde physique des exemples pour appuyer un dogme qui inspirait aux païens une vive répugnance. Il va sans dire que ces analogies ne constituent pas une preuve directe et rigoureuse : leur but est de rendre la croyance plus facile à des esprits prévenus, en les préparant à recevoir un enseignement plus élevé. C'est à cette fin que le pape saint Clément, Tertullien, Minucius Félix et saint Cyrille de Jérusalem les ont reproduites dans leurs écrits. Maintenant, si de l'ordre naturel on passe à l'ordre surnaturel, les preuves de la résurrection prennent un nouveau caractère de force et de clarté. Déjà saint Justin avait touché à cet ordre d'idées en montrant que la chair de l'homme, purifiée par l'eau du baptême, sanctifiée par le rayonnement de la grâce, ennoblie par le contact de la divinité dans la personne de l'Homme-Dieu, participe, comme instrument et comme organe, à toute l'économie de la Rédemption. Mais nul écrivain des premiers siècles n'égalera l'éloquence de Tertullien invoquant les droits surnaturels de la chair à la résurrection. Aux arguments tirés de la raison, l'apologiste africain ajoutera les motifs empruntés à la foi. Je terminerai en citant ce magnifique passage, qui résume en peu de mots l'argumentation d'Athénagore, en la couronnant par l'autorité de la révélation :

« Oui, la chair a sa dignité. N'est-ce pas, en effet, par le ministère de la chair que l'âme jouit des dons de la nature, des richesses du monde et du charme des éléments ? Eh quoi !

---

1. Théoph. d'Antioche à Autolycus, l. I, c. 13. — *Item*, Clément de Rome, Ire *Ép. aux Corinth.*, 24 ; Tertull., *Apolog.*, 48 ; *de la Résurrection*, 12 ; Minutius Félix, dans l'*Octavius* ; S. Cyrille de Jérusalem, *catéch.* 18, etc.

n'est-ce point par la chair qu'elle est pourvue de l'appareil des sens, de la vue, de l'ouïe, de l'odorat, du goût, du toucher ? C'est par la chair qu'elle est armée d'une puissance divine, capable de tout opérer par la parole, et même par le langage muet du geste et du regard. La parole, assurément, est un des organes de la chair. La chair ! Elle est le véhicule des arts. La chair ! Elle soutient la science et le génie. La chair ! Elle est la condition de l'industrie, de la société, de l'activité tout entière. La vie de l'âme est si bien la vie de la chair, que la mort n'est autre chose pour l'âme que sa séparation d'avec la chair..... Quand l'âme est enrôlée au service de Dieu, c'est la chair qui la met à même de recevoir cet honneur. C'est la chair qui est arrosée pour que l'âme soit purifiée ; la chair sur laquelle on fait les onctions pour que l'âme soit consacrée ; la chair qui est marquée du signe sacré pour que l'âme soit fortifiée ; la chair qui est couverte par l'imposition des mains pour que l'âme soit illuminée par l'esprit ; la chair enfin qui se nourrit du corps et du sang du Christ, afin que l'âme s'engraisse de la substance divine. Loin de nous donc la pensée que Dieu livre à une destruction sans retour l'œuvre de ses mains, l'objet de son industrie, l'enveloppe de son souffle, la reine de sa création, l'héritière de sa libéralité, la prêtresse de sa religion, le soldat de la foi, la sœur du Christ [1]. »

Nous venons d'étudier le seul écrit qui nous reste d'Athénagore avec son apologie ; car on ne saurait hésiter un instant à rejeter comme apocryphe un livre imaginé par Martin Fumée, sous le nom du philosophe athénien et intitulé : « du vrai et parfait amour, contenant les amours honnêtes de Théogène et de Charide, de Phérécyde et de Mélangénie. » Si cette imposture a fait quelques dupes au XVIe siècle, Frabricius l'a dévoilée de manière à ne laisser aucun doute sur les procédés du faussaire. Il est permis de conjecturer

---

1. Tertull., *de Resurr. carnis*, XII.

que l'activité littéraire de l'apologiste ne s'était pas bornée aux deux opuscules dont nous sommes en possession : lui-même insinue quelque part qu'il avait composé plusieurs traités [1] : c'est une perte qu'il faut ajouter à tant d'autres qu'a subies la littérature chrétienne du IIe siècle. Toutefois, avec les deux écrits qui nous restent de lui, nous pouvons nous faire une idée suffisante de son mérite, comme controversiste et comme écrivain. Je ne dirai pas qu'Athénagore a exercé une grande influence sur le mouvement doctrinal et littéraire de son temps : son nom, passé sous silence par les contemporains, apparaît rarement chez les écrivains postérieurs. Eusèbe et saint Jérôme n'en font aucune mention dans leurs catalogues des auteurs ecclésiastiques. Cette absence de témoignages étonne d'autant plus que les œuvres d'Athénagore méritaient au plus haut degré de fixer l'attention. Envisagées sous le rapport du style et de la méthode, je ne crains pas de les placer au premier rang parmi les écrits apologétiques du IIe siècle. Ce qui les caractérise surtout, c'est une application plus vaste et plus sûre de l'esprit philosophique au dogme : par là, Athénagore dépasse les apologistes de l'époque, sans en excepter saint Justin lui-même. Il faudrait aller jusqu'à l'ère de la scolastique pour trouver plus d'ordre et d'enchaînement dans la disposition du sujet. Simple et clair, vif et orné, son style rappelle les meilleures traditions de l'éloquence grecque. Enfin, si le caractère d'un homme se peint dans ses écrits, nul ne saurait s'empêcher d'admirer dans Athénagore un esprit calme et modéré, une âme droite et sans faiblesse. C'est la gloire du christianisme d'avoir été défendu, dès l'origine, par des hommes qui alliaient à une science peu commune, un zèle ardent pour la vérité et un sentiment profond de la justice.

---

1. *De Resurr. mort*, 1.

ONZIÈME LEÇON

L'apologie de Théophile d'Antioche ou ses trois livres à Autolycus. — Défense de la théodicée chrétienne. — Rapport intime entre l'ordre moral et l'ordre intellectuel. — Influence des dispositions du cœur sur les jugements de l'esprit. Spiritualisme chrétien. — Incompréhensibilité de l'essence divine. — Preuves de l'existence de Dieu. — Argument tiré des causes finales. — Théophile d'Antioche envisagé comme écrivain. — Combien la foi est naturelle à l'homme. — Dans quel sens l'apologiste a pu dire que la foi est une condition nécessaire de la science. — Le défaut d'évidence immédiate n'empêche pas la foi d'être raisonnable.

MESSIEURS,

L'ère des Antonins a été pour l'éloquence chrétienne une époque de grandeur et d'éclat. C'est à Marc-Aurèle que furent adressées la plupart des apologies du IIe siècle. Les défenseurs du christianisme s'imaginaient sans doute que sous un prince philosophe leurs requêtes, si justes et si légitimes, seraient favorablement accueillies. L'événement trompa leur attente : le stoïcien couronné montra envers les opprimés la dureté qui caractérisait sa secte. Mais la persécution, loin de ralentir le zèle des apologistes, ne faisait que l'enflammer davantage : plus on s'acharnait à les combattre par les armes de la violence et de la calomnie, plus ils multipliaient leurs protestations, aussi vives que pleines de force et de raison. Sur tous les points de l'empire, des voix s'élevaient pour réclamer la liberté du culte chrétien et la cessation de rigueurs à tout le moins stériles. Des hommes que leur savoir plaçait au premier rang parmi leurs contemporains déployaient leur éloquence dans cette lutte du droit avec la force brutale :

c'étaient saint Justin et Tatien à Rome, Athénagore et Miltiade à Athènes, Théophile à Antioche, Méliton à Sardes, Claude Apollinaire à Hiérapolis. Prêtres et laïques, rhéteurs et philosophes convertis, tous venaient porter une pierre à ce monument de l'apologétique primitive, auquel les grands écrivains de l'école d'Alexandrie et de l'Église d'Afrique allaient mettre la dernière main.

Or, parmi les apologies du IIe siècle, il en est qui s'adressent directement aux empereurs et aux magistrats sous la forme de requêtes officielles ; d'autres dont le but, moins restreint, est de justifier aux yeux de tous la religion chrétienne. Ces dernières prenaient divers noms, tels que ceux de discours aux Grecs, de traités, de dialogues, etc., tandis que les premières gardaient plus proprement celui d'apologies. Nous avons trouvé dans saint Justin, en particulier, des exemples de ces deux genres d'écrits. Le discours de Tatien s'étend à tous les païens en général, tandis que l'apologie d'Athénagore a été écrite plus spécialement pour les empereurs. Aujourd'hui, nous abordons l'étude d'un traité qui rentre aussi dans la deuxième catégorie, les trois livres adressés à Autolycus par saint Théophile, évêque d'Antioche : nous pouvons l'envisager comme la plus vaste défense du christianisme que nous ayons rencontrée jusqu'à présent.

C'est la première fois que notre sujet nous ramène à Antioche, depuis que les épîtres de saint Ignace nous avaient conduits vers ce siège antique de la religion naissante. Après la mort du grand martyr, l'Église mère de la Syrie, gouvernée avant lui par saint Pierre et par Évode, avait vu à sa tête deux évêques, dont le dernier, Éros, fut le prédécesseur immédiat de Théophile. Les hérésies combattues par le disciple de saint Jean s'étaient développées dans cette contrée, un des centres les plus actifs du gnosticisme. Mais nous n'envisageons pas en ce moment l'éloquence chrétienne dans sa lutte avec les hérésies ; sa défense contre le paganisme occupe seule notre attention. Or, dans la Syrie, comme partout ailleurs, les calomnies des sophistes servaient la haine des masses et l'intolérance des magistrats. Élevé sur le siége épiscopal d'Antioche vers l'année 168, Théophile mit toute son ardeur à défendre la cause de l'Évangile par sa parole et par ses écrits. Lui-même était sorti du paganisme, dont les erreurs avaient longtemps enchaîné son âme ; mais la lecture des livres saints avait déchiré le bandeau qui couvrait ses yeux : en voyant que les prophéties de l'Ancien Testament s'étaient accomplies à la lettre dans le Nouveau, il avait cessé de concevoir un doute sur la divinité de la religion chrétienne. C'est donc à bon droit qu'il pouvait se citer comme exemple au païen Autolycus pour le déterminer à suivre la même voie. Ce dernier était du nombre de ceux qui tournaient en dérision la doctrine des chrétiens et ramassaient, sur la foi du vulgaire, tout ce qu'on débitait contre elle. L'évêque d'Antioche vante, peut-être par un excès d'indulgence, l'érudition de son ami : à voir la faiblesse des objections que propose Autolycus, il y aurait de quoi être surpris de cet éloge, si l'expérience ne montrait tous les jours que des hommes, d'ailleurs fort instruits en d'autres matières, des savants même, dénotent en fait de religion une ignorance profonde. Pour condescendre autant que possible aux préjugés de celui qu'il veut amener à de meilleurs sentiments, Théophile discute l'un après l'autre les reproches que le polythéisme avait coutume de faire à la religion chrétienne : c'est l'objet de trois opuscules, composés à des intervalles peu éloignés et qui forment un ensemble assez bien lié. Des indices certains nous permettent de fixer la date de cette composition fort importante, parce qu'elle nous montre comment l'éloquence chrétienne procédait dans la conversion des païens qui se piquaient d'intelligence et de savoir. D'une part, elle ne saurait remonter au delà de l'année 180, puisqu'il y est question de la mort de Marc-Aurèle ; de l'autre, il est impossible de la placer longtemps après le commencement du règne de Commode, car le témoignage de Nicéphore, qui assigne à l'épiscopat de Théophile treize années de durée, ne nous permet guère de dépasser l'année 182 ; et les passages imités par saint Irénée, dans un ouvrage rédigé sous Commode, confirment cette conclusion [1]. Commençons par le premier livre adressé à Autolycus : c'est un éloquent résumé de la théodicée chrétienne.

Comme tous les païens trompés par une imagination grossière, Autolycus trouvait qu'une sorte de déshonneur s'attache au nom de chrétien. Loin d'en rougir, Théophile se glorifie de porter un nom qui le rend agréable à Dieu. C'est là précisément que l'attendait son adversaire : lui qui adorait des dieux de bois, de pierre et de métal, il disait à l'évêque : « Montrez-moi votre Dieu, que je le voie, que je puisse le sentir et le toucher. » Voici la réponse de Théophile : elle témoigne d'un coup d'œil psychologique aussi pénétrant que sûr :

« Vous me dites : Montrez-moi votre Dieu. Eh bien, je vous dirai : Montrez-moi d'abord quel homme vous êtes, et moi je vous montrerai le Dieu que j'adore. Prouvez-moi que vous regardez des yeux de l'esprit, et que vous écoutez des oreilles du cœur. Car, comme les yeux du corps distinguent tous les objets terrestres et sensibles, la lumière et les ténèbres, le blanc et le noir, la laideur et la beauté, l'irrégularité et la symétrie, la justesse et l'absence de proportions, ce qui pèche par excès et ce qui pèche par défaut ; de même que les oreilles du corps jugent de l'harmonie et de l'agrément des sons, graves ou aigus, ainsi les yeux de l'esprit et les oreilles du cœur peuvent voir et entendre Dieu. Mais Dieu n'est pas visible pour tous ceux qui ont des yeux ; il l'est seulement pour un œil net et sain. Tous ont des yeux, mais leur vue est

---

1. Théoph., III, 27. — *Ibid.*, I, 5 ; Irénée. *adv. Hær*, II, 6 ; — II, 25 ; — III, 22, etc.

souvent obscurcie par les ténèbres. La lumière du soleil n'est pas aperçue par les aveugles ; en brille-t-elle moins dans l'univers ? La faute en est aux yeux qui ne la voient pas. Les péchés, les actions mauvaises, voilà ce qui offusque les yeux de l'esprit et les empêche de voir Dieu. L'âme humaine doit être pure comme un miroir luisant. Quand le miroir est terni, il n'est plus propre à réfléchir la figure de l'homme ; le péché vit-il dans l'homme, Dieu reste invisible pour lui. Si vous voulez que je vous montre Dieu, montrez-moi que vous n'êtes ni débauché, ni voleur, ni fourbe, ni orgueilleux, ni envieux, ni colère, ni médisant, ni avare, ni désobéissant envers vos parents, ni dénaturé à l'égard de vos enfants. Dieu ne se fait point connaître à ceux qui sont souillés de ces vices, s'ils n'ont soin de bien s'en purifier. Comme il s'amasse dans l'œil des humeurs qui l'empêchent d'être frappé des rayons du soleil, ainsi du sein des vices et de l'impiété il s'élève d'épaisses vapeurs qui dérobent la vue de Dieu [1]. »

Ce passage est admirable de profondeur et de clarté. Nous n'aurions plus de Théophile d'Antioche que cette page unique, elle suffirait toute seule pour ne pas faire oublier son nom dans l'histoire de l'éloquence sacrée. Jamais on n'a mieux marqué le rapport intime qui existe entre l'ordre moral et l'ordre intellectuel, l'influence des dispositions du cœur sur les jugements de l'esprit. Car, Messieurs, il ne faut pas nous faire illusion : l'intelligence ne s'isole pas de la volonté, et c'est avec notre être tout entier que nous abordons l'examen de la vérité. L'homme ne se divise pas ; aucune de ses facultés ne s'exerce sans le concours des autres : toutes cherchent à se mettre à l'unisson. Il en résulte que bien des hommes écoutent tout simplement la voix de l'intérêt ou des passions, alors qu'ils s'imaginent n'entendre que celle de l'intelligence. Par suite de ce besoin que nous éprouvons

---

1. Théoph., I, 2.

tous de mettre de l'unité et de l'harmonie dans notre être, nous nous créons des théories au niveau de nos œuvres ; et il arrive trop souvent que nous mettons, même malgré nous et à notre insu, les paradoxes de l'esprit au service des aberrations du cœur. Je ne sache pas de principe dont l'application soit plus évidente dans l'histoire de l'humanité : c'est en tenant compte de l'influence des causes morales sur les jugements de l'esprit qu'on s'explique bien des chutes, des apostasies, des incrédulités qui paraissent étranges à première vue. Selon la belle comparaison qu'emploie l'évêque d'Antioche, il en est de l'œil de l'intelligence comme de l'œil du corps. Pour juger sainement les choses, il faut un organe net et sain : en d'autres termes, nous ne pouvons arriver à la vérité qu'en levant les obstacles qui nous empêchent de la voir ; et ces obstacles naissent le plus souvent des dispositions du cœur qui nous font repousser la vérité par instinct comme un ennemi secret dont nous redoutons le triomphe. Non, la vérité n'est pas du domaine exclusif de l'intelligence : cela peut être en histoire naturelle et en astronomie ; encore, a-t-on vu des batailles d'astronomes, de véritables tempêtes soulevées à propos d'étoiles, du moment que la passion venait se jeter à la traverse : en tout cas, cela n'est pas, lorsqu'il s'agit des vérités religieuses et morales, parce que là il y a des parties intéressées qui se mettent en jeu. C'est pourquoi la connaissance n'est pas indépendante de l'action ; et quand Pythagore plaçait la purification de l'âme à l'entrée de la philosophie comme condition préliminaire du progrès, il avait enveloppé la nature humaine d'un regard pénétrant. Il aurait émis ce seul principe, que je le tiendrais encore pour un grand moraliste. Mais l'homme aime à se persuader qu'il reste impartial, lors même qu'il n'est que la dupe de ses passions : il cherche au dehors un prétexte à son incrédulité, tandis qu'elle a sa source dans son propre cœur ; il s'en prend à la vérité de l'obscurité qu'il y porte. A l'entendre, c'est la religion qui n'est pas claire, c'est la loi qui n'est pas établie sur des preuves suffisantes, tandis que le défaut de perception provient d'un œil malade, qu'un aveuglement volontaire rend incapable de discerner des vérités qui, éprouvées au creuset de la critique pendant dix-huit siècles, ont subjugué les plus hautes intelligences dont l'humanité s'honore. Aussi qu'arrive-t-il souvent ? Au bout d'un certain temps, on envisage les choses de la foi tout autrement qu'on ne les voyait auparavant. Est-ce une étude plus approfondie de la religion qui a opéré ce changement ? Pas toujours. Quelquefois il suffit de faire disparaître un obstacle moral : à l'instant même, les préjugés tombent, l'obscurité se dissipe, et la vérité brille aux yeux de l'intelligence dans son éclat naturel. C'est la confirmation de cette parole si profondément philosophique dans son apparente simplicité : « Bienheureux les cœurs purs, parce qu'ils verront Dieu ! »

Bossuet ne montre pas moins de pénétration que l'évêque d'Antioche, lorsqu'il veut marquer le rapport intime qui existe entre l'ordre intellectuel et l'ordre moral. Dans son *Traité de la connaissance de Dieu et de soi-même,* il précise en philosophe l'influence des dispositions du cœur sur les jugements de l'esprit. Ailleurs, il signale avec la franchise mâle et austère qu'il porte dans la chaire sacrée la cause ordinaire de l'incrédulité : « Ce n'est pas que les incrédules soient irrités de ce qu'on leur propose à croire des mystères incroyables, ils n'ont jamais pris la peine de les examiner sérieusement : que Dieu engendre dans l'éternité ; que le Fils soit égal au Père ; que les profondeurs du Verbe fait chair soient telles que vous voudrez : ce n'est pas ce qui les tourmente. Ils sont prêts à croire ce qu'il vous plaira, pourvu qu'on ne les presse pas sur ce qui leur plaît. A la bonne heure ! que les secrets de la prédestination soient impénétrables, que Dieu, en un mot, soit et fasse tout ce qu'il lui plaira dans le ciel, pourvu qu'il les laisse sur la terre contenter leurs passions à leur aise [1] ! »

Théophile avait commencé par indiquer les causes morales qui empêchaient la plupart des païens d'arriver à la connaissance du vrai Dieu. Cela posé, il s'applique à déchirer les images grossières que le polythéisme s'était formées de l'Être divin. A l'exemple d'Athénagore, il s'efforce d'élever l'esprit de ses lecteurs aux plus hautes notions du spiritualisme chrétien.

« Vous me direz : Vous qui voyez, tracez-moi donc une image fidèle de Dieu. Écoutez, ô homme ! Dieu n'a pas d'image que l'on puisse retracer ou qui permette de le voir des yeux du corps. On ne peut se représenter sa gloire, mesurer son immensité, sonder ses profondeurs, comparer sa puissance, se former une idée complète de sa sagesse, imiter sa bienfaisance, ni même raconter ses bienfaits. Si je l'appelle Lumière, je nomme un de ses ouvrages ; Verbe, c'est la parole par laquelle il commande ; Intelligence, c'est sa sagesse ; Esprit, c'est son souffle créateur ; Sagesse, c'est sa production; Force, c'est sa puissance ; Vertu, c'est son opération ; Providence, c'est sa bonté ; Roi, c'est sa gloire ; Seigneur, c'est son domaine souverain sur les créatures ; Juge, c'est sa justice ; Père, c'est le soin qu'il prend de tous les êtres ; Feu, c'est sa colère. Quoi ! me direz-vous : Dieu se met en colère ! Oui, contre les méchants et les impies qu'il punit, comme il est bon et miséricordieux envers ceux qui l'aiment et le craignent. Il est sans commencement, puisqu'il est incréé ; immuable, puisqu'il est éternel. Tout se repose en lui, tout se meut et vit par lui. Il fait tout, il nourrit tout, il a soin de tout, il gouverne tout. Il est Seigneur, parce qu'il domine sur tout ; Père, parce qu'il est avant tout ; Créateur, parce

---

1. *Connaissance de Dieu et de soi-même*, 1, 16. — Sermon sur le jugement de Jésus-Christ contre le monde.

qu'il a fait toutes choses ; Très-Haut, parce qu'il est au dessus de tout ; Tout-Puissant, parce qu'il tient tout dans sa main, et qu'il remplit tous les lieux, les cieux les plus élevés, les abîmes les plus profonds, les extrémités de la terre. Le ciel, la terre, la mer, sont ses ouvrages. Le soleil, la lune, les étoiles, il les a faits pour mesurer le temps, pour régler les jours et les années : il les a créés pour le service de l'homme qu'il a formé à son image. Il a tiré tous les êtres du néant pour manifester par ses œuvres sa grandeur et sa majesté [1]. »

Je veux bien, Messieurs, qu'il y ait dans ce tableau une profusion trop grande de traits et de couleurs. Comme la plupart des orateurs asiatiques, Théophile ne sait pas éviter la redondance : les mêmes images reviennent fréquemment sous sa plume, et son style est en général plus abondant que varié. Mais cette exposition de la théodicée chrétienne était éminemment propre à redresser les idées fausses que le paganisme s'était faites de la divinité. Elle se résume à dire que Dieu est tellement élevé au dessus de nos conceptions, qu'il est impossible de le saisir dans son essence : l'infirmité de la raison et du langage humains nous oblige de le désigner par des noms qui offrent quelque analogie avec nos propres qualités. Or, cela est incontestable : l'incompréhensibilité de l'essence divine résulte des bornes de notre entendement, incapable d'embrasser d'une vue parfaite tout ce qui est dans l'infini. Nous avons beau multiplier les épithètes et les qualifications, nous ne faisons qu'accumuler les preuves de notre impuissance à retracer l'Être divin dans sa plénitude. Le nom même que nous employons à cet effet est une sorte de limite que nous posons à son infinité ; car on ne nomme les êtres que pour les distinguer les uns des autres, et l'infini est hors de pair avec tout ce qui n'est pas lui : le renfermer dans un terme particulier, c'est circonscrire ce qui est sans limites.

---

1. Théoph., I, 3, 4.

Faut-il en conclure avec le scepticisme que Dieu est inaccessible à la raison ; que toute notre science se réduit à dire ce qu'il n'est pas sans pouvoir préciser ce qu'il est ; que les attributs divins sont des propriétés humaines élevées à l'infini et transportées arbitrairement dans l'Être souverain ? Pas le moins du monde. Telle n'est pas la pensée de l'évêque d'Antioche lorsqu'il affirme l'incompréhensibilité de Dieu. L'idée de l'infini est au contraire la plus claire, la plus pleine, la plus populaire de toutes : il suffit de l'énoncer pour que l'intelligence la conçoive mieux que toute autre. Si elle revêt une forme négative dans nos langues modernes, elle n'en reste pas moins au fond la plus positive de nos idées, puisque tout est réalité en elle. Quand nous disons que Dieu est infiniment intelligent, infiniment bon, infiniment puissant, ce sont là autant d'affirmations très-nettes et très-positives : nous précisons, à coup sûr, ce qu'il est, bien que nous ne sachions pas tout ce qu'il est. De plus, il est si peu vrai que tous les attributs divins soient des qualités humaines portées à l'infini, qu'il en est plusieurs, tels que l'éternité et l'immutabilité, qui n'ont rien d'analogue dans notre être. Enfin, si nous concluons à la justice, à la bonté, à la sagesse infinie par l'image que nous en trouvons dans nous-mêmes, rien n'est plus légitime que ce raisonnement : serait-il possible que la cause infinie fût moins parfaite que l'effet fini ? Donc, en résumé, l'incompréhensibilité de Dieu ne nous empêche pas d'avoir de lui une idée claire et distincte, positive et concrète, bien que cette idée ne soit et ne puisse pas être adéquate à son objet. Invisible dans son essence même, l'Être souverain se montre à nous par la création, qui est sa manifestation extérieure et sensible. C'est ce grand livre de la nature que Théophile déploie sous les yeux d'Autolycus pour lui faire découvrir à chaque page les preuves de l'existence de Dieu et le reflet de ses perfections infinies :

« De même que l'âme humaine échappe aux yeux de

l'homme et se manifeste cependant par le mouvement du corps, ainsi Dieu, quoique invisible, se montre à chacun de nous par sa providence et par ses œuvres. Quand vous voyez un vaisseau voguer en pleine mer ou aborder au port, vous ne doutez pas qu'il n'y ait un pilote qui en dirige la manœuvre ; et vous pourriez douter qu'il y ait un Dieu qui gouverne l'univers, sous prétexte que vous ne pouvez pas le comprendre ni le voir des yeux de la chair ! Eh quoi ! vous ne sauriez regarder fixement le soleil, ce faible élément ; votre œil ne peut en soutenir l'éclat ; et l'homme mortel serait capable de contempler la gloire ineffable du Dieu éternel ! De même que les grains renfermés dans la grenade ne peuvent communiquer avec ce qui est au delà de l'écorce, ainsi l'homme, renfermé dans la main de Dieu avec toutes les créatures, ne saurait davantage élever ses regards jusqu'à Dieu. Un roi de la terre n'est pas vu de la plupart de ses sujets ; aucun d'eux cependant n'est assez insensé pour nier qu'il existe. Ses lois, ses officiers, ses images, sa puissance qui s'étend d'un bout de l'empire à l'autre, le révèlent à tous; et la toute-puissance de Dieu, l'immensité de ses ouvrages, permettraient de le méconnaître ! Oui, contemplez les ouvrages de Dieu, cet ordre et cette vicissitude réglée des saisons, des jours et des nuits, des mois et des années, cette ravissante diversité des semences, des plantes, des fruits, des animaux qui marchent ou qui rampent sur la terre, qui volent dans l'air, qui nagent dans les eaux; l'ardeur et l'industrie que Dieu leur a données pour se multiplier, pour nourrir et élever leurs petits. Voyez comme tout est disposé pour l'usage de l'homme: c'est à lui que Dieu préparait des aliments et des serviteurs. Considérez le cours toujours égal des rivières et des fleuves qui coulent sans interruption; cet ordre, varié avec tant de sagesse, que gardent les rosées et les pluies pour rafraîchir la terre à propos et pour la fertiliser. Suivez la marche des corps célestes : contemplez l'étoile du matin qui vient annoncer le plus beau des astres, la conjonction de la Pléïade et d'Orion, l'Arcture et tous ces globes lumineux à chacun desquels la sagesse divine a tracé sa route et imposé son nom. Oui, c'est Dieu seul qui a tiré la lumière du sein des ténèbres, cette lumière si douce, si ravissante, si désirée des mortels après qu'elle s'est dérobée à leurs yeux. C'est lui qui a marqué à la mer des bornes qu'elle ne franchit jamais, et qui en a sondé les abîmes. C'est lui qui a rassemblé dans ses trésors les eaux, la neige, la grêle, et qui les en tire à son gré. C'est lui qui fait trembler les hommes au bruit de son tonnerre, qui les y prépare par le feu des éclairs, qui veille à ce que les éclairs et la foudre n'embrasent et ne détruisent pas la terre. Voilà mon Dieu, le souverain Seigneur de toutes choses [1] ! »

Comme vous le voyez, Messieurs, l'évêque d'Antioche ne cesse de déployer, dans toute la suite de son apologie, cette imagination orientale qui se joue avec complaisance au milieu des descriptions de la nature pour célébrer le Créateur dans la magnificence de ses œuvres. Il y a dans ces élévations de l'âme émue par le spectacle des beautés du monde physique une abondance d'images, une richesse et une fraîcheur de coloris qui annoncent les plus belles pages de saint Basile et de saint Grégoire de Nazianze. Théophile les précède par cet enthousiasme de la poésie religieuse, où le sentiment de la nature fortifie l'élan de la piété. C'est chez lui que l'éloquence chrétienne se montre à nous pour la première fois sous cette forme vive et pittoresque qui prête tant de charme aux écrits des Pères grecs du ive siècle. Il devait en être ainsi sous ce ciel de l'Orient, sur cette terre privilégiée où la nature, étalant toutes ses merveilles, invitait l'âme au recueillement et à l'admiration. Du reste, il faut bien en convenir, l'argument tiré de l'ordre et de l'harmonie qui règnent dans l'univers est de toutes les preuves de l'existence de Dieu celle qui se

1. Théoph., 1, 5, 6.

prête davantage au développement oratoire: aucune autre n'est plus populaire ni plus accessible à la généralité des esprits. Est-ce à dire également qu'elle soit la plus pleine et la plus directe de toutes? Je n'oserais pas l'affirmer. Certainement, en étudiant l'ordre et l'harmonie qui règnent dans l'univers, on est en droit de conclure, suivant les règles d'une logique rigoureuse, à l'existence d'un Être doué d'une puissance et d'une intelligence souveraines; car il est de toute nécessité qu'il y ait dans la cause tout ce qu'il faut pour produire l'effet. Mais cette argumentation n'atteint point du premier pas l'Être divin dans son absolue perfection, puisque d'un effet fini on ne saurait induire directement l'existence d'une cause infinie. C'est pourquoi l'idée même de l'infini, telle qu'elle se trouve dans tous les hommes, fournit la preuve la plus pleine, la plus directe, la plus rigoureuse, de l'existence de Dieu. En effet, l'idée de l'infini ne saurait provenir d'une substance finie, ni par abstraction, ni par déduction, ni par production: il n'y a que l'Être infini qui ait pu la placer dans notre âme. C'est autour de cette preuve centrale qui les ramène à l'unité que toutes les autres viennent se grouper et forment un faisceau dont le sophisme ne parvient pas à rompre la puissante harmonie; chacune d'elles fortifiée, complétée par l'autre, a sa valeur particulière, sa portée spéciale. Ainsi les preuves physiques saisissent par elles-mêmes directement l'Être divin comme cause créatrice et ordonnatrice du monde; les preuves morales, comme législateur et juge suprême; les preuves métaphysiques, comme Être nécessaire et absolu: ce sont, pour ainsi dire, autant de faces de l'infini qui se découvrent au regard de la raison s'élevant des choses créées à l'Être incréé. Mais, s'il est évident que la preuve métaphysique, tirée de l'idée de l'infini présente à notre âme, est la plus directe et la plus complète de toutes, puisqu'elle n'atteint pas seulement une face de l'infini, mais l'infini lui-même, il n'est pas moins vrai de dire que la preuve physique empruntée à l'ordre admirable qui règne dans l'univers, ou l'argument des causes finales, est la plus populaire et la plus oratoire. Aussi apparaît-elle le plus souvent dans l'éloquence chrétienne depuis Théophile d'Antioche, le premier d'entre les Pères de l'Église qui l'ait développée avec quelque étendue.

Les perfections invisibles de Dieu se manifestent à l'homme par l'œuvre visible de la création. Mais il ne suffit pas de croire à l'existence de Dieu; il faut de plus ajouter foi à sa parole. Ici les païens se récriaient contre l'autorité à laquelle on voulait les soumettre: ils ne consentaient à croire que ce qu'ils pouvaient voir, entendre, toucher. Pour vaincre cette résistance, l'évêque d'Antioche montre à Autolycus combien la foi est naturelle à l'homme:

« Pourquoi vous obstiner à ne pas croire? Vous ne prenez pas garde que la foi dirige et précède nécessairement toutes vos actions. Quel est le laboureur qui pourrait moissonner, s'il ne confiait sa semence à la terre? Qui passerait la mer, s'il ne se fiait et au vaisseau et au pilote? Quel malade pourrait être guéri, s'il ne donnait d'abord sa confiance au médecin? Quel art, quelle science apprendriez-vous, si vous ne commenciez par croire le maître qui doit vous l'enseigner? Quoi donc! le laboureur se confie à la terre, le navigateur au vaisseau, le malade au médecin; et vous refuseriez de vous fier à Dieu même qui vous a donné tant de preuves victorieuses de sa puissance et de sa bonté[1]? »

Cette observation, pleine d'à-propos et de finesse, a été fréquemment reproduite par les écrivains postérieurs à Théophile d'Antioche, tels que Clément d'Alexandrie, Origène, Arnobe, Eusèbe, saint Cyrille de Jérusalem, Théodoret et saint Augustin[2]. Elle tendait à faciliter aux païens la croyance aux

---

1. Théoph., I, 8.
2. Clém., *Strom.*, II, VI et VIII. — Origène, liv. I, *contre Celse*. — Arnobe, II. — Eusèbe, *Prépar. évang.*, I, 5. — S. Cyrille, *Catech.*, V — Théodoret, *adv. Græcos*, I. — S. Augustin, *de Utilitate credendi*, XII.

vérités révélées en les rendant attentifs à un fait analogue qui se passe dans l'ordre naturel, où l'homme est souvent obligé d'admettre sur la foi d'autrui ce qu'il ne peut pas vérifier par lui-même. Il est évident que sans cette confiance réciproque, sans cette adhésion à un témoignage dont nous n'avons aucune raison de suspecter la valeur, la société humaine serait impossible. Si nos connaissances se bornaient à ce que chacun de nous aurait pu voir ou entendre par lui-même, elles se réduiraient à fort peu de chose. Il est donc vrai de dire que, dans une infinité de cas, une certaine foi préliminaire, ou plutôt un sentiment de confiance naturelle est requis pour acquérir la science et même pour agir. Les exemples cités par l'évêque d'Antioche sont fort bien choisis pour éclaircir ce point. L'enfant auquel on enseigne la grammaire est bien obligé d'en admettre les premiers éléments sur la parole de son maître: si, dès l'abord, il se refusait à croire qu'il y a tel nombre de lettres dans l'alphabet, il en resterait là sans faire un pas de plus. Sous ce rapport, il y a une certaine analogie entre l'ordre naturel et l'ordre surnaturel: le croire est la condition du savoir. Toutefois, Messieurs, n'abusons pas de cette similitude pour confondre la foi naturelle ou humaine avec la foi surnaturelle ou divine, ou bien pour tomber dans le fidéisme qui absorbe la raison dans la foi. Permettez-moi d'insister un instant sur cette question que le premier livre à Autolycus soulève sous nos pas et qui touche à des erreurs contemporaines. Il s'agit de déterminer dans quel sens on peut dire avec Théophile d'Antioche que la foi précède nécessairement toutes nos actions.

Et d'abord, précisons bien la signification des termes. La foi surnaturelle est l'assentiment donné aux vérités révélées sur l'autorité infaillible de Dieu; la foi naturelle, l'adhésion à une vérité quelconque, sur l'autorité du témoignage des hommes. La première est un fruit de la grâce, qui éclaire notre esprit et meut notre volonté; la seconde naît de la disposition naturelle que nous avons à croire des témoins dignes de foi. Par le baptême, nous recevons la foi infuse ou l'aptitude à croire d'une foi surnaturelle et méritoire. Dans ce sens, on peut dire que la foi précède l'exercice de la raison, comme qualité ou disposition habituelle. Mais, sitôt qu'elle passe en acte de virtuelle qu'elle était, la raison se joint à elle pour lui chercher un fondement rationnel dans les motifs de crédibilité. Alors, toutes deux marchent de front en s'appuyant l'une sur l'autre. Quand M. de Lamennais prétendait que l'acte de foi précède la raison et que la raison naît de la foi, il brouillait toutes les notions : il détruisait la foi, qui cessait d'être raisonnable, et il détruisait la raison, qui devenait surnaturelle. Sans doute, je le répète, la foi virtuelle ou infuse dans le baptême précède l'exercice de la raison ; mais l'acte même de la foi, l'acte par lequel l'homme jouissant de l'usage de son intelligence adhère aux vérités révélées, cet acte-là ne se produit pas sans la raison : la raison est à la racine de cet acte qui est inséparable d'elle. La question va s'éclaircir davantage, si de la foi divine nous passons à la foi humaine; car les faits de l'ordre surnaturel s'expliquent par ceux de l'ordre naturel qui sont plus à notre portée.

De même que le chrétien acquiert par le baptême une disposition surnaturelle à croire aux vérités révélées, ainsi l'homme tient de sa nature un penchant inné à croire des témoins dignes de foi, à admettre des choses qui ne sont pas évidentes par elles-mêmes, mais que l'expérience lui démontre. Cette confiance naturelle est la condition indispensable de son activité; comme le dit Théophile d'Antioche, elle précède nécessairement l'exercice de ses facultés. Faut-il en conclure que l'homme doive commencer par adopter aveuglément ce qu'on lui propose de croire, avant de s'en rendre compte ? Assurément non. Telle n'est pas la pensée des Pères de l'Église lorsqu'ils affirment qu'une certaine confiance naturelle précède toujours la connaissance ou l'action. Du moment que cette disposition habituelle à croire ce qui est confirmé par l'expérience ou par un témoignage certain se traduit en acte, il faut un degré de science pour que cet acte soit raisonnable. Nous croyons, parce que nous savons, sinon pourquoi et comment la chose est telle en elle-même, du moins pourquoi et comment nous sommes obligés de l'admettre comme telle. En d'autres termes, dans l'ordre naturel aussi bien que dans l'ordre surnaturel, la science et la foi ne peuvent jamais se séparer complétement : il n'y a pas d'acte de foi raisonnable sans que la science y entre pour quelque part, comme aussi la confiance naturelle dans ceux qui nous enseignent est absolument requise pour acquérir une connaissance quelconque. Quand nous ne pouvons avoir, sur un point déterminé, l'autorité de l'évidence, nous cédons à l'évidence de l'autorité : une vérité qui n'est pas évidente par elle-même, qui ne tombe pas sous le sens, peut devenir certaine par le motif suffisant que nous avons de l'admettre. Ainsi, pour en revenir aux exemples cités par Théophile, l'enfant croit à la parole du maître, parce qu'il juge à bon droit que celui-ci est plus instruit que lui ; le laboureur confie sa semence à la terre, parce qu'il sait, par les années précédentes, qu'une terre ensemencée a coutume de produire une moisson; le malade se fie au médecin, parce que l'expérience apprend que les médecins guérissent leurs malades, non pas toujours, mais du moins quelquefois. Vous voyez, Messieurs, que dans ces divers cas l'acte de foi humaine n'est jamais aveugle: il suppose toujours, si ce n'est l'évidence intrinsèque de la chose elle-même, du moins la certitude ou la probabilité du motif qu'on a de l'admettre. Conséquemment, il est faux de dire que dans l'ordre de ses connaissances l'homme débute par un acte de foi où la science n'entre pour rien; la vérité est que la foi, soit divine, soit humaine, n'est possible qu'avec le concours de la raison qui suggère et apprécie les motifs de crédibilité. Gardons-nous bien de placer des actes de foi aveugle à l'entrée des connaissances humaines ou de la révélation : ces théories qui absorbent la raison dans la foi mènent droit à l'illuminisme.

Ces observations faites, l'argumentation de l'évêque d'Antioche conserve toute sa force. Il serait déraisonnable de ne pas vouloir s'en rapporter à un témoignage certain dans les choses de la religion, tandis que, dans le cours ordinaire de la vie, le témoignage est la source et la condition nécessaire de la plupart de nos connaissances. Nous croyons à l'existence de Constantinople : avons-nous tous vu cette ville de nos propres yeux ? Non : nous admettons ce fait, parce que des témoins dignes de foi l'attestent ; nous n'avons pas d'autre raison d'y croire. Dès lors, pourquoi nous refuserions-nous à croire, par exemple, que Jésus-Christ a ressuscité Lazare, du moment que des témoins également dignes de foi nous ont garanti la réalité de ce fait ? L'autorité est identique des deux côtés: elle est même plus forte d'une part que de l'autre; car j'imagine que peu de personnes seraient disposées à se laisser égorger pour soutenir que Constantinople existe. Qu'est-ce donc, Messieurs, que l'on veut dire lorsqu'on prétend n'admettre en religion, comme le païen Autolycus, que ce que l'on a vu par soi-même, ou ce qui est d'évidence immédiate ? Mais, si l'on transportait ce principe dans l'ordre naturel, tout y passerait, à peu d'exceptions près. Et d'abord, il faudrait faire table rase de toute l'histoire du passé, aux événements duquel nul de nous n'a pu assister et que nous ne pouvons connaître que par le témoignage des hommes. Après l'histoire, ce serait le sort de la géographie ; car nous ne pouvons pas tous faire le tour du monde comme le capitaine Cook, pour nous assurer par nous-mêmes si les contrées qu'on nous a dépeintes existent réellement. Viendraient les sciences naturelles, où nous ne voyons absolument le tout de rien: et pourtant, ce défaut d'évidence immédiate nous empêche-t-il de croire ou d'agir ? A-t-on jamais vu un laboureur refuser d'ensemencer sa terre sous prétexte qu'il ne voit pas, ou qu'il ne comprend pas comment le grain de blé devient un épi ? A-t-on jamais vu un homme refuser d'avancer le pied ou d'étendre le bras sous prétexte qu'il ne voit pas, ou qu'il ne comprend pas comment le corps obéit au commandement de l'âme ? A ce compte-là, il ne faudrait ni manger, parce que nous ignorons comment se fait la digestion ; ni marcher, parce que nous ignorons comment se produit la locomotion; ni se tenir debout, parce que nous ignorons comment la pesanteur nous tient fixés au sol. On fait grand bruit du privilège de l'évidence immédiate dont jouissent les mathématiques. Mettons qu'il en soit ainsi : cela ne prouverait qu'une chose, c'est que tout n'est pas clair sous le ciel comme les mathématiques; mais quand on les serre de près, elles ne laissent pas que de prendre une contenance plus modeste: peu s'en faut qu'elles aussi ne nous proposent quelque chose qui ressemble à un acte de foi, lorsqu'elles viennent nous parler de points qui n'en sont pas, de lignes qui ne sont pas des lignes véritables, de surfaces qui ne sont pas des surfaces réelles, de lignes qui doivent se rencontrer et qui ne peuvent pas se rencontrer, d'infiniment petits qui ne sont rien et qui pourtant sont quelque chose, d'infinis en puissance qui n'ont rien que de fini, etc., etc. Si donc nous heurtons l'incompréhensible à chaque pas, même dans les choses qui sont d'évidence immédiate; si, dans le cours ordinaire de la vie, ce défaut d'évidence immédiate ne nous empêche pas d'avoir une raison suffisante pour croire et pour agir; si le témoignage d'autrui est la source et la condition essentielle de la plupart de nos connaissances, il serait ridicule de vouloir se montrer plus difficile pour les vérités de l'ordre religieux. Là aussi, tout n'est pas d'une évidence immédiate; là aussi, nous sommes obligés d'admettre un certain nombre de vérités sans pouvoir en saisir le comment ni le pourquoi ; là aussi, le témoignage d'autrui garantit la réalité des faits qui forment la base historique du christianisme. Or, pour transmettre aux hommes la vérité religieuse, Dieu n'aurait pu choisir une voie plus sûre, plus accessible à tous, plus conforme aux lois de la nature et de la société humaine que celle d'un vaste témoignage rendu par un envoyé divin, répété par la parole, appuyé sur le miracle, scellé par le martyre, garanti par la sainteté, confirmé par la science, justifié par ses merveilleux résultats, et traversant les siècles avec la force toujours croissante que lui donnent également et l'examen de la critique et l'adhésion de la foi.

« Ne soyez donc pas incrédule, conclut l'évêque d'Antioche, mais croyez à la parole de Dieu, puisque, même dans le cours ordinaire de la vie, vous êtes obligé de vous fier au témoignage des hommes, sous peine de rester dans l'ignorance. » Après avoir ainsi montré combien la foi est naturelle à l'homme, Théophile passe sur le terrain du paganisme, dont il attaque les systèmes philosophiques et les croyances populaires. Cette discussion, commencée dans le premier livre à Autolycus, se prolonge à travers le deuxième. Nous l'examinerons la prochaine fois. A ce sujet, je me propose de montrer comment la philosophie païenne, placée entre une mythologie insoutenable et le scepticisme religieux, cherchait à se défendre également de l'incrédulité et de la superstition. Plutarque, Maxime de Tyr et Apulée sont les principaux représentants de cette tentative de restauration païenne, qui précède le néoplatonisme du IIIe siècle. C'est un sujet d'étude fort curieux que ce mouvement de l'esprit philosophique cherchant à prêter au paganisme un sens plus relevé pour l'approprier à des besoins nouveaux. Ce travail, à peu près achevé au IIIe siècle, se prépare dans le courant du IIe, où il faut en chercher les origines. Quant à Julien l'Apostat, qui paraît bien plus tard, ce n'est qu'un plagiaire qui a mis le pouvoir politique au service d'idées écloses longtemps avant lui. Après cet examen, auquel nous conduit la critique du polythéisme par Théophile d'Antioche, l'apologie de l'évêque syrien nous mettra en face d'une autre question. L'explication qu'il a donnée de l'œuvre des six jours nous obligera de chercher dans Philon le premier modèle de ces commentaires, appelé *Hexaémeron*, si fréquents dans l'éloquence chrétienne. Enfin, l'étude des livres sibyllins, des travaux apologétiques de Méliton, évêque de Sardes, des premières lettres des papes, complétera la tâche que nous nous étions imposée cette année.

DOUZIÈME LEÇON

Attaque du polythéisme dans les trois livres de Théophile d'Antioche à Autolycus. — Attitude de la philosophie païenne en face des religions populaires au IIe siècle. — Indifférence des stoïciens; hostilité ouverte des épicuriens et des cyniques. — Tentative de conciliation chez les platoniciens. — Plutarque, Maxime de Tyr et Apulée. — Ils cherchent à se frayer une voie mitoyenne entre la superstition et l'incrédulité. — Caractère religieux et moral de Plutarque. — Son *Traité de la superstition*. — Mode d'explication qu'il adopte pour restaurer le polythéisme. — Application de sa théorie dans le *Traité d'Isis et d'Osiris*. — Examen de ce système. — Même tendance dans les *Dissertations* de Maxime de Tyr. — Essai de conciliation entre la philosophie platonicienne et les traditions mythologiques. — L'éclectisme contemporain et les néoplatoniciens du IIe siècle. — *Le Dieu de Socrate*, par Apulée. — Jugement sur cet écrit. — Comment Apulée cherche à sauver le symbole traditionnel du reproche d'extravagance. — Impuissance de ces tentatives de restauration païenne — Elles justifiaient pleinement l'argumentation des apologistes chrétiens.

MESSIEURS,

Les trois livres de Théophile d'Antioche à Autolycus forment la plus vaste apologie du christianisme que nous ayons rencontrée jusqu'à présent. Déjà nous avons pu apprécier la valeur dogmatique et littéraire de cet ouvrage, par l'exposition de la théodicée chrétienne qui lui sert d'introduction. Après avoir signalé dans les passions du cœur une des causes les plus fréquentes des erreurs de l'esprit, l'évêque syrien oppose la vraie notion de Dieu aux représentations toutes matérielles que le polythéisme s'était faites de la divinité. Puis il tire de l'ordre admirable qui règne dans l'univers une preuve sensible de l'existence d'un Dieu créateur et ordonnateur de toutes choses. Enfin, il cherche à porter l'esprit de son lecteur vers la croyance aux vérités révélées, en montrant combien la foi est naturelle à l'homme. Son style n'a pas sans doute cette sobriété si rare chez les écrivains asiatiques : l'abondance y dégénère souvent en diffusion; mais si les images empruntées à la nature y répandent une couleur plus forte que variée, elles n'en relèvent pas moins l'intérêt du fond par l'agrément de la forme.

Comme tous les apologistes du IIe siècle, Théophile joint l'attaque contre le polythéisme à la défense de la religion chrétienne. Pour convaincre Autolycus de la folie des superstitions païennes, il fait voir qu'elles se réduisent à une adoration grossière de la matière inanimée ou de l'homme. C'est l'anthropolâtrie et l'idolâtrie proprement dite, ou le fétichisme, qu'il réfute surtout, sans épargner cependant le culte de la nature et celui des démons : son argumentation embrasse ainsi les quatre grandes formes du polythéisme antique. « Rien de plus risible, dit-il, que de voir des artisans, des potiers, des statuaires, des peintres faire des idoles ; de voir rendre les honneurs divins avec un grand appareil à ces mêmes idoles, d'abord par ceux qui les ont achetées, enfin par les ouvriers mêmes qui, auparavant, n'avaient pour elles que du mépris. Ceux-ci ne font pas réflexion qu'elles ne sont rien de plus que lorsqu'ils les fabriquaient, du métal, du bois, de la pierre, des couleurs. Raisonnons de même des dieux qu'elles représentent. Les noms de ces prétendus dieux ne sont que des noms d'hommes morts, et encore de quels hommes ! Des plus cruels et des plus débauchés de tous ! J'honorerais plutôt l'Empereur que tous vos dieux, bien qu'il ne mérite pas davantage les honneurs divins ; car c'est un simple mortel placé sur le trône, non pas pour être adoré, mais pour rendre la justice. Voyez à quelles contradictions vous entraîne votre mythologie. Quand vous lisez les histoires de vos dieux, leurs généalogies, leur naissance, vous les regardez et ne pouvez les regarder que comme des hommes.

Dans la suite, oubliant tout ce que vous avez lu, vous avez la simplicité de les croire des dieux et de les honorer comme tels. Est-ce qu'ils naissaient dieux et qu'ils engendraient eux-mêmes des dieux ? Pourquoi donc cela n'arrive-t-il plus? Pourquoi leurs générations ne se sont-elles pas perpétuées comme celles des hommes ? Est-ce qu'ils auraient vieilli, qu'ils seraient devenus stériles ? Est-ce plutôt qu'ils sont morts et qu'ils n'existent plus ? Pourquoi cet Olympe, le palais des dieux, est-il désert ? Pourquoi Jupiter n'habite-t-il plus le mont Ida ? D'ailleurs, rien n'est plus absurde que de circonscrire la divinité dans un lieu particulier : le Très-Haut, le Tout-Puissant, le vrai Dieu est partout, il voit tout, il gouverne tout ; il n'est contenu dans aucun lieu, mais toutes choses sont en lui. Quant à vos dieux, ce sont des hommes morts, des éléments de la nature, des simulacres, ou, pour mieux dire, des démons qui vous poussent à ces cultes étrangers pour se faire adorer sous différents noms [1]. »

Mon dessein n'est pas de m'arrêter à cette partie de l'apologie de Théophile d'Antioche: elle ne fait que reproduire un fond d'idées qui s'est offert à nous plus d'une fois dans l'histoire de l'éloquence chrétienne au IIe siècle. Ce qu'il nous importe d'étudier en ce moment, c'est l'attitude que prenait la philosophie païenne en face des religions populaires et les tentatives qu'elle faisait pour prêter à ces dernières un sens plus relevé. Ce travail de restauration, d'où est sorti le néo-platonisme du IIIe siècle, se prépare à travers les deux premiers dans les écrits de Plutarque, de Maxime de Tyr et d'Apulée. Pour sauver le polythéisme d'une décadence complète, ces trois écrivains cherchent à se frayer entre l'incrédulité et la superstition une voie mitoyenne qui leur permette de concilier la philosophie de Platon avec les traditions mythologiques. C'est ce paganisme rajeuni, spiritualisé, que

---

1. Théophile à *Autolyc.*, l. I, 9, 10, 11; l. II, 1-8.

ses défenseurs essaieront plus tard d'opposer à la religion chrétienne.

Vous concevez, en effet, que le polythéisme puéril et grossier, combattu par Théophile d'Antioche, ne pouvait satisfaire des hommes que leur trempe d'esprit et leurs habitudes philosophiques élevaient au dessus du vulgaire : il devait avoir pour résultat inévitable d'amener à la longue une incrédulité complète, du moins parmi ceux qui n'étaient pas la dupe d'une mythologie poétique, il est vrai, mais sans profondeur ni élévation morale. Aussi l'histoire des écoles philosophiques de la Grèce, à partir de Thalès, n'est-elle qu'un mouvement de réaction continuelle contre les croyances nationales : réaction souvent timide, parfois violente, toujours sérieuse au fond[1]. A l'époque que nous étudions, c'est-à-dire au IIe siècle, la foi au symbole antique s'était à peu près retirée des classes éclairées du monde romain. Indifférence chez les stoïciens, doute systématique dans l'école des pyrrhoniens, hostilité ouverte, pleine d'amertume et de sarcasmes de la part des épicuriens et des cyniques, tel est l'accueil que rencontraient les croyances mythologiques parmi les philosophes du temps. Aucun apologiste chrétien n'a déversé autant de fiel et d'ironie sur les fables païennes que Lucien de Samosate ou OEnomaüs le Syrien, dans ses « *devins convaincus d'imposture* », ouvrage dont Eusèbe nous a conservé quelques fragments[2]. Mais si, d'une part, l'incrédulité descendait jusqu'à l'extinction du sentiment religieux, de l'autre, la superstition montait jusqu'au délire : le fanatisme populaire semblait croître en raison de la froideur, du mépris qu'on affectait pour les pratiques religieuses dans les rangs élevés de la société. En présence de ces deux grandes maladies morales, qui naissaient l'une de l'autre, il surgit un groupe d'hommes sincèrement attachés au culte de la patrie, tout en ne partageant pas

---

1. Voyez *les Apologistes chrétiens au* IIe *siècle*, S. Justin, VIIe leçon.
2. *Prépar. évangél.*, l. v, c. 18; l. vi, 6-7.

l'engouement irréfléchi de la multitude. Combattre l'irréligion sceptique et railleuse, relever l'autorité du symbole traditionnel par une explication plus plausible, telle est la tâche qu'ils s'imposèrent dans leurs écrits. A leur tête vient se placer Plutarque de Chéronée.

Plutarque est une des plus grandes figures de l'antiquité païenne. S'il n'a pas attaché son nom à la fondation d'une école ou à la création d'un système, il occupe comme moraliste un rang à part. Il rachète le manque d'originalité par l'érudition jointe à un sentiment élevé des choses religieuses et morales. Il est peut-être le dernier des Grecs qui ait pris le polythéisme au sérieux, en mettant au service de la religion nationale les ressources d'un esprit large et pénétrant. Étranger au christianisme, dont la connaissance exacte n'est point arrivée jusqu'à lui, il gémit sur une situation qui enchaîne les uns à la superstition et qui pousse les autres vers l'incrédulité : il voudrait guérir à la fois cette double plaie de l'époque. A cet effet, il choisit une ligne intermédiaire à laquelle il s'efforce de ramener ses contemporains. Ses coups portent en même temps sur les ennemis des dieux et sur les partisans aveugles d'une mythologie absurde. Cette tendance commune à tous ses ouvrages se manifeste surtout dans son *Traité de la superstition*.

Dans ce discours, plein de vie et de chaleur, Plutarque se montre plus particulièrement frappé des résultats funestes de la superstition. Après avoir établi qu'elle naît, comme l'athéisme, de l'ignorance où les hommes sont tombés à l'égard des dieux, il décrit l'un et l'autre par les caractères qui leur sont propres. En les comparant entre eux, il trouve que la superstition est encore pire que l'athéisme, parce qu'elle rend l'homme plus malheureux dans la bonne comme dans la mauvaise fortune.

« L'athée, dit-il, méconnaît les dieux et nie leur existence. Le superstitieux croit qu'ils existent, mais il a d'eux la plus fausse idée. Ces êtres bienfaisants dont la providence veille sur nous avec tant de soin, si faciles à oublier les offenses, il se les représente comme des tyrans farouches et cruels qui ne se plaisent qu'à nous tourmenter. Il ajoute foi à des artistes méprisables qui lui disent que les dieux ressemblent aux hommes, qui leur donnent une forme humaine, qui parent et adorent les images qu'ils en font. Il n'écoute ni les philosophes ni les politiques qui lui prouvent qu'en Dieu la grandeur et la majesté sont jointes à la douceur et à la bienfaisance. Ainsi les athées ne croient pas à la divinité, et sont sans affection pour elle ; la foi des superstitieux est une crainte qui les trouble. En un mot, l'athéisme est une stupide insensibilité qui méconnaît le Bien suprême ; la superstition est un mélange de passions diverses qui font regarder comme méchant l'Être bon par essence. Elle craint les dieux et les implore ; elle les flatte et les calomnie ; elle les prie et les accuse... Si l'athée est d'un caractère modéré, il supporte en silence ce qui lui arrive de fâcheux et reçoit facilement les consolations qui se présentent. Est-il naturellement emporté, souffre-t-il son malheur avec impatience ? vous l'entendrez éclater en murmures contre la fortune, s'écrier que rien n'arrive selon l'ordre et la justice, que tout est entraîné par le hasard dans une confusion universelle. Il en est tout autrement du superstitieux. Lui arrive-t-il le plus léger accident, il reste immobile sans pourvoir à rien ; et par la douleur qu'il en ressent, il élève, pour ainsi dire, sur cet événement tout ordinaire, un édifice de peines et de tourments bien plus fâcheux que le mal même qui en est l'occasion. Il se forge des craintes imaginaires, des frayeurs, des troubles, des soupçons. Il n'accuse ni les hommes, ni la fortune, ni les conjonctures, ni lui-même ; il ne s'en prend qu'à Dieu... Il regarde les maladies, la perte des biens, la mort de ses enfants, les insuccès, les refus qu'il essuie dans l'administration publique comme autant de traits de la vengeance divine. Aussi n'ose-t-il ni corriger les événements, ni détourner son malheur ou y porter remède, de peur de se révolter contre la divinité et de s'opposer au châtiment qu'elle lui inflige. Est-il malade, il ferme la porte au médecin. Est-il dans le chagrin, il repousse le philosophe qui vient le consoler. « Laissez, dit-il, laissez souffrir un malheureux, un impie, objet fatal de la colère des dieux [1]. »

Je suis bien éloigné de vouloir reprocher à Plutarque l'énergie avec laquelle il s'élève contre la superstition, surtout quand on la prend telle qu'il l'envisage, confondue avec un fatalisme extravagant. Il est évident que le polythéisme avait complétement défiguré le caractère de la divinité; comme le disait Théophile d'Antioche, les dieux des païens étaient inférieurs aux hommes en qualités morales. Mais le philosophe de Chéronée me paraît excéder la mesure lorsqu'il préfère la condition de l'athée à celle du superstitieux; il tombe dans une exagération de rhétorique où la vérité lui fait défaut. Pour le combattre, je n'ai besoin que de l'opposer à lui-même. Voici comment il se réfute dans le traité qui a pour titre « qu'on ne peut pas vivre agréablement en suivant la doctrine d'Épicure » : Pour moi, je soutiens au contraire que l'athéisme n'est pas un moindre mal que la superstition… « Il vaut mieux que l'opinion qu'on se forme de la divinité soit mêlée d'un sentiment de respect et de frayeur que de ne se réserver, en voulant détruire ce sentiment, ni espérance, ni joie, ni confiance dans la prospérité, ni recours assuré dans les revers… A la vérité, le commun des hommes, plus ignorants que coupables, mêlent au culte respectueux qu'ils rendent à la divinité une crainte et une frayeur excessive que nous appelons superstition. Mais du moins l'emportent-ils infiniment sur les athées par une bonne espérance, par une joie pleine et abondante, par l'attente de toutes sortes de prospérités qu'ils demandent aux dieux [2]. » Ici Plutarque revient à

1. *De la superstition*, v, vi, vii, etc.
2. *On ne peut pas vivre agréablement en suivant la doctrine d'Épicure*, 20.

un jugement plus équitable sur les deux maux auxquels il voudrait remédier. La superstition n'est le plus souvent qu'un effet de l'ignorance, tandis que l'athéisme est un endurcissement du cœur et une révolte de la volonté qui secoue tout frein religieux : l'un est sans contredit plus criminel et plus dangereux que l'autre. Le moraliste en paraît si convaincu, qu'il réserve toute sa véhémence pour les contempteurs des dieux dans les traités qu'il dirige contre eux[1].

D'après ce que nous venons de voir, nous pouvons déjà décrire l'attitude que prend Plutarque en face du polythéisme. Il veut concilier la piété sincère envers les dieux avec les principes de la philosophie platonicienne. Mais là était précisément la difficulté. Quel moyen de demeurer fidèle au culte de la patrie sans glisser dans la superstition ; ou bien, de rejeter une partie du symbole traditionnel sans ouvrir la voie à l'incrédulité ? En d'autres termes, comment pouvait-on à la fois professer le monothéisme et rester un fervent polythéiste ? Voici le moyen terme qu'imagine Plutarque pour se sauver des deux extrêmes. A l'exemple de Platon, il distingue le Dieu suprême, éternel et infini, et les divinités inférieures qui participent à son immortalité. Au dessous de ces dernières, il place des génies, bons ou mauvais, qui servent d'intermédiaires entre les dieux et les hommes. Cela posé, il écarte de l'Être suprême tout ce qui, dans la mythologie grecque, ne saurait convenir à la divinité. Les dieux de la Grèce deviennent ainsi des divinités secondaires, toujours identiques avec elles-mêmes sous les divers noms qu'on leur prête. Quant aux aventures ridicules, immorales, que la fable mettait sur le compte des dieux, il en décharge ceux-ci pour les reporter sur les mauvais génies ou les démons. C'est

---

1. *Ibid.* — *Contre Colotas.* — *S'il est vrai que celui-là a bien vécu qui a été bien caché.* — *Des délais de la justice divine.* — *Pourquoi la Pythie ne rend plus ses oracles en vers.*

à ces derniers et non pas aux dieux qu'on doit attribuer les meurtres, les adultères, les passions mauvaises dont la mythologie est pleine. De plus, il ne faut pas hésiter à rejeter comme de pures fictions certains faits rapportés par les poëtes, ou du moins à les prendre pour des allégories et des mythes[1]. Le tour était habile. De cette manière, Plutarque sauvegardait le caractère de la divinité et prêtait à la mythologie un sens supportable. Voici un passage qui résume assez bien son système :

« Dieu n'est pas un être privé de vie ou de raison, et qui soit accessible à nos sens. Mais, comme les dieux sont les auteurs des fruits de la terre, qu'ils nous fournissent avec autant d'abondance que d'assiduité pour tous les besoins de la vie, nous reconnaissons à cela qu'ils sont dieux, et nous ne croyons pas qu'ils soient différents chez les diverses nations; qu'il y en ait de particuliers pour les barbares et pour les Grecs, pour les peuples du Nord et pour ceux du Midi. De même que le soleil, la lune, le ciel, la terre et la mer sont communs à tous les hommes, quoique chaque nation leur donne des noms différents, ainsi cette raison suprême qui a formé l'univers, cette Providence unique qui le gouverne, ces génies secondaires qui en partagent avec elle l'administration, reçoivent chez les divers peuples des dénominations et des honneurs différents que les lois ont réglés. Les prêtres consacrés à leur culte les représentent sous des symboles, plus obscurs ou plus intelligibles, mais qui tous conduisent à la connaissance des choses divines. Au reste cette route n'est pas sans danger : les uns, s'égarant du vrai chemin, sont tombés dans la superstition ; les autres, en voulant éviter les marais fangeux de la superstition, se sont jetés aveuglément dans le précipice de l'athéisme[2]. »

1. *Isis et Osiris.* — *Comment un jeune homme doit lire les poëtes.* — *De la signification du mot Ei gravé sur la porte du temple de Delphes.* — *Du destin.*
2. *Isis et Osiris*, 37.

Pour appliquer son mode d'explication à un cas particulier, Plutarque choisit la fable d'Isis et d'Osiris, dont il fait l'objet d'un traité fort remarquable. Ce conte égyptien est un de ceux qui égayaient le plus la verve des adversaires du polythéisme. Théophile d'Antioche ne manque pas de le ranger parmi les superstitions les plus ridicules : « Ce que je viens de rapporter, dit-il, n'est rien en comparaison de la fable d'Osiris. Là, on parle d'un dieu déchiré en plusieurs morceaux ; on célèbre ses mystères chaque année, sa mort, la recherche et la découverte de ses membres dispersés. Or l'on ne sait s'il a péri ni l'on ne montre ce qu'on a trouvé[1]. » En effet, d'après la narration des prêtres de l'Égypte, Typhon, jaloux d'Osiris, aurait coupé son corps en quatorze parties, qu'il dispersa de côté et d'autre. A cette nouvelle, sis, l'épouse et sœur d'Osiris, parcourut tous les lieux pour rechercher les membres de son mari qu'elle retrouva successivement. De son côté, Horus, fils d'Osiris, vengea son père et défit Typhon dans plusieurs combats. Tel est le fond de la fable. Plutarque n'hésite pas à l'abandonner dans le sens propre et littéral. « S'il y a des hommes, dit-il, qui pensent et qui s'expriment ainsi sur la divinité, dont le caractère distinctif est de rester heureuse et incorruptible, et qu'ils donnent pour véritables des faits de cette nature, je n'ai pas besoin, Cléa, de vous prévenir que, selon l'expression d'Eschyle, il ne faut les payer que d'un profond mépris. » Vous voyez que le prêtre grec n'admet pas à la lettre les traditions mythologiques : il a besoin de découvrir sous l'écorce de la fable un enseignement plus relevé.

Là-dessus il rapporte plusieurs explications qui se réduisent à trois principales. J'aime, Messieurs, à les rappeler pour vous montrer comment, dans les premières années du IIe siècle déjà, le polythéisme cherchait à échapper par l'al-

---

1. Théophile à *Autolye*, I, 9.

légorie aux attaques dont il était l'objet. Cette tendance est d'autant plus remarquable chez Plutarque, qu'il est sincèrement attaché au culte traditionnel. La première explication est purement historique. Elle attribue les événements extraordinaires que contient la fable d'Osiris et d'Isis à des rois, à des personnages célèbres que leur puissance et leurs vertus avaient distingués pendant leur vie, et qui, après avoir éprouvé des revers et des accidents funestes, avaient mérité par leur courage et leur constance d'être élevés au rang des dieux. Cette interprétation est conforme au système d'Évhémère, qui ne voyait dans les dieux du paganisme que des hommes déifiés après leur mort. Comme nous l'avons vu, il n'y a qu'un instant, Théophile d'Antioche l'adopte en partie. Plutarque la rejette avec force ; il craint qu'elle n'ouvre la porte à l'incrédulité, en achevant d'éteindre dans l'esprit des peuples le respect pour les dieux. La deuxième explication est empruntée à l'ordre physique : elle ne voit dans les divers personnages de la fable d'Osiris et d'Isis que des éléments matériels, la représentation des phénomènes de la nature ; et dans les institutions qui en ont été la suite, des traits commémoratifs d'événements anciens, dont le souvenir s'était perpétué d'âge en âge. D'après cette interprétation naturaliste, qui répond au système des stoïciens, Osiris et Isis désignent le Nil et l'Égypte, ou bien le soleil et la lune ; Typhon, le vent du midi dont le souffle brûlant cause la stérilité des plaines de l'Égypte et arrête l'action bienfaisante des astres. Tout en préférant l'explication physique à l'explication historique, Plutarque la combat néanmoins, parce qu'elle transporte les noms des dieux à des êtres insensibles et privés d'intelligence. Reste une troisième explication, plus proprement philosophique : elle reconnaît dans les rivalités et les haines des principaux acteurs de la fable d'Osiris et d'Isis, comme dans les catastrophes qu'elles amènent, les causes premières de l'organisation du monde : ces puissances ennemies, l'une, principe du bien ; l'autre, principe du mal, dont l'opposition produit tous les biens et tous les maux qui partagent l'univers physique et le monde moral. Plutarque se déclare pour cette interprétation, qui se rattache au dualisme persan.

Voilà de quelle manière le philosophe de Chéronée applique à la fable d'Osiris et d'Isis les principes qu'il fait valoir pour la restauration du polythéisme. Nous serons moins exclusifs que lui : les trois explications qu'il développe ont chacune leur valeur et se complètent l'une par l'autre. Seulement, il faut savoir distinguer les époques dans l'histoire du paganisme ; cette vaste erreur s'est produite sous plusieurs formes successives ou simultanées : le culte des génies ou des démons, le naturalisme panthéistique, l'anthropolâtrie et le fétichisme s'y rencontrent également comme autant de déviations du monothéisme primitif[1]. Plutarque a tort de rejeter entièrement le système d'Évhémère : le culte rendu à certains hommes, ou l'apothéose, occupe une grande place dans les religions polythéistes, et il faut tenir compte de cet élément lorsqu'on veut remonter à leur origine et saisir leur véritable sens. Quoi qu'il en soit, vous voyez comment la nécessité de défendre le polythéisme contre des attaques multipliées obligeait Plutarque à se réfugier dans des interprétations ingénieuses sans doute, mais qui, contre son attente, contribuaient à détruire la religion nationale, telle qu'elle était comprise par la généralité des esprits.

En effet, le voile que le prêtre d'Apollon s'efforçait de jeter sur les superstitions populaires n'en dissimulait pas le défaut. D'abord, cette tentative de prêter un sens raisonnable aux fables grecques prouvait à elle seule combien ces dernières étaient insoutenables par elles-mêmes. Rien n'était plus propre à ébranler la foi antique que ces explications subtiles et

---

1. Voyez *les Apologistes chrétiens au* II*e siècle*, S. Justin, leçons VI, VII, VIII.

pénibles auxquelles on avait recours, comme à l'unique moyen d'échapper au ridicule ou à l'absurde. Cet inconvénient était d'autant moins facile à éviter, que sur bien des points, ce système d'accommodation devenait inadmissible. Aussi Plutarque déclare-t-il ouvertement qu'Homère et les poëtes ont mêlé à la vérité des fictions regrettables : pour sauver la dignité de la religion, il se croit obligé de prémunir, dans un traité spécial, contre les dangers que peut offrir la lecture des poëtes [1]. Il y a plus : en mettant sur le compte des mauvais génies ou des démons tout ce que la mythologie grecque renfermait d'indécent pour la divinité, il prêtait le flanc à une critique radicale. Comme cette mythologie n'était, d'un bout à l'autre, qu'un tissu de faits et d'aventures indignes du caractère divin, elle devenait, de l'aveu même de ses défenseurs, l'œuvre des démons. Or, les chrétiens ne disaient pas autre chose. Sans le vouloir, Plutarque leur préparait des armes contre le polythéisme : le même principe qu'il faisait valoir pour le défendre devait leur servir à l'attaquer. Eux aussi se refusaient à rapporter à la divinité ce qui était injurieux pour elle : partant de là, ils ne pouvaient voir dans l'idolâtrie que le triomphe du mal ou le règne de satan. C'est ainsi que le philosophe de Chéronée se rencontrait avec les apologistes chrétiens, sinon dans les conséquences qu'ils tiraient, du moins dans le principe qui dominait leur appréciation du polythéisme : en expliquant par l'intervention des mauvais génies ou des démons ce qu'il y avait d'immoral et d'extravagant dans les traditions mythologiques, il travaillait à la ruine du culte qu'il voulait sauver [2].

Lorsqu'on veut prendre à son origine ce travail de restauration des religions polythéistes qui arrive à son terme dans le néoplatonisme du IIIe siècle, Plutarque est le principal écri-

---

1. *Comment un jeune homme doit lire les poëtes.*
2. *Ibid. — Du silence des oracles*, x v, xv.

vain qui mérite l'attention. Son vaste savoir, qui embrassait toutes les connaissances de l'époque, son attachement sincère aux anciens cultes, le sentiment religieux et moral que respirent ses écrits, le placent au premier rang de ceux qui s'efforçaient d'arrêter la décadence du polythéisme, en combattant à la fois l'incrédulité et la superstition ; du reste, il marche à leur tête dans l'ordre des temps, puisque sa longue carrière, commencée vers l'année 50 après J.-C., s'achève sous Adrien. Après lui, Maxime de Tyr, qui vécut sous les Antonins, reprit l'œuvre de conciliation entre la philosophie platonicienne et les traditions mythologiques. Ses quarante et une dissertations, un des meilleurs ouvrages du IIe siècle, nous montrent également à quel degré la fausseté manifeste des fables grecques tourmentait certains esprits, qui auraient voulu pouvoir leur prêter une meilleure signification sans les rejeter entièrement. Sous l'empire de cette préoccupation, Maxime de Tyr se demande quels sont ceux qui ont eu les idées les plus saines touchant les dieux, des poëtes ou des philosophes. Voici sa réponse : elle se résume à dire que les uns et les autres ont enseigné les mêmes vérités sous des formes différentes.

« Qu'est-ce, en effet, que la poésie, sinon la philosophie antique sous le rapport de l'origine, harmonique quant à la mesure, allégorique pour le fond des choses ? Qu'est-ce aussi que la philosophie, sinon la poésie plus récente sous le rapport de l'origine, plus régulière quant à la mesure, et plus à découvert pour le fond des choses ? La poésie et la philosophie n'étant donc différentes que relativement à leur origine et à leur forme respective, quelle autre différence y chercherait-on, puisque les uns et les autres parlent des dieux, les poëtes et les philosophes ?... Dans les temps antiques, l'âme encore en possession de sa simplicité native et de ce qu'on appelle son goût inné pour les bonnes mœurs, avait besoin d'une philosophie en quelque façon musicale, pleine de douceur, qui la gouvernât et la dirigeât à la faveur des fictions, de la même manière que les nourrices forment l'esprit de leurs nourrissons avec les fables qu'elles leur content. Mais du moment que l'âme a fait des progrès, qu'elle a acquis de la vigueur, que l'incrédulité et les vices se sont emparés d'elle, qu'elle a cherché à pénétrer les fictions, qu'elle n'a plus voulu se payer d'énigmes, elle a montré la philosophie à découvert, elle l'a dépouillée de ses brillantes enveloppes, elle a mis de la nudité dans son langage. Ce dernier ne diffère de celui d'autrefois que par les formes harmoniques ; mais les opinions touchant les dieux, dont l'origine remonte à l'antiquité la plus reculée, sont communes à l'une et à l'autre philosophie... Qu'on ne demande donc pas quels sont ceux qui ont le mieux pensé touchant les dieux, des poëtes ou des philosophes. Transposez les noms et vous verrez que les uns et les autres vous disent la même chose ; vous trouverez que leur doctrine est semblable. Entendez par Jupiter cette intelligence, la plus ancienne de toutes, souveraine et maîtresse des autres ; par Minerve, entendez la prudence ; par Apollon, le soleil ; par Neptune, les vents qui se promènent sur terre et sur mer, et qui les maintiennent l'une et l'autre dans une mutuelle harmonie, dans un équilibre réciproque [1]. »

Maxime de Tyr pose dans cette dissertation le principe fondamental développé par les néoplatoniciens du IIIe siècle. A l'exemple de Plutarque, il prétend retrouver l'enseignement philosophique sous l'enveloppe de la mythologie ; mais, moins respectueux que le prêtre d'Apollon, il ne craint pas de recourir à l'explication naturaliste pour défendre les fables grecques contre l'incrédulité de son temps. Le trait final du morceau dont je viens de vous donner lecture est d'une hardiesse que Platon eût blâmée. Évidemment, tout l'édifice du paganisme

1. *Dissertation* x.

s'écroulait sous la main de ceux qui cherchaient à le soutenir par de tels moyens. Du moment que les dieux de la Grèce se réduisaient aux éléments de la nature, les Épicuriens avaient beau jeu contre eux : les apologistes du symbole traditionnel justifiaient pleinement les railleries de ceux qui l'attaquaient. Aussi, je me hâte de le dire, le philosophe platonicien, adversaire déclaré des incrédules de l'époque, est mieux avisé dans d'autres endroits de ses écrits. Là, il revient à la distinction de Plutarque entre le Dieu suprême, immortel et impassible, et les divinités du second ordre inférieures à Dieu, mais supérieures à l'homme. C'est à ces dernières seulement qu'il faut rapporter ce que la mythologie raconte touchant la généalogie des dieux et leurs diverses aventures. Au fond, sans doute, cette distinction ne sauvait rien : ces dieux subalternes ne méritaient pas l'honneur de l'adoration que les païens leur rendaient ; et le caractère d'immoralité ou d'extravagance que la fable leur prêtait les rabaissait au rang des mauvais génies ou des démons. Toutefois, elle offrait cet avantage, qu'elle sauvegardait la dignité du Dieu suprême, en la tenant élevée au dessus des fictions ridicules ou scandaleuses d'un anthropomorphisme grossier. Voilà pourquoi Maxime de Tyr insiste avec force sur la subordination des divinités du second ordre au Dieu suprême, afin de pouvoir concilier les traditions mythologiques avec le point capital de la philosophie de Platon [1].

Je ne sais, Messieurs, si l'attitude de Maxime de Tyr devant le polythéisme ne vous a point paru offrir quelque analogie avec la position prise par une école moderne en face de la religion chrétienne. Il suffirait de changer quelques termes dans le passage que je viens de lire pour y retrouver un procédé familier à l'éclectisme contemporain, qui, lui-même, l'a empruntée à la philosophie allemande. Le platonicien du IIe

---

1. *Dissertation* xiv, xv, xvii

siècle part de ce principe, que l'enseignement des philosophes
est identique au fond avec celui des poëtes ; la différence
n'est que dans la forme. Ce que la religion, dit-il, tient caché
sous le voile du mythe ou de l'allégorie, la phisosophie le
montre à découvert et dégagé de toute enveloppe poétique.
Les fictions étaient bonnes pour un temps où les peuples, encore peu avancés dans la culture intellectuelle, avaient besoin
qu'on les berçât au son de cette musique religieuse, comme
les enfants auxquels leurs nourrices débitent des contes pour
leur former l'esprit : vient l'époque de l'émancipation, où la
raison brise l'écorce de la fable pour savourer le fruit de la
vérité. Vous n'avez pas eu de peine à reconnaître dans ce langage une phraséologie, déjà un peu vieille, mais fort à la
mode il y a quelque vingt ans : on y retrouve, en propres
termes, jusqu'à la distinction prétendue entre les deux
grandes périodes de l'humanité, l'âge de la spontanéité où la
religion domine, et l'âge de la réflexion où la philosophie
tient le sceptre. Sur aucun de ces points, Maxime de Tyr n'a
laissé aux écrivains dont je parle le mérite de l'originalité.
S'appropriant les principes du néoplatonisme en face des défenseurs de la religion chrétienne, ils disaient : Au fond, nous
n'enseignons pas autre chose que vous ; notre but est le
même ; seulement, nous y arrivons par une voie différente.
Tandis que la religion renferme la vérité sous des symboles
nécessaires pour les intelligences communes, nous la montrons
à découvert, nous déchirons l'enveloppe qui la recouvre.
Ainsi, pour nous également, la Trinité est un dogme ; mais
nous substituons à la formule traditionnelle des termes plus
philosophiques : l'infini, le fini et le rapport entre l'infini et
le fini ; cela posé, nous sommes d'accord. Nous croyons de
même, d'une foi profonde, au dogme de l'Incarnation ; nous
ne faisons que changer la formule : par le Verbe, fils de Dieu,
nous entendons la raison divine incarnée dans chaque homme
et médiatrice entre Dieu et le monde ; pure question de mots.

Il en est de même du reste : nous ne nions pas, nous expliquons ; nous sommes des auxiliaires de la religion chrétienne, que nous défendons par d'autres armes. De cette manière, on tirait une profonde révérence au christianisme tout en le démolissant pièce à pièce. On n'oubliait qu'une chose dans cette comédie renouvelée des Grecs, c'est qu'on ne se trouvait pas en présence de symboles et de mythes, comme Plutarque et Maxime de Tyr, mais de faits historiques et de dogmes rigoureusement définis, qui ne laissent pas de moyen terme entre l'affirmation et la négation. Il n'y a ni voile ni emblêmes dans la profession de foi chrétienne : tout y est clair, net, précis. Cherchez des symboles tant qu'il vous plaira, dans les cierges qui brûlent sur l'autel ou dans les vêtements que le prêtre porte à la messe : à la bonne heure ; mais vous n'en trouverez pas dans le *Credo*, depuis le premier article jusqu'au dernier : vous n'y trouverez que des faits historiques garantis par un témoignage certain et de dogmes exprimés dans des propositions qui n'ont rien de symbolique. On s'abuse étrangement en s'imaginant que la religion chrétienne s'exprime par symboles, tandis que la philosophie parlerait à découvert : la vérité est que jamais philosophe n'a tenu un langage moins figuré ni moins allégorique que le concile de Nicée dressant la profession de foi chrétienne. Rien ne ressemble moins à de la poésie que cette série de vérités positives articulées nettement sans circonlocutions ni ambages ; et s'il fallait chercher quelque part des rêveries poétiques, on les trouverait plutôt chez ces écrivains qui, prenant la fantaisie pour règle, construisent des poëmes humanitaires dont l'imagination fait tous les frais.

Voilà pourquoi l'éclectisme contemporain a complétement échoué en essayant de retourner contre le christianisme la tactique des néoplatoniciens du IIe siècle. Revenons à ces derniers. Nous avons vu comment Maxime de Tyr, marchant sur les traces de Plutarque, expliquait le polythéisme en affirmant l'identité essentielle de la philosophie grecque avec les traditions mythologiques. Vers le même temps, Apulée de Madaure travaillait également à relever les religions anciennes par une interprétation plus plausible. C'est dans son traité « du Dieu de Socrate » qu'on trouve l'expression la plus complète de ses idées sur le rapport de la philosophie platonicienne avec les cultes populaires. Comme Plutarque et Maxime de Tyr, le rhéteur africain gémit sur les deux grandes maladies morales de son époque : à son tour, il voudrait trouver un juste milieu entre la superstition et l'incrédulité. « La multitude des ignorants, dit-il, manque de religion ou du moins n'a qu'une fausse piété : privée d'une raison droite, elle est incapable d'atteindre à la vérité: elle néglige les dieux par un mépris insolent, ou bien elle les honore d'un culte superstitieux. La plupart vénèrent les dieux, mais d'une manière inconvenante ; tous les craignent, mais sans raison sérieuse ; un petit nombre les rejettent par impiété [1]. » Tel est le tableau qu'Apulée nous trace des dispositions religieuses de son temps. Pour remédier à cet état de choses, il expose son système théologique d'après les principes de Platon, dont il se glorifie d'être le disciple. Il distingue les dieux visibles, le soleil, la lune, les astres, et les dieux invisibles, parmi lesquels les douze grandes divinités de l'Olympe. Ces dieux suprêmes sont des esprits bienheureux, éternels, impassibles, sans contact immédiat avec les hommes. Aucune des aventures que raconte la mythologie grecque ne peut se rapporter à eux: ils vivent dans une sphère élevée au dessus du cours des choses humaines. Comment donc expliquer les faits divins dont la tradition est pleine? Ici, Apulée a recours au même moyen que Maxime de Tyr pour sauver le symbole traditionnel du reproche d'extravagance et d'immoralité. Il suppose une série de dieux inférieurs qu'il appelle

---

1. *De deo Socratis*, p. 668, édit. ad usum Delphini, Paris 1688.

démons: ceux-ci, immortels comme les dieux suprêmes, mais passibles comme les hommes, servent d'intermédiaires entre le ciel et la terre. Chaque fois que les poëtes parlent d'une intervention divine, elle doit s'entendre non pas des dieux suprêmes, mais des dieux du second ordre ou des démons. C'est à ces derniers seulement qu'il faut attribuer ces sentiments de haine, de vengeance, de jalousie, ces passions violentes et coupables qui ne sauraient affecter la divinité proprement dite[1]. Nous avions déjà trouvé cette distinction dans Plutarque et dans Maxime de Tyr; mais nul mieux qu'Apulée ne l'a fait valoir pour décharger le polythéisme des faits ridicules ou odieux que les poëtes avaient mis sur son compte. Voici comment il caractérise ces esprits secondaires, qui devenaient ainsi le pivot de toute la mythologie païenne:

« Les démons sont immortels comme les dieux et passibles comme les hommes. De là vient qu'ils peuvent éprouver tous les sentiments qui calment ou qui irritent l'âme, la colère, la pitié, absolument de la même manière que nous; on les gagne par des présents, on les fléchit par des prières; tandis que les honneurs les adoucissent, l'outrage les exaspère. En résumé, les démons sont des êtres animés, raisonnables et passibles, dont le corps est aérien et la vie éternelle. De ces cinq attributs, les trois premiers leur sont communs avec les hommes, le quatrième leur est propre; ils partagent le dernier avec les dieux immortels, dont ils ne diffèrent que par la passion. Je les appelle passibles, non sans raison, puisque leur âme est soumise aux mêmes agitations que la nôtre.

---

1. *De deo Socratis*, p. 682, 683 :

« C'est dans cette espèce de démons que les poëtes, sans s'écarter beaucoup de la vérité, prennent ordinairement les dieux qu'ils supposent amis ou ennemis de certains hommes, appliqués à élever et à soutenir les uns, à persécuter et à affliger les autres, de manière à éprouver toutes les passions humaines, la compassion, la haine, la joie, la douleur : comme nous, ces démons sont agités par les mouvements du cœur et par les pensées tumultueuses de l'esprit.

C'est pourquoi nous devons ajouter foi aux diverses cérémonies des religions et aux différentes supplications usitées dans les sacrifices. Quelques-uns de ces démons aiment les cérémonies qu'on pratique la nuit; d'autres, celles qu'on célèbre le jour; ceux-ci veulent un culte public, ceux-là, un culte particulier; les uns demandent que la joie, les autres que la tristesse préside à leurs solennités. Ainsi, les dieux de l'Égypte sont presque toujours honorés par des gémissements; ceux de la Grèce, par des danses; ceux des barbares, par le bruit des cymbales, des tambours et des flûtes. On observe la même différence, selon la coutume de chaque pays, dans la marche des processions, dans le silence des mystères, dans les fonctions des prêtres, dans les rites des sacrificateurs, et même dans les images des dieux, dans les dépouilles qui leur sont offertes, dans la consécration des temples et dans le lieu où ils sont bâtis, dans la couleur et le sacrifice des victimes. Tous ces usages sont établis solennellement, selon les divers pays, et souvent nous reconnaissons dans les songes, dans les présages et les oracles, que les dieux sont indignés si, par nonchalance ou par orgueil, on néglige quelque détail de leur culte[1].»

A l'exemple de Plutarque, Apulée s'efforce de ramener à l'unité d'un même principe la pluralité des cultes païens. Il veut concilier le monothéisme avec les pratiques des religions polythéistes, en montrant dans les dieux inférieurs, appelés démons, l'objet direct de la vénération des peuples. Par là, il croit expliquer la mythologie poétique et placer en même temps hors de toute atteinte le caractère de la divinité suprême. J'ai dû, Messieurs, vous faire assister à l'origine de ce travail de restauration païenne, qui va se prolonger, en se complétant, à travers, le néoplatonisme du IIIe siècle; car on ne peut connaître à fond le milieu où se produisait l'élo-

---

[1] *De deo Socratis*, p. 684, 685, 686.

quence chrétienne sans tenir compte des efforts qu'on faisait autour d'elle pour soutenir les doctrines qu'elle attaquait. Plutarque, Maxime de Tyr et Apulée sont les véritables précurseurs de Plotin et de Porphyre, dans cet essai de conciliation entre la philosophie platonicienne et les traditions mythologistes : contemporains des premiers apologistes, ils appartiennent tous trois à l'époque que nous étudions. Je ne dis pas qu'ils fussent inspirés par une pensée hostile au christianisme, qu'ils ne connaissaient guère et dont ils ne parlent pas dans leur écrits; leur but était de combattre, au sein même du paganisme, l'incrédulité et la superstition. Or, comme nous l'avons vu, leur théologie de juste milieu n'arrêtait ni l'une ni l'autre, ou plutôt, les favorisait toutes deux. Ils s'imaginaient avoir relevé la religion nationale du discrédit où elle était tombée, en écartant de la divinité suprême tous les faits mythologiques pour les rapporter à des dieux inférieurs appelés démons: cette explication qui fait le fond de leur système, ne sauvait rien et compromettait tout. Elle justifiait précisément l'argumentation des apologistes chrétiens, qui reprochaient aux païens d'adorer, à la place du Dieu unique, de mauvais génies auxquels on attribuait toutes les passions humaines. Loin de ramener les esprits cultivés au respect de pareilles divinités, les platoniciens du IIe siècle donnaient gain de cause à l'indifférence religieuse des stoïciens, aux attaques violentes des cyniques et des épicuriens. Seul, le christianisme pouvait guérir les deux grandes maladies morales du temps par une foi assez robuste pour défier l'incrédulité, assez sûre et assez réglée pour bannir la superstition. Aussi, tandis que la voix des restaurateurs du polythéisme allait se perdre dans le vide, impuissante et stérile, la parole évangélique se répandait sur le monde romain, où elle manifestait, à travers les luttes et les persécutions, sa force et sa fécondité.

TREIZIÈME LEÇON

L'Hexaméron, ou Commentaire sur l'œuvre des six jours dans l'apologie de Théophile d'Antioche. — Premier modèle de ce genre d'écrits dans l'histoire de l'éloquence chrétienne. — Le dogme chrétien de la création opposé au panthéisme oriental et au dualisme grec. — Explication de l'œuvre des six jours par l'évêque syrien. — État d'imperfection relative des sciences naturelles au IIe siècle. — L'apologiste s'attache de préférence aux rapports entre l'ordre physique et l'ordre moral — Abus de l'allégorie ou du sens figuré — Comparaison avec le traité de Philon *sur la Création du monde*. — Philon explique la Genèse à l'aide du Timée de Platon et de la théorie pythagoricienne des nombres. — Son mysticisme arithmétique. — Influence de son œuvre sur les écrits parallèles des premiers Pères. — Doctrine de Théophile d'Antioche sur la Trinité. — La distinction numérique des trois personnes divines clairement exprimée. — Éclatant témoignage rendu à l'authenticité de l'Évangile de saint Jean. — Quelques expressions peu précises pour désigner l'Esprit-Saint. — Défense de l'orthodoxie de Théophile d'Antioche.

MESSIEURS,

Pour délivrer Autolycus du joug des superstitions païennes, Théophile d'Antioche s'était efforcé de faire ressortir tout ce qu'elles renfermaient d'immoral et d'absurde. A cet effet, nous avons dû observer comment certains philosophes de l'époque cherchaient à échapper aux reproches qu'on articulait de toutes parts contre le polythéisme national. Afin de le sauver d'une décadence complète, ils s'ingéniaient à lui prêter un sens moins grossier que l'interprétation vulgaire. Plutarque, Maxime de Tyr et Apulée sont les principaux représentants de ce mouvement de restauration païenne qui vient aboutir au néoplatonisme du IIIe siècle. Suivant une voie mitoyenne entre ce qu'ils appellent la superstition et l'incrédulité, ils essaient de concilier la philosophie platonicienne avec les traditions mythologiques. Nous avons étudié leurs procédés. D'abord, ils ne se font pas scrupule de renvoyer à l'imagination des poëtes la responsabilité de quelques fictions inadmissibles; puis ils déchargent les dieux suprêmes des aventures scandaleuses ou risquées qu'on mettait sur leur compte, pour les reporter sur les dieux inférieurs ou les démons; enfin, ils expliquent par l'allégorie ce qu'une raison cultivée ne saurait prendre à la lettre. Ce sont déjà les mêmes moyens de défense que le paganisme fera valoir plus tard, depuis Plotin jusqu'à Julien l'Apostat. Je ne veux pas nier qu'ils aient pu faire illusion à bon nombre d'esprits et retarder ainsi la chute des religions anciennes. Mais, comme nous l'avons vu, ces explications, subtiles et forcées, ne pouvaient avoir de succès durable: elles mettaient à découvert la faiblesse du système et prêtaient le flanc à l'attaque des apologistes chrétiens.

Après avoir critiqué l'enseignement des poëtes et des philosophes grecs, l'évêque d'Antioche met en regard l'histoire de la révélation divine, d'après l'Écriture Sainte. Il oppose à des écrivains qui n'avaient d'autre guide que leur faible raison, Moïse et les prophètes, sur l'inspiration desquels il appuie avec force: il les montre pénétrés du souffle de l'Esprit Saint en les appelant les instruments ou les organes de Dieu[1]. Partant de là il décrit et commence l'œuvre des six jours de la création, telle qu'elle est retracée dans la Genèse. C'est le premier commentaire de ce genre que l'on rencontre dans l'histoire de l'éloquence chrétienne, où, depuis lors les *Hexamérons* sont devenus si fréquents jusqu'à saint Basile et saint Ambroise. Voilà pourquoi il mérite toute notre attention. J'ai dessein d'en rapprocher le traité de Philon sur la création du monde, qui figure à la tête de ces divers ouvrages dans l'ordre

---

1. IIe livre à *Autolycus*, IX.

des temps, et qui n'a pas été sans influence sur leur composition.

S'il est un dogme que Théophile d'Antioche enseigne avec précision et clarté, c'est celui de la création proprement dite ou *ex nihilo*. En relisant ces textes, si nets et si positifs, on ne peut qu'être surpris d'entendre dire à un écrivain français « que la doctrine des premiers Pères est obscure et indécise sur ce point[1]. » L'évêque syrien du IIe siècle répète jusqu'à satiété que Dieu a créé toutes choses de rien, sans matière préexistante. Il s'élève avec énergie contre le dualisme de Platon, qui admet deux principes coéternels, l'un actif, l'autre passif: Dieu et la matière. « Rien, dit-il, n'est coéternel à Dieu: si la matière est éternelle, incréée, il s'ensuit qu'elle est immuable, indépendante et parfaitement égale à Dieu [2]. » Par là, Théophile frappe du même coup la doctrine de l'émanation et celle de l'éternité de la matière, le panthéisme oriental et le dualisme grec.

C'est avec raison que l'éloquence chrétienne insistait dans les premiers siècles sur le dogme de la création. Par aucun autre endroit, le christianisme ne se séparait plus profondément des systèmes qui avaient régné dans le vieux monde. Encore aujourd'hui, c'est le point cardinal de la controverse avec le panthéisme. De là les attaques qu'on a dirigées de tout temps contre cet article du symbole catholique: attaques mille fois repoussées, mais qu'on ne cesse de reproduire sous toutes les formes. Assurément, rien n'est plus facile que d'abuser de la faiblesse de notre raison pour obscurcir des vérités qu'elle conçoit sans les comprendre. Aussi ne prétendons-nous pas expliquer le comment de la création: nous avouons humblement qu'il y a dans le passage du non-être à l'être, dans la production des choses sans matière préexistante un mystère

---

1. M. Vacherot, *Hist. de l'école d'Alexandrie*, I, 132.
2. IIe livre à *Autolycus*, IV, X, XIII.

impénétrable pour l'intelligence humaine. Mais là où la doctrine catholique propose un mystère, le panthéisme est réduit à placer, ce qui est pire sans doute, une contradiction et une absurdité palpable. Quels que soient les palliatifs sous lesquels il cherche à voiler le vice de ses théories, il est toujours logiquement conduit à des conclusions qui heurtent de front les principes les plus élémentaires de la raison. Du moment qu'il ramène l'infini et le fini à l'unité d'une seule et même existence, il est obligé, quoi qu'il fasse, d'affirmer une série de contradictions manifestes: des modes finis dans une substance infinie, un être en puissance qui passe en acte, un être indéterminé qui se détermine, un être absolu qui se développe, un être parfait qui se perfectionne, un être accompli qui reçoit par l'univers un accroissement de réalité, un Dieu qui ne prend conscience de lui-même que dans l'homme: toutes choses qui révoltent le bon sens autant qu'un cercle carré ou un triangle à cinq côtés. Il est vrai que le panthéisme s'est créé une logique à part, qui n'est pas celle de tout le monde; mais aussi longtemps que deux fois deux feront quatre et non pas cinq, il faudra bien qu'il se résigne à être mis, de son propre fait, au ban de la science non moins que du sens commun.

Ces observations, qui ont été présentées plus d'une fois, viennent d'être répétées avec un véritable talent dans un ouvrage publié récemment sous le titre d'*Essai de philosophie religieuse*. Pourquoi faut-il que l'auteur se soit cru obligé de faire au panthéisme une concession malhabile, en affirmant que l'univers n'a pas eu de commencement comme il n'aura pas de fin, qu'il n'a pas plus de bornes dans l'étendue qu'il n'a de limites dans la durée? L'écrivain dont je parle affirme qu'il n'y aurait pas la proportion entre Dieu et l'univers qui est son image, l'expression de son être, si la création avait des limites dans le temps et dans l'espace. Mais, est-il bien nécessaire, je dis plus, est-il possible qu'il y ait une véritable proportion entre l'infini et le fini ? N'est-ce pas introduire la confusion dans les idées que de se servir de pareils mots ? Pour que la création puisse être une œuvre digne du Créateur, faut-il qu'elle offre une image adéquate de la divinité ? Non-seulement cela n'est pas indispensable ; mais je le répète, cela est impossible. Il n'y a d'image adéquate de Dieu que son Fils ou le Verbe : Voilà pourquoi la doctrine catholique affirme l'unité de nature dans le Père et dans le Fils. Quant au monde, il ne saurait être l'image adéquate ou parfaite de la divinité, à moins d'avoir la même nature qu'elle: ce qui mène droit au panthéisme. L'auteur de l'*Essai* l'a si bien senti, qu'il n'hésite pas à déclarer que le Créateur seul est éternel, immense et absolument infini. Mais alors, de quelle éternité, de quelle immensité, de quelle infinité veut-on parler, lorsqu'on prétend que la création n'a de limites ni dans le temps ni dans l'espace ? Est-ce d'un infinité proprement dite ? Non, sans doute, puisqu'on veut combattre le panthéisme. Dès lors, que reste-t-il ? Il reste un monde fini, c'est-à-dire borné dans sa durée et dans son étendue. On ne conçoit pas, dit-on, que le temps ait commencé, parce qu'il se saurait y avoir un siècle sans passé, un siècle absolument premier[1]. Ce raisonnement est un pur sophisme. Le premier siècle est ainsi appelé parce qu'il est suivi et non point parce qu'il est précédé d'un autre: c'est l'avenir et non le passé qui détermine cette appellation. S'il n'avait pas été suivi d'un second, il ne serait pas le premier, il serait unique: voilà pourquoi la Genèse appelle le premier jour de la création *dies unus* et non pas *dies primus*, parce que les autres jours n'avaient pas encore suivi. L'auteur n'a pas vu où le conduisait son système: si un premier moment sans passé est inintelligible, il s'en suit que notre âme n'a pas eu de commencement, qu'elle a toujours existé: conséquence qu'on désa-

---

1. *Essai de philosophie religieuse,* par M. Émile Saisset, p. 420, Paris, 1859.

vouerait, à coup sûr, mais qui découle logiquement des prémices. On me dira : où est la limite de l'espace ? où est la borne du temps ? Je réponds : l'espace est à lui-même sa limite, par le fait même qu'il n'est pas l'immensité ; le temps est à lui-même sa borne, par la raison seule qu'il n'est pas l'éternité. Il ne faut pas confondre l'indéfini mathématique avec l'infini métaphysique : confusion que Leibnitz n'a pas peu contribué à introduire en transportant le langage des sciences exactes dans la philosophie. L'univers n'a pas de limites assignables pour l'intelligence humaine : d'accord. Le premier moment du temps ne saurait être saisi par la pensée : à la bonne heure. Il n'en est pas moins vrai qu'il est de l'essence du temps d'avoir un commencement, comme il est de l'essence de l'espace d'avoir une limite. Conséquemment, il est faux de dire que la création n'a pas eu de commencement et qu'elle est sans bornes : c'est rouvrir au panthéisme l'issue qu'on prétendait lui fermer.

Certes, on n'a pas besoin de prêter à la création une perfection imaginaire pour en faire une œuvre digne de Dieu. C'est avec raison que Théophile d'Antioche est saisi d'admiration devant l'œuvre des six jours, qu'il entreprend de décrire. « Dix mille bouches, s'écrie-t-il dans le langage hyperbolique de l'Orient ; dix mille langues ne suffiraient pas pour célébrer dignement la grandeur et la beauté de l'ouvrage par lequel Dieu a manifesté sa puissance ; et s'il était donné à un homme de vivre dix mille ans sur la terre, il n'en épuiserait pas toutes les merveilles [1]. » Lui aussi dirait volontiers avec Pascal « que l'imagination se lasserait plutôt de concevoir que la nature de fournir. » Vous ne vous attendez pas, Messieurs, à trouver dans l'évêque syrien du IIe siècle une explication scientifique de l'œuvre des six jours, comme dans le *Discours sur les révolutions du globe* de Cuvier, ou

---

1. IIe livre à *Autolycus*, XII.

dans la *Philosophie anatomique* de Geoffroy Saint-Hilaire, ou bien dans le *Cosmos* de Humboldt. Son commentaire se ressent de l'état d'enfance dans lequel se trouvaient les sciences naturelles à l'époque où il écrivait. Ainsi, il ne conçoit pas que la terre soit un sphéroïde. Comme Ptolémée, son contemporain, et avec toute l'antiquité, excepté Aristote, il prend la terre pour le centre de l'univers. Le ciel visible est, à ses yeux, un immense couvercle posé sur la terre ; il voit même un effet merveilleux de la puissance divine en ce qu'elle aurait créé le ciel avant la terre, c'est-à-dire la voûte ou le faîte de l'édifice avant le fondement, contrairement à l'ordre que les hommes sont obligés de suivre. Il n'attribue qu'aux planètes un mouvement de révolution, et croit que le reste des astres ne change pas de place. Bref, là n'est pas le mérite de Théophile d'Antioche, ni le but qu'il se propose en expliquant l'œuvre des six jours. C'est au rapport entre l'ordre physique et l'ordre religieux qu'il s'attache de préférence : il cherche dans l'un l'image de l'autre, et tire de ce rapprochement des leçons morales. Cette tendance, plus pratique que spéculative, apparaît également dans les Hexamérons postérieurs de saint Basile, de saint Ambroise, de saint Grégoire de Nysse, ainsi que dans les commentaires d'Origène et de saint Jean Chrysostôme sur les premiers chapitres de la Genèse. En cherchant ainsi dans la nature une expression sensible de l'histoire ou de la religion, Théophile trouve quelquefois d'heureuses inspirations, témoin cette belle comparaison qu'il emprunte à la mer :

« De même que la mer serait épuisée il y a longtemps, si sans cesse les fontaines et les fleuves ne réparaient ses pertes, ainsi le monde aurait péri par sa corruption et ses désordres multipliés sans la loi de Dieu et les prophètes, d'où jaillissent *comme d'autant de sources toujours fécondes la douceur, la miséricorde, la justice et la science des préceptes divins. Et comme il y a dans la mer des îles d'un accès facile, abon-*

dantes en eaux salubres, fertiles en fruits, offrant des refuges et des ports assurés à ceux qui ont été battus des flots et de la tempête, de même Dieu a établi dans ce monde, où s'agitent et bouillonnent tous les vices, les saintes Églises comme autant de stations où se conserve la doctrine de la vérité, où abordent tous ceux qui la cherchent sincèrement, qui veulent arriver au salut en évitant la colère et le jugement de Dieu. Il est, au contraire, des îles inhospitalières, ou plutôt des rochers stériles et sans eau, habités par des bêtes sauvages : on les dirait placés au milieu de la mer pour la perte des navigateurs et des naufragés ; les navires viennent se briser contre leurs côtes, et tous ceux qui en approchent y trouvent la mort. Il en est de même des écoles du mensonge ou des hérésies : leurs sectateurs périssent misérablement. Car ils ne prennent pas la vérité pour guide : semblables à des voyageurs imprudents que leur inexpérience livre à des pirates qui, après les avoir emmenés sur leurs navires, les conduisent au lieu de la perdition [1]. »

Si l'évêque d'Antioche se maintenait constamment à cette hauteur, il marquerait son nom au premier rang des écrivains chrétiens du IIe siècle. Mais un goût trop prononcé pour l'allégorie le conduit souvent à des rapprochements plus subtils que justes. Non pas qu'au milieu de ces explications, il ne s'en trouve qui dénotent une grande pénétration d'esprit. C'est ainsi qu'il rend compte de la détérioration qu'a subie le règne animal, par une raison aussi solide que profonde : « L'homme, dit-il, a entraîné les animaux dans sa chute : ils ont partagé sa destinée. De même que le maître d'une maison communique ses habitudes à ses serviteurs, soit en bien, soit en mal, ainsi les conséquences du péché de l'homme se sont-elles étendues à tous les êtres soumis à son autorité [2]. » Cette remarque est très-philosophique. Il en est de même

---

1. IIe livre à *Autolycus*, xv.
2. *Ibid.*, xvii.

lorsqu'il découvre dans la formation mystérieuse de la femme le signe de l'unité divine imprimé au premier couple humain et le symbole éclatant de l'union domestique [1]. Mais, il faut bien l'avouer, Théophile cède trop facilement à cette tentation de l'esprit oriental qui abuse du sens figuré. Si les astres n'ont été formés qu'après les plantes, c'est, dit-il, parce que Dieu voulait prévenir l'erreur des idolâtres qui attribuent aux corps célestes une vertu créatrice ; car ce qui a suivi ne peut avoir créé ce qui a précédé. Il voit l'image de Dieu dans le soleil, dont le disque ne varie jamais ; celle de l'homme dans la lune, dont les changements périodiques figurent les défaillances humaines. Selon lui, les trois premiers jours de la création représentent la Trinité; le quatrième, l'homme qui a besoin de lumière. Les astres fixes symbolisent la constance des justes, qui ne dévient pas de la voie des commandements divins ; la marche errante des planètes exprime l'infidélité des méchants qui se détournent de Dieu et désertent le poste que sa volonté leur assigne. Il est évident que ces allégories ne peuvent avoir que la valeur d'une comparaison plus ou moins heureuse. En voici une qui me paraît encore plus forcée. D'après l'évêque syrien, en bénissant les êtres animés qui vivent dans l'eau, Dieu voulait signifier aux hommes qu'un jour ils trouveraient la grâce de la régénération dans l'eau du baptême : à coup sûr, c'est tirer les choses d'un peu loin. Je laisse de côté les analogies qu'il découvre entre les dispositions physiques des espèces d'animaux et les qualités morales des diverses catégories d'hommes. Ce que je viens de dire suffit pour vous donner une idée à peu près complète de l'exégèse de Théophile : sans sacrifier le sens littéral du texte sacré, il s'applique davantage à faire ressortir la leçon morale par une interprétation toujours ingénieuse, quelquefois hasardée, jamais inconvenante [2]. Si ce mode d'explication

---

1. IIe livre à *Autolycus,* xxviii.
2. *Ibid.* xv-xx.

allégorique vous paraît excessif, il devient d'une sobriété remarquable, si nous en rapprochons l'Hexaméron de Philon, ou son traité sur la création du monde.

Ce n'est pas la première fois, Messieurs, que nous rencontrons sur notre route le juif alexandrin. Il est impossible d'étudier à fond l'éloquence chrétienne dans les premiers siècles sans tenir compte de l'influence de Philon. Cette influence, il ne faut ni l'amoindrir ni l'exagérer. De même que la révélation du Nouveau Testament fait suite à celle de l'Ancien, dont elle est le terme et le complément, ainsi la science des premiers Pères de l'Église offre-t-elle plus d'un point de contact avec la tradition des écoles juives. Il est vrai que cette dernière s'était prodigieusement altérée sous l'action des causes multiples : l'invasion des doctrines de l'Orient et de la Grèce en avait fait un amalgame étrange de vérités conservées et d'erreurs reçues ; le panthéisme de la cabale en est une preuve manifeste. Mais le rôle des écrivains du christianisme était précisément de dissoudre cet alliage bizarre pour démêler l'or pur de la tradition au milieu des scories dont il était chargé. Or, dans ce syncrétisme juif, dont Alexandrie était le principal théâtre, Philon occupe sans contredit le premier rang. De même que Plutarque, Maxime de Tyr et Apulée cherchaient à concilier la philosophie platonicienne avec la mythologie grecque, le juif alexandrin essayait d'y fondre les données de la révélation mosaïque. Nous avons déjà montré plus d'une fois comment cette tentative chimérique devait échouer et a échoué de fait par l'impossibilité de combiner entre eux deux principes contraires. Aujourd'hui, nous n'avons à envisager Philon que comme interprète de l'œuvre des six jours. Ici encore, il reprend son thème favori, en s'efforçant d'expliquer le récit de Moïse à l'aide du *Timée* de Platon et de la théorie pythagoricienne des nombres.

Dès l'abord, nous rencontrons une différence essentielle entre le commentaire de Théophile d'Antioche et celui de

Philon. Nous avons vu avec quelle précision l'évêque syrien formule le dogme de la création *ex nihilo*. Le philosophe juif est bien loin d'enseigner avec la même clarté ce point fondamental. Il commence par distinguer deux causes du monde, l'une active, qui est Dieu, l'autre passive, qui est la matière [1]. C'est le dualisme de Platon accommodé à la cosmogonie des livres saints. Évidemment le disciple de Moïse s'efface derrière le partisan de la philosophie grecque. Je sais bien que dans d'autres endroits Philon semble admettre une création proprement dite, comme, par exemple, dans son *Traité sur les songes* ; mais ces fluctuations ne prouvent qu'une chose, c'est que chez lui le dogme traditionnel et la spéculation libre sont dans un conflit perpétuel. Il n'est pas moins vrai de dire que, pour être conséquent avec lui-même, le Juif alexandrin ne peut reconnaître qu'un Dieu, simple ordonnateur de la matière, laquelle, existant de toute éternité à côté du principe actif, est susceptible de recevoir de lui telle forme qu'il veut lui prêter. Cela posé, Philon déclare, comme Théophile d'Antioche, que nul poëte, nul écrivain n'est capable de célébrer dignement l'œuvre des six jours. Pour expliquer, autant que possible, la formation des choses, il emploie la comparaison d'un architecte qui, avant de bâtir une ville, en conçoit l'idéal dans son esprit. Dieu a fait de même : il a d'abord conçu un exemplaire ou archétype du monde, un monde intelligible, dont l'univers est l'expression concrète. Ce monde intelligible, ou l'idée des idées, c'est le Verbe. Ici se retrouve la confusion que je signalais l'an dernier dans la doctrine de Philon, touchant le Logos, considéré, suivant Platon, comme l'entendement divin, ou, d'après les livres saints, comme une personne distincte du Père [2]. Mais je ne veux pas revenir sur ce point : notre critique doit se borner à l'explication qu'il donne du premier chapitre de la Genèse.

---

1. Philon, *de Opificio mundi*, édit. Mangey, 1742 : tome I, p. 2.
2. Voyez *les Apologistes chrétiens au* IIe *siècle*, S. Justin, leçon XVIIe.

Or, ce qui domine dans l'Hexaméron de Philon, c'est un mysticisme mathématique qui tient à la fois de Pythagore et de la cabale. Certes, je suis loin de nier que la loi des nombres puisse être l'expression de rapports plus élevés : la trinité des personnes divines dans l'unité d'une même nature en est une preuve évidente. Mais Philon fait un abus violent du symbolisme des nombres, de ce que j'appellerai volontiers l'allégorie arithmétique. Il n'y a guère de chiffres dans lesquels il ne trouve des mystères, et son explication de l'œuvre des six jours se réduit en grande partie à ces combinaisons artificielles, où l'imagination peut se donner un libre cours. Ainsi, pourquoi Dieu a-t-il créé le monde en six jours ? Parce que le nombre six est un nombre parfait, à la fois masculin et féminin, comme produit de la multiplication de deux par trois [1]. Arrivé à l'œuvre du quatrième jour, l'interprète juif découvre dans ce nombre une signification encore plus haute. Si la décade exprime la plénitude de la création, le quaternaire est en puissance ce que la décade est en acte. L'unité fait le point ; la dualité, la ligne ; la triade, la surface ; mais le quaternaire seul produit le cube ou le solide. C'est par quatre que se comptent les éléments et les saisons. Pour appuyer sa thèse, Philon appelle à son aide jusqu'à la musique [2]. Que sera-ce lorsqu'il en viendra au nombre sept pour célébrer le septième jour, qu'il appelle avec un grand bonheur d'expression « la fête universelle du genre humain, et le jour de naissance du monde » ? Devant ce nombre sacré, le philosophe alexandrin n'hésite pas à déclarer que l'admiration est à bout de formules : lui-même épuise toutes les ressources du calcul pour en démontrer toute la fécondité. Il découvre dans la combinaison des nombres qui le composent, un, deux et trois, toute espèce d'harmonies physiques et morales. La musique, l'arithmétique, la géométrie, l'astrono-

---

[1]. Philon, *de Opificio mundi*, p. 3
[2]. *Ibid.*, p. 10, 11.

mie, la médecine et l'anatomie lui fournissent tour à tour des preuves de la perfection du nombre sept. Il n'oublie rien : ni les sept cordes de la lyre, ni les sept planètes, ni le chœur des Pléiades, ni les sept étoiles de la grande Ourse. Quand une série ne veut pas se plier au nombre sept, il l'y réduit de force : si l'homme n'est doué que de cinq sens, Philon saura leur trouver un complément pour arriver au chiffre sacramentel ; il lui faut absolument sept périodes dans la vie humaine, et jusqu'à sept sécrétions dans le corps de l'homme. Bref, c'est le fanatisme du nombre porté à un degré d'exaltation rare. Je n'ignore pas que parmi les Pères de l'Église eux-mêmes, il s'en est trouvé qui ont cherché dans le nombre sept des propriétés particulières. Ce qui frappe surtout Clément d'Alexandrie et Grégoire de Nysse, à l'exemple de Philon, c'est que, seul de toute la décade, il n'est le produit d'aucun autre, pas plus qu'il n'en multiplie lui-même, ce qui fait dire très-spirituellement au premier de ces écrivains qu'il est sans mère ni fils [1]. Mais le philosophe juif dépasse toute mesure en consacrant la moitié de son Hexaméron à des subtilités de ce genre [2] : dans l'usage de l'allégorie arithmétique, les Pères de l'Église, Théophile d'Antioche en particulier, sont, relativement à lui, d'une sobriété qu'on ne saurait méconnaître. Toutefois, Messieurs, je ne voudrais pas vous donner une idée trop défavorable de l'ouvrage de Philon : on y rencontre de belles parties. C'est ainsi qu'en décrivant le rôle de l'intelligence humaine dans le monde, il se laisse aller à un élan d'enthousiasme mieux justifié :

« L'intelligence humaine est comme le dieu du corps : elle est dans l'homme ce que l'intelligence divine est dans le monde. Invisible, elle voit toutes choses ; elle en pénètre la substance, bien qu'elle ignore la sienne propre. C'est elle qui

---

1. Clément d'Alex., *Stromat.*, vi. — Grég. de Nysse in verba *Faciamus*, orat. 2.

2. Philon, *de Opificio mundi*, p. 21-30.

ouvre aux sciences et aux arts des voies nombreuses et faciles. Tantôt elle parcourt la terre et la mer, scrutant l'un et l'autre élément ; tantôt elle prend son essor et s'élève dans les airs pour étudier le mouvement des corps célestes : elle se mêle à ces chœurs d'astres fixes ou errants auxquels président les lois d'une harmonie parfaite. Emportée par l'amour de la sagesse, elle prend son vol plus haut encore : elle dépasse la sphère des choses extérieures pour se plonger dans le monde intelligible qu'elle brûle de contempler. Là, elle voit les exemplaires, les idées mêmes des objets qui composent ce monde sensible, et, saisie d'une sainte ivresse à la vue de ces beautés éclatantes, elle tressaille d'enthousiasme comme les corybantes. Subjuguée par un amour toujours croissant, elle atteint au faîte des choses intelligibles, pour s'approcher du grand roi lui-même. Alors les rayons de la lumière divine s'épanchent sur elle en flots purs, jusqu'à éblouir son regard incapable d'en soutenir l'éclat [1]. »

Vous voyez, Messieurs, que la philosophie de Platon inspire quelquefois de belles pages au disciple de Moïse. Philon n'est pas moins heureux, lorsqu'après avoir décrit la gradation ascendante des êtres suivant l'ordre de leur création, depuis le minéral jusqu'à l'homme, il montre comment Dieu a introduit ce dernier dans le monde comme dans une salle de festin toute prête à recevoir l'hôte privilégié :

« De même que le maître d'une maison n'appelle ses convives qu'après avoir dressé le banquet, ou, comme ceux qui donnent des jeux publics, des combats d'athlètes, préparent tout ce qui peut réjouir la vue et charmer l'oreille des spectateurs, avant de les réunir au théâtre ou dans le cirque, ainsi le maître du monde a-t-il procédé pour l'homme. Il a commencé par faire tous les préparatifs, il a choisi les mets et achevé les décors, afin que l'homme, à son entrée dans le

---

[1]. Philon, de *Opificio mundi*, p. 16.

monde, y trouvât aussitôt un banquet tout dressé et un théâtre ouvert. D'un côté, il a chargé la table de l'homme de tous les aiments que la terre, les fleuves, la mer et l'air peuvent fournir pour son usage et pour son agrément ; de l'autre, il a prodigué dans ce théâtre sacré du monde les ornements les plus variés : en disposant toutes choses avec nombre, ordre et mesure, il a formé cette harmonie universelle dont la musique humaine n'est qu'une expression dérivée. Tel est le premier motif pour lequel Dieu a créé l'homme en dernier lieu [1]. »

Voilà, sans nul doute, une explication plus rationnelle et plus éloquente à la fois que cette théorie de numération mystique dont nous parlions tout à l'heure. Aussi cette belle image employée par Philon se trouve-t-elle reproduite chez Grégoire de Nysse et dans saint Cyrille d'Alexandrie [2]. Mais l'allégorie reprend le dessus chez le philosophe juif après ces rares exemples d'interprétation littérale. C'est à lui probablement que Théophile d'Antioche a emprunté la raison pour laquelle le soleil n'aurait été formé que le quatrième jour, savoir, afin que les hommes n'eussent aucun prétexte pour l'adorer : du commentaire de Philon et de l'évêque d'Antioche cette opinion, qui pouvait avoir une certaine force aux yeux des païens, a passé dans les Hexamérons de saint Basile et de saint Ambroise [3]. Ce point n'est pas le seul où il soit impossible de surprendre la trace de l'interprète juif dans les écrits parallèles de plusieurs Pères : comme Philon, les deux docteurs que je viens de citer voient dans la création simultanée des animaux aquatiques et volatiles le signe d'une sorte de consanguinité entre les oiseaux et les poissons [4]. Mais ils

---

1. Philon, *de Opificio mundi*, p. 18.
2. Grégoire de Nysse, *de Opificio hominis*, cap. 2. — Cyrille d'Alexandrie, *cont. Jul.*, lib. II.
3. S. Basile, *Homil. V in Hexæmeron*. — S. Ambroise, *in Hexæm.*, l. III c. 6.
4. S. Basile, *Hom*, VIII. — S. Ambr., V, 14. — Philon, p. 14.

l'abandonnent là où son admiration pour le Timée de Platon le porte à en fondre les erreurs dans le récit de la Genèse. Ainsi, empruntant au philosophe grec jusqu'à sa terminologie païenne, le disciple de Moïse ne craint pas d'appeler les astres des dieux visibles: lui aussi leur prête une intelligence comme à des êtres vivants et animés [1]. Voilà bien toujours ce fatal compromis entre deux principes contraires, par suite duquel Philon s'écarte de la tradition de ses pères. En résumé, le mode d'interprétation allégorique lui est commun avec Théophile d'Antioche ; mais, tandis que l'évêque syrien s'applique à chercher dans le récit de Moïse la leçon morale sous l'écorce de la lettre, le philosophe alexandrin s'attache à y trouver, à côté des doctrines de Pythagore et de Platon, des mystères cabalistiques. Quant à l'interprétation littérale, il faut bien avouer qu'elle est reléguée sur le second plan, d'une part comme de l'autre. Telles sont les affinités et les oppositions que l'on découvre en rapprochant l'Hexaméron de Philon du commentaire de Théophile d'Antioche sur l'œuvre des six jours.

Je ne m'arrêterai pas à discuter quelques opinions particulières à l'évêque d'Antioche, comme, par exemple, qu'Adam a été créé dans l'état d'enfance, qu'il n'était à l'origine ni immortel ni mortel, mais capable de devenir l'un ou l'autre, selon l'usage qu'il ferait de sa liberté. Ce qui est plus important, c'est de déterminer au juste sa doctrine sur la Trinité, d'autant plus qu'elle a été attaquée au point de vue de l'orthodoxie, par Ritter, notamment dans son *Histoire de la philosophie chrétienne* [2]. Or, rien ne me paraît moins fondé qu'une pareille critique, Théophile mérite si peu ce reproche qu'il est même, parmi les Pères de l'Église grecque, le pre-

---

1. Philon. *ibid.*, p. 6 et 17. — *Timée* de Platon, p. 38 et 40.
2. *Geschichte der christlichen philosophie*, von Dr Heinrich Ritter, erster Theil, Hamburg, 1841, p. 325.

mier qui se soit servi du terme formel de Trinité : « Les trois jours, dit-il, qui ont précédé la formation des astres, sont l'image de la Trinité, de Dieu, de son Verbe et de sa Sagesse[1]. » Il est impossible de mieux exprimer la distinction numérique des personnes divines. Quant à l'unité de nature, elle résulte clairement du but même que poursuit l'écrivain catholique en opposant le monothéisme chrétien aux religions polythéistes de l'antiquité. Il est évident qu'en admettant une inégalité de nature entre les trois personnes divines il aurait renversé de sa propre main la thèse de l'unité de Dieu, qu'il voulait soutenir contre les païens : c'eût été affirmer trois dieux au lieu d'un seul. Voilà ce que devraient considérer ceux qui prêtent si légèrement aux Pères de l'Église des erreurs inconciliables avec la croyance d'un Dieu unique. Toutefois, cherchons dans l'ouvrage de Théophile une preuve plus complète de son sentiment sur la consubstantialité du Verbe et sur la divinité du Saint-Esprit.

Ce qui pourrait, à première vue, soulever une difficulté apparente, c'est la distinction qu'il établit entre le Verbe intérieur et le Verbe proféré à l'extérieur pour la création du monde[2]. Déjà nous avions rencontré ce genre de locutions dans saint Justin et dans Athénagore ; Philon s'en était servi également, tout en y attachant un sens peu exact. On n'a pas manqué d'en conclure que Théophile d'Antioche nie la génération éternelle du Verbe, qu'il le confond avec le Père jusqu'à l'origine du monde, époque à laquelle le Verbe aurait été engendré pour créer toutes choses. C'est substituer une erreur grossière à une métaphore. L'évêque syrien envisage simplement le Verbe sous deux aspects différents, comme Parole immanente dans le sein du Père et comme Parole créatrice du monde. Cela ressort avec évidence des expres-

---

3. IIe livre à *Autolycus*, xv, τυποι τῆς Τριάδος.

2 Λόγος ἐνδιάθετος, λόγος, προφορικὸς, IIe livre à *Autolycus*, x, XXII.

sions qu'il emploie: «Le Verbe a toujours existé dans le sein de Dieu; avant que rien fût créé, Dieu l'avait pour conseiller, car le Verbe est son intelligence et sa pensée. Lors donc que Dieu voulut faire ce qu'il avait résolu, il proféra la Parole créatrice. » Voilà cette génération métaphorique, ou cette émission au dehors, comme plusieurs Pères l'ont appelée, et qu'il ne faut pas confondre avec la génération éternelle du Verbe. Aussi, de peur qu'on ne s'imagine par là que le Verbe ait quitté réellement le sein du Père, l'apologiste a soin d'ajouter: «Dieu ne s'est point séparé de son Verbe, mais il l'a engendré pour converser toujours avec lui. C'est ce qu'enseignent les Saintes Écritures et ceux qui ont été divinement inspirés, parmi lesquels saint Jean, qui dit: Au commencement était le Verbe, et le Verbe était avec Dieu; montrant par ces paroles que dans le principe Dieu était seul avec son Verbe. Puis il ajoute: et le Verbe était Dieu, toutes choses ont été faites par lui et rien de ce qui a été fait n'a été fait sans lui. Le Verbe donc étant Dieu et engendré de Dieu est envoyé par le Père de toutes choses [1]. » Je ne m'arrête pas à vous faire remarquer cet éclatant témoignage rendu à l'authenticité de l'Évangile de saint Jean par un écrivain qui touche aux temps apostoliques; ce qui est nettement exprimé dans ce passage, c'est la divinité du Verbe, sa coexistence éternelle avec le Père, sa consubstantialité et sa mission temporelle. La doctrine de l'évêque d'Antioche est donc irréprochable sur ce point.

Théophile n'affirme pas avec moins d'assurance la divinité du Saint-Esprit. Ici, toutefois, il faut le reconnaître, sa terminologie n'a pas toute la précision désirable. Ce qui ne laisse pas de produire une certaine confusion, c'est le mot Sagesse qu'il emploie généralement pour désigner la troisième personne de la Trinité, tandis que le langage traditionnel applique

---

1. *Ibid.*, XXII.

cette dénomination à la seconde [1]. Les autres apologistes appellent d'ordinaire, la troisième personne l'Esprit-Saint, l'Esprit divin, l'Esprit prophétique : expressions qui répondent mieux à la nature des opérations plus spécialement attribuées à cette personne, au lieu que le nom de Sagesse convient davantage au Verbe engendré par voie d'intelligence. De plus, Théophile d'Antioche rapporte au Verbe l'inspiration des prophètes par laquelle l'Écriture sainte et les Pères se plaisent à caractériser l'action de l'Esprit-Saint. Faut-il en conclure à une erreur de doctrine ? Pas le moins du monde. Sans nul doute, il ne faut pas s'écarter légèrement d'un langage consacré : le choix des mots n'est indifférent nulle part, en théologie moins qu'ailleurs ; mais, sous prétexte d'éviter le néologisme, il ne faut pas tomber dans l'idolâtrie des mots, ni imputer à un écrivain des erreurs que désavoue sa pensée, surtout quand la terminologie n'est pas définitivement fixée. L'évêque d'Antioche a pu, comme saint Irénée [2], appeler l'Esprit-Saint la Sagesse sans errer dans la doctrine : car, envisagée comme attribut essentiel de Dieu, la sagesse appartient également aux trois personnes de la Trinité. D'ailleurs, si nous réservons pour la troisième le mot Esprit, c'est l'indigence du langage humain qui nous y oblige plus que tout autre motif, car la spiritualité est le propre du Père et du Fils, non moins que de l'Esprit-Saint : aussi Tertullien ne s'est-il pas fait faute d'appeler le Fils l'Esprit de Dieu [3]. Il en est de même de l'inspiration des prophètes, spécialement attribuée à l'Esprit-Saint, dont le souffle les anime, bien que les opérations extérieures de la Trinité soient indivises : comme le Saint-Esprit est envoyé par le Père et par le Fils dont il procède, l'apologiste a pu, sans commettre d'erreur, rapporter l'inspiration prophétique tantôt au Fils, tantôt à

---

1. Σοφία au lieu de πνεῦμα.
2. Irénée, *contra Hæres.*, III, 24 ; IV, 7 et 20.
3. Tertull. *adv. Praxeam*, c. 26.

l'Esprit-Saint : Tertullien, saint Irénée et Clément d'Alexandrie ont tenu le même langage [1]. Par là je n'entends pas dire qu'il ait porté dans l'emploi des termes toute la précision possible : l'essentiel est qu'on ne puisse pas lui reprocher d'avoir confondu la deuxième personne avec la troisième ; or une telle accusation serait souverainement injuste. Nous avons vu qu'il se sert du mot Trinité pour désigner les trois personnalités divines, le Père, le Verbe et la Sagesse. De plus, il distingue partout ces deux dernières l'une de l'autre : « Les prophètes n'étaient pas encore à l'origine du monde, mais seulement la Sagesse de Dieu, laquelle réside en lui et son Verbe qui lui est toujours présent — Dieu a créé toutes choses par son Verbe et par sa Sagesse — Le quatrième jour est l'image de l'homme, qui a besoin de lumière, en sorte qu'il y a Dieu, le Verbe, la Sagesse, l'homme — C'est à son Verbe et à sa Sagesse que Dieu s'est adressé en disant : Faisons l'homme à notre image [2]. » Donc, sauf l'emploi d'une dénomination qui n'est pas heureuse, il n'y a dans la doctrine de Théophile d'Antioche absolument rien qui ne soit conforme à l'orthodoxie la plus sévère.

C'est dans son commentaire sur l'œuvre des six jours que se trouvent insérés la plupart des passages relatifs à la Trinité. Voilà pourquoi nous avons dû examiner dans une seule et même étude son sentiment sur ces deux articles du symbole catholique. Partant de là, l'apologiste syrien parcourt rapidement l'histoire de la révélation jusqu'à Moïse et aux prophètes. Il montre que leurs écrits renferment un enseignement toujours sûr et élevé. Pour inspirer davantage au païen Autolycus le respect des livres saints, il s'attache à faire

---

[1]. Irénée, *adv. Hæreses*, I, 2 ; III, 11 ; IV, 37 ; II, 47. — Tertull. *adv. Marcionem*, III, 6 ; IV, 13. — *De Præscript.*, XIII. — *De Resurr. carnis*, XXII. — *Adv. Hermog.*, XXII. — *Adv. Prax.*, XI. — Clément d'Alex., *Strom.*, V, 13 ; V, 14 ; VI, 15.

[2]. Ier livre à *Autolycus*, VII. — IIe livre, X, XV, XVIII.

voir que les poètes du paganisme eux-mêmes s'accordent quelquefois avec les auteurs inspirés. A ce sujet, il cite entre autres une centaine de vers empruntés aux livres sibyllins [1]. C'est à ce point particulier que je dois m'arrêter. Nous ne saurions passer à côté de ce monument étrange de la littérature des premiers siècles sans lui donner une attention spéciale. Intéressante par elle-même, cette étude sur les livres sibyllins est nécessaire pour la parfaite intelligence des matières que nous traitons ; car, pour apprécier les œuvres de l'éloquence chrétienne suivant leur valeur doctrinale, historique et littéraire, il faut peser avec exactitude les témoignages qu'elle fait valoir et les sources étrangères où elle a puisé.

1. II livre à *Autolycus*, XXXI, XXXVI.

QUATORZIÈME LEÇON

Théophile d'Antioche et les livres sibyllins. — Coup d'œil général sur ce recueil. — Son contenu et ses différentes parties. — Réalité historique des sibylles. — Explication de ce phénomène dans l'histoire du paganisme. — Collections de vers sibyllins chez les Grecs. — Les livres sybillins à Rome. — Le recueil de nos poésies sybillines diffère des uns et des autres. — Physionomie particulière que présente cette œuvre religieuse et littéraire. — Ses auteurs. — Son lieu d'origine. — Date de la composition des diverses parties et de leur collection définitive.

Messieurs,

Nous allons nous occuper aujourd'hui des livres sibyllins. Cette étude trouve naturellement sa place au point où nous sommes arrivés dans l'histoire de l'éloquence chrétienne. C'est à l'ère des Antonins que remonte en partie la rédaction de cette œuvre de poésie religieuse. De plus, Théophile d'Antioche est parmi les écrivains du IIe siècle celui qui a profité davantage de ce monument primitif : dans son deuxième livre à Autolycus, il cite d'un seul trait plus de quatre-vingts vers sibyllins ; ce fragment, assez considérable, qui sans lui ne serait pas arrivé jusqu'à nous, figure en tête des dernières éditions du recueil sous le titre d'exorde ou de préambule.

Avant tout, je dois vous faire connaître la composition de ce recueil, tel qu'il existe aujourd'hui après les recherches et les travaux de l'érudition moderne. Les livres sibyllins, dont j'ai dessein de vous entretenir, étaient tombés dans un oubli presque complet pendant le moyen âge, après avoir joui d'une grande célébrité dans les premiers siècles de l'Église. La découverte de l'imprimerie vint les retirer de l'obscurité où la rareté des manuscrits les avait retenus jusqu'alors. Il en parut plusieurs éditions successives dans le courant du xvie siècle; mais toutes étaient incomplètes. Outre le *Proœmium*, emprunté à Théophile d'Antioche, elles ne comprenaient que les huit premiers livres. Il était réservé au cardinal Maï de reculer les bornes de la science sur ce point comme sur tan d'autres; en 1817, l'infatigable érudit découvrit à Milan, dans la bibliothèque Ambrosienne, un manuscrit du xive livre qu'il publia la même année. En 1828, il trouva le xie, le xiie et le xiiie dans deux manuscrits du Vatican. Grâce à cette dernière publication, nous possédons aujourd'hui douze livres sibyllins comprenant près de 4,230 vers; le ixe et le xe manquent dans la série. Peut-être cette lacune n'est-elle qu'apparente; car le iie et le viiie livres forment moins un tout complet qu'une réunion de fragments d'origine et de provenance diverses: de telle sorte que deux de ces morceaux pourraient fort bien se confondre avec les deux livres dont on regrette la perte. Cependant je ne voudrais rien affirmer à cet égard: les bibliothèques de l'Europe n'ont pas encore été assez explorées pour qu'on n'ait point à craindre de recevoir un démenti par suite de quelque découverte future. La dernière édition des livres sibyllins, et la meilleure de toutes, est due aux soins de M. Alexandre, dont le travail intelligent et consciencieux fait honneur à l'Université de France, et peut soutenir le parallèle avec les produits les plus remarquables de l'érudition allemande. Sauf quelques inexactitudes de détail sur la théologie des premiers Pères, cette œuvre ne laisse guère à désirer; et le soin qu'a pris l'auteur de la soumettre sans réserve au jugement de l'Église prouve que la véritable science, loin de trouver une entrave dans l'autorité de la foi, a besoin d'y chercher une règle et un soutien [1].

---

1. Χρησμοὶ σιβυλλιακοί, oracula sibyllina, curante C. Alexandre, tria volumina, Parisiis, apud Firmin Didot, 1841, 1853, 1856. — Nous appelons en particulier l'attention de M. Alexandre sur la page 572 du troisième

Nous connaissons maintenant, sinon le contenu des livres sibyllins, du moins leur nombre et leur étendue. Cela posé, la première question qui se présente à nous est celle-ci : quelle est l'origine de ce recueil ? Après quoi, nous chercherons à en déterminer la valeur dogmatique, historique et littéraire. Pour porter toute la clarté possible dans une matière obscure par elle-même, nous allons procéder par voie d'élimination, en commençant par écarter les idées fausses qu'on pourrait se faire des livres sibyllins. En effet, il ne faut pas les confondre avec les oracles de ce nom qui avaient cours dans le paganisme, ni avec les livres prophétiques que l'on conservait à Rome pour les consulter dans les temps de calamités qui affligeaient a république.

Premièrement il y a peu de rapports entre le recueil de poésies que nous étudions en ce moment et les collections d'oracles sibyllins répandues dans les siècles païens. Tout le monde sait que l'antiquité profane appelait sibylles certaines femmes auxquelles on attribuait le don de prophétie. L'étymologie de ce mot a beaucoup exercé la patience des grammairiens : l'opinion qui a généralement prévalu y voit la combinaison de deux mots grecs modifiés suivant le dialecte éolien [1]. De cette manière, sibylle serait l'équivalent de

---

volume, où l'expression a évidemment trahi sa pensée : *Deerat ergo fidei regula : deerat etiam commune jus*, etc. La règle de foi n'a jamais fait défaut dans l'Église ; elle a été dès l'origine ce qu'elle est aujourd'hui, nette et précise. Pour se diriger dans leur croyance, les fidèles ont toujours eu un moyen aussi simple que sûr, celui de consulter l'enseignement du corps des pasteurs : c'est le criterium que leur indiquait S. Ignace d'Antioche dans ses immortelles Épîtres. S. Irénée tient le même langage dans son *Traité contre les hérésies*. Dès que les gnostiques s'élevèrent, c'est-à-dire dans les premiers jours de l'Église, on leur appliqua de toutes parts la règle de foi catholique en opposant à leurs rêveries l'enseignement des Apôtres et de leurs successeurs. Il est fâcheux de rencontrer de pareilles inexactitudes dans un ouvrage conçu d'ailleurs dans un excellent esprit.

1. Σίβυλλα—Θεοβούλη : Σιὸς pour Θεὸς et βόλλα ou βύλλα p ur βουλή. « *Mulier consiliorum Dei particeps.* »

femme inspirée ou initiée aux secrets divins. Quelle que soit l'autorité de ce sentiment, j'inclinerais plutôt vers l'avis des anciens scoliastes grecs qui font de ce mot un nom propre, devenu plus tard un nom commun. Par là on s'explique mieux pourquoi cette dénomination, au lieu de s'étendre à toutes les prophétesses de l'antiquité, était réservée à quelques-unes, sans doute à cause de quelque analogie frappante avec cette antique et célèbre devineresse appelée Sibylle. Chaque ville ou chaque contrée aura voulu avoir sa Sibylle comme son Jupiter ou sa Diane. Mais laissons là une discussion qui, pour nous, n'a que peu d'importance. Un point qui nous intéresse davantage, c'est de savoir s'il exista réellement des sibylles, ou bien si les personnes désignées par ce nom se réduisent à de vains fantômes créés par l'imagination des peuples. Dans un ouvrage plein de savoir, intitulé *Enée et les Pénates*, le docteur Klausen s'est prononcé dans le sens d'une négation radicale, mais à tort [1]. Assurément les contradictions qui règnent dans les témoignages de l'antiquité touchant le nombre de sibylles, leur lieu d'origine et le théâtre de leur activité, prouvent que la critique a beau jeu sur un terrain où l'élément historique est enveloppé sous un monceau de fables ; mais l'existence même de femmes réputées prophétesses sous le nom de sibylles ne me paraît nullement atteinte par l'obscurité de ces données incertaines et confuses. Vous savez quel grand rôle la divination jouait dans la vie religieuse et politique des peuples païens. Si donc la superstition attribuait le don de prophétie à certains hommes appelés devins, on ne voit pas pourquoi elle l'aurait refusée aux femmes : d'autant moins que beaucoup d'anciens peuples voyaient dans la femme quelque chose de saint et de prophétique, *sanctum aliquid et providum*, comme Tacite le disait des Germains. Nous sommes trop accoutumés à voir

---

1. *Æneas und die Penaten,* von Rudolph Heinrich Klausen, Hambourg, 1839, l. II, p. 212 et suiv.

l'illusion et la supercherie marcher de pair dans le paganisme pour ne pas être disposés à croire qu'un certain nombre de femmes y ont simulé l'inspiration divine, et qu'elles ont rencontré des dupes ou des complices. Le témoignage presque unanime des auteurs anciens ne permet pas de révoquer ce fait en doute, et le rôle du démon, au milieu des cultes idolâtriques, n'est pas de nature à lui ôter son caractère de vraisemblance.

Voilà donc un premier point qui résiste sans beaucoup de peine à une négation trop absolue : la réalité historique d'une ou de plusieurs sibylles. Hors de là, je l'avoue, tout est vague ou contradictoire dans les témoignages de l'antiquité. Quel a été au juste le nombre des sibylles ? A quelle époque doit-on placer la première qui ait surgi dans l'ordre des temps ? Il serait puéril de s'arrêter à des questions de ce genre, dont la solution est d'ailleurs impossible. Héraclite, Aristophane et Platon parlent des sibylles au nombre singulier ; Aristote au nombre pluriel. Tacite et saint Augustin hésitent entre une ou plusieurs ; Martianus Capella en compte deux ; Solin, Ausone et Philétas d'Éphèse, trois ; Pausanias et Élien, quatre ; Varron et Lactance, six : Clément d'Alexandrie une multitude. Nous n'avons là-dessus que l'embarras du choix. Le catalogue des sibylles le plus connu est celui que donne Lactance, d'après Varron, qui les rangeait ainsi : la Persique, la Libyque, la Delphique, la Cimmérienne, l'Érythréenne, la Samienne, la Cuméenne, l'Hellespontique, la Phrygienne et la Tiburtine. Si, au milieu de ces opinions divergentes, il fallait en embrasser une, je me déciderais pour celle de Clément d'Alexandrie, qui parle d'un nombre indéterminé de sibylles. Voici comment j'expliquerais la multiplication de ces fausses prophétesses et l'ordre qu'a suivi leur descendance progressive. Le berceau des sibylles me semble avoir été l'Asie Mineure et en particulier la Troade. C'est à la guerre de Troie que remonte l'origine de ce genre de divination, dont la fureur enthousiaste était le signe caractéristique. De là vient, comme l'a observé le docteur Klausen, que le sibyllisme, si je puis m'exprimer ainsi, se rattache de toutes parts aux traditions troyennes importées dans la Grèce et en Italie. Il est probable que vers l'époque de la guerre de Troie, une femme appelée Sibylle s'était acquis une grande célébrité dans l'art de la divination : c'est pour cette raison que le nom de Mermesse ou de Marpesse, ville de la Troade, se trouve joint dans quelques auteurs, comme chez Pausanias, par exemple, à celui de la plus ancienne des sibylles. Bientôt il en fut de cette dernière comme d'Homère : chaque ville de l'Asie Mineure prétendit à l'honneur de posséder une sibylle : Colophon, Samos, Rhodes, Érythrée. Pour rattacher le nom de ces devineresses à la grande épopée héroïque qui résumait la vie de l'époque, la fiction les donna pour filles aux devins Calchas et Tirésias. De l'Asie Mineure, ce mode de divination passa dans la Grèce comme tant d'autres choses. Il y eut des sibylles à Delphes, en Thessalie, dans la Macédoine et dans l'Épire. Enfin le flot de l'émigration grecque vint s'arrêter au sud de l'Italie, et la sibylle de Cumes donna la main à ses sœurs de l'Asie Mineure ou de la Grèce. Aux yeux de la poésie et de la mythologie populaire, c'était toujours l'antique sibylle qui faisait le tour du monde, sous différents noms, de station en station ; en réalité, c'étaient les mêmes illusions et les mêmes impostures qui se prolongeaient à travers le monde ancien, en suivant le cours que je viens de tracer.

Après le fait, voyons l'idée. Deux points me paraissent à l'abri d'un doute sérieux dans l'histoire des sibylles, l'existence réelle de plusieurs d'entre elles et la marche qu'a suivie ce genre de divination en passant de l'Asie Mineure dans la Grèce et en Italie. Maintenant, quelle est l'idée qui éclate sous ces phénomènes étranges ? Car nous sommes habitués à trouver dans chaque erreur du paganisme la corruption d'une vérité. Ce qu'il y a de vrai et de sérieux dans cette foi des anciens peuples aux sibylles, c'est la croyance au don de prophétie, le sentiment où ils étaient que la Divinité peut accorder à certains hommes la faculté surnaturelle de prédire les choses futures. Partant de là, ils faisaient d'un principe vrai une application abusive pour suivre le penchant de l'homme à soulever le voile qui dérobe à ses yeux la vue de l'avenir. Comme ils manquaient de règles sûres dans le discernement des choses de l'âme, ils confondaient l'exaltation religieuse avec la prophétie. L'enthousiasme poétique lui-même leur paraissait voisin de l'inspiration divine. Poète et devin étaient synonymes pour eux : ils se servaient du même terme pour désigner l'un et l'autre. De là cette singulière théorie, développée par Platon, suivant laquelle une sorte de fureur divine serait le signe ordinaire de l'état prophétique ; Aristote, mieux avisé, n'y voyait qu'un accident naturel. Je disais tout à l'heure que parmi les anciens peuples plusieurs attribuaient de préférence aux femmes la vertu divinatrice. Cela est tout simple. La femme étant plus disposée à l'exaltation religieuse par son tempérament et par son caractère, dut sembler aux païens l'organe le plus naturel des communications divines. C'est ce qui explique la vénération dont ils entouraient les pythies et les sibylles. Ici encore, ils mêlaient à des superstitions misérables une grande idée morale : une pureté exceptionnelle était à leurs yeux la condition nécessaire pour jouir d'une vue claire de l'avenir. Ils associaient volontiers l'état de virginité au don de prophétie ; et quand saint Jérôme affirme que les sibylles avaient reçu de Dieu le pouvoir de prédire les choses futures parce qu'elles étaient vierges, il avance un fait matériellement faux, sans doute ; mais son assertion exprime fort bien le sentiment de l'antiquité sur les conditions d'un privilége qu'elle jugeait inséparable de la pureté des mœurs.

Venons à présent aux oracles sibyllins. Du moment qu'il y eut des sibylles, il dut se produire sous leur nom des recueils de vers sacrés. On ne saurait douter, en effet, que des collections de ce genre ne fussent très-répandues parmi les Grecs. La plus ancienne de toutes se composait de prédictions attribuées à la sibylle d'Érythrée. Venu de l'Ionie, berceau des poëmes homériques, ce chant primitif trouva dans les poètes cycliques des interprètes qui le portèrent de ville en ville. Il ne nous en reste plus que des fragments très-courts conservés par Clément d'Alexandrie, Phlégon et Pausanias. En y ajoutant les oracles sibyllins recueillis çà et là dans les auteurs anciens, comme par exemple chez Plutarque, Strabon, Dion Cassius, Eustache, Servius, etc., on arrive à une centaine de vers fort insignifiants. Il y est question, en termes ambigus, des calamités qui menaçaient certaines villes. S'il fallait juger par ces débris du degré de perfection auquel la poésie sibylline était parvenue chez les Grecs, on s'en ferait une idée peu favorable. A Rome, le sibyllisme prit un autre caractère : au lieu de rester purement une institution religieuse ou une création poétique, comme dans la patrie d'Homère et des muses, il se fit à l'image du génie de Rome, et devint, entre les mains d'une aristocratie conquérante, un instrument politique ou un moyen de gouvernement.

Personne n'ignore la légende qui avait cours dans la tradition romaine pour expliquer l'origine des livres sibyllins que l'on conservait au Capitole. Une femme se présente à l'un des deux Tarquins pour lui offrir à un prix élevé un certain nombre de volumes contenant, suivant elle, les destinées de l'État : le roi refuse. Elle en brûle une partie et revient lui offrir le reste au même prix : Tarquin refuse une seconde fois. La femme recommence le même tour, brûle de rechef une partie des volumes et présente au prince ceux qui restent, toujours aux premières conditions : cette fois, Tarquin étonné se décide à faire l'acquisition. Il se trouve que les livres en question étaient les prophéties de la sibylle de Cumes. Tel est le récit reproduit, avec quelques variations dans les détails, par Denys d'Halicarnasse, Aulu-Gelle et Lactance, qui l'a extrait de Varron ; Tite-Live le passe sous silence et avec raison. Si ce n'est pas un pur conte imaginé pour prêter une origine mystérieuse aux livres capitolins, il faut y voir une scène habilement ménagée par Tarquin le Superbe dans le même but. Ce prince n'était pas homme à reculer devant une supercherie qui lui permettrait d'asseoir sa domination sur une base religieuse. En tout cas, la république n'eut garde de laisser échapper de ses mains un ressort politique qu'on pouvait faire jouer avec tant de succès. Elle confia le précieux dépôt aux soins vigilants de deux, puis successivement de dix, de quinze et de quarante citoyens. Lorsque le sénat se sentait à bout d'expédients pour contenir la multitude dans le respect, il ordonnait aux décemvirs de consulter les livres sibyllins, et la réponse venait, à point nommé, telle qu'il la désirait. Les hommes d'État, comme Cicéron, ne croyaient guère à ce miracle politique ; mais l'intérêt public justifiait à leurs yeux une mystification qui leur semblait utile dans les grandes calamités et les dangers pressants de la république. Quand l'incendie du Capitole eut consumé les livres sibyllins, 183 ans avant Jésus-Christ, le sénat envoya des délégués à Samos, à Érythrée, en Afrique, en Sicile et sur d'autres points pour recueillir tous les oracles sibyllins qn'ils pourraient y trouver : ceux-ci rapportèrent de toutes parts une grande quantité de vers, parmi lesquels on en choisit mille, qui formèrent le nouveau trésor de la république. Mais l'éveil était donné aux chresmologues et aux sibyllistes : bientôt on vit paraître, sous le nom des différentes sibylles, une foule de recueils qui se répandirent dans le public. L'oracle se mettait au service des partis politiques : chacun faisait parler la sibylle suivant ses desseins ou ses intérêts. Pour obvier à cet inconvénient, Auguste fit anéantir tous les vers sibyllins qu'il put trouver dans les mains des particuliers ; de plus, il défendit d'en conserver à l'avenir d'autres que ceux qui auraient été approuvés par décret des pontifes. Ces mesures rigoureuses, renouvelées par Tibère, n'empêchèrent pas les oracles sibyllins de se multiplier à Rome et dans tout l'empire. De leur côté, les empereurs continuaient, selon l'ancienne coutume, à consulter les livres prophétiques recueillis après l'incendie du Capitole et revisés par Auguste. Mais le triomphe du christianisme allait être préjudiciable à ces derniers : comme les païens y voyaient le palladium de leur culte et s'en prévalaient pour prédire la ruine de la religion chrétienne, Honorius donna l'ordre à Stilicon de jeter au feu les livres sibyllins, dans les premières années du ve siècle. Ce fut le coup de mort des sibylles païennes.

Je me suis étendu quelque peu sur ces détails historiques, parce qu'ils sont nécessaires pour l'intelligence complète de l'ouvrage que nous étudions. Lorsqu'on veut arriver à des idées précises sur un monument doctrinal ou littéraire de l'antiquité, il faut d'abord le distinguer nettement de tout ce qui paraît s'en rapprocher. Voilà pourquoi nous avons dû procéder par voie d'élimination. Après avoir constaté la réalité historique d'une ou de plusieurs sibylles, et la marche qu'a suivie ce mode de divination à travers le monde ancien, nous avons reconnu qu'il circulait dans les siècles païens plusieurs recueils d'oracles attribués aux sibylles, et dont nous ne possédons plus qu'une centaine de vers. Puis nous nous sommes tournés vers Rome, où nous avons trouvé, depuis le commencement de la république jusqu'à la fin de l'empire, des livres sibyllins, véritable machine politique dans les mains du patriciat romain. Or, Messieurs, je me hâte de le dire, le recueil de poésies sibyllines dont Théophile d'Antioche a cité un long fragment, diffère entièrement, pour l'origine et pour le caractère, des oracles grecs et des livres romains. Ici, je vais droit à la preuve. J'ouvre le viiie livre, et voici ce que j'y trouve. Vous jugerez sans peine si un païen aurait pu parler de la sorte avant l'avènement du christianisme :

« A l'extrémité des temps, une lumière nouvelle a resplendi du sein de la Vierge Marie à travers l'ombre d'une forme humaine. Et d'abord, Gabriel revêtu d'une enveloppe pure a dit à la jeune fille: «Reçois, ô Vierge, le Dieu qui descend dans ton chaste sein. » Il dit, et le souffle de la grâce pénètre la Vierge qui, surprise de ce langage si étrange pour elle, sent palpiter son cœur à la parole de l'ange. Bientôt, remise de sa frayeur, elle répond à la douce voix de l'envoyé céleste par son sourire de vierge ; la rougeur de l'innocence monte à son jeune front, et une joie pudique remplit son cœur. La confiance renaît dans son âme, et alors le Verbe s'incarne dans son sein : il prend une chair semblable à celle de l'homme et naît enfant d'une mère-vierge. Chose merveilleuse, sans doute, mais comment s'étonner d'un tel prodige? C'est un Dieu qui naît, et il a pour père un Dieu ! A peine est-il né que le ciel et la terre tressaillent d'allégresse. Les mages suivent l'étoile inconnue qui vient d'apparaître au firmament ; ils trouvent l'enfant enveloppé de langes dans une étable vulgaire. Bethléem est la sainte patrie du Verbe et ce sont des bergers qui gardent son berceau [1].»

Voilà un morceau très-poétique; mais, à coup sûr, ce n'est pas de la poésie païenne. Il faudrait admettre, pour le supposer, que la sibylle d'Érythrée ou de Cumes eût pu lire l'Évangile quelques siècles avant sa composition; car ce fragment n'est autre chose qu'un chapitre de saint Luc mis en vers. En présence de textes pareils, il ne devrait venir à l'idée de personne de vouloir défendre sérieusement l'authenticité de nos livres sibyllins, en tant qu'ils seraient l'œuvre de devins ou de poètes païens; évidemment, cette pièce nous place en plein christianisme. Si les oracles sibyllins avaient été conçus en ces termes, il faudrait avouer que les prophéties

---

1. *Sibyl.*, lib. VIII, 457-480.

de nos livres saints ne pourraient soutenir le parallèle avec eux pour la précision et la clarté. La sibylle aurait un avantage marqué sur Isaïe et sur Daniel, qui n'ont jamais parlé de l'incarnation du Verbe avec cette netteté, que le récit évangélique lui-même ne dépasse guère. Il est impossible de croire un seul instant à l'identité du recueil que nous analysons avec ces livres qui ordonnaient, quand on les consultait à Rome, de faire des sacrifices au dieu Mars, de célébrer des jeux en mémoire de Jupiter, de consacrer des temples à Vénus, d'apaiser Cérès par des victimes, d'établir tous les cinq ans des jeux en son honneur. L'esprit du morceau que je viens de lire est tout différent: c'est une main chrétienne qui l'a composé. Comment ne pas se convaincre, à première vue, que l'auteur avait l'Évangile sous les yeux lorsqu'on le voit entrer dans les moindres détails de la vie du Sauveur? Je cite moins ce passage dans le but de réfuter une opinion qui n'a rien de sérieux, que pour vous faire connaître les livres sibyllins, tels que nous les possédons aujourd'hui:

« Obéissant à la volonté de son Père, le Fils descendra dans le sein de la *Vierge* pour se revêtir de la forme humaine. Il versera l'eau sainte du baptême par la main des prêtres, tandis que lui-même, par sa parole, calmera toutes les souffrances. D'un mot, il apaisera la tempête; il marchera sur les flots pacifiés. Avec cinq pains et un poisson, il nourrira cinq mille hommes dans le désert, et fera remplir douze paniers avec les restes recueillis de toutes parts... Après avoir ressuscité les morts et rendu la santé aux malades, il tombera entre les mains des méchants. Ceux-ci frapperont de coups le visage d'un Dieu, et leur bouche ignoble couvrira sa face de crachats impurs. Pour lui, il prêtera le dos à leurs mauvais traitements, et livrera au monde sa chair virginale; on lui fera un diadème d'épines sanglantes. Pendant qu'il étendra ses bras sur le monde, on lui donnera du fiel pour nourriture et du vinaigre pour breuvage. Le voile du temple se déchirera, et au milieu du jour la nuit répandra ses épaisses ténèbres pendant trois heures[1]. »

Je le répète, c'est l'Évangile versifié. La sibylle ne s'est pas donné la peine de dissimuler son origine chrétienne. De peur qu'on ne l'accusât d'inexactitude, elle a pris soin de ne rien oublier, pas même les douze paniers qui figurent dans le miracle de la multiplication des pains. Aussi bien, ne faut-il pas s'arrêter à moitié chemin lorsqu'on se mêle de prophétiser après coup. Nous pouvons donc, en toute assurance, tirer une première conclusion : c'est qu'une main chrétienne a passé par là. Je ne m'arrête pas encore à rechercher dans quelle mesure l'élément chrétien se trouve mêlé aux livres sibyllins ; ce qu'il y a de certain, c'est qu'il y occupe une grande place. Ce point une fois établi, on se demande s'il n'est pas possible d'y surprendre la trace d'influences différentes de celle-ci. Lorsqu'on parcourt avec attention ce document étrange, on est surpris d'y rencontrer çà et là un sentiment de la nationalité juive beaucoup trop vif pour qu'on puisse l'attribuer aux chrétiens des premiers siècles. Depuis la prédiction du Sauveur sur la ruine de Jérusalem et sur la dispersion des Juifs, prédiction vérifiée par l'événement, les chrétiens ne partageaient nullement ces rêves de délivrance nationale dont se berçaient les restes d'Israël. L'hostilité haineuse des Juifs n'était guère faite pour inspirer aux disciples de l'Évangile cet amour ardent de la nationalité juive qui respire en maint endroit des livres sibyllins. Les citations abondent : je me contenterai de rapporter cet éloge pompeux de la race d'Abraham, que je trouve au IIIe livre.

« Il est une ville de la Chaldée, appelée Ur, d'où est issue une race d'hommes justes, animés de pieux sentiments et adonnés à toutes sortes de bonnes œuvres. La pratique de la

---

[1]. *Sibyl.*, VIII, 270-306.

justice est leur unique soin ; l'avarice est bannie de leur cœur avec les maux qu'elle entraîne à sa suite. Chacun d'eux possède en paix la part qui lui est échue dans les campagnes et dans les villes. On ne les voit pas cacher leurs larcins dans les ténèbres de la nuit, ni enlever des troupeaux de chèvres, de brebis, de bœufs. Chez eux, le riche ne moleste pas le pauvre ; sa richesse consiste à donner davantage, à distribuer aux indigents une partie de sa moisson : en cela, il observe le précepte de Dieu, qui a fait la terre pour qu'elle fût commune à tous [1]. »

Cette complaisance exagérée pour la nation juive ne semble pas indiquer la main de ceux qui trouvaient dans le peuple déicide leurs ennemis les plus acharnés. Si l'on ajoute à ce tableau chimérique des vertus d'Israël les imprécations du IIIe livre contre tous les peuples qui ont fait la guerre aux descendants d'Abraham, il est difficile de ne pas reconnaître que la sibylle, chrétienne tout à l'heure, se montre ici passablement juive. Ce soupçon se change en certitude, lorsqu'on la voit dépeindre le règne du Messie avec toutes les couleurs que l'imagination grossière des Juifs prêtait à l'idée messianique :

« Dans ce temps-là, Dieu enverra des régions où le soleil se lève, un roi qui triomphera de ses ennemis par les armes ou les enchaînera par des alliances, et qui donnera la tranquillité à la terre entière. Alors la nation aimée de Dieu se trouvera de nouveau dans l'abondance : l'or et l'argent afflueront dans son sein ; elle brillera comme sous un vêtement de pourpre, riche de tous les biens que lui apporteront la terre et les mers... Les enfants de Dieu vivront en paix autour du temple, et recevront les présents que leur fera Celui qui est le créateur du monde, son juge et son roi. Alors les îles étonnées et les villes s'écrieront de concert : Voyez combien Dieu chérit ce peuple : il l'a comblé de tous les biens, il a soumis à ses ordres le ciel lui-même, le soleil et la lune [2]. »

1. *Sibyl*, l. III, 218-247. — 2. *Ibid.*, 652-660 ; 702-713.

Ou je me trompe fort, ou un Juif seul pouvait espérer pour sa nation cette glorification temporelle. Je n'ignore pas que, parmi les chrétiens des premiers siècles, il s'en trouvait qui, séduits par le rêve du millénarisme, attendaient un avènement glorieux du Christ sur la terre ; mais nul d'entre eux ne songeait à restreindre aux débris d'Israël ce règne temporaire. Il n'y avait qu'un Juif dont l'orgueil national pût prétendre à ce privilége. Nous surprenons ainsi dans la bouche de la sibylle, tantôt le langage d'un chrétien, tantôt celui d'un juif. Que sera-ce si l'un et l'autre viennent à se confondre sur ses lèvres : en d'autres termes, si la sibylle, ici chrétienne, là juive, devient plus loin un chrétien judaïsant? Ce n'est pas, en effet, une vaine supposition : il y a tel endroit des livres sibyllins où les préjugés judaïques se montrent à découvert dans la haine de quelques convertis de la synagogue contre les chrétiens sortis de la gentilité :

« De plus grands malheurs attendent ceux qui, recouverts d'une peau de brebis, prétendent qu'eux aussi sont Hébreux, bien qu'issus d'une autre race, se répandent en vaines paroles et cherchent leur profit dans le mal : ces hommes qui changent l'ancienne manière de vivre (les observances judaïques), sans pouvoir tromper les justes, ceux qui honorent Dieu par une vraie piété [1]. »

Les Ébionites ne parlaient pas autrement de saint Paul : la sibylle judaïse dans ce passage. Il en est d'autres auxquels un disciple de Montan semble avoir mis la main, où l'auteur suit Origène dans l'une des erreurs qu'on impute à ce dernier, la rédemption finale des damnés. Enfin, pour achever le chaos, l'élément païen vient prendre place dans les livres sibyllins à côté de l'élément juif et de l'élément chrétien. J'ai dit que les recueils d'oracles sibyllins qui avaient cours dans le paganisme ne sont pas arrivés jusqu'à nous, à l'exception d'une

---

1. *Sibyl.*, l. VII, 132 138.

centaine de vers conservés par Plutarque, Strabon, Pausanias
et plusieurs autres écrivains. Or, en comparant ces débris
d'oracles païens avec les endroits parallèles de nos livres sibyllins, on trouve une conformité parfaite. Je ne mentionne-
rai que les prédictions relatives à Troie, à Samos, à Rhodes et
à l'île de Chypre : Pausanias et Strabon les ont rapportées
telles qu'elles circulaient parmi les païens ; nos sibylles chrétiennes et juives les reproduisent également, et dans les
mêmes termes [1]. Voilà ce que nous pouvons appeler l'élément
païen de nos poésies sibyllines, lequel, venant s'ajouter à ceux
que nous démêlions tout à l'heure, nous oblige d'y voir une
véritable Babel, où la critique a de la peine à se reconnaître.
La confusion atteint son dernier terme, si, après avoir constaté la diversité des éléments qui entrent dans la composition de cette œuvre, nous cherchons à déterminer la date
qu'il convient de lui assigner.

Et d'abord, Messieurs, il ne saurait être question d'une
seule date pour un recueil qui trahit tant de mains différentes.
Ouvrez le IIIe livre, vous entendrez la sibylle prédire la fin de
l'idolâtrie pour l'époque où régnera le septième roi égyptien
d'origine grecque. Ceci nous reporte au temps de Ptolémée
Philométor, c'est-à-dire au IIe siècle avant Jésus-Christ ; et,
pour qu'on ne puisse pas se méprendre sur l'âge où elle vivait, la sibylle a soin d'ajouter que quinze cents années s'é-
taient écoulées depuis la fondation des villes grecques : ce
nouvel indice nous conduit de rechef vers le milieu du IIe siècle
avant Jésus-Christ. Mais, si nous quittons le IIIe livre pour le
XIVe, nous ne faisons rien moins qu'un saut de cinq siècles
pour tomber à la fin de l'ère des trente tyrans : la sibylle, contemporaine de Ptolémée Philométor, a vécu assez longtemps

---

1. *Ibid.*, III, 414 et suiv.; Pausanias. *la Phocide*, 12 ; IV, 97. Strabon,
l. I, p. 53 et XII, p. 536 ; IV, 101 ; Pausanias, *les Corinthiennes*, 7, etc.
Voyez M. Alexandre : *Appendix ad Excursum*, v, tome III.

pour raconter les victoires d'Odenat sur Sapor, roi des Perses. Entre ces deux termes extrêmes, il y a bien des périodes intermédiaires. La sibylle du iv° livre voit dans l'éruption du Vésuve, sous l'empereur Titus, un signe précurseur de la venue de l'Antechrist et de la fin du monde : ce trait suffit pour lui assigner comme date précise le règne de ce prince, au plus tard celui de Domitien, son frère. La sibylle du v° livre recule ces événements jusqu'après les trois Antonins : c'est dire assez qu'elle vivait sous ces princes. Je m'arrête pour ne pas fatiguer votre attention. Nous aurions à signaler les mêmes divergences, si nous voulions rechercher la patrie de l'auteur. Ici, la grande place qu'occupe l'histoire de l'Égypte dans les poésies sibyllines nous retient à Alexandrie ; là, une tendance toute particulière à célébrer les gloires de la Phrygie nous dirige vers cette partie de l'Asie Mineure ; plus loin, c'est la Syrie qui nous invite à chercher au milieu d'elle l'origine des erreurs gnostiques dont nous trouvons l'empreinte au vii° livre. Lieux d'origine et dates, rien ne se plie aux efforts de celui qui voudrait ramener à l'unité d'un tout homogène des parties si différentes l'une de l'autre.

En résumé, qu'est-ce qui ressort pour nous de ce coup d'œil général jeté sur les livres sibyllins ? Il résulte avec évidence de cet examen préliminaire, que le recueil dont nous avons entrepris l'étude n'est pas l'œuvre d'un seul auteur, mais de plusieurs ; qu'il n'a pas été composé dans un seul et même temps, mais à des époques très-diverses. Pour en saisir le véritable caractère, il faut y voir un assemblage de fragments qu'un travail postérieur a reliés entre eux, un mélange de pièces mal assorties, où différentes doctrines se rencontrent sans s'unir. Paganisme, judaïsme, christianisme orthodoxe, christianisme judaïsant, erreurs millénaires, gnostiques, montanistes, origénistes : tout s'allie pour en faire une sorte de mosaïque religieuse et littéraire, une marqueterie formée de morceaux d'origine et de provenance diverses. L'Égypte, l'Asie Mineure et la Syrie ont porté tour à tour leur tribut à ce flot de poésies prophétiques, qui allait se grossissant de tout ce que l'imagination venait y ajouter. Avant de se juxtaposer dans une première collection, faite au vi[e] siècle selon toute apparence, ces productions disparates se sont échelonnées sur un espace de cinq cents années, depuis le iie siècle avant Jésus-Christ jusqu'au iiie de l'ère chrétienne. Il n'y a guère d'événement considérable, accompli pendant cette période de temps, dont il ne soit possible de retrouver l'écho dans ces chants moitié religieux, moitié politiques, qui naissaient à mesure que se dénouait la destinée des anciens peuples.

Telle est la physionomie que présentent les livres sibyllins, après une première étude de leur origine et des matières qui en font l'objet. Mais, Messieurs, nous ne pouvons pas nous contenter d'un aperçu vague et superficiel ; nous avons besoin de trouver la clef de cette œuvre si étrange à première vue. Comment se fait-il que tant d'auteurs différents se soient rencontrés pour mettre sur les lèvres de la sibylle des chants prophétiques ? Quel est le point de départ et la cause de cette tentative ? Qu'y a-t-il de sérieux au fond d'une composition qui paraît un jeu d'esprit sans motif ni portée ? Car, pour apprécier les ouvrages de l'esprit humain, il faut en saisir l'idée dominante, les envisager dans leurs rapports avec le milieu historique où ils se sont produits. Certainement, les livres sibyllins n'eussent pas joui de la célébrité qui les entourait dans les premiers siècles de l'Église, s'ils ne s'étaient rattachés à un mouvement d'idées qui en explique l'origine. De même, considérés comme œuvre littéraire, on ne peut les supposer dénués de toute valeur. Sans compter ce que j'en ai cité aujourd'hui, il suffit de rappeler un fait sur lequel je m'étendrai plus au long la prochaine fois : une des plus belles proses de la liturgie romaine, le *Dies iræ*, n'est qu'une imitation du célèbre acrostiche des livres sibyllins. Il nous reste donc, pour pouvoir dire notre dernier mot sur ce recueil de poésies primitives, une série de questions que je me propose de résoudre mardi prochain.

QUINZIÈME LEÇON

Suite de l'étude sur les livres sibyllins. — Leur origine et leur caractère. — Partie purement juive du recueil. — Causes religieuses et politiques qui l'ont fait naître. — Les sibyllistes juifs d'Alexandrie. — Les sibyllistes chrétiens. — Origine de la partie chrétienne des poésies sibyllines. — Les prophéties messianiques dans la bouche de la sibylle. — Réaction ardente contre l'empire romain et les persécuteurs. — But d'édification. — Essais de poésies chrétiennes. — Caractère dogmatique et moral des livres sibyllins. - Leur mérite historique et littéraire. — L'acrostiche sibyllin et le *Dies iræ*. — Résumé et conclusion.

Messieurs,

Dans notre dernière leçon, nous avons abordé l'étude des livres sybillins. Après avoir fait connaître la composition de ce recueil, tel que nous le possédons aujourd'hui, nous l'avons distingué des collections d'oracles sybillins qui avaient cours dans le paganisme, en particulier des livres capitolins que l'on conservait à Rome. Si, comme nous l'avons observé, quelques oracles païens se sont glissés dans ces fragments de poésie religieuse, il n'en reste pas moins évident que des auteurs chrétiens ou juifs ont travaillé tour à tour à ce monument primitif. Ce point une fois démontré, nous n'avons pas eu de peine à reconnaître que les livres sibyllins ne datent pas tous de la même époque, pas plus qu'il n'est possible de leur assigner un seul lieu d'origine. Composés pour la plupart en Égypte, dans l'Asie Mineure ou en Syrie, ils s'échelonnent sur un espace de près de cinq siècles, depuis le IIe siècle avant Jésus-Christ jusqu'au IIIe de l'ère chrétienne. Tel est le résultat auquel nous sommes arrivés en examinant les traits généraux qu'ils présentent.

Il s'agit maintenant de descendre dans le détail pour analyser les idées et les sentiments sous l'influence desquels sont écloses les poésies sibyllines. Or, comme on ne saurait attribuer à des chrétiens les parties du recueil antérieures au christianisme, la logique de l'histoire nous oblige à en chercher l'origine parmi les juifs, et, je me hâte de le dire, parmi les juifs d'Alexandrie.

L'an dernier, à propos de plusieurs citations de saint Justin, nous nous étions trouvés en présence d'un phénomène assez singulier. Pour défendre le dogme de l'unité de Dieu contre le polythéisme, le premier des apologistes chrétiens faisait valoir des textes d'Eschyle, de Sophocle, d'Euripide et de Ménandre, contenant des professions de foi monothéiste telles qu'un disciple de Moïse n'aurait pu rien articuler de plus net ni de plus précis. En face de pareils fragments, si peu en harmonie avec le caractère bien connu des ouvrages de ces poëtes, nous avions conçu un doute légitime sur leur authenticité. Des traces évidentes nous mirent sur la voie, sinon d'une supposition complète, du moins d'une interpolation manifeste. C'est à l'école juive d'Alexandrie qu'est due l'idée d'une tactique qui consiste à transformer en apôtres fervents du monothéisme les écrivains les plus renommés de l'antiquité profane. Je me contente de rappeler la conclusion à laquelle nous nous sommes arrêtés sans développer les motifs qui nous l'ont fait tirer [1]. Soit réaction de l'orgueil national, froissé du dédain que les Grecs affectaient pour une doctrine réputée barbare, soit tentative de prosélytisme pour attirer les païens vers la religion mosaïque, Aristobule et ses disciples trouvèrent piquants de se créer des intelligences dans le camp ennemi, en prêtant leurs propres croyances à des organes non suspects. Plusieurs Pères de l'Église se laissèrent prendre à cet artifice, dont ils ne soupçonnaient

---

[1]. Voyez *les Apologistes chrétiens au* II*e siècle*, S. Justin, leçon X.

pas l'origine : trouvant par devers eux des recueils d'anciens auteurs que l'école juive d'Alexandrie avait jetés dans la circulation, ils mettaient de bonne foi sur le compte de Sophocle ou d'Euripide des passages apocryphes. Mais, si les poëtes de l'antiquité devenaient ainsi, entre les mains des juifs hellénistes, un instrument de vengeance ou de propagande, souvent même une source de lucre et de gain sordide, il y avait, aux yeux des païens, une autorité qu'on pouvait retourner contre eux avec un succès plus grand encore : c'était l'antique sibylle. En plaçant sur ses lèvres les principaux dogmes de la révélation mosaïque, on battait les Grecs par leurs propres armes, et on les obligeait d'accepter de la main de leurs prophètes, ce qu'ils refusaient d'admettre sur la foi d'écrivains étrangers. Les juifs alexandrins n'eurent garde de négliger un stratagème si propre à ménager au mosaïsme un accueil favorable. Du trépied où ils la firent monter, la sibylle se chargea de redire leur langage, quelquefois en beaux vers. Vous allez en juger par ce début des livres sibyllins, reproduit par Théophile d'Antioche :

« O vous qui n'êtes que néant, hommes revêtus d'une chair mortelle, qui est-ce qui vous pousse à cet excès d'orgueil, par suite duquel vous perdez de vue la fin de la vie? Vous ne craignez pas ce Dieu dont le regard vigilant scrute et pénètre toutes choses, vous ne tremblez pas devant Celui qui a fait l'univers, qui le conserve et répand de toutes parts le souffle de son esprit, principe de vie pour tous les mortels. Il est un seul Dieu, monarque suprême du monde, lequel n'a pas eu de naissance ; invisible lui-même, il voit tout. Comment l'œil de l'homme, incapable de soutenir l'éclat des rayons du soleil, pourrait-il contempler le Dieu véritable qui réside par delà les astres ? Un tel privilége ne saurait être le partage de ce tissus de veines, de chairs et d'os que nous sommes. Voilà le Dieu unique que vous devez honorer, Celui qui seul a toujours été et sera toujours, qui prend son origine en lui-même et ne la tire d'aucun autre : seul maître du monde, il fait rayonner d'un même foyer la lumière de l'intelligence sur tous les hommes [1]. »

Voilà dans quels termes l'école juive d'Alexandrie faisait parler la sibylle. Après avoir enseigné aux païens le dogme fondamental du mosaïsme, la prophétesse d'Érythrée, toujours inspirée par Aristobule et ses disciples, bat en brèche l'idolâtrie, dont elle démontre l'absurdité. Elle raconte l'histoire du genre humain à partir de la dispersion de Babel. Au milieu des grandes monarchies de l'Orient, dont elle retrace les destinées à larges traits, elle assigne la première place au peuple de Dieu, dont elle célèbre les hauts faits. Pour donner plus facilement le change à ses lecteurs païens, elle mêle à ces réminiscences bibliques quelques souvenirs de la légende grecque, et ne dédaigne pas d'emprunter à Hésiode plusieurs détails de sa cosmogonie. Mais, dans ce mélange de traits sacrés et profanes, elle n'oublie jamais son but, la glorification d'Israël, de sa religion et de sa nationalité. Pour bien s'expliquer l'origine de cette partie purement juive des livres sibyllins, il faut se reporter à l'époque de sa composition. C'était le moment où les persécutions d'Antiochus Épiphane avaient réveillé parmi les Juifs le sentiment national ; où les premiers exploits des Machabées avaient fait naître chez plusieurs d'entre eux des espérances chimériques. Exaltés par les victoires de leurs frères de Palestine, les juifs d'Alexandrie s'imaginaient déjà tenir en main le sceptre du monde. Ce rêve de domination universelle qu'ils caressaient depuis si longtemps allait enfin se réaliser : Israël touchait au terme de ses humiliations ; le Messie ne tarderait pas à paraître pour le venger de ses ennemis, en lui assurant l'empire du monde. De là ces prédictions contre la Phénicie, l'Égypte, la Syrie, la Grèce, contre toutes

---

1. *Libri sibyll.*, Procœmium, 1 18.

les nations qui avaient opprimé le peuple juif : ces prédictions où respire l'orgueil blessé d'un patriotisme qui renaît à l'espérance. Voilà ce que les juifs d'Alexandrie chargèrent la sibylle d'annoncer au monde païen. Lorsqu'on étudie la fermentation religieuse et politique qui régnait parmi eux vers le milieu du IIe siècle avant Jésus-Christ, on s'explique sans la moindre peine cette partie purement juive des poésies sibyllines, la plus ancienne de toutes. D'un côté, c'est le sentiment religieux qui s'efforce d'attirer les gentils au mosaïsme par l'autorité d'un témoignage non suspect ; de l'autre, le sentiment national qui, surrexcité par un premier succès, traduit dans un chant prophétique ses rêves et ses colères. Ce courant d'idées qui traverse les livres sibyllins est surtout sensible dans le *Proœmium*, dans les deuxième et quatrième fragments du IIIe livre, que nous n'hésitons pas à rapporter à l'époque de Ptolémée Philométor [1].

Nous venons de marquer le point de départ des poésies sibyllines ; il nous reste à les suivre dans le cours de leur développement. Si l'avenir ne répondit pas à l'attente des sibyllistes juifs, leur manœuvre littéraire ne demeura pas sans succès. Il n'est pas douteux que leurs chants prophétiques ne fussent très-répandus avant l'avènement du christianisme, du moins parmi les juifs hellénistes, qui les tenaient en grande estime. Bientôt il en fut de ces morceaux comme des fragments attribués à Sophocle ou à Ménandre : ils passèrent pour authentiques aux yeux du grand nombre. Comme l'époque de leur apparition coïncidait avec celle où les recueils de vers sibyllins pullulaient au milieu des païens, ils ne pouvaient manquer de trouver de l'écho chez ces derniers : les sibylles étaient à l'ordre du jour. Sans doute, l'in-

---

[1]. V. Bleck, *Theolog. Zeitschrift*, Berlin, 1819-20 ; Gfrorer, *Kritische Geschichte*, Stuttgard, 1831 ; Klausen, *Æneas und die Penaten*, Hambourg, 1839. M. Alexandre, *Libri sibyllini*, vol. III, p. 314 et suiv.

dustrie des juifs d'Alexandrie trouva moyen d'écouler quelques-uns de ses produits dans ce commerce littéraire : je ne m'étonnerais nullement que la sibylle juive fût parvenue à glisser plusieurs de ses vers parmi les oracles que le sénat romain fit recueillir dans toutes les parties du monde après l'incendie du Capitole. Bref, saint Justin n'exagérait guère lorsqu'il affirmait, dans son *Exhortation aux Grecs*, que les livres sibyllins étaient connus du monde entier. Mais, à l'époque où ce Père écrivait, le recueil Alexandrin s'était déjà beaucoup accru : aux sibyllistes juifs étaient venus s'ajouter les sibyllistes chrétiens.

Il semblerait, à première vue, qu'il fut moins facile de s'expliquer la partie chrétienne des livres sibyllins ; mais on n'a pas de peine à s'en rendre compte, lorsqu'on étudie le milieu où elle se produisit. Les juifs hellénistes d'Alexandrie, disions-nous, sont les premiers qui aient placé les dogmes de la révélation sur les lèvres des sibylles païennes. Or, c'est parmi les juifs dispersés dans la gentilité que la religion chrétienne trouva plusieurs de ses premiers adhérents ; et, il faut bien le reconnaître, ces convertis de la synagogue ne se dépouillèrent pas tous complétement de leurs préjugés judaïques. L'esprit de leurs pères survivait dans quelques-uns d'entre eux à leur conversion au christianisme. Ce qu'ils déposaient le plus difficilement, c'était une vive antipathie contre les nations païennes qui avaient appelé sur la tête de leurs ancêtres tant de calamités. Cette répulsion ne s'effaçait pas toujours devant les gentils, devenus chrétiens : quand elle n'allait pas jusqu'à l'hostilité haineuse, comme chez les Ébionites, elle se traduisait dans cet attachement aux observances légales qui distinguait les Nazaréens. C'est dans cette classe de chrétiens qu'il faut chercher les continuateurs des sibyllistes juifs. A l'exemple de ces derniers, ils mettaient dans la bouche de la sibylle les principaux dogmes de la religion chrétienne. Ils lui confiaient le soin de prédire aux païens la venue du

Messie, les circonstances de sa vie et de sa mort. C'était opposer à ceux-ci, en place d'Isaïe et de Daniel, dont le témoignage ne les touchait guère, une autorité qu'ils ne pouvaient pas récuser. De là ces prédictions sibyllines qui nous avaient frappés, la dernière fois, par leur extrême clarté, et qui ne sont, à vrai dire, que les textes des anciens prophètes et les faits évangéliques mis en vers.

Certainement, Messieurs, cette fraude pieuse ne peut pas se justifier ; car un but louable ne légitime pas des moyens illicites. Cependant, il ne faudrait pas se montrer trop sévère dans l'appréciation d'un fait en faveur duquel il est facile de plaider les circonstances atténuantes. Au fond, les sibyllistes chrétiens ne forgeaient pas de prophéties : ils prenaient les prédictions messianiques qu'ils rencontraient dans l'Écriture et les représentaient sous une forme accessible à l'esprit des Grecs. Même dans la partie purement juive du recueil, il y a tel fragment d'Isaïe reproduit en propres termes [1]. Ce qu'on peut trouver de répréhensible dans leur procédé, ce n'est pas d'avoir supposé les prophéties qui existaient par le fait, mais de les avoir attribuées aux sibylles. Je veux bien accorder en outre qu'ils ont dépassé le but en substituant au clair-obscur de la prophétie la clarté de l'histoire ; mais cette exagération est plutôt imprudente que coupable. On peut affirmer également que les prédictions relatives au Rédempteur futur, bien qu'altérées par la fable, ne laissaient pas d'avoir cours dans le paganisme : ce n'était donc pas tromper les païens que de les renvoyer à leurs propres traditions par voie d'argument personnel. Encore une fois, mon dessein n'est pas de justifier la méthode des sibyllistes chrétiens ; je me borne à exposer les raisons qui atténuent à mes yeux les torts qu'on peut leur reprocher. Pour bien saisir le caractère de leur œuvre, il faut y voir moins le parti

---

1. *Libri sibyll.*, I, 787 et suiv.; Isaïe, XI, 6 et suiv.

pris de prêter aux sibylles des prédictions imaginaires que l'intention de leur faire redire, sous une forme plus rapprochée des oracles païens, les prophéties de l'Ancien Testament.

A côté de ce but, plus proprement dogmatique, nous trouvons chez les sibyllistes chrétiens des idées et des sentiments d'un autre ordre. Je disais tout à l'heure que l'exaltation du patriotisme inspirait aux juifs d'Alexandrie ces menaces prophétiques qu'ils lançaient par la bouche de la sibylle contre les nations païennes qui avaient opprimé Israël. Quelque chose de semblable dut se produire dans les rangs des chrétiens judaïsants du 1er et du 11e siècles. L'acharnement avec lequel Vespasien, Titus et Adrien avaient sévi contre la Judée, les persécutions des premiers empereurs païens contre les disciples de l'Évangile, allumèrent la flamme de l'indignation poétique chez quelques convertis de la synagogue. On ne se douterait guère de cette réaction ardente en lisant les écrits des premiers Pères, ces apologies si calmes, si résignées, où la vérité se contentait d'affirmer son droit, sans menacer l'erreur d'une vengeance imminente. Les livres sibyllins nous révèlent dans l'histoire primitive du christianisme un côté presque entièrement ignoré. Sous l'impression que faisaient naître en eux les persécutions des deux premiers siècles, il surgit dans les rangs du peuple chrétien des hommes qui exhalèrent en vers prophétiques l'indignation de leur âme. Déjà l'apocalypse avait prédit la chute de la ville qui s'enivrait du sang des martyrs : « Elle est tombée, Babylone la grande, qui a fait boire à toutes les nations le vin de la colère... elle est devenue la demeure des démons, la retraite de tout esprit impur, de tout oiseau immonde et sinistre [1]. » Les sibyllistes allèrent plus loin : ils se chargèrent d'annoncer par la voix de la sibylle la date précise de la fin de l'empire romain. D'après

---

[1]. Apocalyps., XIV, 8 ; XVIII, 2.

un bruit qui courait dans le peuple et dont ils se firent l'organe. Néron n'était pas mort : caché dans la Parthie, le parricide allait revenir au bout d'un certain temps à la tête d'une armée formidable. C'est lui qui devait être l'Antéchrist prédit par saint Paul : sa venue allait précéder la fin du monde et le jugement de Dieu sur l'empire romain. Les prédictions de ce genre abondent dans les iv°, v° et viii° livres. Voici, par exemple, une de ces tirades véhémentes des sibyllistes chrétiens contre Rome païenne :

« C'est à toi, s'écrie le poëte en apostrophant Rome, c'est à toi que sont réservées les plus grandes calamités. Pour le mal que tu as fait, tu souffriras tous les maux. Privée de tes habitants, tu resteras silencieuse au milieu d'un désert, ville impie, qui t'es complue dans la mollesse et dans l'iniquité : tu distillais le poison, tu étalais tes adultères, tu enfantais tous les vices. Malheur à toi, ville impure du Latium, bacchante à la couronne de vipères ! tu t'assiéras veuve de ton peuple le long des rives du Tibre qui pleurera sur toi comme sur une épouse délaissée, parce que tes mains impies aimaient à verser le sang. Tu ignores la puissance de Dieu, et tu ne sais pas ce qu'il médite sur toi. Tu t'es dit : « Il n'y a que moi, et nul ne me vaincra. » Mais le Dieu éternel te perdra toi et les tiens ; il ne restera plus de toi un seul de ces monuments qui faisaient ta gloire aux jours où ce grand Dieu te comblait d'honneurs. Enveloppée de flammes vengeresses, l'enfer t'attend pour châtier tes forfaits [1]. »

Ce morceau, d'une élévation et d'une force remarquables, révèle les sentiments qui animaient les sibyllistes chrétiens. J'ai dit qu'ils ne se contentaient pas d'appeler de leurs vœux la chute de l'empire romain ; ils allaient jusqu'à préciser l'époque des vengeances divines. Dans le passage que je vais lire,

---

1. *Libri sibyll.*, v, 161-177.

la catastrophe est annoncée comme devant suivre le règne des Antonins :

« C'est du ciel que partira le coup qui va te frapper, ô ville orgueilleuse ! Alors, courbant la tête, tu seras renversée à terre ; les flammes consumeront tes trésors ; les loups et les renards habiteront tes ruines. Où sera ton palladium dans ce temps-là ? Lequel te défendra, de tes dieux d'or ou d'airain ? Que deviendront tes sénatus-consultes ? Où sera la race de Rhéa, de Saturne et de Jupiter, ces ombres vaines et inanimées auxquelles tu rendais un culte ? — Après que quinze empereurs auront tenu la terre sous le joug, de l'Orient à l'Occident, il surgira un prince à la blanche chevelure, ayant pour nom celui d'une mer [1]. Il fera le tour du monde dans ses pérégrinations, s'enrichira en dépouillant les peuples, placera un jeune homme [2] au rang des dieux, et montrera par cet exemple la véritable cause de l'idolâtrie. Après lui en règneront trois autres, et leur temps sera le dernier [3]. Alors reviendra des extrémités de la terre le meurtrier de sa mère ; il quittera la retraite où il se tenait caché [4]. Quelle ne sera pas ta douleur, ô reine superbe ! Ton manteau de pourpre fera place à un vêtement de deuil : tu quitteras ton faste pour ne le reprendre jamais ; car les aigles de tes légions tomberont de leurs mains pour ne plus se relever. Où trouveras-tu un secours ? Quelle contrée pourrait vouloir te défendre, toi qui as forcé si longtemps l'univers à subir une domination inique ! [5] »

C'est ainsi que les sibyllistes des deux premiers siècles exprimaient l'indignation qu'avaient fait naître chez les chrétiens les cruautés de leurs persécuteurs. L'empire romain s'identifiait à leurs yeux avec le règne de l'idolâtrie : la chute de l'un leur paraissait la ruine de l'autre. Voilà pourquoi ils

---

1. Adrien. La mer Adriatique. — 2. Antinoüs.
3 Antonin le Pieux, Marc-Aurèle et Lucius Vérus. — 4. Néron.
5. *Libri sibyll.*, 37-80.

appelaient de leurs vœux le jour où Rome expierait enfin les maux qu'elle avait fait souffrir aux juifs et aux chétiens ; car l'âpreté du caractère juif reparaît chez la plupart des sibyllistes, à tel point qu'on hésite souvent à rapporter leurs œuvres à une origine chrétienne. Pour relever leurs tableaux prophétiques par des couleurs fortes et vives, ils commentent l'Apocalypse, imitent les prédictions d'Isaïe contre les villes de l'Orient, comme dans les passages que je citais tout à l'heure, empruntent à Daniel ses cycles et ses calculs symboliques. Ils affectent de décrire comme futures les destinées des anciennes monarchies, et pour dissimuler l'époque récente où ils écrivent, ils ont recours à des fictions. L'auteur des deux premiers livres ne craint pas de faire raconter l'histoire religieuse et politique du genre humain, depuis la création du monde, par la bru de Noé, qu'il confond hardiment avec la sibylle d'Érythrée. Nulle part l'imitation des prophéties historiques de Daniel n'est plus visible que dans les quatre derniers livres, la partie la plus faible et la moins ancienne des poésies sibyllines : c'est un fatras d'énigmes sous lesquelles on retrouve les principaux événements du IIIe siècle, entremêlés de prédictions bizarres qui ne se sont jamais vérifiées.

Nous venons de signaler les deux causes principales qui expliquent la naissance des livres sibyllins. D'une part, les sibyllistes chrétiens cherchaient à revêtir les prophéties messianiques d'une forme plus accessible à l'esprit des païens, en chargeant la sibylle de les interpréter ; de l'autre, ils traduisaient en chants prophétiques contre l'empire romain les sentiments d'indignation et de colère que les calamités de la nation juive et les souffrances des chrétiens avaient éveillés dans des natures rebelles à l'action de l'Évangile ; car il est évident que ce recueil est en majeure partie l'œuvre de chrétiens judaïsants dont l'esprit laisse voir à peine quelque teinte légère de christianisme et rappelle bien plutôt l'école juive d'Alexandrie. A côté de ces deux motifs nous devons en indiquer un troisième qu'il importe de prendre en considération lorsqu'on veut se rendre un compte exact de l'origine des livres sibyllins. Nul doute, en effet, que plusieurs de leurs parties n'aient été composées dans un but d'édification : aussi ressemblent-elles à des hymnes religieux plutôt qu'à des prophéties. On conçoit facilement que parmi les premiers chrétiens il s'en soit trouvé qui aient entrepris de chanter en vers quelques épisodes de l'histoire évangélique. Ces productions primitives de la muse chrétienne se répandaient dans le peuple dont elles servaient à entretenir la foi et à ranimer l'espérance. La poésie n'était pas interdite aux disciples de l'Évangile : en se mettant au service de la religion, elle devenait un aliment pour la piété dont elle secondait l'élan par les élévations de l'art. C'est à cet ordre d'idées qu'il faut rapporter deux fragments du VIII° livre et le VI° tout entier, qui n'est autre chose qu'une ode sacrée, comme on le voit assez par les trois vers qui le terminent : « O bois bienheureux, auquel Dieu lui-même a été suspendu : la terre ne te portera pas, mais le ciel sera ton temple, au jour où la face de Dieu apparaîtra aux hommes rayonnante de lumière [1] ! » Le but d'édification que se propose cette partie des livres sibyllins est visible dans ce fragment de poëme didactique, qui résume les devoirs du chrétien :

« Être humble de cœur, bannir toute fraude de notre âme, aimer Dieu et l'honorer saintement, chérir le prochain comme soi-même : telle est la marque qui distingue la descendance du Christ. Voilà pourquoi nous nous donnons les uns aux autres le doux nom de frères. C'est en mêlant une sainte joie aux pratiques de la religion que nous suivons les sentiers de la piété et de la vérité. Il ne nous est pas permis d'approcher du sanctuaire des temples, d'offrir des

---

1. *Libri sibyll*, VIII, 430-480 ; 481 500 ; VI, 1-28.

libations aux statues, de répandre des fleurs autour d'elles, d'allumer des cierges, de suspendre des dons au haut des colonnes, de faire brûler l'encens sur les autels, d'ajouter aux immolations de taureaux des sacrifices de brebis pour apaiser les divinités infernales, d'envoyer vers le ciel la fumée qui s'échappe de la graisse des victimes et de vicier l'air par d'impures vapeurs. Toutes ces pratiques nous sont interdites. Ce que la religion nous ordonne, c'est de conserver le cœur pur, d'accomplir la loi de charité, de célébrer par des cantiques qui lui plaisent l'auteur de toutes choses, le Dieu éternel et véritable [1]. »

Vous diriez quelque passage de saint Justin ou d'Athénagore mis en vers. C'est ainsi que les apologistes chrétiens avaient coutume d'opposer aux païens la pureté et la sévérité de mœurs qui distinguaient les disciples de l'Évangile. Là est le véritable mérite des livres sibyllins : leur doctrine morale est irréprochable. Ils ne cessent d'inspirer l'amour de la vertu, en flétrissant l'idolâtrie et ses turpitudes. L'auteur du VIIIe livre s'élève contre l'avarice avec une énergie qui rappelle les meilleurs morceaux de l'éloquence chrétienne [2]. Celui du IIe résume dans une centaine de vers tous les préceptes de la morale évangélique [3]. Ce beau fragment, connu sous le nom de sentences de Phocylide, était un compendium de mora qui circulait dans les premiers siècles de l'Église. Si, comme il est probable, le moraliste païen a composé un abrégé de ce genre, il n'est pas moins évident que ce petit manuel n'est pas sorti de sa plume tel que nous le possédons aujourd'hui. On y surprend un travail de remaniement auquel l'école juive d'Alexandrie n'a pas dû rester étrangère, et qui a reçu d'une main chrétienne un dernier complément. De cette manière le Phocylide chrétien est entré dans le domaine public d'où le

---

1. *Libri sibyll.*, l. VIII, 481-500.
2. *Ibid.* l. VIII, 17-37.
3. *Ibid.*, II, 60-148.

sibylliste du IIᵉ siècle l'a fait passer dans son œuvre. Quoi qu'il en soit, cette pièce, qui atteint à une grande élévation morale, n'est nullement déplacée au milieu d'un recueil où respire d'un bout à l'autre l'esprit de la loi mosaïque perfectionnée par l'Évangile.

Nous n'avons pas lieu d'être aussi satisfaits du caractère dogmatique des livres sibyllins. Mais ici, il importe avant tout de faire une distinction qu'on a trop souvent négligée en traitant cette matière. Les diverses parties de ce recueil, si peu homogène, n'ont pas toutes la même origine. Comme nous l'avons établi, on y trouve des parties purement juives, comme le *Proœmium* et deux fragments du IIIᵉ livre ; d'autres, composées par des chrétiens judaïsants pour la plupart, sinon tous. Parmi ces dernières, il en est dont les auteurs n'avaient qu'une légère teinte de christianisme, comme les quatre derniers, le cinquième et le troisième fragment du IIᵉ ; plusieurs qui ne renferment rien de contraire à l'orthodoxie, en particulier le Iᵉʳ, le IVᵉ et les trois derniers fragments du VIIIᵉ ; l'un ou l'autre enfin, tel que le VIIᵉ, où l'on est reçu à soupçonner la main d'un hérétique. Lors donc qu'on veut juger les livres sibyllins au point de vue doctrinal, il faut avoir égard à l'origine et au caractère de chaque fragment. Cette remarque faite, je dois dire que les erreurs dogmatiques n'y sont pas nombreuses, même dans les parties les plus suspectes, bien que les opinions singulières y soient beaucoup moins rares. Ce qu'il y a de plus grave, c'est le sentiment de l'auteur du IIᵉ livre sur la rédemption finale des damnés, qu'il attribue à l'intercession des saints, principalement aux prières de la bienheureuse Vierge Marie [1]. Mais cette erreur, qui semble trahir la main d'un disciple d'Origène, témoigne en même temps de la grande place que tenait le culte de Marie dans les premiers siècles de l'Église et de l'efficacité qu'on

---

1. *Libri sibyll.*, II, 310-313-, 330-333.

attribuait aux prières de la Mère de Dieu : du reste, les livres sibyllins, surtout le viiie, sont pleins de vénération pour la Vierge. On a reproché une erreur non moins grave aux sibyllistes du vie et du viie livres : elle consisterait à reculer jusqu'au baptême du Jourdain l'union de la divinité avec l'humanité dans la personne de Jésus-Christ, suivant le sentiment des Cérinthiens et des Ébionites ; mais le texte n'est pas assez clair pour autoriser une pareille interprétation : les paroles de l'auteur peuvent fort bien s'entendre d'une manifestation éclatante de la divinité du Christ au moment où l'Esprit-Saint descendit sur lui [1]. Ce qu'on peut reprocher avec plus de raison à la partie purement juive du recueil, ce sont des idées toutes matérielles sur l'avènement du Messie et sur la destinée d'Israël : les sibyllistes du iie siècle avant Jésus-Christ partagent complètement les rêves de domination politique que poursuivait leur nation. Quant aux sibyllistes postérieurs à la venue du Sauveur, ils ne font pas difficulté de reconnaître que la rédemption a déjà eu lieu ; mais ils espèrent presque tous un règne terrestre du Christ dans un délai assez rapproché : ils avancent la date du jugement dernier et de la fin du monde, qu'ils identifient avec la chute de l'empire romain. Je laisse de côté les contes qu'ils débitent sur Néron, envisagé comme l'Antechrist, sur le retour des dix tribus dans la Judée, sur les enfants qui naîtront avec des cheveux blancs comme signe de la catastrophe finale : ce sont moins des erreurs de doctrine que des opinions bizarres qui ne méritent pas un examen sérieux.

Si, après avoir défini le caractère dogmatique et moral des livres sibyllins, nous cherchons à en apprécier l'élément historique, le grand nombre d'erreurs qu'on y rencontre nous oblige à porter un jugement plus sévère. En général, les sibyllistes ne témoignent pas d'une connaissance bien étendue ni bien sûre de l'histoire tant profane que sacrée. Aux cinq

---

1. *Libri sibyll.*, l. vi, 3 et suiv. ; vii, 66 et suiv.

âges du genre humain que comptaient Hésiode et les autres poëtes du paganisme, ils substituent dix générations suivant un calcul aussi arbitraire que futile. Ils arrangent à leur gré la succession des grandes monarchies de l'Orient, placent les Assyriens après les Mèdes et les Juifs avant tous les autres peuples. Pour exalter la puissance de Salomon, ils ne se font aucun scrupule de réunir sous son sceptre la Perse et la plus grande partie de l'Asie ; ils prêtent à Tibère des victoires imaginaires sur les Babyloniens et les Parthes. Leur érudition n'est pas moins faible en géographie et en chronologie. Ils transportent le mont Ararat d'Arménie en Phrygie, retardent d'un siècle la fondation de la ville de Rome. Là même où l'on ne trouve pas d'erreurs manifestes, ils ne dépassent guère les notions les plus ordinaires : leur travail n'est presque d'aucun secours pour l'histoire des temps anciens, ni même pour celle de l'époque où ils vivaient. Quelques rumeurs populaires qui avaient cours dans les deux premiers siècles au sujet de l'un ou de l'autre empereur romain, tel que Tibère, Néron, Titus, Antonin, Alexandre Sévère; des détails, le plus souvent fort suspects, sur l'ère des trente tyrans au IIIe siècle : tels sont à peu près les seuls renseignements utiles que l'on puisse tirer des livres sibyllins ; pour le reste, ils se bornent à reproduire ce qu'on rencontre partout, si d'ailleurs ils n'y mêlent des faits controuvés.

Envisagés comme œuvre littéraire, les livres sibyllins ont été tour à tour trop vantés et trop dépréciés. Ici encore, il faut distinguer les auteurs et les époques. Si l'on devait juger la collection entière par les quatre derniers livres, on s'en ferait une idée très-défavorable : à peine est-il possible de trouver dix bons vers dans cette rapsodie qui n'est, le plus souvent, qu'un plagiat des parties précédentes. Il serait injuste d'en dire autant de celles-ci, bien qu'elles s'élèvent rarement au-dessus de la médiocrité. Nos sibyllistes ne craignent nullement de violer les règles de l'art : en fait de grammaire et de prosodie, ils se permettent toute espèce de licences. Les fragments qui se recommandent davantage par le mérite du style datent de l'école juive d'Alexandrie et de l'ère des Antonins ; après cette époque, la poésie sibylline dégénère peu à peu pour arriver à une décadence complète vers la fin du iiie siècle. J'ai cité ou mentionné dans le cours de cette étude ce qu'il y a de plus remarquable dans ce monument littéraire : vous avez pu apprécier par là les qualités qui le distinguent en plus d'un endroit. La partie didactique ne manque pas toujours d'élégance ni de noblesse. Dans les prédictions on rencontre quelquefois de la vigueur, du mouvement ; et les morceaux lyriques, trop rares dans le recueil, ont une certaine fraîcheur de coloris qui n'est pas sans charme. Parmi ces productions si mélangées, je n'hésite pas à placer au premier rang le *Prœmium*, conservé par Théophile d'Antioche, et les deux derniers fragments du viiie livre que j'ai rapportés presque en entier. C'est également dans ce livre qu'est encadré le célèbre acrostiche dont je me suis réservé de parler en dernier lieu.

Vous connaissez tous cette belle prose que l'Église a insérée dans l'Office des Morts pour retracer le grand drame du jugement dernier : c'est un petit poëme achevé en son genre, qui comprend deux parties bien distinctes, un tableau et une prière. Dans les six premières strophes, l'hymnographe représente la scène terrible qui doit clore l'histoire de l'humanité. Il s'avance jusqu'au terme des siècles, il se reporte en esprit à ce dernier jour, à ce jour de colère où l'univers, réduit en cendres, s'agitera dans l'attente du jugement. Il a entendu la trompette fatale qui retentit dans le silence des tombeaux ; il voit les nations qui se réveillent, qui sortent de la poussière et se réunissent de toutes parts. La nature entière est dans les alarmes ; la mort, que le poète personnifie par une hardiesse heureuse, la mort, s'étonne de voir que sa proie lui échappe. Cependant l'assemblée universelle du genre humain s'est formée : tous sont là, tremblants pour leur sort.

Alors le livre des destinées se déroule, le livre où est écrit ce qui va faire la matière du jugement. Le juge s'assied sur son trône et la manifestation des consciences a lieu. Toute cette mise en scène est du plus grand effet : c'est une poésie simple et sévère comme le sujet qui l'inspire. Mais ici le poëte s'interrompt : il se demande plein d'effroi ce qu'il répondra, lui pécheur, à cette heure formidable où les justes eux-mêmes n'attendront leur arrêt qu'en tremblant. Il se trouble, il gémit, il conjure le Sauveur de ne pas l'abandonner dans ce jour des angoisses suprêmes ; il cherche à l'intéresser à son salut, en lui rappelant la crèche et la croix. Quoi ! tout ce travail d'un Dieu serait perdu pour lui ! Alors, son espérance se ranime : il s'est souvenu du pardon accordé à la pécheresse de la cité, au larron pénitent ; à son tour, il peut espérer. Si la justice l'effraie, la bonté le rassure ; et son cœur, suspendu entre l'espérance et la terreur, éclate dans un dernier cri de confiance. Commencé au milieu des sombres couleurs d'une peinture effrayante, l'hymne va se perdre et s'achève dans les accents les plus suaves de la prière.

Eh bien, Messieurs, cette prose, d'un caractère à la fois si sévère et si doux, est une imitation de l'acrostiche sibyllin, du moins dans sa première partie. Avant que le *Dies iræ*, composé à la fin du xiiie siècle par le cardinal Malabranca, neveu du pape Nicolas III, eût pris place dans la liturgie romaine, beaucoup d'églises avaient conservé dans leur office l'acrostiche sibyllin. Vous n'ignorez pas ce qu'on entend par acrostiche : c'est un ouvrage composé d'autant de vers qu'il y a de lettres dans le nom qu'on a pris pour sujet, et dont chaque vers commence par une des lettres de ce nom, prises à la suite l'une de l'autre. L'acrostiche sibyllin se compose de trente-quatre vers, formés sur les initiales d'une phrase grecque qui signifie : Jésus-Christ, fils de Dieu, Sauveur en croix [1]. Le voici tout entier :

1. Ιησους. Χρειστος. Θεου. Υιος. Σωτηρ. Σταυρος.

« La terre suera, lorsque apparaîtra le signe du jugement, quand le roi des siècles viendra du ciel pour juger toute chair. Croyants et incrédules, tous verront le Très-Haut se montrant à la fin des temps, au milieu des saints. Assis sur son tribunal, il jugera tous les humains en face d'une terre déserte et aride. Alors les mortels jetteront loin d'eux leurs simulacres et leurs trésors. Un feu pénétrant consumera la terre, le ciel, la mer, et jusqu'aux portes des prisons souterraines. Purifiée par le feu de l'épreuve, la chair des saints renaîtra, rayonnante et libre. Toutes les fautes, même les plus cachées, éclateront au dehors, car Dieu fera briller sa lumière au fond des cœurs. On n'entendra de tous côtés que pleurs et grincements de dents. Le soleil s'éclipsera, la lune et les étoiles perdront leur éclat, et le ciel disparaîtra comme un parchemin roulé. Les vallées s'élèveront, les montagnes seront abaissées : hauteurs et bas-fonds, tout sera au même niveau, et la mer n'ouvrira plus ses routes aux navires. La terre, s'enflammant à la foudre du ciel, verra ses sources taries et ses fleuves desséchés par le feu qui fera bouillonner leurs flots. Cependant la trompette répandra un son lamentable, signal lugubre des calamités qui attendent l'univers. La terre, entr'ouvrant son sein, découvrira ses abîmes. Dans ce moment-là, tous les rois seront debout devant le tribunal de Dieu. Un fleuve de feu et de soufre coulera du haut du ciel. Alors apparaîtra le bois sacré, objet de vénération et d'amour, principe de vie pour les justes, scandale pour le monde : la croix de laquelle s'échappera par douze sources l'eau du salut ; elle régira les peuples comme une verge de fer. Voilà ce qu'a écrit en acrostiches notre Dieu, le roi immortel qui nous a sauvés en souffrant pour nous [1]. »

Je ne crains pas de trop m'avancer en disant que l'imitation est de beaucoup supérieure à l'original. L'acrostiche sibyllin

---

1. *Libri sibyll.*, VIII, 216-250.

ne manque pas de vigueur ni de coloris : mais il y a loin de
ses vers à cette poésie pleine de mouvement et de vie, où les
rimes mêmes, bien qu'insolites dans la littérature latine, ne
sont pas sans charme et ajoutent à l'effet général par l'uni-
formité de la cadence. Ce qu'on remarque surtout chez le sibylliste du IIe siècle, c'est une peinture trop chargée de la
scène du jugement dernier. Or un sujet, dont la grandeur et
la sévérité parlent assez d'elles-mêmes, ne comporte guère
ces ornements de rhétorique. Le poëte anglais Young a composé, sur le jugement dernier, un poëme en trois chants dans
lequel il a ramassé toutes les couleurs capables de frapper
l'imagination ; mais je n'hésite pas un instant à préférer
à ce luxe d'images plus fortes que variées les dix-neuf
strophes du *Dies iræ*, voire même les trente-quatre vers de
l'acrostiche sibyllin. Les critiques ont disserté bien des fois
sur l'époque à laquelle il convient de rapporter la composition de cette dernière pièce. Après ce que nous avons dit de
l'origine des livres sibyllins, il serait inutile de discuter l'authenticité d'une prophétie trop nette et trop précise pour ne
pas être rétrospective. On ne saurait alléguer l'autorité de
saint Augustin pour prouver l'origine païenne de l'acrostiche sibyllin ; car le grand docteur ne fait que citer le témoignage du proconsul Flavien, sans le prendre sous sa responsabilité [1]. L'empereur Constantin s'est hasardé davantage dans
son *Discours au saint sénat*, conservé par Eusèbe : à l'entendre, Cicéron et Virgile auraient eu connaissance du morceau que nous analysons ; mais, sans manquer de respect à
l'impérial érudit, il est permis d'affirmer que, sur ce point,
sa critique s'est trouvée en défaut. Son hypothèse, qui n'est
d'ailleurs appuyée sur aucune preuve de fait, présente un
caractère d'invraisemblance suffisante pour l'écarter à pre-

---

1. « Cum de Christo colloqueremur, græcum nobis protulit codicem,
carmina esse *dicens* sibyllæ Erythrææ. » *Cité de Dieu*, l. XVIII, chap. 23.

mière vue. Il est impossible de prendre au sérieux une opinion qui fait remonter au paganisme des vers prophétiques commençant par ces mots : « Jésus-Christ, Fils de Dieu, Sauveur en croix. » Les prophéties messianiques elles-mêmes, contenues dans l'Ancien Testament, n'auraient pas suffi pour fournir une formule aussi claire et aussi complète. Si la liturgie romaine place, dans le *Dies iræ*, le témoignage de la sibylle à côté de celui de David, elle restreint ce rapprochement à l'annonce du jugement dernier : sous ce mot de sibylle, l'hymnographe comprend toutes les prédictions qui avaient cours dans le monde païen, relativement à la catastrophe finale ; il serait peu logique de vouloir tirer de là un argument en faveur de l'authenticité de l'acrostiche sibyllin, dont l'origine chrétienne n'est pas douteuse. Cela posé, quelle date précise faut-il assigner à la rédaction de cette pièce ? C'est ce qu'il est difficile de déterminer, en l'absence de renseignements positifs. Quoi qu'il en soit, l'acrostiche sibyllin me paraît remonter à une haute antiquité, car il se rattache au symbolisme primitif, d'après lequel le mot grec qui signifie poisson désignait le Christ [1] ; or cet emblème était déjà fort usité dans les deux premiers siècles. S'il n'avait été composé que peu de temps avant Constantin, on ne comprendrait guère que ce prince eût voulu lui attribuer une origine si reculée. Saint Justin semble déjà y faire allusion dans son Exhortation aux Grecs, lorsqu'il mentionne la prédiction de la sibylle touchant l'avènement de « Jésus-Christ notre Sauveur » : ces mots reproduisent à peu près les initiales de l'acrostiche [2]. En tout cas, on ne s'expose pas à commettre une grave erreur, en reportant la première rédaction de cette pièce célèbre vers le milieu du IIe siècle.

Nous terminons, Messieurs, par l'acrostiche sibyllin, l'étude

---

[1]. Ἰχθύς : Jésus-Christ, Fils de Dieu, Sauveur.
[2]. S. Justin, *Exortat. aux Grecs*, 38.

d'un monument littéraire que nous avons envisagé dans son origine, dans son caractère dogmatique et moral, dans son mérite historique et littéraire, et sur lequel nous pouvons nous résumer, en répétant qu'on y trouve assez de bonnes parties pour ne pas être obligé d'en dire trop de mal, et trop de parties faibles pour pouvoir en dire beaucoup de bien.

SEIZIÈME LEÇON

La prédication évangélique et la morale païenne — Argument tiré des calomnies du polythéisme en faveur du dogme de la présence réelle et du sacrifice de la Messe. — Le tableau de la vie des premiers chrétiens en regard de ces accusations. — Essais de prédication morale au sein du paganisme. — Dion Chrysostôme. — Ses *discours philosophiques*. — Erreurs et lacunes dans cet enseignement. — Supériorité de la morale évangélique. — Motifs qu'elle propose, et mobiles qu'elle met en jeu. Le dogme d'un Dieu législateur, principe et source du devoir. — Le code du devoir formulé dans une loi écrite — L'Homme-Dieu, type de la perfection. — Les récompenses et les peines dans une autre vie, sanction de la loi. — L'amour de Dieu, mobile le plus élevé de l'activité morale. — Le *Tableau de la vie humaine*, par Cébès. — Qualités et défauts de cette composition morale. — Efficacité du christianisme pour la direction de la vie humaine.

Messieurs,

En étudiant l'éloquence chrétienne dans les apologistes du IIe siècle, nous groupons autour de leurs écrits les diverses productions de l'époque qui s'y rattachent par un rapport d'analogie ou d'opposition. C'est ainsi que les livres sibyllins, fréquemment cités par les premiers défenseurs du christianisme, n'ont pu manquer d'attirer notre attention. L'étrangeté même de ce recueil de poésies prophétiques ajoutait encore aux motifs qui nous portaient à le soumettre à un examen sérieux. Cette méthode de rapprochement ou de comparaison que nous avons adoptée ralentit quelque peu notre marche ; mais elle nous permet d'embrasser les œuvres religieuses et philosophiques du IIe siècle dans une synthèse plus complète. En isolant les monuments de l'apologétique primitive des autres écrits du même temps, nous n'aurions fait qu'un tableau sans cadre, dans lequel des parties trop uniformes ne se seraient pas détachées sur un fond suffisamment marqué. Voilà pourquoi l'éloquence païenne elle-même n'a pas dû rester en dehors des limites de notre sujet, là où elle offrait des points de contact avec l'objet de nos études. Chez Lucien de Samosate, nous avons trouvé une critique du polythéisme, qui se rapproche sur bien des points de l'argumentation des apologistes. Le roman d'Apollonius de Tyane, par Phylostrate, nous a semblé une tentative de l'esprit païen pour opposer à l'Évangile un type égal ou supérieur de perfection morale. Avec Plutarque, Maxime de Tyr et Apulée, nous avons assisté aux premiers efforts du néoplatonisme cherchant à défendre, par une interprétation plus relevée, les religions polythéistes contre ceux qui les attaquaient. Ce que nous venons de dire de l'éloquence païenne, nous pouvons l'appliquer également à la littérature juive : des analogies manifestes, ou des contrastes plus évidents encore nous ont obligé plus d'une fois à signaler dans les ouvrages de Philon un antécédent dont il faut tenir compte lorsqu'on étudie les écrits parallèles des auteurs chrétiens. Aujourd'hui, enfin, nous devrons jeter un coup d'œil sur quelques essais de prédication morale au sein du paganisme, à propos du résumé de la morale évangélique par Théophile d'Antioche.

Après avoir développé, dans les deux premiers livres à Autolycus, les principes de la dogmatique chrétienne et les faits généraux de l'Histoire Sainte, l'évêque syrien entreprend de réfuter les calomnies répandues dans le peuple touchant les mœurs des disciples de l'Évangile : c'est la partie plus proprement apologétique de son ouvrage. Vous connaissez ces accusations aussi étranges que mal fondées. La charité évangélique transformée par l'imagination païenne en amours infâmes, l'acte principal de la liturgie chrétienne assimilé aux repas sanglants d'Atrée et de Thyeste : tel est le thème invariable qu'un sensualisme grossier suggérait aux ennemis du christianisme et que les apologistes se virent obligés de discuter l'un après l'autre pendant trois siècles.

Ici, Messieurs, j'appellerai votre attention sur une conséquence fort grave qui résulte de ces griefs formulés par les adversaires de l'Évangile. Ces imputations fournissent contre le calvinisme une preuve éclatante de la croyance de l'Église primitive au dogme de la présence réelle. D'où venait, en effet, une accusation si monstrueuse à la fois et si persistante? Les chrétiens, disait-on, se nourrissent de chair humaine dans les assemblées du culte; ils immolent en secret un enfant couvert de farine dont ils boivent le sang, etc. Évidemment, il y a dans ces paroles un travestissement du dogme de l'Eucharistie et du sacrifice de la Messe. Malgré les précautions que prenait l'Église pour ne pas livrer aux païens le secret des saints mystères, il en transpirait quelque chose au dehors; selon toute probabilité, quelques idolâtres étaient parvenus à se glisser çà et là dans les réunions des chrétiens. On savait vaguement que ceux-ci prétendaient faire une immolation véritable, participer au corps et au sang de la victime : de là ces absurdes commentaires auxquels se livrait la multitude. Ne pouvant s'élever à la hauteur du spiritualisme chrétien, elle rabaissait au niveau de ses instincts des pratiques dont elle ne se rendait pas compte ; elle transformait l'acte mystérieux de la Cène en sacrifice humain, en repas sanglant. Mais il est évident que la croyance des premiers fidèles au dogme de la présence réelle et au sacrifice de la Messe pouvait seule fournir une occasion ou un prétexte à de pareilles imputations. Si, comme l'entendent les calvinistes, il s'était agi d'un simple repas commémoratif, où chacun prenait un peu de pain et un peu de vin en l'honneur du Christ, jamais bruits de cette nature n'eussent circulé parmi les païens. Ils auraient trouvé cette manière d'agir toute simple et toute naturelle : eux-mêmes en faisaient autant dans leurs solennités religieuses [1].

---

1. Clém. d'Alex., *Cohortat. ad gentes*, II, 21. — Athénée, l XI.

Donc, s'ils ont continué pendant trois siècles à travestir la Cène en festin de Thyeste, c'est qu'on n'ignorait pas qu'il s'agissait pour les chrétiens d'une victime réelle et d'une immolation véritable : seulement, leur sens grossier ne s'ouvrait qu'à l'idée d'une manducation sanglante, à l'exemple des Capharnaïtes auxquels le Sauveur annonçait l'institution eucharistique. Ce qui achève de faire ressortir la conclusion de ce fait, c'est la réponse que faisaient les apologistes aux calomnies des païens. Dans le système calviniste, cette réponse eût été facile. Il suffisait, pour faire tomber tous les bruits, de dire que tout se réduisait dans la Cène à un pur symbole, à un repas figuratif sans sacrifice ni victime. Eh bien, Messieurs, les apologistes répondaient-ils de la sorte ? Pas le moins du monde. Les uns, comme saint Justin, affirmaient hautement que les chrétiens offraient un véritable sacrifice, qu'ils communiaient réellement au corps et au sang du Christ ; les autres, comme Théophile d'Antioche et Minutius Félix, craignant de livrer le plus auguste des mystères à la risée ou à la fureur des païens, se retranchaient dans une argumentation indirecte, et se contentaient de prouver que la conduite exemplaire des chrétiens démentait des calomnies si odieuses. Mais, soit en avouant une manducation réelle et un véritable sacrifice, soit en éludant la question par une voie indirecte, les apologistes montrent également que la foi catholique était celle des premiers siècles. Jamais un anglican ou un calviniste n'aurait répondu comme eux ; il eut dit aux païens tout uniment : Voyez vous-mêmes, nous prenons du pain et du vin ordinaires, pas autre chose ; c'est un acte symbolique, un rit purement figuratif ; nous ne faisons pas de sacrifice et nous n'offrons pas de victime. Pour qui réfléchit sérieusement à la nature des bruits que la célébration de l'Eucharistie avait accrédités dans le paganisme et aux réponses que donnaient les apologistes, il est évident que les doctrines du protestantisme trouvent leur condamnation dans les croyances et dans les pratiques de l'Église primitive.

J'ai dit que Théophile d'Antioche s'attache à réfuter les calomnies répandues contre les chrétiens, par l'exposition de leurs doctrines et le tableau de leurs mœurs. En effet, la sainteté de leur vie protestait contre les désordres incompatibles avec la morale évangélique. L'apologiste commence par rappeler avec quelle force la religion chrétienne prescrit à ses adhérents la pratique des bonnes œuvres, la piété envers Dieu, le respect des parents, l'obéissance aux princes et aux magistrats, la justice et la charité dans les rapports avec le prochain, l'amour des ennemis et l'oubli des offenses, l'accomplissement du devoir sans retour de complaisance sur soi-même, la vigilance à conserver intacte la pureté de l'âme et du corps [1] ; puis il conclut en ces termes :

« Je vous laisse à juger si ceux qui reçoivent un pareil enseignement peuvent vivre au hasard, se plonger dans toutes sortes de dissolutions, et, ce qu'il y a de plus impie, se nourrir de chair humaine, tandis qu'il leur est défendu d'assister aux combats des gladiateurs pour ne pas devenir complices des meurtres qui s'y commettent. Il ne nous est pas permis davantage de nous trouver aux autres spectacles, afin de ne pas souiller nos yeux et nos oreilles. C'est là qu'on voit ces affreux repas où Atrée et Thyeste mangent leurs enfants. C'est là qu'on entend proposer des prix et des récompenses à qui chantera le plus mélodieusement les adultères des dieux et des hommes. Mais loin des chrétiens la pensée seule de ces abominations ! La tempérance habite au milieu d'eux ; ils conservent la chasteté et gardent l'unité du mariage ; ils bannissent de leurs demeures l'injustice, déracinent le péché, s'exercent à la justice, observent la loi, adorent et confessent le seul vrai Dieu. Chez eux, la vérité préside, la

---

1. Théoph. à *Autol.*, l. III, 9-15.

grâce protége, la paix unit, la parole sainte dirige, la sagesse enseigne, la vie récompense, et Dieu règne [1]. »

Cet éloquent tableau était la meilleure réponse qu'on pût faire aux accusations des païens. On aurait tort d'y voir une peinture imaginaire qui ne s'accordait pas avec la réalité des faits. La vie des chrétiens, au IIe siècle, présentait en effet le beau spectacle que l'évêque syrien vient de retracer. Sans nul doute, l'Église, déjà répandue dans toutes les parties du monde romain, avait à déplorer des scandales chez plusieurs de ses membres : le contact des mœurs païennes ne pouvait qu'être préjudiciable à ceux qui vivaient au milieu d'une pareille corruption. Ce serait donc une erreur de se figurer que le désordre moral fût complétement banni des communautés chrétiennes. Mais ce qui n'est pas moins certain, c'est que leur moralité, comparée à celle des populations païennes, formait un contraste merveilleux. Les apologistes n'auraient pas allégué si souvent et avec tant d'assurance un fait facile à vérifier, si la conduite de leurs coreligionnaires avait redouté l'examen. Les philosophes du temps se gardaient bien d'en appeler au résultat moral que produisaient les religions polythéistes ; ceux d'entre eux qui s'efforçaient de semer quelques vertus sur ce sol infructueux, se plaignaient de la stérilité de leurs efforts. Nous avons entendu, l'an dernier, Épictète se lamenter de n'avoir pu rencontrer, avant de mourir, un seul stoïcien commencé. Les mêmes plaintes se retrouvent sur les lèvres d'un rhéteur de l'époque, dans les écrits duquel respirent un sentiment élevé des choses morales : Je veux parler de Dion Chrysostôme. L'ami de Trajan dépasse ces sophistes vulgaires pour lesquels l'éloquence n'était qu'un exercice de déclamation ou un métier lucratif. Parmi ses compositions on en trouve bien quelques-unes qui rappellent les tours de force littéraires, les jeux

---

1. Théoph. à *Autol*, l. III, 15.

d'esprit alors en si grande vogue, comme celle où il cherche à établir que les Grecs ne se sont jamais emparés de la ville de Troie ; mais, en général, surtout dans ses trente-quatre discours philosophiques, il met sa parole au service d'une vérité ou d'un intérêt moral. Il prend le devoir au sérieux, et voit dans l'éloquence un moyen d'en inspirer le goût. Orateur ambulant, il va de ville en ville, prêchant, ici, la concorde, là, le respect de la loi, plus loin, le zèle pour les bonnes mœurs. Bref, c'est chose assez curieuse à étudier que ce rôle d'apôtre de la philosophie à côté des missionnaires de l'Évangile. Nous avions déjà trouvé un type analogue dans la vie d'Apollonius de Tyane ; seulement, chez Dion Chrysostôme l'enseignement moral est dégagé des jongleries familières au héros de Philostrate. Or, lui-même va nous apprendre combien peu les exhortations à la vertu trouvaient d'écho parmi ses contemporains.

Dans son VIIIe discours, il suppose que Diogène s'est rendu à Corinthe, vers l'époque des jeux isthmiques, pour exhorter les assistants à la pratique de la vertu. Or, voici l'accueil qu'y trouve le prédicateur de la philosophie. Tandis qu'autour de lui les poëtes récitent leurs vers, les rhéteurs déclament leurs morceaux, les charlatans montrent leurs tours, les cabaretiers débitent leur vin, au milieu d'un immense concours de peuple, l'avocat de la vertu n'obtient qu'un succès d'isolement et d'indifférence. « Si je m'étais annoncé, disait-il, comme pouvant guérir les dents ou les yeux, vous eussiez vu la foule accourir vers moi ; il en serait de même si j'avais apporté un remède pour la goutte ou la pituite. Mais parce que je promets à ceux qui suivront mes conseils qu'ils seront affranchis de l'ignorance et du vice, personne ne fait attention à moi ni ne demande à être guéri. J'offrirais même de l'argent pour me faire écouter qu'on n'en viendrait pas davantage ; et cependant j'estime qu'il est mille fois pire d'avoir une âme corrompue qu'une dent gâtée[1]. » Ailleurs, dans son LXVIII° discours, Dion Chrysostôme exprime, à peu près dans les mêmes termes, l'étonnement que lui causait cette indifférence pour la vertu :

« Ce qui me paraît inexplicable, dit-il, c'est que les hommes ne s'efforcent pas d'acquérir ce qu'ils admirent. Ainsi, tous se répandent en éloges lorsqu'ils parlent de la force d'âme, de la justice, de la prudence, et en général d'une vertu quelconque. Ils ne se font pas faute de décerner des louanges à ceux qui ont possédé ces biens de l'âme ; ils les placent même au rang des dieux ou des héros. Certes on ne saurait leur reprocher de ne pas comprendre la dignité de la vertu ou d'en méconnaître le prix. Mais, s'ils honorent la vertu en elle-même et dans ceux qui la pratiquent, ils désirent et accomplissent toute autre chose plutôt que de chercher à l'acquérir. Ils ne font nul effort pour s'exercer à la tempérance, à la prudence et à la justice ; pour apprendre à se dominer, à bien gouverner leur maison, à soigner les intérêts de la cité, à faire un bon usage de la richesse ou de la pauvreté ; pour se rendre utiles à leurs amis et à leurs proches, pour remplir leurs devoirs à l'égard de leurs parents et envers les dieux. Les uns s'occupent d'agriculture, les autres s'adonnent au commerce ; ceux-ci s'exercent aux armes, ceux-là s'appliquent à la médecine ; un grand nombre passent leur temps à construire des maisons ou des navires, plusieurs à jouer de la harpe ou de la flûte, quelques-uns à faire des chaussures, d'autres enfin à s'exercer à des jeux d'athlètes ou aux luttes de l'éloquence politique et judiciaire. Voilà ce qui les absorbe uniquement ; quant à la vertu, ils ne s'en inquiètent pas le moins du monde... Aussi, n'était la crainte des lois humaines, ils ne s'abstiendraient d'aucun crime. Si ces lois étaient abolies et qu'on pût, sans avoir à craindre de châtiment, frapper, tuer, voler à sa guise, combien, pensez-vous, reculeraient

---

[1]. Dion Crhysost., *Disc*, VIII ; édit. de Paris, 131.

devant ces méfaits ? J'en conclus que nous vivons avec des voleurs et des débauchés, et qu'en cela nous ne valons pas mieux que les bêtes qui, elles aussi, s'abstiennent de voler ce qu'elles trouvent bien gardé par des hommes ou par des chiens [1]. »

Nous voilà bien loin du tableau que Théophile d'Antioche traçait tout à l'heure de la vie des chrétiens au IIᵉ siècle, de ces hommes « chez lesquels la vérité préside, la grâce protége, la paix unit, la parole sainte dirige, la sagesse enseigne, la vie récompense et Dieu règne. » Dion Chrysostome s'indignait à bon droit des dispositions de son temps et de l'indifférence que rencontrait parmi les païens l'enseignement moral. Mais, s'il avait pu étudier, aux lumières du christianisme, ce qui détourne l'homme du bien et ce qui peut l'y amener, il aurait compris sans peine l'impuissance et la stérilité d'une morale qui ne donnait ni une connaissance suffisante du devoir ni la force de l'accomplir. Lui-même nous montre par son exemple qu'elle manquait de base et de sanction. L'idée du devoir se réduit pour lui à la notion d'honnêteté morale prise dans la conscience et isolée du caractère obligatoire qu'elle emprunte au précepte d'un Dieu législateur. Rien n'est plus vague que sa théodicée. Dans le XIIᵉ discours, qui porte tout entier sur ce grand sujet, il montre fort bien que le sentiment de la divinité est inné dans tous les hommes; mais, lorsqu'il s'agit de préciser cette croyance fondamentale, il flotte entre les sentiments les plus opposés. Il énumère les différentes sources d'où proviennent les opinions religieuses parmi les hommes : les poëtes et les législateurs, les peintres et les statuaires, enfin les philosophes ; et tout en avouant qu'il y a dans ces doctrines du vrai et du faux, il ne nous dit pas au juste ce qu'il en pense lui-même [2]. Évidemment, une prédication morale qui débutait par l'incertitude sur le prin-

---

[1]. Dion Chrysost., *Disc.*, LXVIII. p. 618 et suiv.
[2]. *Ibid.*, *Disc.*, XII. p. 193 et suiv.

cipe même du devoir ne pouvait avoir d'efficacité ; et je ne partage nullement la surprise de Dion Chrysostome s'étonnant que la crainte des lois humaines fût l'unique frein qui retînt les païens. Il devait en être ainsi, du moment qu'on ne faisait pas dériver le devoir de l'autorité du législateur divin. Par là se trouvait écarté du même coup un autre mobile non moins puissant pour l'activité morale : les récompenses et les peines d'une autre vie. Vous avez beau parcourir les écrits du moraliste grec, vous ne le verrez jamais chercher une force pour son enseignement dans un dogme si propre à soutenir la vertu par des espérances consolantes et à décourager le vice par une crainte salutaire. Son grand argument, c'est que le sage seul jouit du véritable bonheur : il méprise la douleur, fait peu de cas des richesses et de la gloire, ne regarde pas l'exil même comme un mal, et conserve en toute circonstance la tranquillité de l'âme [1]. Je ne crois pas que cet argument, où l'on retrouve des teintes stoïciennes très-marquées, que cet argument, dis-je, séparé des autres motifs qui auraient pu lui conserver toute sa force, ait produit beaucoup d'hommes vertueux. Nul doute que la vertu ne procure le véritable bonheur ; il n'en est pas moins vrai qu'elle renferme un sacrifice, le sacrifice de la passion au devoir, de la liberté à la loi, de l'intérêt propre au bien général, sacrifice souvent pénible, toujours coûteux. C'est précisément pour échapper à la nécessité de ce sacrifice, qui leur paraissait incompatible avec le bonheur, que les épicuriens plaçaient la félicité dans la plus grande somme de voluptés possible ; c'est pour la même raison que les péripatéticiens cherchaient à transiger avec le devoir par une morale de juste-milieu, par un calcul d'équilibre qui leur permît toutes sortes de jouissances prudemment ménagées. Si l'on voulait

---

1. Dion Chrysost., *Disc.*, XXIII, XXIV, LXV, LXXIV, etc.

toujours mesurer l'obligation morale au plaisir qui en est la suite, on s'exposerait à des mécomptes. Il faut accomplir le devoir parce que c'est le devoir ; il faut obéir à la loi parce qu'elle est imposée par la volonté divine. Voilà le motif suprême de la vertu. Dion Chrysostome, comme la plupart des païens, ne saisit pas l'idée morale dans son véritable sens : de là l'inanité des efforts qu'ils tentaient pour arriver à la régénération des mœurs.

Les prédicateurs de l'Évangile s'y prenaient tout autrement que les moralistes païens. Ils commençaient par formuler avec netteté le dogme d'un Dieu législateur comme principe et fondement du devoir. « Pour nous, disait Théophile d'Antioche, nous adorons un seul Dieu, créateur de l'univers, qu'il régit sans cesse par sa providence. Le législateur suprême nous a imposé une loi sainte ; il nous a enseigné à pratiquer la justice, la piété et les bonnes œuvres [1]. » Vous le voyez, la morale reçoit immédiatement de ce dogme fondamental une base inébranlable : la notion du juste et de l'honnête se rattache à un législateur qui lui donne son caractère impératif ou obligatoire. Dieu apparaît dès l'origine comme l'expression éternelle et souveraine de la loi qu'il décrète : il est à la fois la raison première du devoir et l'exemplaire de la sainteté. On mesure d'un trait la supériorité qu'assurait à la prédication chrétienne l'affirmation d'un dogme net et précis. Il y a plus. En gravant la loi morale dans le cœur de l'homme, Dieu chargeait la conscience de l'interpréter ; mais la conscience ou la raison pratique est-elle un interprète infaillible du devoir, un juge incorruptible de nos actions ? Le paganisme était là pour montrer combien la règle des mœurs avait fléchi entre les mains des maîtres de la pensée. N'avait-on pas vu quelques philosophes glorifier des amours infâmes ? Platon n'avait-il pas sapé la famille par la base en introdui-

---

1. Théoph. à *Autol.*, III, 9.

sant dans sa cité idéale la communauté des femmes? Aristote n'avait-il pas renversé un des grands principes de la morale sociale, en déclarant que l'esclavage est de droit naturel? Ici éclatait de nouveau la perfection sans égale de l'éthique chrétienne. Elle ne se contentait pas de renvoyer l'homme à sa conscience : elle lui montrait le devoir écrit dans un code révélé, formulé par une série de préceptes positifs, lumineux, où tout est pur, saint, irrépréhensible. Voilà ce que Théophile d'Antioche oppose à l'enseignement païen. Il déroule aux yeux d'Autolycus les dix préceptes du Décalogue avec les perfectionnements que l'Évangile est venu y apporter [1]. On conçoit l'efficacité d'une pareille doctrine : elle ne laissait rien d'obscur ni d'indécis dans la règle des mœurs ; la main de Dieu traçait elle-même une ligne de conduite ferme et sûre pour toutes les situations de la vie.

Ce n'est pas tout, Messieurs : le christianisme ajoutait encore l'exemple au précepte, en plaçant devant tous le type de la perfection morale sous une forme vivante. Ce qui manquait au monde païen, c'est un modèle extérieur et visible dont chacun pût reproduire les traits et imiter la sainteté. On n'y rencontrait de toutes parts que l'image de l'homme déchu avec ses vices et ses passions; or, l'homme a besoin de se former sur un exemplaire qui réalise pour lui l'idéal de la justice. Voilà pourquoi Platon assignait à l'activité morale pour règle et pour but l'imitation de Dieu : c'était un trèsbeau mot dont je le félicite. Mais il y a entre Dieu et l'homme une distance incommensurable ; le beau, le bien absolu est hors de proportion avec les limites de la nature humaine. Sur ce point, la morale chrétienne est venue en aide à la faiblesse de l'homme : elle rapproche de lui le modèle de la sainteté, en le mettant à sa portée ; elle lui offre l'idéal du bien dans des conditions semblables à la sienne, sous une

---

1. Théoph. à *Autol.*, III, 9 et suiv.

forme également humaine, dans la personne de l'Homme-Dieu, type incarné de la perfection divine. Imiter le Christ dans sa vie terrestre, voilà le grand mot de la prédication évangélique. De cette manière, la doctrine devenait l'histoire et l'idéal s'incarnait dans le fait. L'humanité se trouvait en possession d'une règle vivante qu'il suffisait de suivre sans la perdre de vue. Plus d'obscurité ni d'incertitude dans la science des devoirs : l'exemplaire était là sous les yeux de tous, aussi instructif que la parole et plus frappant qu'elle. On conçoit de quel puissant secours était pour la morale évangélique ce type de l'Homme-Dieu qui la résume tout entière dans l'expression la plus haute et la plus sensible que l'on puisse imaginer. Cela seul eût suffi pour la mettre hors de pair avec l'enseignement moral des écoles philosophiques ; mais d'autres motifs s'ajoutaient à ceux que je viens d'énoncer pour expliquer son efficacité.

Je disais tout à l'heure qu'il faut accomplir le devoir parce que c'est le devoir : on doit obéir à la loi parce qu'elle est imposée par la volonté divine. En d'autres termes, la vertu tire de soi son caractère obligatoire ; et, lors même qu'elle ne procurerait aucun avantage, ce serait toujours un devoir de la pratiquer. Cependant il faut bien le reconnaître : l'homme ne saurait se dépouiller complétement de l'amour de soi, ni faire abstraction de son propre intérêt dans l'accomplissement de la loi morale : le désir du bonheur est inné en nous aussi bien que l'idée de justice. S'il nous est donné d'atteindre, par des actes passagers, à ce degré d'amour du bien où l'oubli total de soi-même bannit tout motif personnel, ce désintéressement absolu ne saurait être la forme habituelle de l'activité morale : ce serait la destruction de la personnalité humaine. Voilà pourquoi la crainte et l'espérance sont deux mobiles également puissants pour porter l'homme à la pratique du bien. Or, quoi de plus propre à faire mouvoir ce double ressort de l'âme humaine que le dogme chrétien de l'éternité des récompenses et des peines? Appuyée sur une telle sanction, la morale évangélique triomphait des passions, en opposant à l'attrait du plaisir sensible la perspective d'une félicité sans fin. Le paganisme s'étonnait de voir que les disciples de l'Évangile poussaient le mépris des jouissances terrestres jusqu'au sacrifice de la vie : un peu d'attention eût suffi pour lui faire comprendre ce triomphe de la vertu. En allant à la mort, les martyrs savaient qu'elle serait pour eux le passage à une vie meilleure : ils appelaient ce jour suprême leur jour de naissance. Une pareille conviction, quand elle est bien assise dans le cœur de l'homme, est une force immense pour le bien : unie à l'amour de Dieu, elle soutient la vertu qu'elle rend capable des plus grands sacrifices. Le vice perd son empire là où se réunissent contre lui les trois grands mobiles de la volonté humaine : la crainte, l'espérance et l'amour.

J'ai nommé l'amour de Dieu. Ce mot manquait dans la langue païenne. Honorer les dieux par un culte de respect et de vénération, c'est à quoi se réduisait la morale religieuse du polythéisme. Quelquefois, il est vrai, on croit surprendre chez les auteurs païens quelque chose qui se rapproche de l'amour dans ce qu'ils appellent la piété envers les dieux ; mais, en y regardant de près, on voit qu'elle se confond avec la crainte révérencielle, qui n'est pas ce sentiment d'amour que le christianisme a développé dans l'âme humaine. Platon nous parle bien de l'amour du Beau, du Bien ; mais tout cela est fort vague et métaphysique : cet amour idéal n'a pas d'influence pratique sur l'immense majorité des hommes ; l'amour d'un Dieu vivant et personnel peut seul remuer le cœur et subjuguer la volonté. Voilà le mobile qui faisait défaut à la morale religieuse des païens ; et ce mobile est d'une force souveraine. « Car l'amour, comme dit l'auteur de l'*Imitation de Jésus-Christ* avec cette profondeur de style et de coup d'œil qui le distingue, l'amour rend léger ce qui est pesant, agréable et doux ce qui est amer. Rien n'est plus fort que lui au ciel et sur la terre : il pousse aux grandes choses ; il ne sent pas la fatigue, ne compte pas le travail ; il ne se décourage ni ne s'abat, mais il est capable de tout. Celui qui aime sait ce que veut dire ce mot [1]. » Or, le christianisme a cherché dans ce sentiment, le plus puissant et le plus élevé de tous, le premier mobile de la volonté. En rapprochant la divinité de l'homme, il l'a montrée dans un rapport plus intime et plus touchant avec nous, s'abaissant jusqu'à nous par une condescendance sublime et opérant pour notre salut le plus grand des sacrifices : par là, il a produit l'amour de Dieu dans toute son énergie et sa vivacité. S'il est vrai que l'amour, pour être véritable, a besoin de l'égalité ou du moins d'un certain rapprochement qui le rende plus facile, l'incarnation du Verbe répondait merveilleusement à cette loi psychologique. C'est à partir de ce moment-là que l'amour de Dieu est devenu parmi les hommes le grand ressort de l'activité morale. En se déployant chez les saints avec une force toujours croissante, ce sentiment a fait pour eux du devoir un plaisir, de la souffrance un bonheur, du dévouement et du sacrifice une véritable passion. Je ne fais que toucher à ces grandes choses de la sainteté pour vous montrer que l'Évangile possède dans l'amour de Dieu, dont il développe le germe au fond des âmes, un mobile qui manquait au paganisme et qui n'aura jamais de véritable puissance dans les morales purement humaines.

C'est ainsi, Messieurs, que s'expliquent l'efficacité de la prédication évangélique et l'impuissance de l'enseignement païen. La notion précise d'un Dieu législateur principe de la loi morale, un code révélé formulant avec netteté l'ensemble des devoirs, un idéal exprimant la perfection divine sous une forme humaine, le dogme de l'éternité des récompenses et

---

1. *De Imit. Christi*, III, 5.

des peines comme sanction de la loi, et par dessus l'espérance et la crainte, l'amour de Dieu, mobile suprême de l'activité morale : voilà ce qui fait comprendre les résultats merveilleux que Théophile d'Antioche et les autres apologistes du IIᵉ siècle signalent dans la vie des chrétiens. Il est évident que les orateurs moralistes du paganisme, comme Dion Chrysostome, ne pouvaient approcher, même de loin, d'un tel but. Cette conclusion nous paraîtra encore plus évidente, si nous plaçons en regard de la morale chrétienne un autre monument de la même époque, fort remarquable d'ailleurs. Je ne veux point parler des écrits de Marc-Aurèle et d'Épictète, que nous avons étudiés à propos de saint Justin, mais d'un autre ouvrage moins connu, le *Tableau de la vie humaine* par Cébès de Cyzique, philosophe stoïcien du IIᵉ siècle [1].

Le tableau de Cébès est une instruction morale sous forme allégorique, dans le genre du Pasteur d'Hermas que nous avons examiné il y a deux ans. Pour frapper davantage l'imagination du lecteur, le moraliste païen personnifie les vices et les vertus dans un petit drame plein de mouvement et de vie. Il suppose que des étrangers, arrivés sous le portique d'un temple de Saturne, y contemplent un immense tableau qui leur paraît une énigme ; un vieillard se charge de leur en expliquer le sens. Sur le premier plan du tableau se trouve une large enceinte qui figure la vie : la foule se presse à la porte, au-dessus de laquelle le Génie montre la voie qu'il faut suivre pour parvenir à la félicité. Or, à l'entrée de la carrière apparaît la Séduction qui enivre tous les hommes du breuvage de l'Erreur et de l'Ignorance. Tous boivent plus ou moins à cette coupe empoisonnée. Viennent ensuite les Opinions, les Désirs, les Plaisirs qui égarent les hommes hors du

---

1. On attribue communément le *Tableau de la vie humaine* à Cébès de Thèbes, disciple de Socrate ; mais à tort, comme l'a démontré Wolf, et après lui l'abbé Sevin dans les *Mémoires de l'Académie des inscriptions et belles lettres*, tome III.

vrai chemin. Un peu plus loin la Fortune se présente à eux sous les traits d'une femme qui se tient debout sur un globe de pierre : chacun lui tend la main pour recevoir d'elle la richesse, la gloire, l'autorité et d'autres biens semblables. De là on passe dans une deuxième enceinte, où ceux qui ont reçu les dons de la Fortune sont épiés, harcelés par l'Incontinence, la Débauche, l'Avarice et la Flatterie, qui les perdent le plus souvent et, après les avoir entraînés à une vie joyeuse et oisive, finissent par les livrer aux mains de la Tristesse et de la Douleur. Arrivés à ce point de la vie, ils n'ont plus d'autre moyen pour se sauver que de trouver la route de l'Instruction. Mais ici, deux enceintes s'ouvrent devant eux, celle de la fausse et celle de la véritable Instruction. Cébès fait entrer dans la première, ce qui est peu flatteur pour eux, les poëtes, les rhéteurs, les dialecticiens, les musiciens, etc. : « Tous ces gens, dit-il, sont encore pleins du breuvage qu'ils ont pris de la Séduction. » Reste donc le chemin qui mène à la véritable Instruction : ce chemin est bien étroit, rocailleux, peu pratiqué ; mais, avec l'aide de la Continence et de la Patience, on atteint le but. Là l'Instruction commence par purger ceux qui arrivent de leurs erreurs et de leurs vices ; puis elle les conduit vers la Science et les Vertus, qui sont ses sœurs, la Justice, la Probité, la Modération, la Modestie, la Douceur, etc.; celles-ci, à leur tour, les mènent dans une dernière enceinte, vers leur mère qui est la Félicité. Tel est le tableau que Cébès trace de la vie humaine. Il conclut par la bouche du Génie que, pour parvenir à la Félicité, il faut se défier de la Fortune, fuir la Mollesse et l'Intempérance pour se mettre entre les mains de la véritable Instruction : là est le salut.

Assurément, cet enseignement est très-moral : les conséquences funestes du vice y sont signalées avec force et sous une forme piquante ; mais on y retrouve également toutes les lacunes de la morale païenne. Quel est le principe du devoir, la source de l'obligation morale ? Il n'y a pas dans le tableau de Cébès un mot qui l'indique : la divinité est complétement absente d'un dialogue où l'on prétend donner une direction à la vie humaine ; rien n'y rattache la loi à l'autorité du législateur. Dès lors, nulle sanction suffisante : le moraliste païen ne fait pas même allusion à une vie future ; et pourtant la question se présentait tout naturellement. Un des interlocuteurs hasarde cette demande : « Quand le vainqueur a été couronné par la félicité, que fait-il ? Où va-t-il ? » C'était le cas d'insinuer au moins ce qui peut l'attendre après cette vie. Mais non, le bonheur se réduit à bien vivre soi-même et à voir clairement combien les autres vivent mal. Franchement, cette perspective n'est pas très-vaste. Cébès y ajoute les formules ordinaires du stoïcisme : l'homme vertueux n'a plus rien à craindre de la douleur, de la pauvreté ni d'aucun mal ; il est supérieur à la bonne comme à la mauvaise fortune. L'espoir de cette félicité, purement négative, ne triomphera jamais des attraits du plaisir ; il est sans force devant les sacrifices que demande la vertu. Il faut peu connaître la nature humaine pour s'imaginer qu'elle trouve dans ces grands mots de quoi vaincre la répugnance que lui inspire la sévérité du devoir. Toute morale qui fait consister uniquement la sanction de la loi dans le bonheur de la vertu sur la terre est une morale fausse : elle reçoit un démenti éclatant des prospérités durables dont jouissent quelquefois les méchants et des souffrances qui accablent souvent les justes.

Enfin, Messieurs, vous avez dû remarquer que Cébès attribue à l'instruction seule ou à la science le pouvoir de guérir l'homme de ses vices. C'est l'idée de Platon qui, réduisant le péché à une erreur de l'esprit, confond la science avec la vertu. Or cette idée est radicalement fausse. La connaissance et la pratique du bien sont choses complétement distinctes, et l'on peut être philosophe sans mériter pour cela le nom d'homme vertueux. Sans nul doute, l'accomplissement du

devoir en présuppose l'intelligence, mais n'en découle pas
comme une conséquence nécessaire. Pour guérir la volonté
humaine viciée par le mal, il faut un remède plus efficace
que la théorie platonicienne des idées. C'est ici que le christianisme a saisi admirablement les conditions morales et
psychologiques de notre nature. Il cherche à la source même
du bien, c'est-à-dire en Dieu, la force qui manque à l'homme
déchu. J'énumérais, il n'y a qu'un instant, les motifs qu'il
développe et les mobiles qu'il met en jeu pour nous déterminer à remplir nos devoirs ; cette analyse serait incomplète,
si l'on n'y ajoutait le secours que trouve la prédication évangélique dans l'action surnaturelle de Dieu ou la grâce. Voilà
le véritable remède à la faiblesse de la volonté sollicitée au
mal par sa propre tendance et par les causes étrangères qui
agissent sur elle. Partant de ce principe, la religion chrétienne place au commencement de la sainteté la défiance de
soi-même et le recours à Dieu par l'humilité de la prière.
Elle étouffe par là le mal dans sa racine qui est l'orgueil. Puis,
elle tient l'homme dans un rapport permanent avec Dieu,
auquel l'adoration, la reconnaissance, l'amour, tous les mouvements de l'esprit et les pratiques du culte le rattachent par
mille liens. Elle affaiblit l'attrait des biens sensibles en lui
opposant le goût des choses spirituelles qu'elle réveille par
la parole, par l'exemple, par tous les moyens d'influence
qu'elle possède. Elle échelonne le long de la vie autant de
grands actes qui deviennent pour l'homme un accroissement
de lumière et de force. Elle a des préservatifs contre les dangers qui le menacent, des remèdes pour ses maladies morales, des secours au milieu de ses luttes, des aliments qui
répondent à l'infinité de ses désirs. Bref, c'est une économie
morale qui saisit l'homme sous toutes ses faces sans rien
négliger de ce qui peut le retenir dans le bien ou l'y ramener. De là les effets prodigieux que produisait l'éloquence
sacrée dans les premiers siècles de l'Église, tandis qu'autour

d'elle l'enseignement des écoles philosophiques restait impuissant et stérile. C'est l'éternel contraste que présenteront les systèmes humains comparés avec la parole de Dieu.

DIX-SEPTIÈME LEÇON

La chronologie dans l'apologétique chrétienne au ii⁰ siècle. — Son importance. — Le christianisme a donné à la chronologie son caractère d'unité et d'universalité. — Supputations des anciens peuples — Système chronologique de Théophile d'Antioche dans les trois livres à Autolycus. — Le peuple juif, centre historique du vieux monde. — Chronologies différentes du texte hébreu, des Septante, du Pentateuque samaritain. — Sentiment des premiers Pères. — Des critiques du xviie siècle. — *L'art de vérifier les dates*. — Hypothèses et calculs plus récents. — La chronologie et l'histoire. — Premier essai d'histoire ecclésiastique dans Hégésippe. — Origine et caractère de cet ouvrage. — Les fragments conservés par Eusèbe. — Défense de l'orthodoxie d'Hégésippe contre l'école rationaliste de Tubingue.

Messieurs,

Pour repousser les calomnies que le paganisme inventait contre les chrétiens, il suffisait d'exposer les préceptes de la morale évangélique et la conduite de ceux qui les suivaient. Telle est, en effet, la double réponse que donne Théophile d'Antioche. Elle était d'autant plus propre à faire impression sur l'esprit d'Autolycus, que les moralistes païens convenaient eux-mêmes de la stérilité de leur enseignement. Nous n'avons pas eu de peine à découvrir les causes de cette impuissance, en comparant avec la prédication évangélique quelques œuvres morales qui s'offraient à nous dans l'éloquence païenne du ii⁰ siècle, telles que les discours philosophiques de Dion Chrysostome et le *Tableau de la vie humaine* par Cébès. Mais, si la supériorité du christianisme ressortait avec évidence de ce contraste, elle n'était pas moins visible sur un autre point. Rien ne semblait plus décisif aux Grecs et aux Romains, dans la discussion des doctrines, que la question d'ancienneté : à leurs yeux, les croyances et les pratiques les moins récentes étaient également les plus respectables. Partant de ce principe, ils reprochaient à la religion chrétienne ce qu'ils appelaient sa nouveauté. Aucun apologiste n'a mis plus de soin à réfuter cette objection que Théophile d'Antioche. A l'exemple de saint Justin et de Tatien, il s'attache a démontrer que Moïse et les prophètes sont de beaucoup antérieurs à la plupart des poëtes et des philosophes de la Grèce. Il établit dans ce but un calcul de chronologie qui embrasse tous les âges du monde, depuis la création jusqu'à la fin du règne de Marc-Aurèle. Cette dernière partie de son apologie n'est pas la moins importante de toutes, parce qu'elle nous offre le premier système de chronologie complet que l'on trouve dans l'éloquence chrétienne. Tatien n'avait fait qu'indiquer quelques-unes de ces grandes divisions du temps, marquées par les faits principaux de l'histoire.

Messieurs, la chronologie n'est pas chose indifférente dans l'apologétique chrétienne. Quand le christianisme se présenta au milieu des hommes, il vint leur dire ce qu'avaient ignoré tous les anciens peuples, sauf la nation juive, le véritable âge du monde. Lui-même marqua le point de départ d'une supputation nouvelle, en substituant aux ères particulières ou nationales la grande ère universelle du genre humain, l'ère de la rédemption. La naissance de Jésus-Christ est devenue l'anneau central qui relie entre elles les deux extrémités de la chaîne des temps, la création et la fin des choses. La croix est la grande borne historique qui marque le terme de l'ancien monde et le commencement du monde nouveau. C'est en venant se rattacher par tous ses fils à ce nœud de l'histoire, que la chronologie a pris un caractère d'unité et d'universalité qu'elle n'avait jamais eu auparavant : elle s'est identifiée avec le christianisme, qui en est devenu l'âme et la règle. Les conventionnels du siècle dernier le comprirent parfaitement. Avec cette intuition que peut donner la haine à défaut de génie, ils virent qu'ils avaient contre eux la chronologie ; ils s'acharnèrent à la changer. Ils firent la guerre au calendrier, et ils avaient raison : le calendrier est l'expression chronologique du dogme. La semaine est le mémorial permanent des sept jours de la création : ils y substituèrent la décade. Le dogme de la communion des saints se réfléchit dans ce cycle de la sainteté que forme l'année chrétienne : ils remplacèrent les noms des saints par ceux des plantes et des animaux. Enfin, après avoir révolutionné la semaine et l'année, il fallait également déchristianiser les siècles, en imaginant une nouvelle ère qui pût servir de point de départ à l'humanité régénérée par Chaumette et ses pareils. Les réformateurs ne reculèrent pas devant cette dernière tentative, et le 22 septembre 1792 inaugura l'ère républicaine. C'était là, sans nul doute, une comédie encore plus ridicule qu'ignoble, et je ne crois pas que jamais plus pauvres esprits aient tenté une entreprise plus grandiose ; mais cette persécution contre le calendrier était dans la logique de la situation. Pour effacer le christianisme des lois et des habitudes, il fallait le bannir de la chronologie, dont il est le point central et régulateur. Les conventionnels ne se trompaient pas dans le choix du moyen, mais sur la possibilité d'atteindre le but. Il n'appartient pas à une poignée de fanatiques de creuser un nouveau lit au fleuve des âges. Le Christ occupe le sommet des temps ; rien ne s'élève jusqu'à lui. Toute comparaison d'un fait historique avec son avènement resterait une folie, lors même qu'elle ne serait pas un blasphème. La Révolution française a été un événement grave dans la vie d'une nation, dans celle de l'Europe entière, si vous le voulez ; rapprochée de la grande époque du salut, elle n'est qu'un simple épisode qui se perd dans le bruit des choses humaines. Les échafauds de la Convention n'ont rappelé à l'humanité qu'une chose déjà vieille, c'est que, dans un jour donné, quelques affreux petits rhéteurs peuvent tyranniser tout un peuple. C'est de la croix seule que date la rédemption de l'homme, sa délivrance morale, le sentiment de sa dignité, le respect de ses droits, l'esprit de dévouement, le triomphe de la justice et de la vraie liberté. Voilà pourquoi elle marque le point culminant de l'histoire : elle est la grande colonne milliaire à partir de laquelle le genre humain compte sa marche à travers les siècles.

Il y avait donc pour l'éloquence chrétienne un puissant intérêt à faire connaître aux nations païennes le véritable âge du monde. S'il est une chose confuse dans les monuments de l'antiquité profane, c'est la chronologie. La cause principale de ce désordre inextricable se trouve dans la sotte vanité qui portait les anciens peuples à s'attribuer une durée fabuleuse. Leurs historiens se firent les organes complaisants ou crédules de ces opinions chimériques. Selon Hérodote, les Égyptiens ne comptaient rien moins que dix-sept mille ans depuis Hercule jusqu'à Amasis, et quinze mille depuis Bacchus [1]. Diodore de Sicile porte à dix-huit mille ans le règne des dieux et des héros en Égypte ; à quinze mille, celui des souverains humains [2]. Manéthon n'est pas moins prodigue de chiffres pour les dynasties égyptiennes [3]. Bérose le Chaldéen va plus loin : il ne se fait aucun scrupule de placer quatre cent trente mille ans avant le déluge [4]. Mêmes prétentions chez les Indiens et les Chinois : les brahmes se prétendent en possession d'un traité scientifique d'astronomie, révélé depuis plus de vingt millions d'années [5]. Vous n'ignorez pas avec quelle naïveté audacieuse les incrédules du siècle dernier devinrent la dupe de ces inventions puériles, dont la science contemporaine a fait pleinement justice. Il est bien avéré

---

1. Hérodote, *Euterpe*, 144. — 2. Diod. de Sicile, l. I, 11.
3. *Le Syncelle*, p. 40 et suiv. — 4. *Ibid.*, p. 38 et 39.
5. *Mém. de Calcutta*, tome VI, p. 540.

aujourd'hui que l'histoire véritable commence chez ces différents peuples huit ou neuf siècles au plus avant Jésus-Christ[1]. La géologie est d'accord avec les traditions authentiques pour affirmer que l'ordre actuel des choses ne remonte pas très-haut, et qu'on ne découvre aucune trace de l'humanité sur le globe, cinq ou six mille ans avant notre ère.

Les premiers apologistes du christianisme avaient beau jeu contre la chronologie des nations païennes. Théophile d'Antioche commence par se moquer des myriades d'années que Platon assignait au monde comme durée. Puis, à l'aide des livres saints, il s'attache à déterminer le véritable âge de l'humanité. Prenant l'histoire du peuple de Dieu pour base de son système chronologique, il divise en six grandes périodes les temps qui se sont écoulés jusqu'à la fin du règne de Marc-Aurèle. Adam ou la création, Noé ou le déluge, Abraham ou le commencement de l'alliance, Moïse ou la loi écrite, Salomon ou le temple achevé, Cyrus ou les Juifs rétablis : tels sont les grands moments historiques qui lui servent de jalons sur la route qu'il suit à travers les siècles passés [2]. Vous reconnaissez là les principaux linéaments du plan qu'a tracé Bossuet, dans son *Discours sur l'histoire universelle*. Seulement, l'évêque de Meaux, moins exclusif, y joint trois périodes qu'il caractérise par des faits de l'histoire profane : la prise de Troie, Romulus ou Rome fondée, Scipion ou Carthage vaincue. En mesurant l'espace de temps compris dans chaque période, Théophile d'Antioche arrive à placer, entre la création du monde et la mort de Marc-Aurèle, 5698 ans, et par conséquent 5518 avant la naissance de Jésus-Christ.

C'est pour la première fois que nous rencontrons dans la littérature ecclésiastique ces grandes divisions de l'histoire ancienne, déterminées par les principaux faits de la Bible.

---

1. Voyez Cuvier, *Discours sur les révolutions du globe*, p. 169-280, Paris, 8e édition, 1840.
2. Théoph. à Autolyc., III, 16-30.

Comme je viens de le dire, Bossuet les a adoptées dans le même ordre que Théophile d'Antioche, en y ajoutant trois époques indiquées par la marche de l'antiquité profane. Cette méthode, qui consiste à voir dans le peuple juif le centre historique du vieux monde, a été attaquée bien des fois, par Voltaire en particulier, comme étroite et exclusive. Il faudrait cependant partir de ce principe, qu'une histoire universelle du genre humain n'est possible qu'à la condition d'en ramener toutes les parties à un événement central qui les explique et les domine. Cela posé, même humainement parlant, la venue du Christ est le fait le plus considérable qui se soit produit dans les annales du monde, celui qui a exercé l'influence la plus profonde sur la marche des choses humaines. Donc, à moins d'enlever à l'histoire ce caractère d'unité que le christianisme seul a su lui donner, il faut, de toute nécessité, la faire tourner sur ce pivot fixe et immobile. Cette conclusion paraît évidente si l'on considère que l'humanité ne saurait avoir d'autre but que le développement du règne de Dieu dans les individus et dans les peuples. Or, du moment que le Christ est le centre de l'histoire, l'importance des événements se mesure au rapport qu'ils ont avec lui; par conséquent, les grandes divisions du temps doivent tre marquées par les faits qui ont le plus contribué à préparer ou à développer son règne. Sans nul doute, la nation juive a jeté bien moins d'éclat que les Grecs et les Romains ; ce qui ne l'empêche pas d'avoir été le foyer de la vie religieuse et morale dans le vieux monde : elle a occupé, comme telle, la première place dans le plan de la Providence, dont l'histoire est la réalisation, à moins qu'on ne mette les intérêts matériels de l'humanité au-dessus de sa vocation religieuse. Il résulte de là que, pour embrasser les événements du point de vue qui les domine, l'histoire universelle du genre humain se confond avec celle de la religion dans ses rapports avec la vie civile et politique des peuples. En d'autres termes, ce sont les faits religieux qui dessinent les grandes lignes de l'histoire. Si l'on ne ramène le mouvement historique au Christ et à l'Église, qui est le royaume de Dieu sur la terre, comme au terme providentiel des choses humaines, on reste, avec le déisme, dans une narration de faits sans lien et sans issue, ou bien l'on retombe dans les formules préconçues du panthéisme. La seule manière de coordonner les faits et les doctrines dans un tout harmonique, c'est de marquer les principales divisions du temps par les grands moments de la religion, comme l'ont fait la plupart des écrivains catholiques, depuis Théophile d'Antioche jusqu'à Bossuet.

L'évêque syrien, avons-nous dit, est le premier chronologiste qui s'offre à nous dans la littérature chrétienne. Cependant il est facile de voir que son calcul n'a pas été suivi par tous ceux qui ont cherché à déterminer l'âge du monde. Si l'on peut affirmer avec certitude, d'après l'Écriture Sainte, qu'il ne s'est pas écoulé plus de cinquante ou soixante siècles entre la création de l'homme et la naissance de Jésus-Christ, il n'en est pas de même lorsqu'on veut préciser les dates à l'année près. Là-dessus il s'est produit environ deux cents calculs différents, dont le plus court ne compte que 3483 ans depuis la création jusqu'à l'ère vulgaire, et le plus long en suppose 6984 [1]. Voici la raison de ces divergences. Nous possédons trois textes du Pentateuque, l'original hébreu, les exemplaires samaritains et la version grecque des Septante. Or, ces trois textes ne s'accordent pas entre eux sur la chronologie, relativement aux deux premières périodes de l'histoire du monde. Ainsi, tandis que le texte samaritain ne place que 1307 ans entre la création et le déluge, le texte hébreu suivi par la Vulgate en suppose 1656 et les Septante 2262. De même ceux-ci étendent jusqu'à 1270 ans la durée comprise

---

1. Desvignoles, *Chronologie de l'Histoire sainte*, préface. — *L'art de vérifier les dates*, tom. I, Disc. prél., p. 27 et suiv., Paris, 1819.

entre le déluge et la naissance d'Abraham, pendant que le Pentateuque samaritain la réduit à 1040 ans, et l'original hébreu à 390. Il en résulte, de ce dernier à la version des soixante-dix interprètes, une différence de quinze siècles, laquelle provient uniquement de supputations diverses dans l'âge des patriarches. On a donné bien des raisons de ce fait, que des erreurs de copiste expliquent suffisamment. Les Hébreux, comme les Grecs, désignaient les nombres par des lettres de l'alphabet que leur ressemblance pouvait facilement faire prendre l'une pour l'autre [1]. Quoi qu'il en soit, cette divergence entre les trois textes les plus anciens du Pentateuque a produit des systèmes de chronologie très-variés, selon qu'on inclinait de préférence vers l'original hébreu ou vers la traduction des Septante. Ce qui achevait de faire naître cette diversité, c'est le peu de données chronologiques que fournit l'Écriture Sainte sur quelques périodes secondaires, comme, par exemple, sur la durée de la servitude d'Égypte et sur celle du gouvernement des juges.

En comptant 5518 ans depuis la création du monde jusqu'à la naissance de Jésus-Christ, Théophile d'Antioche suit la chronologie des Septante. Elle a été adoptée également par Clément d'Alexandrie, Jules Africain et Georges Théophanes, dit le Syncelle. Lactance, Eusèbe de Césarée, Sulpice Sévère, Paul Orose, saint Augustin, saint Isidore de Sévile et Nicéphore de Constantinople, s'en rapprochent plus ou moins dans leurs écrits, et le martyrologe romain lui-même ne s'en éloigne guère. On peut dire que les Pères de l'Église, à l'exception de saint Jérôme, s'accordaient généralement à reculer au delà de cinq mille ans la durée comprise entre la création et la naissance de Jésus-Christ. Au contraire, vers le xvıı^e siècle, l'opinion favorable au texte hébreu et à la Vulgate

---

1. Quoi de plus facile que de changer ר en ד, de lire par exemple נט, 59, au lieu de כט, 29, etc.

commença de prédominer. Scaliger et le père Pétau ne contribuèrent pas peu à ce résultat, en abrégeant de mille ans la durée du monde, dont ils placèrent la création, l'un en 3964, l'autre en 3984 avant Jésus-Christ. La *Science des temps*, par le savant jésuite, est un ouvrage d'une érudition prodigieuse, dans lequel Bossuet a pris le plan de la première partie de son *Discours sur l'histoire universelle*, *les Époques ou la suite des temps* : l'évêque de Meaux s'arrête au chiffre 4004 comme se rapprochant le plus du texte hébreu et de la Vulgate. Ce qui n'était qu'une nomenclature sèche et aride dans le tableau synchronique du père Pétau est devenu, sous la plume de Bossuet, un drame plein de mouvement et de vie ; mais l'imitation est visible. Tout en admirant l'ampleur et l'unité de leur plan historique, je dois dire que leur chronologie me paraît défectueuse, du moins pour la période qui s'étend du déluge à Moïse : ils la réduisent à huit siècles, ce qui est un chiffre beaucoup trop faible. Pour le maintenir, ils sont obligés de supposer que la dispersion des enfants de Noé eut lieu un siècle après le déluge : or, il n'est pas vraisemblable que la postérité du patriarche eût pu s'accroître en si peu d'années dans les proportions indiquées par l'Écriture Sainte. J'en dirai autant du séjour des Israélites en Égypte, que Bossuet porte à 215 ans au lieu de 430 : ce n'est pas au bout de deux siècles qu'une famille de soixante-dix personnes se multiplie au point d'offrir un chiffre de six cent mille combattants. Ces difficultés et plusieurs autres disparaissent avec le calcul de Théophile d'Antioche qui, suivant le texte des Septante, compte dix-sept siècles entre le déluge et Moïse : cet espace de temps donne également plus de latitude pour placer les monarchies anciennes, et pour concilier l'Histoire Sainte avec l'histoire profane. C'est pourquoi les Bénédictins de la congrégation de saint Maur ont suivi, dans l'*Art de vérifier les dates*, une voie intermédiaire entre la chronologie des Septante et celle du texte hébreu, entre le sentiment des premiers Pères et celui des critiques du xvii⁰ siècle. Ce volumineux ouvrage, composé au siècle dernier, est encore un de ces monuments de science qui frappent d'étonnement et qui font sourire de pitié, lorsqu'on entend dire à nos faiseurs de brochures que la critique est née de nos jours. A l'aide d'une sage combinaison entre les trois textes du Pentateuque, dom Clément et ses collaborateurs fixèrent l'âge du monde à 4963 ans avant Jésus-Christ. Sans vouloir prétendre que ce chiffre exprime à l'année près l'âge du monde, il est permis d'y voir la meilleure date approximative que l'on ait donnée jusqu'ici : on ne se trompe pas de beaucoup en affirmant qu'il s'est écoulé cinq mille ans entre la création du monde et la naissance de Jésus-Christ.

Un critique allemand s'y est pris de nos jours d'une façon toute différente. Je vous demande pardon, Messieurs, de vous retenir si longtemps au milieu des embarras de la chronologie ; mais l'apologie de Théophile d'Antioche nous oblige d'examiner cette face de la littérature chrétienne. Dans sa vie de Jésus-Christ, ouvrage fort remarquable et plein d'aperçus nouveaux, le docteur Sepp a essayé de concilier entre elles toutes les chronologies. Selon lui, tous les anciens peuples comptaient entre la création du monde et la venue du Rédempteur futur une même période d'années qu'ils regardaient comme sacrée. Pour établir le point capital de son système, il en appelle aux livres des Indiens, aux traditions des Bouddhistes de Ceylan, du Bengale, de Cachemire ; il invoque le témoignage des Chinois, des Étrusques, interprète les calculs des Chaldéens, des prêtres de l'Égypte, fait parler Josèphe et les Samaritains, les Rabbins et les Talmudistes ; il va chercher des indices jusque parmi les Druides et dans le pays des Ases, au milieu de leurs légendes mythologiques. Rien n'échappe à l'attention de l'infatigable érudit. Non content de trouver sur la terre des preuves de son sentiment, il en demande aux corps célestes ; à la suite de Kepler, il porte le mysticisme dans l'astronomie. Enfin, comme conclusion de son travail, il établit que la grande période historique et astronomique du monde se compose de 4320 années lunaires, soit 4191 années solaires. C'est à la fin de cette période sacrée que devait commencer le jubilé de la Rédemption, suivant l'opinion et le calcul de tous les peuples. Le Christ donc est né l'an du monde 4191, au moment où s'accomplissait pour la vingt et unième fois la conjonction de Jupiter et de Saturne dans le signe des Poissons, où Mars venait d'opérer 2222 fois sa révolution, Jupiter 354 fois la sienne, etc, etc. Tel est le système élaboré par le docteur Sepp avec une patience d'érudition qui ne le cède en rien à celle de nos anciens Bénédictins [1]. On trouve, sans nul doute, des rapprochements fort ingénieux dans son travail, une grande habileté à grouper les faits et les chiffres ; mais il m'est impossible de prendre au sérieux sa base chronologique. Il abuse du symbolisme des nombres, à l'exemple des anciens cabalistes. Que le chiffre 430 ait une grande signification dans le système général du monde, je n'oserais pas le nier en face du témoignage de Kepler : mais il ne s'ensuit nullement qu'il faille le transporter dans l'histoire comme une sorte d'hiéroglyphe dont le sens mystérieux se dévoilerait aux lumières du christianisme. Comment espérer que les traditions des peuples païens, si obscures et si confuses, pourront jamais servir à déterminer la date précise de l'âge du monde et la naissance de Jésus-Christ, quand les trois textes du Pentateuque eux-mêmes ne fournissent là-dessus que des données différentes ? Ce qu'il y a de certain, et ce qui ressort avec une nouvelle clarté des recherches du docteur Sepp, c'est que toutes les nations de l'antiquité attendaient le Rédempteur pour l'époque où il est arrivé ; mais les témoignages de l'histoire, pas plus que les calculs de

---

1. *Das leben Christi,* von Dr Joh. Nep. Sepp, iv ter Band, 2 ter Abschnitt, 207-363, Ratisbonne, 1845.

l'astronomie, ne me paraissent de nature à pouvoir établir d'une manière irréfragable l'année même de la création de l'homme : il nous suffit de savoir qu'une période de cinquante siècles environ s'est écoulée entre ce fait primitif et la naissance de Jésus-Christ ; le reste est livré pour toujours aux disputes de la science.

Nous avons étudié chez Théophile d'Antioche le premier tableau chronologique qui s'offre à nous dans la littérature chrétienne ; nous trouvons vers la même époque un premier essai d'histoire ecclésiastique. Le rapport intime qui existe entre la chronologie et l'histoire nous amène tout naturellement à rattacher l'examen de cet écrit aux matières que nous venons de traiter. Je veux parler des cinq livres composés par Hégésippe, dans le but de rapporter les faits mémorables qui se sont passés dans les deux premiers siècles de l'Église.

Lorsqu'on parcourt attentivement l'âge primitif du christianisme, on remarque sans peine que les compositions écrites y tiennent bien moins de place que la prédication orale. C'est par la parole plutôt que par les livres que l'Évangile se répandait dans le monde romain. A part quelques requêtes adressées aux empereurs, un petit nombre de traités de controverse contre les hérétiques, l'éloquence chrétienne ne nous offre guère de productions considérables avant le iiie siècle. La raison de ce fait est toute simple : la vie des premiers chrétiens était une vie active et militante. Or, quand on est absorbé par le ministère de la parole et par les luttes extérieures, on n'a ni le loisir, ni même le goût suffisant pour écrire des ouvrages de longue haleine. La plupart des écrits que nous avons étudiés jusqu'à présent sont des œuvres de circonstances, nées des besoins du moment, des nécessités de la situation, selon que l'occasion se présentait de faire face à un danger actuel. On n'y remarque pas le dessein de satisfaire la curiosité des siècles futurs, ni surtout la moindre préoccupation à l'endroit des jugements de la postérité. Voilà pourquoi l'histoire, qui demande des recherches et qui a pour but de transmettre le souvenir des événements passés, l'histoire a dû être, de tous les genres littéraires, le moins cultivé dans les premiers siècles de l'Église. On agissait beaucoup ; on songeait peu à perpétuer la mémoire des choses accomplies. C'est après le triomphe de l'Église, sous Constantin, qu'on se mit à recueillir avec soin les faits des siècles précédents : Eusèbe de Césarée ouvrit la voie avec une patience d'érudition peu commune. Cette absence de travaux historiques pendant les trois premiers siècles fait regretter d'autant plus la perte du seul ouvrage qui présente le caractère d'une relation proprement dite, celui d'Hégésippe.

Né au commencement du IIe siècle, Hégésippe s'était converti à l'Évangile en quittant le judaïsme, auquel il appartenait par naissance. Poussé par un vif désir de se fortifier dans la foi qu'il avait embrassée, il parcourut les principales églises pour recueillir les traditions apostoliques qui avaient cours dans chacune d'elles. A Corinthe, il eut de longs entretiens avec Primus, évêque de cette ville, et il put se convaincre que cette communauté de chrétiens, établie par saint Paul, avait persévéré dans la vraie doctrine. De là, il se rendit à Rome sous le pontificat d'Anicet, dont il nomme également les deux successeurs Soter et Éleuthère. Ce fut pour lui une grande consolation de voir que le même enseignement était en vigueur dans toutes les Églises. Magnifique témoignage rendu à l'unité de foi dans le IIe siècle chrétien, et qui suffirait à lui seul pour réduire à leur juste valeur les romans imaginés par le rationalisme protestant sur de prétendues divergences dont il n'y a pas trace dans l'histoire ! Après s'être ainsi assuré par lui-même de l'accord qui régnait entre les différentes églises, il résolut de consigner par écrit le résultat de ses voyages. A l'aide de renseignements qu'il avait pris de toutes parts, il rédigea en cinq livres l'histoire des événements qui s'étaient accomplis depuis la mort de Jésus-Christ jusqu'à l'époque où il vivait : narration d'un style simple, dit saint Jérôme, et conforme au caractère de ceux dont l'historien retraçait la vie.

Malheureusement, comme je le disais tout à l'heure, nous ne possédons plus ce précieux monument : c'est une des pertes les plus regrettables qu'ait faites la littérature chrétienne. Toutefois, il nous en reste cinq fragments assez considérables conservés par Eusèbe. Je ne citerai que le portrait de saint Jacques encadré dans l'un de ces morceaux : quelques lignes suffiront pour vous donner une idée du genre d'Hégésippe et des lumières que jetterait son ouvrage sur les deux premiers siècles de l'Église, si quelque bibliothèque de l'Europe ou quelque monastère de la Grèce pouvait nous le rendre : ce serait un trésor auprès duquel la découverte de la *République* de Cicéron, par le cardinal Maï, n'aurait qu'une moindre valeur :

« Jacques, frère du Seigneur, prit avec les apôtres le gouvernement de l'Église. On le nommait le juste dès le temps même du Seigneur : par là, on le distinguait de quelques autres qui, comme lui, portaient le nom de Jacques. Il était consacré à Dieu dès le sein de sa mère. Il ne but jamais de vin, ni aucune autre liqueur qui pût enivrer, et il garda une abstinence perpétuelle de viande. Jamais rasoir ne vint toucher à sa chevelure; il n'avait pas l'habitude de se frotter d'huile, et l'usage du bain lui resta toujours inconnu. Ceux de la synagogue estimaient tellement sa vertu, qu'ils lui accordaient l'entrée du sanctuaire qui n'était ouvert qu'aux prêtres, et il avait aussi bien qu'eux le privilége de porter la robe de lin. Il avait coutume de prier dans le temple aux heures où personne ne s'y trouvait; là, prosterné devant Dieu, il implorait le pardon du peuple : il demeurait si longtemps dans cette posture, que ses ge-

noux finirent par s'endurcir comme la peau d'un chameau.
Cette assiduité à la prière et cette éminente sainteté lui méritèrent d'être appelé la justice du peuple de Jérusalem, sa forteresse et sa défense[1].»

Les paroles d'Hégésippe peignent au vif cet hébreu de l'ancienne marque que le Christ choisit pour disciple. Le genre de vie décrit par l'historien est celui des Nazaréens qu'avait également suivi saint Jean-Baptiste, et qui, modifié par l'esprit chrétien, est devenu le régime des ordres pénitents. Josèphe s'accorde avec Hégésippe pour témoigner de la haute vénération que les Juifs eux-mêmes professaient pour le premier évêque de Jérusalem. Quand le grand prêtre Anne eut soulevé contre l'apôtre les passions de la multitude, ses fureurs homicides excitèrent dans son propre parti l'indignation de tous les cœurs honnêtes. L'exaspération que produisit parmi les Juifs le supplice d'un homme si juste et si austère fut telle, que le roi Agrippa se vit obligé, sur leur demande, de déposer le grand prêtre [2]. Vous voyez par ces simples détails que l'ouvrage d'Hégésippe eût été pour nous une source féconde de renseignements sur les temps apostoliques. Les autres fragments conservés par Eusèbe n'offrent pas moins d'intérêt que le récit du martyre de saint Jacques. Ici, c'est la relation du supplice de saint Siméon, deuxième évêque de Jérusalem; là, c'est le compte-rendu des voyages de l'historien à Corinthe et à Rome avec le catalogue des principales sectes juives ou gnostiques ; plus loin, le récit fort curieux d'une entrevue de Domitien avec quelques parents du Seigneur, neveux de l'apôtre saint Jude. Assurément, il serait difficile de porter un jugement complet sur le premier historien de l'Église, à l'aide de ces rares débris : tout ce qu'on peut affirmer avec certi-

---

1. *Hegés.*, l. v. — Apud Euseb., *Hist , eccles.*, l. II, 23.
2. Josèphe, *Antiq. jud.*, xx, 9, 1.

tude, c'est qu'il se dessine à travers ce petit nombre de pages comme un témoin véridique de ce qu'il a vu et entendu ; son esprit d'observation, ses voyages dans les différentes églises portent à croire que ses cinq livres méritaient les éloges que leur ont décernés Eusèbe, saint Jérôme et Sozomène. Le rationalisme protestant ne s'est pas renfermé dans cette réserve ; les fragments d'Hégésippe ont suffi à quelques critiques allemands pour élever une controverse sur le caractère dogmatique de son œuvre. Nous ne saurions terminer ce point d'étude sans donner un moment d'attention à cette manœuvre d'un parti occupé à défigurer les personnages et à travestir les faits dans l'histoire de l'Église.

C'est le portrait de saint Jacques qui a surtout valu à Hégésippe les attaques des rationalistes protestants : ils en ont conclu que l'historien appartenait à la secte des Ébionites. Vous vous rappelez peut-être les caractères généraux de l'Ébionitisme, que j'ai signalés à propos des Clémentines; on peut les réduire à trois : la négation de la divinité de Jésus-Christ, que les Ébionites envisageaient comme un simple prophète envoyé de Dieu, la pratique des observances légales dont ils étendaient l'obligation même aux païens convertis, et la haine contre l'apôtre saint Paul, dans lequel ils voyaient un apostat déserteur de la loi de ses pères. Telles étaient les tendances caractéristiques de ces demi-chrétiens sortis de la synagogue, dont ils retenaient l'esprit étroit et exclusif. L'école rationaliste de Tubingue a cru retrouver ces différents traits dans la physionomie d'Hégésippe [1]. Voici comment elle argumente : Hégésippe était un *juif converti qui, comme beaucoup d'autres, avait conservé les préjugés de sa nation après son baptême*. Selon le témoignage d'Eusèbe, il se servait de l'Évangile hébreu de saint Matthieu, le seul qui fût en usage parmi les

---

1. Baur, *Christuspartei*, p. 172 ; Schwegler, Montanismus, p. 276 et suiv.

Ébionites. Son affiliation à cette dernière secte se montre assez par le silence qu'il garde sur elle dans son catalogue des hérésies. A ces arguments négatifs, si l'on veut, viennent s'ajouter des preuves positives. Le portrait qu'il trace de saint Jacques est celui d'un juif nazaréen qui place dans les œuvres extérieures le caractère de la sainteté et le principe de la justification. D'ailleurs, cette admiration pour saint Jacques est déjà suspecte, car cet apôtre lui-même est, de tous, celui qui a le moins compris l'esprit du christianisme, comme le prouve son épître que Luther appelait à juste titre une épître de paille ; peu s'en faut qu'on ne doive le ranger également au nombre des Ébionites. Enfin, la haine d'Hégésippe contre saint Paul éclate dans un passage que rapporte Étienne Gobar, dans la bibliothèque de Photius. L'historien s'y élève contre ce texte de saint Paul : « L'œil n'a point vu et l'oreille n'a pas entendu ce que Dieu prépare à ses justes. » Il résulte de tout cela qu'Hégésippe partageait les sentiments des Ébionites ; et, s'il affirme qu'il a rencontré partout la même foi, c'est que l'Église elle-même était en majeure partie Ébionite dans les deux premiers siècles. Voilà de quelle manière raisonnent aujourd'hui, en Allemagne et en France, des ministres du saint Évangile et des professeurs de théologie chrétienne : c'est ce qu'ils appellent de la critique indépendante.

Déjà nous avons rencontré plus d'une fois sur notre chemin des tentatives de ce genre, et chaque fois nous avons admiré avec quel sang froid on débite de pareilles naïvetés. Hégésippe nous fournit une nouvelle occasion de regarder en face cette critique tant prônée dans quelques revues françaises. Rien n'est plus fragile que l'échafaudage construit sur cette base par l'école rationaliste de Tubingue. Hégésippe, dit-on, était un juif converti ; saint Paul également : faut-il en conclure que le grand adversaire des tendances Ébionites a été Ébionite lui-même? Hégésippe cite l'Évangile hébreu de saint Matthieu ; Clément d'Alexandrie, Origène et saint Jérôme le citent à leur tour : est-il jamais venu à l'esprit de personne de les regarder comme Ébionites ? Hégésippe ne nomme pas cette dernière secte, en parlant des hérésies primitives ; saint Justin fait de même, sans qu'on ait jamais songé à tirer de ce silence une conclusion contre lui. Loin d'avoir la prétention d'énumérer toutes les sectes qui ont paru jusqu'à lui, l'historien affirme en propres termes qu'il en est beaucoup d'autres dont il ne fait pas mention [1]. D'après le témoignage fort suspect d'un hérétique trithéiste, Étienne Gobar, Hégésippe se serait élevé contre un mot de saint Paul ; mais on voit clairement par le contexte que l'historien n'attaque qu'une fausse interprétation des paroles de l'apôtre. Il oppose à ceux qui en abusaient pour contester les conséquences immédiates de l'Incarnation ce passage de saint Matthieu : « Bienheureux vos yeux qui voient et vos oreilles qui entendent ; » au lieu de favoriser les adversaires de la divinité de Jésus-Christ, cette phrase semble destinée à les combattre. Hégésippe est si peu contraire à l'autorité apostolique de saint Paul, qu'il fait allusion à la première épître à Timothée, dans l'un des fragments conservés par Eusèbe [2] : le docteur Baur lui-même a été obligé d'en convenir. Je laisse de côté cette incroyable assertion, que l'Église entière était Ébionite pendant les deux premiers siècles : nos études sur les Pères apostoliques et sur les apologistes nous ont montré, à chaque pas, dans le dogme de la divinité du Christ la croyance fondamentale de cet âge primitif. Si l'Ébionitisme avait été le système dominant à cette époque, comment expliquer que tous les Pères sans exception l'eussent flétri comme une hérésie ? Dans l'hypothèse de l'école de Tubingue, ils se seraient condamnés eux-

---

1. Eusèbe, *Hist. ecclés.*, l. IV, c. 22.
2. *Ire à Timothée*, VI, 20. — Eusèbe, *Hist. ecclés.*, III, 32.

mêmes. Reste donc le portrait de saint Jacques ; mais encore là n'y a-t-il pas un seul indice de l'opinion qu'on y cherche. L'apôtre et son historien seraient-ils suspects d'Ébionitisme parce qu'ils ont, l'un, pratiqué, l'autre, admiré des œuvres de mortification corporelle? Le Seigneur n'a-t-il pas consacré par son exemple et recommandé par sa parole le jeûne comme une pratique salutaire? Saint Paul, le zélé prédicateur de la foi, ne disait-il pas de lui-même : « Je châtie mon corps et je le réduis en servitude ? » Si l'apôtre saint Jacques, ce grand nazaréen de la loi nouvelle, a retracé dans sa personne l'image de la pénitence chrétienne sous la forme de l'Ancien Testament, a-t-il jamais enseigné que les observances légales fussent restées obligatoires pour les disciples de l'Évangile? N'a-t-il pas affirmé le contraire au concile de Jérusalem? N'a-t-il pas écrit dans cette épître que Luther déchirait pour s'affranchir de son devoir et se délier de ses serments, n'a-t-il pas écrit dans cette admirable épître que la véritable foi est inséparable des bonnes œuvres, « que la foi agit avec les œuvres et se consomme par elles [1] ? » Y a-t-il la moindre trace d'un dissentiment entre saint Paul et l'évêque de Jérusalem? L'apôtre des Gentils ne disait-il pas comme saint Jacques : « Ce ne sont pas ceux qui écoutent la loi qui sont justes aux yeux de Dieu, mais ceux qui la pratiquent seront seuls justifiés [2] ? » Il n'y a pas plus d'Ébionitisme d'une part que de l'autre. Enfin, si Hégésippe avait suivi les tendances de cette secte dans son *Histoire ecclésiastique*, comment expliquer qu'Eusèbe, saint Jérôme, l'auteur fort ancien de la *Chronique pascale* et Sozomène, eussent prodigué les éloges à cet ouvrage sans y mettre la plus légère restriction [3] ? En vérité, je cherche

---

1 Ἡ πίστις συνέργει τοῖς ἔργοις, καὶ ἐκ τῶν ἔργων ἐτελειώθη. — S. Jacques, II, 22.

2. *Ép. aux Rom.*, II, 13.

3. Eusèbe, *Hist. ecclés.*, IV, 8, 22. — S. Jérôme, *de Viris illust.*, 2, 22. — *Chron. Pasc.*, p. 262. — Sozomène, *Hist. ecclés.*, l. I, c. I.

moins à défendre l'orthodoxie d'Hégésippe, qui n'a nul besoin de justification, qu'à vous donner un spécimen de ces fantaisies littéraires, par lesquelles certains critiques allemands éblouissent les simples, et qui trouvent dans quelques écrivains français des organes complaisants, dont la crédulité fait sourire ceux-là mêmes qui se plaisent à les mystifier.

L'ouvrage d'Hégésippe sur les deux premiers siècles de l'Église nous a fait sortir quelque peu du cadre de l'apologétique chrétienne. En trouvant chez Théophile d'Antioche le premier système de chronologie qui s'offre à nous dans l'éloquence sacrée, j'ai cru devoir y rattacher le premier essai d'histoire ecclésiastique qui ait été tenté à l'époque dont nous nous occupons. La ressemblance des matières nous autorisait à ce rapprochement. Nous allons rentrer dans ce qui fait plus spécialement l'objet de nos études, en examinant la défense de la religion chrétienne par Claude Apollinaire, évêque d'Hiérapolis, et par Méliton, évêque de Sardes.

DIX-HUITIÈME LEÇON

Méliton de Sardes. — Son activité théologique. — Caractère général de ses écrits. — Méliton considéré comme apologiste de la religion chrétienne. — Fragments de son apologie conservés par Eusèbe. — Découverte récente d'une partie notable de cet écrit par le docteur Curéton. — Discussion sur l'authenticité de cette pièce. — Méliton de Sardes envisagé comme défenseur et interprète de l'Écriture sainte. — Son *Canon* ou catalogue des livres de l'Ancien Testament. — La *Clef* de Méliton. — Caractère de cet ouvrage. — Méthode d'exégèse employée par l'évêque de Sardes. — Ses formules allégoriques. — Le symbolisme chrétien au IIe siècle. — Méliton de Sardes étudié comme théologien et comme controversiste. — Les apologistes du IIe siècle, témoins de la foi et organes de la tradition.

MESSIEURS,

Les trois livres de Théophile d'Antioche à Autolycus forment l'un des monuments les plus remarquables de l'apologétique primitive, tant par l'abondance des matières qui s'y trouvent développées que par l'érudition et la science qu'ils révèlent dans leur auteur. L'évêque syrien y touche à toutes les questions qui faisaient l'objet de la controverse païenne depuis la théodicée jusqu'à la chronologie. Mystère de la Trinité, œuvre des six jours, excellence de la morale évangélique, fausseté du polythéisme, critique de la philosophie ancienne, témoignage des livres sibyllins, rien n'échappe à l'attention de l'apologiste dans ce travail qui embrasse à la fois les idées et les faits, la doctrine et l'histoire. Théophile n'a sans doute ni l'élévation métaphysique de saint Justin, ni l'ordre lumineux qui distingue les écrits d'Athénagore, ni la véhémence qui éclate dans le discours de Tatien, ni enfin la vivacité d'esprit qui brille dans la satire d'Hermias;

mais les vastes proportions qu'il a su donner à son œuvre et l'intérêt qu'y répand une grande variété de détails rachètent le défaut d'unité ou de symétrie qu'on peut y regretter. D'autre part, une instruction familière adressée à un ami ne comportait pas cette énergie ou cette chaleur naturelle à une défense publique des chrétiens opprimés. Et cependant nous avons trouvé des passages où l'évêque d'Antioche s'élève à une véritable éloquence; mais en général il est vrai de dire que son style, un peu lâche et diffus, manque de nerf et de précision, comme on l'observe d'ordinaire chez les orateurs asiatiques. Il nous serait plus facile de porter un jugement complet sur ce Père de l'Église, si nous possédions encore les autres ouvrages que lui attribuent Eusèbe et saint Jérôme, tels que ses livres contre Marcion et Hermogène, ses traités catéchétiques, son recueil d'histoires, ses commentaires sur l'Évangile et sur les Proverbes de Salomon, etc.; mais aucun de ces écrits n'a échappé aux ravages du temps[1]. Quoi qu'il en soit, Théophile d'Antioche occupe un rang distingué au milieu de cette pléiade de grands évêques que nous offrent l'Asie Mineure et la Syrie, dans la seconde moitié du II° siècle.

C'était, en effet, une brillante époque pour cette partie de l'Église. Théophile d'Antioche et Sérapion, son successeur, Polycrate d'Éphèse, Claude Apollinaire d'Hiérapolis, Méliton de Sardes, tels sont les hommes que nous trouvons sur les principaux sièges de la chrétienté, à la suite des Pères apostoliques. Pour se faire une idée de leur activité pastorale, il suffit de parcourir le catalogue de leurs écrits dans Eusèbe et dans saint Jérôme. Apollinaire adresse à Marc-Aurèle un discours pour la défense de la foi, puis il compose cinq livres contre les païens, deux contre les juifs; il combat le montanisme dans plusieurs écrits. Encore Eusèbe a-t-il

---

1. Eusèbe, *Hist. ecclés.*, IV, 24. — S. Jérôme, *de Scriptor. eccles.*,

soin de dire qu'il ne parle que des ouvrages dont la connaissance est arrivée jusqu'à lui [1]. Nous ne sommes pas aussi heureux que lui : la perte irréparable de ces documents précieux ne nous permet plus d'apprécier le mérite de l'évêque d'Hiérapolis que par la haute réputation dont il jouissait dans l'Église. Des indices plus sûrs nous mettent à même de recomposer la physionomie de Méliton, évêque de Sardes, à l'aide des fragments que l'érudition moderne a recueillis de ses nombreux écrits. A cet effet, nous serons obligés d'entrer dans des détails de bibliographie, dont je ne me dissimule pas la sécheresse. Cuvier reconstruisait les espèces perdues avec quelques débris de fossiles. Nous ferons un peu comme lui au sujet d'un écrivain dont il ne nous reste plus que de rares vestiges. C'est pourquoi j'ai besoin de réclamer votre indulgence pour cet exercice de paléontologie littéraire, auquel nous allons nous livrer pendant cette séance.

Méliton de Sardes est sans contredit l'une des plus grandes figures qui apparaissent dans l'histoire de l'éloquence chrétienne au IIe siècle. S'il appartient au cycle des apologistes par sa requête à Marc-Aurèle en faveur des chrétiens, il se rattache à la lignée des Pères apostoliques par le caractère général de sa vie. Il y a chez lui cette plénitude de sève chrétienne qui circule dans les écrits des Ignace et des Polycarpe : on dirait un dernier souffle de cette inspiration divine qui, après avoir soulevé la poitrine des premiers hérauts de l'Évangile, allait faire place à une action plus générale et moins directe de l'Esprit-Saint sur l'Église. Le langage de Méliton, du moins dans celui de ses ouvrages qui est arrivé jusqu'à nous, conserve un reste de ce style hiératique, propre à saint Ignace et à saint Clément, style qui, comme celui de saint Paul, tient de la prophétie et de l'hymne, et qui ne

---

1. Eusèbe, *Hist. ecclés.*, IV, 27.

s'est plus retrouvé après eux dans la littérature chrétienne.

L'évêque de Sardes nous rappelle ces grands hommes de l'âge apostolique dont peu d'années le séparent. Ses contemporains le vénèrent à l'égal d'un prophète ; c'est Tertullien qui nous l'apprend. Ils voient en lui un autre saint Jean, vierge comme l'apôtre et honoré des mêmes faveurs divines : c'est l'éloge que lui décerne Polycrate d'Éphèse. Si l'on envisage son activité d'écrivain, elle paraît immense pour l'époque où il vivait. L'ensemble de ses ouvrages constitue une véritable somme théologique qui embrasse toutes les parties de la science divine et humaine. On y voit d'abord une sorte d'introduction à la théologie dans les traités plus proprement philosophiques sur la création, sur la nature de l'homme, sur l'âme et le corps, sur la vérité en général. De là, on passe à une série d'opuscules qui ont pour objet le dogme révélé, tels que le livre de l'obéissance due à la foi, ceux qui traitent de la génération du Verbe et de l'Incarnation. La controverse soulevée par le montanisme fournit à l'évêque de Sardes l'occasion de développer la notion de l'Église et de préciser les règles qui servent à discerner la véritable prophétie. Il intervient par ses traités sur la Pâque et sur le jour du Seigneur dans les querelles liturgiques qui agitaient vers ce temps une partie de l'Église. Ses travaux d'exégèse méritent encore plus d'attention. Il écrit un commentaire sur l'Apocalypse ; il dresse le premier catalogue des livres de l'Ancien Testament que l'on rencontre dans la littérature chrétienne ; il donne la clef du symbolisme biblique dans un livre remarquable entre tous. Enfin, il prend part à la défense des chrétiens opprimés par l'apologie qu'il adresse à Marc-Aurèle [1]. Certes, Messieurs, voilà une activité théologique qui frappe d'étonnement, surtout si l'on considère qu'Eusèbe et saint Jérôme ne prétendent pas donner la

---

1. Voir le catalogue des écrits de Méliton de Sardes dans Eusèbe, *Hist. ecclés.*, iv, 26.

liste complète des ouvrages de Méliton. Ajoutez à ces écrits si variés le ministère de la parole exercé sans relâche, les devoirs multiples de la charge pastorale, une sollicitude incessante pour tous les besoins de l'Église, la vigilance la plus active à soutenir ses intérêts, à défendre ses droits, et vous aurez l'image de ces grands évêques de l'Asie Mineure, à la tête desquels brille Méliton de Sardes. Malheureusement, ici encore, nous avons à déplorer pour l'éloquence chrétienne la perte du plus grand nombre de ces précieux documents. A part quelques fragments peu considérables de ses autres écrits, il ne nous reste plus de l'évêque lydien que son ouvrage sur les allégories de l'Écriture, intitulé la *Clef*, et des morceaux assez courts de son apologie. Commençons par ces derniers.

Le martyre de saint Polycarpe, l'an 167 de Jésus-Christ, avait été le signal d'une persécution sanglante dans l'Asie Mineure. Soit que Marc-Aurèle eût porté lui-même un édit contre les chrétiens, soit que les proconsuls eussent interprété ses volontés par leurs propres ordonnances, il s'était élevé une tempête effroyable contre l'Église dans les premières années de son règne[1]. Méliton de Sardes fait allusion à ces nouveaux dé

---

1. Dans les actes du martyre de S. Symphorien, on lit un édit impérial conçu en ces termes : « L'empereur Aurélien à tous les gouverneurs magistrats de l'empire : ayant appris que certaines gens, qui se disent chrétiens, ne se font aucune difficulté de violer les lois, nous vous ordonnons de les punir de divers supplices, lorsqu'ils tomberont entre vos mains, à moins qu'ils ne consentent à sacrifier à nos dieux : de telle sorte toutefois que la justice retienne la sévérité dans de justes bornes, et qu'en retranchant le crime on n'étende pas la vengeance plus loin. » Nous croyons avec Pagi, dom Ruinart et Néander, que ce rescrit est de Marc-Aurèle et non d'Aurélien : car Symphorien ne souffrit pas le martyre sous ce dernier empereur. Il est impossible de nier que Marc-Aurèle ait été un des plus cruels persécuteurs de la religion chrétienne : le martyre de S. Polycarpe à Smyrne, celui de S. Justin à Rome, de S. Pothin et de ses compagnons à Lyon, etc., le prouvent suffisamment. De là cette multitude d'apologies adressées à Marc-Aurèle, dans le but d'arrêter la persécution. La plupart des écrits que nous avons étudiés ont été composés sous le règne de ce prince.

crets dans les fragments conservés par Eusèbe, tout en évitant par une sage réserve de se prononcer sur leur origine. Il n'ose pas faire remonter jusqu'à l'empereur la responsabilité de mesures si odieuses, bien qu'aucun acte public ne lui permette de l'en décharger positivement ; il préfère se renfermer dans un doute prudent, qui laisse au prince toute liberté de sortir d'une voie arbitraire et injuste :

« On se porte en ce moment, dit-il, contre une classe d'hommes pieux, à des mesures qu'on n'avait pas prises auparavant : on les persécute en Asie par de nouveaux décrets. Des sycophantes sans pudeur, des hommes avides de s'approprier les biens d'autrui, profitent de ces édits pour s'acharner contre des innocents, qu'ils dépouillent en plein jour ou par de secrètes intrigues... Si l'on agit ainsi d'après vos ordres, ô prince ! je n'ai plus rien à dire. Un prince juste ne saurait violer l'équité ; dans ce cas, nous accepterons la sentence de mort sans murmurer. Seulement nous vous adresserons une prière, c'est d'examiner par vous-même ces hommes qui luttent avec tant d'opiniâtreté, pour voir s'ils méritent d'être condamnés à mort, ou d'avoir la vie sauve. Que si, au contraire, ce nouvel édit n'émane pas de votre conseil, édit tel qu'on n'en a jamais porté contre des ennemis barbares, nous vous supplions de ne pas permettre que nous soyons livrés plus longtemps à un pareil brigandage[1]. »

Il eût été difficile d'allier plus de modération à un sentiment plus profond de la justice. Méliton se rapproche d'Athénagore par le soin qu'il prend de ménager l'autorité impériale, tout en lui rappelant son devoir avec une liberté vraiment chrétienne. Il voudrait pouvoir distinguer entre l'empereur et son gouvernement, et sauver ainsi l'honneur du chef en attribuant à des fonctionnaires subalternes un excès de zèle qui les porte à outrepasser les instructions venues de

---

1 Apol., de Méliton dans Eusèbe. *Hist. ecclés.*, l. IV, c. 26.

plus haut. Cette distinction était aussi habile que charitable, mais ne répondait guère à la réalité des faits. L'évêque de Sardes écrivait sous un régime où ces fictions constitutionnelles n'étaient pas de mise, où la volonté d'un seul était la loi de tous. Si les proconsuls de l'Asie persécutaient les chrétiens, c'est que les dispositions de Marc-Aurèle à l'égard de ceux-ci n'étaient un mystère pour personne. A défaut d'ordres formels, ils allaient au-devant d'une volonté qui leur était bien connue, avec la conviction qu'ils n'avaient pas même à risquer un blâme. On ne voit pas que Marc-Aurèle ait jamais désavoué une seule des atrocités commises contre les chrétiens pendant son règne, pas plus le supplice de saint Justin martyrisé à Rome même que celui de saint Pothin et de ses compagnons torturés à Lyon, événement trop considérable pour que le bruit n'en fût pas arrivé aux oreilles du prince. Lorsqu'un gouvernement a le pouvoir d'empêcher tout ce qu'il veut, il est responsable de tout ce qu'il laisse faire, lors même qu'il ne le commande pas. Néanmoins, il faut bien le reconnaître, le langage de Méliton de Sardes, si respectueux et si insinuant, était éminemment propre à faire impression sur l'empereur, s'il y avait eu place dans le cœur de celui-ci pour un sentiment de commisération envers les chrétiens. Dans un autre fragment recueilli par Eusèbe, l'apologiste se montre encore plus persuasif. Il rappelle à Marc-Aurèle que le christianisme est né en quelque sorte avec l'empire, qui n'a fait que prospérer depuis ce temps-là. Les bons princes l'ont laissé se développer en paix; seuls, Néron et Domitien, excités par les faux rapports de quelques hommes pervers, se sont acharnés à le persécuter; au contraire, Adrien et Antonin ont arrêté la fureur de ses ennemis. Les chrétiens sont en droit de s'attendre à une bienveillance au moins égale de la part d'un prince philosophe comme celui qui tient les rênes de l'empire[1]. Enfin, nous apprenons par quel-

---

[1] Eusèbe, *Hist. ecclés.*

ques lignes de l'ancienne *Chronique d'Alexandrie* que l'apologie de Méliton se rapprochait sur bien des points de celle que saint Justin avait adressée à Antonin, et qu'il opposait en particulier au culte des idoles l'adoration du vrai Dieu et du Christ, qui est son Verbe né avant les siècles[1]. Cette ressemblance avec l'œuvre du philosophe martyr vient confirmer le jugement que nous portons sur l'apologie de l'évêque de Sardes, d'après les rares débris conservés par Eusèbe : une grande modération de langage unie à la fermeté épiscopale en paraît avoir été le trait caractéristique.

Tel est le résultat, un peu vague sans doute, auquel nous avaient amenés jusqu'à présent le peu de données que nous possédons sur l'apologie de Méliton lorsqu'une découverte inattendue s'est annoncée comme devant les compléter. A propos des épîtres de saint Ignace d'Antioche, je vous ai entretenus de la précieuse acquisition faite, il y a peu d'années, par le Musée britannique, de manuscrits syriaques empruntés aux couvents de la vallée de Nitrie en Égypte. Or, parmi ces reliques littéraires, le docteur Curéton, chapelain de la reine Victoria, trouva une pièce assez considérable intitulée : *Discours de Méliton le philosophe à l'empereur Antonin*. L'orientaliste anglais la prit aussitôt pour une partie de l'apologie dont nous parlons, et la publia sous ce titre dans son *Spicilége syriaque* en 1855. Ce morceau ouvre un champ nouveau à la discussion sur l'ouvrage de l'évêque de Sardes : nous allons l'analyser avant de formuler notre jugement sur son authenticité.

D'abord, il est facile de voir que l'apologie de Méliton n'a pas pu commencer par le fragment syriaque : il serait impossible, dans ce cas, de placer les morceaux conservés par Eusèbe, et qui n'ont aucun rapport avec ce nouveau texte. L'auteur débute par une sentence sur la difficulté qu'éprouve

---

1. *Chron. Alexandr., seu Chronicon pascale*, édit. Paris., p. 258.

l'homme à rentrer dans le droit chemin après s'en être longtemps écarté. « L'erreur est comme un nuage épais qui obscurcit l'intelligence, et que la vérité a de la peine à dissiper ; c'est une maladie qui cède difficilement aux efforts de quiconque cherche à la guérir. On veut s'excuser en disant qu'il n'y a pas de péril à se tromper avec le grand nombre ; mais la sottise n'en est que plus grave pour être le partage de plusieurs. Or, quoi de plus insensé que d'abandonner le culte de Dieu pour servir les créatures ? Dieu seul est l'Être véritable : toutes choses subsistent par sa puissance ; il n'a pas eu de commencement, il n'aura pas de fin ; immuable au milieu des changements qu'éprouvent tous les êtres, nul regard ne peut l'atteindre, nulle pensée le saisir, nulle parole l'exprimer. Quant aux objets que nous voyons, que nous touchons, comme l'eau, le feu, la terre, ce sont des créatures qui ne sauraient entrer en parallèle avec la divinité. Oui, c'est un véritable crime de confondre ce grand Dieu avec les choses qui n'existent que par sa volonté. Peut-être cette confusion était-elle moins répréhensible dans l'ignorance où se trouvaient autrefois les hommes touchant le vrai Dieu ; mais elle n'a plus d'excuse depuis que la parole de vérité s'est fait entendre à toute la terre. Que sont d'ailleurs ces dieux qu'adorent des esprits égarés ? Ce sont des rois morts. » Ici, l'apologiste applique aux dieux du paganisme la théorie d'Évhémère, qui voyait en eux des hommes déifiés après leur mort. De là, il passe à l'idolâtrie proprement dite ou au fétichisme, dont il démontre l'absurdité par les mêmes arguments que nous avons déjà rencontrés plus d'une fois dans l'apologétique primitive. Voici comment il répond à ceux qui prétendaient justifier leurs égarements :

« Vous me direz peut-être : Pourquoi Dieu ne m'a-t-il pas fait de telle sorte que je préfère son service au culte des idoles ? C'est comme si vous disiez : J'aimerais mieux être un vase inutile qu'un homme vivant. Dieu vous a mis dans l'état qu'il jugeait le meilleur pour vous, en vous douant d'une âme libre, capable de discerner et de choisir le bien. Il a placé devant vous le ciel et ses étoiles ; le soleil et la lune avec leur cours journalier : la mer qu'il contient par sa parole ; il a placé sous vos yeux la terre tranquille sur sa base et conservant toujours la forme qu'il lui a donnée. Ne croyez pas, en effet, que la terre se soutienne par elle-même : c'est Dieu qui l'affermit ou qui l'ébranle, selon qu'il lui plaît. Il a placé devant vous les nuages comme des réservoirs d'eau qui alimentent la terre, pour vous faire comprendre par toutes ces choses que leur auteur est plus grand qu'elles. C'est pourquoi, usez de ses bienfaits pour apprendre à le connaître en vous connaissant vous-même. Voyez le rôle que remplit en vous votre âme : c'est par elle que votre œil voit, que votre oreille entend, que votre bouche parle ; le corps entier est un instrument dont elle se sert : il tombe et se dissout du moment que l'âme se retire de lui. Dieu agit sur le monde qu'il fait mouvoir à son gré, comme l'âme sur le corps : le jour où il voudra retirer sa main, le monde tombera en ruines. [1] »

Ce passage offre une grande analogie avec les pages où Théophile d'Antioche faisait admirer au païen Autolycus la manifestation des attributs divins dans l'univers. Après avoir établi le pouvoir qu'a l'homme de s'élever à la notion du vrai Dieu par le spectacle de la création, l'apologiste réfute diverses raisons que donnaient les païens pour justifier leur attachement au culte de leurs pères. Il montre qu'un prince n'est pas forcé de suivre l'opinion de la multitude, mais qu'il lui appartient plus qu'à tout autre de corriger l'erreur de ses sujets, dans son propre intérêt et pour le bien général de l'État. C'est avec beaucoup de bon sens et de finesse qu'il relève cette singulière proposition, qu'on est obligé de mal

---

1. Melitonis apolog. ad Marcum Aurelium, *Spicilegium Solesmense*, 47 ; tom. II, Paris, 1855.

faire parce que telle est la coutume transmise par les ancêtres :

« Il est des hommes qui disent : nous suivons le culte que nous tenons de nos pères. A ce compte-là, il serait interdit de s'enrichir à ceux qui ont eu des parents pauvres ; il serait défendu d'apprendre ce qu'ignoraient nos ancêtres. Comment donc se fait-il que les aveugles ont des enfants qui voient et les boiteux des fils qui marchent? Loin de persévérer dans une voie mauvaise parce que ses pères y étaient engagés, l'homme doit s'en retirer au plus tôt pour éviter leur malheureux sort. Demandez-vous d'abord si votre père a bien marché, et dans ce cas, suivez-le ; sinon, prenez un autre chemin et vos fils avec vous : il ne vous reste plus qu'à déplorer le passé et à mieux faire vous-même [1]. »

L'auteur conclut en exhortant Marc-Aurèle et ses fils à reconnaître le vrai Dieu pour acquérir les biens éternels promis à ceux qui le servent. Tel est en substance le nouveau document dont la découverte du docteur Curéton a enrichi la littérature chrétienne du IIe siècle. Je ne dirai pas qu'une critique sévère ne puisse soulever des doutes graves sur l'authenticité de ce fragment, et je suis étonné que les divers éditeurs du Méliton syrien l'aient accepté sans faire la moindre réserve [2]. Certainement, un manuscrit syriaque du VIIe siècle environ est une autorité qui, en l'absence de preuves contraires, n'aurait pas de contre-poids. Mais il est juste de faire observer que les procédés d'abréviation ou d'amplification familiers aux traducteurs syriens diminuent notablement la valeur de leur témoignage : nous voyons la preuve de ce fait dans le texte syriaque des épîtres de saint Ignace [3]. Ce qui nous confirme dans ce sentiment, c'est la *Théophanie* d'Eu-

---

1. *Spicilegium Solesmense*, p. 51.
2. Curéton, *Spicileg. Syriacum.*, Londres, 1855, p. 41-56. — M. Renan, *Journal asiatique*, avril 1852. — Dom Pitra; *Spicil. Solesm.*, II, p. 12.
3. Voyez les *Pères apostoliques*, leçon XVI.

sèbe de Césarée, éditée par le docteur Lée, d'après les mêmes manuscrits du Musée britannique : comparée aux fragments grecs de cet ouvrage publiés par le cardinal Maï, elle présente également le caractère d'un travail de remaniement ou de paraphrase [1]. J'en dirai autant du discours de saint Justin aux Grecs, que le révérend Curéton attribue à tort, d'après le texte syriaque, à un chrétien nommé Ambroise, converti par Origène. Bref, la version recueillie par l'orientaliste anglais dans son *Spicilége* n'offre pas des garanties d'exactitude suffisantes pour nous permettre d'affirmer que nous possédons le texte de saint Méliton dans son intégrité primitive. De plus, elle donne au morceau en question la forme d'un discours prononcé devant Marc-Aurèle, ce qui est en dehors de toutes les habitudes de l'apologétique chrétienne au IIe siècle: jamais ce prince n'eût permis qu'on attaquât en sa présence le culte national avec une telle véhémence. Il faut donc, à tout le moins, abandonner la version syriaque sur un point si mal fondé. Ajoutons une nouvelle observation. La pièce que nous venons d'analyser est moins une apologie de la religion chrétienne qu'une exhortation à reconnaître le vrai Dieu, comme devait être, selon toute apparence, le discours de Méliton *sur la vérité :* le nom des chrétiens n'y est pas même prononcé. Je sais bien qu'on peut répondre à cela que la version syriaque se borne à reproduire un simple fragment, sans préjudice du reste : il n'en est pas moins vrai qu'elle semble donner la fin de l'apologie dans la péroraison adressée à Marc-Aurèle ; or, ce n'est pas ainsi que les apologistes terminaient leurs requêtes. Enfin, nous sommes en face d'une difficulté sérieuse, que les éditeurs de la version syriaque ne me paraissent pas avoir remarquée. Dans les fragments conservés par Eusèbe, Méliton ne parle que de Marc-Aurèle et de son fils : on peut en conclure avec raison

---

1. Eusebius, *Bishop of Cæsarea, on the Theophania*, etc. Londres, 1843.

qu'Annius Vérus était mort ; sinon, l'évêque de Sardes eût joint son nom à celui de Commode. Au contraire, dans le texte syriaque, il est question de Marc-Aurèle et de ses fils, et cela à deux reprises. A moins de supposer une faute de copiste d'une part ou de l'autre, il est impossible d'admettre que ces divers fragments aient fait partie d'un même discours. Par là, je n'entends pas me prononcer d'une manière absolue contre l'authenticité du texte de Curéton ; car, après tout, il prête à Méliton un langage que l'apologiste aurait pu tenir. Je me borne à faire valoir les motifs qui doivent inspirer à la critique un doute sérieux.

Nous venons d'envisager Méliton de Sardes comme apologiste de la religion chrétienne ; il nous reste à le considérer comme défenseur et interprète de l'Écriture sainte. Sous ce rapport, les services qu'il a rendus à la fois sont éminents. C'est lui qui, le premier, nous fournit un catalogue complet des livres canoniques de l'Ancien Testament. Dans son épître à Onésime, il les nomme l'un après l'autre tels qu'il les trouva en Palestine, où il s'était rendu pour les recueillir sur le théâtre même des événements qu'ils retracent. Il omet dans cette liste le livre d'Esther, soit que cette partie de l'Écriture sainte fût absente du manuscrit qu'il consulta, soit qu'elle fût confondue avec une autre sous un seul et même titre. Quant aux livres qu'on est convenu d'appeler deutérocanoniques, il n'en fait pas mention, parce qu'il ne se proposait de transcrire, selon l'expression d'Eusèbe, que les livres reçus d'un commun accord par les chrétiens et par les juifs. Son voyage en Palestine ne pouvait avoir d'autre but que de faire une exacte recherche des différentes parties qui entraient dans la composition du canon des Hébreux ; pour déterminer celui des chrétiens, il lui aurait suffi de consulter la version des Septante, qui se trouvait dans les mains de tout le monde. C'est donc à l'évêque de Sardes qu'est dû le plus ancien catalogue des livres de l'Ancien Testament que l'on rencontre dans l'éloquence chrétienne[1]. Ses travaux d'exégèse méritent encore plus d'attention, lorsqu'on se tourne vers celui de ses ouvrages qui a pour but de donner la clef de l'interprétation allégorique des livres saints.

La *Clef* de Méliton, mentionnée par Eusèbe et par saint Jérôme parmi les écrits de l'évêque de Sardes, était restée jusqu'à nos jours ensevelie dans la poussière des bibliothèques. On n'ignorait pas qu'elle existait en manuscrit; Grabe, le père Sirmond et d'autres érudits en avaient signalé la trace; mais la difficulté était de la trouver par suite de la dispersion des trésors littéraires que possédaient les anciens couvents. Cette découverte était réservée à un savant bénédictin dont le zèle infatigable fait revivre au milieu de nous les meilleures traditions de son ordre. Après avoir exploré près de soixante bibliothèques, dom Pitra fut assez heureux pour trouver dans celle de Strasbourg un premier manuscrit latin de l'ouvrage qu'il cherchait. En poursuivant ses investigations à Troyes, à Paris, à Poitiers, il recueillit successivement sept autres exemplaires semblables au premier, sinon dans tous les détails, du moins pour l'ensemble. Il lui fut possible dès lors, en les collationnant entre eux, de donner une édition exacte de la *Clef* de Méliton. Ce travail qui fait honneur au docte bénédictin nous permet d'apprécier, au point de vue de l'exégèse, le mérite de l'évêque de Sardes.

L'œuvre de Méliton, telle qu'elle s'offre à nous dans le *Spicilége de Solesmes,* est un commentaire de l'Écriture sainte dont elle s'attache à dévoiler le sens allégorique, une nomenclature des locutions usitées chez les écrivains sacrés, avec la signification mystique que renferme l'écorce de la lettre. L'évêque de Sardes range ces locutions sous différentes catégories, selon qu'elles se rapportent à un sujet déterminé : de là une division de l'ouvrage en plusieurs parties. Dieu, le Fils

---

[1] Eusèbe, *Hist. ecclés.*, iv, 26.

de Dieu, les créatures supra-terrestres, le monde, l'homme en général, les métaux, les arbres et les fleurs, les oiseaux, les animaux, les hommes en particulier, la cité, les nombres et les noms : tels sont les titres des treize livres qui exposent ce vaste symbolisme biblique. Je ne dirai pas qu'il soit facile d'y surprendre un ordre bien méthodique, ce qui n'est pas étonnant pour l'époque où écrivait Méliton ; cependant, on peut s'y reconnaître en suivant les grandes lignes tracées par l'auteur. Pour vous donner une idée de ce vocabulaire fort remarquable, je citerai, par exemple, le mot terre avec les sens allégoriques que découvre l'interprète, aux divers endroits où cette expression est employée dans l'Écriture :

Terre : la patrie céleste : « J'espère voir les biens du Seigneur dans la terre des vivants. » — La chair du Christ : « La terre a été livrée aux mains de l'impie. » — L'Église : « Que la terre germe une herbe verdoyante. » — La chair ou l'affection charnelle : « Au commencement Dieu a créé le ciel et la terre. » — L'homme lui-même : « Une autre partie de la semence tomba sur une bonne terre. » — La synagogue : « La terre qui produisait le pain a été ravagée par le feu. » — La gentilité : « Qui est-ce qui a donné à la pluie le pouvoir de se répandre sur la terre sans le secours d'aucun homme ? » — L'âme du juste : « La terre buvant la pluie qui descend sur elle. » — L'âme du pécheur : « Je suis venu répandre le feu sur la terre, etc. [1]. »

Voilà de quelle manière l'évêque de Sardes s'efforçait de donner à ses lecteurs la clef du sens mystérieux que renferme la lettre de l'Écriture. Il y a, sans nul doute, bien des subtilités dans ces allégories, des rapprochements forcés, quelquefois même bizarres. Aussi, je me hâte de décharger Méliton de ces interprétations arbitraires, qui ne sont pas toujours son œuvre. A coup sûr, l'ouvrage édité par dom Pitra est au-

---

[1] *Spicileg. Solesm.*, tome II, p. 120.

thentique ; mais, comme il l'observe lui-même, il s'est glissé dans les divers manuscrits des additions notables qui trahissent une époque et une main différentes: ce qui le prouve, ce sont les nombreuses variantes qu'ils offrent comparés l'un avec l'autre. De plus, on rencontre çà et là des traits qui s'éloignent complétement du style et des habitudes du IIe siècle, tels que de fréquentes allusions à la vie religieuse, des expressions scolastiques pour désigner les sept sacrements [1], etc. En passant par tant de mains, l'écrit de Méliton a été retouché et amplifié par les traducteurs ou par les copistes. Rien n'était plus facile que d'ajouter de nouvelles allégories à un ouvrage qui se présentait sous la forme d'un vocabulaire. On n'est donc vraiment sûr d'avoir sous les yeux le texte de l'évêque de Sardes que là où les différents manuscrits s'accordent entre eux : en dehors de cette coïncidence, on ne peut guère dépasser la probabilité, même en s'appuyant sur l'exemplaire qui paraît mériter le plus de confiance. Cette réserve faite, nous pouvons affirmer que Méliton interprète souvent l'Écriture sainte avec une grande pénétration. C'est ainsi qu'il explique, dans leur véritable sens, les locutions dont se servent les livres inspirés pour mettre les attributs ou les opérations de Dieu à la portée de nos conceptions humaines :

« La tête du Seigneur signifie la divinité elle-même, parce qu'elle est le principe de toutes choses ; les cheveux du Seigneur son éternité, parce qu'il est l'ancien des jours. Les yeux du Seigneur expriment le regard de la pensée divine: « Toutes choses se découvrent et sont à nu devant ses yeux. » L'odorat de Dieu figure la délectation qu'il trouve dans les prières des saints : « le Seigneur a respiré une odeur de suavité. » La droite du Seigneur désigne son Fils : « La droite du Seigneur a manifesté sa puissance. » Le trône du Seigneur représente ses anges ou ses saints : « Votre trône, ô mon Dieu!

1. *Spicileg.*, III, p. 103, 193, 215, etc.

demeure dans les siècles des siècles. » Ne pas connaître pour Dieu, c'est réprouver : « Je ne vous connais pas. » Se souvenir pour lui, c'est faire miséricorde : « Le Seigneur s'est souvenu de Noé. » Le repentir, chez lui, c'est le changement qui s'opère, non pas dans ses conseils, mais dans les choses extérieures : « Je me repens d'avoir établi Saül roi. » La colère de Dieu doit s'entendre du trouble qui agite le coupable, et non de la sérénité inaltérable du juge : « Seigneur, ne me jugez pas dans votre colère [1], etc. »

Assurément, la critique la plus sévère ne saurait rien trouver de répréhensible dans cette méthode d'exégèse suivie par Méliton de Sardes. A vrai dire, les passages que je viens de citer se rapportent au sens métaphorique de l'Ancien Testament plutôt qu'au sens mystique proprement dit ; or, tout livre peut contenir des métaphores qu'il est facile de ramener au sens littéral. Ce qui est particulier à l'Écriture sainte, c'est un sens mystique renfermé sous la lettre dont il dépasse la portée naturelle. La *Clef* de Méliton a surtout pour objet de dévoiler ces mystères qui ont exercé, depuis dix-huit siècles, la sagacité des interprètes chrétiens. Or, sur ce point également, sa méthode se justifie sans peine. En examinant l'épître de saint Barnabé, nous avons établi que l'interprétation allégorique de l'Écriture sainte a son fondement rationnel dans l'autorité du Sauveur lui-même et des apôtres, ainsi que dans le caractère général, soit de l'Ancien, soit du Nouveau Testament [2]. Je ne reviendrai là-dessus que pour rappeler les principes incontestables qui servent de base au symbolisme catholique. Ou l'Ancien Testament n'a pas de sens, ou il était une vaste prophétie du Nouveau, une figure détaillée des choses à venir ; par conséquent, rien n'est plus légitime que d'y chercher les types des réalités de la loi nouvelle. Encore

---

1. *Spicileg. Solesm.*, II, p. 4, 5, 6, 14, 16, 17, 18, etc.
1. Voyez les *Pères apostoliques*, leçon V.

une fois, l'exemple du Christ et des apôtres autorise pleinement cette investigation du sens mystique à travers les livres saints. Qu'il me suffise de vous rappeler que saint Paul voyait dans Sara et dans Agar la figure des deux alliances : certes, le sens littéral n'indiquait pas de lui-même cette explication [1]. Le Nouveau Testament, à son tour, tout en réalisant les figures de l'Ancien, conserve un caractère symbolique, relativement à la vie future: quiconque lira l'Apocalypse avec quelque attention n'aura nulle peine à s'en convaincre. La voie était donc ouverte à l'interprétation allégorique de l'Écriture sainte : les Pères de l'Église n'avaient qu'à la suivre pour saisir les rapports mystérieux qui existent entre ces divers ordres de choses ; et par le fait, tous s'y sont engagés avec plus ou moins de succès. Que les écrivains de l'école d'Alexandrie aient abusé de l'allégorie dans leur méthode exégétique, je l'avoue sans difficulté ; que saint Grégoire le Grand, Raban Maur et saint Bernard n'aient pas toujours été assez sobres d'explications mystiques dans leurs commentaires sur les livres inspirés, cela est fort probable : l'écueil est à côté du droit chemin ; mais le principe qui domine leur interprétation est à l'abri de toute attaque. En faisant une application fréquente du sens allégorique dans sa liturgie, l'Église montre assez que le caractère figuratif ou typique de l'Ancien Testament ne saurait être contesté. C'est donc pour Méliton de Sardes un véritable mérite d'avoir, pour ainsi dire, ouvert la marche en essayant de donner la clef du symbolisme biblique. Sous ce rapport, son influence a été grande sur la littérature chrétienne, et l'éditeur de son ouvrage n'a pas eu de peine à constater une analogie frappante avec les œuvres parallèles de saint Eucher, de saint Grégoire le Grand, de Raban Maur et de saint Bernard.

---

1. *Ép. aux Galat.*, IV, 21 et suiv. — Ire *aux Cor.*, IX, 9 ; X, 6; XI, 1 et suiv. — *aux Eph.*, V, 31 ; — *aux Coloss.*, II, 17 ; — *aux Hébr.*, VIII, 5 ; IX, 1 ; XI, 1 et suiv., etc., etc.

Choisissons, pour terminer, l'une de ces formules allégoriques, celle du poisson : vous verrez par là quelles vives lumières l'ouvrage de Méliton répand sur le symbolisme chrétien des premiers siècles. Personne n'ignore que le poisson est un des emblèmes les plus usités sur les monuments qui nous restent de cet âge primitif, et que les travaux des antiquaires romains nous ont restitués en grande partie. C'est l'évêque de Sardes qui, le premier de tous les Pères de l'Église, nous donne la clef de ce symbole mystérieux. « Le poisson, dit-il, signifie le Christ : « Ils lui présentèrent un morceau de poisson. » Le poisson désigne encore les saints : « Ils tirèrent à eux un filet plein de gros poissons, etc. [1]. » Tel est en effet le sens de l'allégorie du poisson, à laquelle conduisaient les textes de l'Évangile cités par Méliton. La métaphore de la pêche employée par Jésus-Christ lui-même pour exprimer la prédication évangélique et le ministère de l'apostolat, la mention du poisson dans le miracle de la multiplication des pains qui figurait l'Eucharistie, et plus tard, au repas mystérieux que le Sauveur fit avec ses disciples après sa résurrection, tout cela invitait le symbolisme chrétien à choisir cet emblème pour désigner soit les fidèles, soit le Christ eucharistique. Ce qui dut contribuer à faire adopter ce signe allégorique, c'était la composition du mot grec qui signifie poisson [2], et dans lequel on trouve les initiales d'une formule devenue célèbre : « Jésus-Christ Fils de Dieu Sauveur. » En décomposant l'acrostiche sibyllin, il y a peu de temps, nous avons vu que cette combinaison de lettres est de la plus haute antiquité. Elle offrait cet avantage, d'exprimer par un seul mot, dont la signification mystique échappait aux païens, les principaux dogmes de la religion. Le poisson allégorique se rattache ainsi à la discipline du secret, comme

---

1. *Spicileg. Solesm*, II, 173.
2. Ἰχθύς. Voyez la leçon XVᵉ sur les livres sibyllins.

tant d'autres emblèmes auxquels les premiers chrétiens étaient obligés de recourir pour ne pas livrer leurs mystères à la risée ou à la fureur des idolâtres. De là ce signe du poisson qu'on retrouve si souvent sur les anciens sarcophages, comme une expression mystérieuse, un abrégé symbolique de la foi chrétienne. L'étude de ces formules allégoriques est d'une haute importance pour l'histoire des dogmes. Un des plus savants archéologues de notre époque, le chevalier Rossi, n'a pas eu de peine à trouver dans le symbole que je viens de déchiffrer, après Méliton, une confirmation éclatante de la foi des premiers siècles à l'Eucharistie [1]. Qu'il nous suffise d'avoir montré, par un seul exemple, de quelle utilité peut être l'ouvrage de l'évêque de Sardes pour pénétrer au milieu des arcanes du symbolisme primitif.

Si, après avoir envisagé Méliton comme apologiste de la religion chrétienne et comme interprète de l'Écriture sainte, nous passons à la dogmatique proprement dite, nous trouvons en lui un théologien aussi ferme qu'érudit. On croirait entendre saint Athanase dissertant sur la double nature du Christ, lorsqu'on lit ce fragment recueilli par Anastase le Sinaïte : « Il n'est pas nécessaire, pour ceux qui ont l'intelligence des choses, d'établir par les actions du Christ après son baptême la réalité de sa nature humaine, de son âme et de son corps. Le monde pouvait se convaincre par elles, surtout par les miracles, que la divinité du Christ s'était recouverte de la chair comme d'un voile. Dieu et homme parfait tout ensemble, le Sauveur nous a manifesté les deux natures qui étaient en lui : sa divinité, par les miracles qu'il a opérés pendant trois ans ; son humanité, par les trente années de sa vie qui précédèrent son baptême. C'est ainsi que le Dieu éternel et véritable cachait

---

[1]. Dissertation du chevalier Rossi sur les monuments chrétiens qui offrent l'allégorie du poisson, dans le *Spicileg. Solesm.*, III, p. 545-572.

sa divinité sous les humbles dehors de la chair ¹. » Si ce magnifique témoignage rendu à la divinité de Jésus-Christ ne vous suffisait pas, je mentionnerais cette phrase si énergique dans sa concision : « Dieu a souffert par les mains du peuple d'Israël ². » Il est impossible de faire une profession de foi plus explicite sur le dogme fondamental du christianisme. Nous ajouterons cette preuve à tant d'autres qui établissent d'une manière irréfragable que cet article du symbole a toujours été formulé avec toute la netteté désirable, avant comme après le concile de Nicée.

C'est une tâche difficile, Messieurs, pour l'historien de l'éloquence chrétienne, de recomposer la physionomie d'un écrivain à l'aide de quelques rares souvenirs recueillis çà et là. Nous avons essayé d'entreprendre ce travail pour Méliton de Sardes, en mettant à profit les recherches de l'érudition moderne. Si peu qu'il nous reste de ses nombreux écrits, les fragments qui sont arrivés jusqu'à nous suffisent pour confirmer le jugement que nous avons porté sur lui d'après le témoignage de ses contemporains et de la postérité. Apologiste éloquent de la religion chrétienne, interprète élevé de l'Écriture sainte, théologien exact et sûr, Méliton de Sardes a marqué son rang dans cette illustre pléiade d'évêques asiatiques où figurent les Polycrate d'Éphèse, les Apollinaire d'Hiérapolis et les Théophile d'Antioche. Nul d'entre eux n'a exercé plus d'influence sur son époque, ni laissé après lui de traces plus profondes.

Je ne terminerai pas sans faire ressortir, contre le rationalisme protestant, l'argument que fournit cette réunion d'évêques et de docteurs dont nous venons d'étudier les œuvres. Vous n'ignorez pas que le IIᵉ siècle est l'époque dont les fantaisistes d'outre-Rhin ont le plus abusé pour justifier leur cri-

---

1. Anastas. Sinaïta, *De duce viæ*, cxiii, p. 260, éd. Gretser.
2. *Ibid.*, p. 216.

tique destructive. C'est dans cette période qu'ils placent la plupart des produits de leur imagination : composition récente des Évangiles canoniques, changements dans la doctrine, innovations dans la hiérarchie, etc. Pour faire tomber ces romans, il suffit d'énumérer les savants et les saints sous les yeux desquels se seraient accomplies ces mystifications, et qui, par conséquent, en auraient été soit les complices, soit les dupes. Non, le IIe siècle n'est pas, comme on s'est plu à le dire, un champ ouvert à toutes les hypothèses, un espace vide où l'on ne rencontre ni personnages, ni monuments ; c'est une époque de grande activité théologique et littéraire, où surgissent, comme témoins de la foi et comme organes de la tradition, des hommes également recommandables par le savoir et par la sainteté. En vain y chercherait-on une lacune dans le témoignage ou une défaillance dans la foi : il est impossible de surprendre une solution de continuité dans la grande chaîne traditionnelle. J'ai nommé les évêques qui ont succédé aux premiers disciples des apôtres sur les principaux sièges de la chrétienté ; les apologistes qui ont paru, l'un après l'autre, entre l'âge des Pères apostoliques et celui des grands écrivains de l'Église d'Afrique ou de l'école d'Alexandrie : cette brillante élite de saints et de penseurs montre qu'il n'y a nulle part de place libre pour les systèmes des rationalistes allemands. Ce n'est pas sous les yeux de tels hommes, à leur insu ou de connivence avec eux, qu'on aurait pu imposer à l'Église entière des Évangiles fabriqués après coup, introduire un système de gouvernement inconnu jusqu'alors, substituer de nouvelles croyances aux anciennes. Toute supposition de cette nature serait une insulte à leur science et un outrage pour leur caractère. Après les promesses divines faites à l'Église, rien ne garantit mieux l'intégrité du dépôt de la foi que cette succession d'hommes qui, dès l'origine du christianisme ont uni les dons de l'intelligence aux mérites de la sainteté.

DIX-NEUVIÈME LEÇON

Les premières lettres des Papes. — Transition aux luttes de l'éloquence chrétienne avec les hérésies. — Entraves que mettaient les persécutions à l'exercice du pouvoir spirituel de la Papauté. — Faits et documents qui attestent la suprématie exercée par les Papes dans les deux premiers siècles. — Le recueil des lettres pontificales. — Lettres faussement attribuées aux Papes du IIe siècle. — Les deux lettres de Pie I à Juste, évêque de Vienne. — Ton et caractère de ces pièces. — La controverse sur la Pâque sous Victor I. — Preuve qui résulte de ce fait pour la primauté de l'évêque de Rome. — Les prérogatives des successeurs de saint Pierre reconnues par toute l'Église pendant l'ère des persécutions. — Résumé et conclusion.

Messieurs,

Nous quittons peu à peu le terrain de l'apologétique chrétienne pour rentrer au milieu des luttes intérieures qui ont agité l'Église pendant le IIe siècle. Les ouvrages d'Hégésippe et de Méliton nous ont conduits à cette limite extrême de notre sujet, où un nouvel horizon se découvre devant nous. A peine si nos études sur les Pères apostoliques nous avaient fait toucher aux origines de ce grand combat contre le gnosticisme, où l'éloquence sacrée s'est déployée avec tant de force et d'éclat. Jusqu'ici, nous avons laissé cette question à peu près intacte pour la traiter plus à fond avec tout le soin qu'elle mérite. Non pas que la défense de la religion contre le polythéisme se ralentisse après ce groupe d'apologistes, à la tête duquel marche saint Justin ; elle va se poursuivre, au contraire, sur une plus vaste échelle parmi les grands écrivains de l'Église d'Afrique et de l'école d'Alexandrie. Mais nous ne saurions aborder cette deuxième phase de l'apologétique primitive sans avoir envisagé auparavant l'éloquence chrétienne dans sa lutte avec les premières hérésies. Nous arriverions à la fin du IIIe siècle, en laissant derrière nous des écrits qui, par leur date ou par leur objet, se rattachent au IIe et même au Ier. En nous obligeant ainsi à couper le fil de notre sujet, sauf à le renouer plus tard, la chronologie vient fort à propos rompre une monotonie qui deviendrait inévitable. Car, il faut bien le dire, Tertullien et Origène n'ont fait que présenter avec plus de vivacité et d'ampleur les arguments que nous avons rencontrés jusqu'à présent. C'est donc pour nous une obligation, aussi agréable que facile, de varier l'intérêt de nos études, sans avoir besoin d'autre artifice que de suivre l'ordre naturel des matières et du temps. Mais, avant de nous tourner vers ce grand mouvement d'idées qui se produit autour de l'Église naissante, sous le nom de gnosticisme, nous nous arrêterons un instant au cœur de la société chrétienne, pour apprécier le rôle de la Papauté dans la littérature du IIe siècle. Cette courte étude servira tout ensemble de couronnement au travail que nous venons d'achever, et de transition à celui que nous allons entreprendre.

Et d'abord, il peut paraître surprenant que, parmi les apologistes du IIe siècle, on ne rencontre pas le nom d'un Pape. Je ne dirai pas que ces requêtes, adressées aux empereurs romains, ne fussent point en harmonie avec les fonctions du pontificat suprême ; mais, au dessus de cette tâche que de simples laïques, comme Justin et Athénagore, pouvaient remplir avec autant de succès que les évêques ou les prêtres, il y avait, pour les chefs de l'Église, un ministère qui leur était particulier, le gouvernement spirituel. J'appliquerais volontiers aux Papes du IIe siècle ce que Virgile disait des Romains en général : d'autres ont pu déployer plus d'art ou de talent dans les ouvrages de l'esprit et dans les luttes de la parole ; leur mission, à eux, était de gouverner. C'est, en effet, par l'exercice et par la science du gouvernement, que la Papauté s'est révélée dès le premier pas qu'elle a fait dans le monde. On a voulu trouver la raison de ce fait dans l'esprit pratique de Rome, opposé au génie spéculatif de l'Orient et de la Grèce. Je suis bien éloigné de vouloir rejeter absolument ces affinités morales, ces harmonies de l'histoire qui font ressortir tout ce qu'il y a d'ordre et de régularité dans le plan de la Providence. Oui, Dieu voulait que le plus grand pouvoir spirituel qu'il y ait eu dans le monde établît son siége là même où s'était exercé, pendant des siècles, le plus grand des pouvoirs politiques. Il entrait dans les vues de la sagesse divine que la persévérante activité du génie latin et ses aptitudes traditionnelles à organiser et à régir se prolongeassent, en changeant de mobile et d'objet, dans le gouvernement des âmes. Ce n'est là qu'une application particulière de cette loi générale, suivant laquelle Dieu fait servir les forces de la nature au triomphe de la grâce, et prépare dans l'ordre extérieur ou humain ce qu'il achève dans l'ordre surnaturel et divin. Gardons-nous toutefois d'exagérer ces influences de race ou de lieu, dont le romantisme historique a fait de nos jours un abus si violent. Il ne suffisait pas d'être captif dans la prison Mamertine, à quelques pas du trône des Césars, pour concevoir l'idée et trouver les moyens de gouverner le monde. Jamais une telle pensée n'eût germé dans l'âme de quelques pauvres proscrits, si la parole d'en haut ne s'était fait entendre à eux ; si, en venant poser le pied dans la capitale du monde, ils n'y avaient porté avec eux la grande charte divine qui les investissait d'un pouvoir sans égal sur la terre : « Tu es Pierre, et sur cette pierre je bâtirai mon Église. »

C'est donc dans l'exercice laborieux et fécond de l'autorité spirituelle, plutôt que dans les écrits apologétiques, qu'il faut chercher le rôle de la Papauté pendant le IIe siècle. Mais si nous ne trouvons pas le nom des premiers évêques de Rome en tête des rares apologies qui sont arrivées jusqu'à nous, il est écrit en caractères plus éloquents que tous les livres dans l'histoire des persécutions. C'est beaucoup, sans doute, de composer des ouvrages pour la défense de la foi ; c'est plus encore de la soutenir jusqu'au sacrifice de la vie : nulle autre apologie de la religion n'aurait pu égaler en force et en clarté la constance des martyrs. Or, dans ce témoignage du sang, la Papauté occupe la première place. Trois siècles durant, le plus grand des sacrifices resta inséparable de la plus haute des dignités : à partir de saint Pierre, trente Papes, l'un après l'autre, confessèrent par le martyre la doctrine de vérité dont ils étaient les dépositaires. Privilége éclatant que le siége de Rome ne partage avec aucun autre ! Il a eu, dès l'origine, la prééminence dans le sacrifice, comme il avait la prééminence dans l'enseignement et dans l'autorité. C'était la confirmation de cette parole du Sauveur à saint Pierre : « Simon, fils de Jean, m'aimes-tu plus que les autres ? » La Papauté répondait à cette parole en ouvrant la liste des martyrs par ses trente premiers noms.

Mais, Messieurs, si ces trois siècles de martyre ont été pour le pontificat suprême une époque glorieuse entre toutes, on conçoit également quelles entraves les persécutions durent mettre à l'exercice du pouvoir spirituel. C'est chose vraiment plaisante de voir les adversaires de la Papauté se prévaloir de la situation extérieure que les événements lui faisaient pendant cette période, pour lui contester ses droits. Où étaient alors, nous disent-ils, les bulles des Papes, leurs encycliques, leurs légats, leur intervention dans les affaires spirituelles du monde chrétien ? A cela je répondrai en demandant à mon tour : Où étaient les Papes eux-mêmes ? Ils étaient dans les catacombes, en attendant qu'un espion de César vînt les y découvrir pour les mener à l'échafaud. Ils y étaient, au milieu d'une poignée de fidèles, obligés comme eux de cacher leur foi dans les souterrains de Rome. Ils y étaient, épiés, traqués, poursuivis par une multitude imbécile et par une magistrature jalouse d'inscrire un nouveau service au nombre de ses arrêts. Voilà où étaient les Papes au IIe siècle. Et vous vous étonnez que les courriers de l'empire n'aient pas porté leurs dépêches jusqu'aux extrémités du monde romain ! Que la chancellerie des catacombes n'ait pas expédié leurs brefs à l'univers entier, sans doute sous le couvert de Trajan ou de Marc-Aurèle !... En vérité, l'ironie est cruelle et suppose autant de connaissances historiques que de respect pour la dignité du malheur.

Je répondrai de même, puisque mon sujet m'amène à toucher à cette question, je répondrai de même aux adversaires du pouvoir temporel de la Papauté, cette institution providentielle qui assure la sécurité de notre foi et la liberté de notre conscience. N'a-t-on pas été jusqu'à vouloir arguer de la situation des Papes dans les siècles de persécutions pour contester la haute importance de cette souveraineté extérieure qui garantit le libre exercice de leur charge pastorale ? Eh, grand Dieu ! il s'agissait bien de pouvoir temporel pour les captifs de la prison Mamertine, depuis saint Pierre jusqu'à Sixte II ! Il leur manquait bien autre chose encore : il leur manquait un coin de terre pour s'y établir en paix ; il leur manquait la liberté de prier et de parler ; il leur manquait le droit d'être et de vivre ! Est-ce là un exemple à citer ? Est-ce dans de pareils souvenirs qu'il convient de chercher des armes ? Est-ce sous Néron ou sous Dioclétien qu'il faut placer l'état normal de l'Église et de la Papauté, envisagées dans leurs conditions matérielles, dans leurs rapports extérieurs avec les sociétés humaines ? N'est-ce pas une dérision amère de rappeler une époque où les bûchers étaient en permanence, où la tête des Papes tombait sous le tranchant du glaive, pour venir nous dire : Nous ne trouvons pas là ce pouvoir temporel dont vous proclamez la nécessité. Je le crois bien : vous n'y trouverez pas même pour les chrétiens le droit d'exister, le droit d'avoir une croyance personnelle, le droit de penser autrement que l'Empereur sur Dieu et sur l'âme. Vous n'y trouverez qu'un affreux despotisme foulant aux pieds les principes de la justice et les droits de la vérité. Sous un tel régime, je l'avoue, la Papauté n'avait pas de pouvoir temporel, ni même le libre exercice de son pouvoir spirituel : que d'autres y cherchent un exemple ; pour moi, j'y vois une leçon.

Mais, laissons le pouvoir temporel qui, dans notre sujet, n'est qu'une question incidente. J'ai dit que l'ère des persécutions ne pouvait qu'entraver l'exercice du pouvoir spirituel des Papes. Aussi, à peine l'heure de l'affranchissement a-t-elle sonné pour l'Église, que la Papauté est partout souveraine et maîtresse de fait, comme elle l'était de droit. Sortie des catacombes, comme le soleil du sein des nuages qui enveloppent sa face, elle rayonne d'une extrémité du monde à l'autre : elle définit le dogme, règle la discipline, préside les conciles, envoie ses légats à travers l'Occident et l'Orient; sa souveraineté s'affirme en tous lieux, s'exerce par toutes les voies légales, et nul ne s'en étonne.

Que conclure de là ? J'en conclus que la suprématie des pontifes romains serait encore un fait incontestable, lors même qu'il ne resterait aucune trace de leur activité pendant ces siècles où la persécution entravait l'exercice de leur pouvoir. Si, en effet, ce que personne ne conteste, la suprématie pontificale s'est déclarée au sortir des persécutions, par les actes les plus éclatants, comment supposer que les Gaules, l'Afrique, l'Asie Mineure, la Grèce, toutes les parties du monde chrétien eussent reconnu aussitôt un pouvoir né d'hier, sans racines dans le passé, sans titres authentiques et certains? Comment supposer qu'un tel pouvoir eût surgi dans l'Église, tout à coup ou peu à peu, sans rencontrer d'obstacles, sans soulever la moindre réclamation, et cela en face des antiques églises de Jérusalem, d'Antioche, d'Alexandrie, contemporaines du siége de Rome, toutes jalouses de leur origine apostolique et ayant droit de l'être ? Comment supposer qu'un changement radical, inouï, dans la hiérarchie, aurait pu passer inaperçu, ne pas exciter la plus légère controverse au milieu d'une société religieuse où la moindre innovation soulevait des débats qui duraient un siècle ? Cela est-il croyable ? Cela est-il admissible ? Donc, je le répète, il ne resterait pas une ligne des pontifes romains antérieurs au ive siècle, nul vestige du pouvoir exercé par eux durant l'ère des persécutions, leur suprématie universellement reconnue, acceptée, respectée dans les âges postérieurs, n'en demeurerait pas moins établie comme étant de droit divin. Plus on restreint l'exercice de l'autorité pendant les trois premiers siècles, moins on explique comment ils se sont trouvés en possession incontestée de cette autorité dans les siècles suivants.

Je raisonne dans l'hypothèse d'une absence complète de documents qui témoignent du pouvoir exercé par les Papes au iie et au iiie siècle. Mais, je me hâte de le dire, cette hypothèse s'évanouit devant des faits authentiques et des monuments certains. Oui, malgré les difficultés de leur situation extérieure, dans le temps même des plus violentes persécutions, aux jours où l'Église romaine, glorieuse martyre du Seigneur, versait son sang au Colisée ; du fond de la retraite où le despotisme impérial les contraignait à se cacher, les Papes exerçaient leur souveraineté spirituelle sur tous les fidèles dispersés par le monde. Pour communiquer librement avec eux, ils profitaient de ces rares intervalles où la violence leur laissait un instant de répit, où la hache du bourreau s'arrêtait, lasse de frapper ; et alors partait de Rome une de ces admirables lettres qui allaient porter au loin la lumière et la force. Lorsqu'on parcourt le *Livre pontifical*, cette chronique précieuse où le pape Damase relatait au ive siècle les actes de ses prédécesseurs d'après les souvenirs et les monuments qui en restaient, on admire combien ces temps de persécutions ont été féconds pour le règlement de la discipline et de la liturgie [1]. Malheureusement, la littérature chrétienne a fait sous ce rapport des pertes immenses, et les regrets que nous avons exprimés si souvent sur la disparition de tant d'ouvrages des premiers siècles se reproduisent sur ce point plus vifs encore. Parmi les douze mille lettres pontificales qui précèdent le xiiie siècle, et dont le recueil forme la plus belle chaîne traditionnelle que l'on puisse imaginer, il ne nous reste, des trente-deux premiers Papes, que vingt-deux épîtres dont l'authenticité ne soit pas contestée, et une simple mention de vingt-sept autres perdues [2]. Sans nul doute, les bûchers où brûlaient les livres saints et les actes des martyrs durent consumer également toutes les lettres saisies entre les mains des premiers secrétaires des Papes et dans les archives des catacombes. A ceux qui s'étonneraient que la Providence n'eût pas fait un miracle de conservation pour toutes les lettres des Papes, je répondrais que nous ne possédons pas même toutes les épîtres de saint Paul ; que les documents primitifs sur la prédication des apôtres se réduisent, en dehors des actes rédigés par saint Luc, à un petit nombre de légendes douteuses ou incomplètes. L'archiviste invisible qui veille sur l'héritage des siècles chrétiens n'a épargné que ce qui était nécessaire pour les besoins des fidèles, laissant à la tradition orale, vivante dans l'Église, le soin de suppléer au silence de l'écriture. C'est ainsi que les rares monuments échappés aux ravages du temps suffisent pleinement pour faire apprécier le rôle de la Papauté pendant les trois premiers siècles : je me bornerai au iie, le seul qui rentre dans les limites de notre sujet.

En étudiant l'éloquence chrétienne dans les Pères apostoliques, nous avons établi que la première lettre pontificale

1. *Liber pontificalis Damasi papæ*, apud Mansi.
2. *Regesta pontific. rom.*, édit. Philippe Jaffé, Berlin, 1852.

émanée du siége de Rome fournit une preuve éclatante de la suprématie des successeurs de saint Pierre. Le recours de l'église de Corinthe à l'évêque de Rome et l'intervention de ce dernier dans les affaires spirituelles d'une église de la Grèce constituent un de ces faits saillants qui laissent après eux une trace profonde[1]. C'est à Clément qu'Hermas, l'auteur du *Pasteur*, devra confier ses visions pour que le pontife romain en donne connaissance aux différentes communautés chrétiennes[2]. Si le rédacteur des *Constitutions apostoliques* met le nom de Clément en tête de son ouvrage, c'est pour s'abriter derrière l'autorité du chef de l'Église. La même raison porte l'auteur des *Clémentines* à chercher dans la prééminence de l'évêque de Rome un prestige pour son œuvre. Saint Ignace d'Antioche rend un témoignage plus explicite à la prérogative de l'Église, mère et maîtresse de toutes les autres, en disant qu'elle préside à l'alliance de la charité, c'est-à-dire à toute l'assemblée des fidèles unis entre eux par le lien de l'amour[3]. Quand le dernier survivant des temps apostoliques, saint Polycarpe, évêque de Smyrne, veut trouver un remède aux dissensions que produit dans l'Église la controverse de la Pâque, il quitte son siége et se rend à Rome auprès du pape Anicet pour traiter avec lui cette question de discipline [4]. Certes, voilà bien les témoignages les plus imposants que l'on puisse désirer dans cet âge qui suit immédiatement celui des apôtres, surtout lorsqu'on a égard au peu de monuments qui nous restent de ces temps primitifs. La primauté des Papes sort de là avec un caractère d'évidence qu'il est difficile de méconnaître.

A mesure que nous avançons dans le IIe siècle, la supré-

---

1. Voyez les *Pères apostoliques*, leçon VI.
2. *Ibid.*, leçon XII.
3. *Ibid.*, leçon XVIII.
4. Eus., *Hist. eccles.*, VI, 26.

matie pontificale éclate en traits plus frappants. Dix Papes ont occupé successivement le siége de Rome pendant l'époque que nous avons étudiée : Évariste, Alexandre Ier, Sixte Ier, Télesphore, Hygin, Pie Ier, Anicet, Soter, Éleuthère et Victor. Je sais bien que leurs véritables lettres ont été audacieusement remplacées par des pièces apocryphes[1] ; mais que prouve cet acharnement de faussaires inconnus à supposer au siége apostolique des lettres qui ne sont pas émanées de lui? Il prouve précisément la suprématie des Papes et la haute importance qu'on attachait à tout ce qui provenait d'eux. La même raison qui avait fait pulluler les Évangiles apocryphes et les faux actes des apôtres inspira aux plagiaires le dessein de fabriquer des lettres pontificales, à savoir: la haute idée qu'on avait de l'autorité des Papes. Jamais rien de pareil ne s'est produit pour les patriarches d'Antioche ou d'Alexandrie : c'eût été en pure perte. Au contraire, on se ménageait un succès facile en mettant le nom d'un pontife romain en tête d'une lettre fabriquée : une telle autorité était d'un poids immense pour tous les fidèles. Voilà ce qui explique cette multitude d'écrits apocryphes qu'on faisait valoir sous ce titre unique. On prenait occasion d'une lettre perdue, ou bien l'on s'emparait d'un décret véritable de quelque Pape pour broder sur ce canevas historique un dessin habilement mélangé. Telle est en effet la physionomie que présentent ces pièces fictives qui s'élèvent à cent cinquante-cinq pour les trois premiers siècles: toutes prennent leur point de départ dans un fait historique ou dans une composition réelle dont le souvenir seul s'était conservé. Choisissons, par exemple, une des lettres attribuées au pape Éleuthère. On savait que ce

---

1. Voyez ces lettres apocryphes dans l'édition Migne, tom. V, p. 1047 et suiv. Elles ne renferment absolument rien de contraire à la sainte doctrine ; mais leur style et leur contenu obligent la critique de les rejeter après le IVe siècle.

pontife, consulté par les églises de Vienne et de Lyon sur le jeûne des montanistes, avait répondu en le comdamnant. Pour établir le texte de cette réponse, perdu comme tant d'autres documents de cet âge, le plagiaire en reproduit la substance, qu'il développe suivant le style ordinaire aux écrits de ce genre[1]. C'est ainsi que sont nées la plupart de ces pièces. Mais, je le répète, cette ardeur des faussaires à fabriquer des lettres pontificales fournit une preuve irréfragable en faveur de la suprématie des Papes.

A côté de ces lettres apocryphes, dont l'existence même rend témoignage à la primauté des pontifes romains, il en est d'autres dont l'authenticité ne saurait être révoquée en doute. Pour me borner au IIe siècle, je placerai en première ligne les deux lettres adressées par le pape Pie Ier à Juste, évêque de Vienne. Les critiques protestants les plus difficiles, tels que Blondel, Saumaise, Hammond et Daillé, en ont eux-mêmes reconnu l'authenticité. Elles semblent inaugurer les relations permanentes des Papes avec les évêques de Vienne, si longtemps leurs légats dans les Gaules. Je les citerai l'une après l'autre.

« Avant votre départ de Rome, Euprépie, notre sœur, a légué sa maison aux pauvres comme vous devez vous en souvenir : c'est là que nous demeurons à présent avec nos pauvres, et que nous célébrons le sacrifice de la Messe. Quant à vous, bienheureux frère, nous souhaitons de savoir ce qui a suivi votre arrivée dans la ville sénatoriale de Vienne ; c'est pour nous un vif désir d'apprendre comment vous y avez répandu la semence de l'Évangile. Le Seigneur vient d'appeler à lui et d'introduire dans les demeures éternelles les prêtres qui, élevés par les apôtres, avaient vécu jusqu'à nous dans la participation à la même parole de foi. Le bienheureux Timothée et Marc ont passé

---

1. *Ibid*, *Epistolæ Eleutherii papæ*, p. 1139 et suiv.

de la sorte après avoir soutenu le bon combat. Suivez leur exemple, frère bien-aimé, et marchez sur leurs traces sans vous laisser engager dans les liens du monde. Hâtez-vous de conquérir avec les saints apôtres cette palme de l'immortalité qu'ont recueillie par leurs souffrances Paul et Pierre, auquel le supplice de la croix n'a pu enlever la charité du Christ. Soter et Éleuthère, nos dignes prêtres, vous saluent. Pour vous, saluez de notre part ceux qui vivent avec vous dans le Seigneur. Cérinthe, le premier satellite de Satan, a détourné un grand nombre de la vraie foi. Que la grâce du Christ habite dans votre cœur [1] ! »

Voici la seconde lettre : elle se recommande également par cette onction évangélique et ce caractère de simplicité qui distinguent l'âge héroïque du christianisme :

« Attale vient de nous apporter les lettres des martyrs dont le triomphe nous a causé une joie inexprimable. Il nous a dit la victoire que Vérus, notre collègue, a remportée sur le prince de ce monde. Pour vous qui avez été établi à sa place par les frères et revêtu du pallium des évêques, ayez soin de remplir dans le Seigneur le ministère qui vous est confié. Tenez en honneur les corps des saints comme les membres de Dieu, selon l'exemple que les apôtres nous ont donné en gardant soigneusement le corps d'Étienne. Visitez la prison des saints afin qu'aucun d'eux ne chancelle dans la foi. Éprouvez leur témoignage par l'Esprit-Saint, et excitez leur zèle à persévérer dans la confession. Que les prêtres et les diacres vous obéissent comme au ministre du Christ, et non parce que vous êtes plus grand qu'eux ; le peuple entier doit trouver sa protection dans votre sainteté. Attale vous rappellera le nom et le souvenir de nos frères qui, délivrés désormais de la cruauté du tyran, reposent dans le Seigneur. Le prêtre Pasteur a consacré sa maison à Dieu avant de faire une fin digne de lui.

---

1. *Ibid.*, p. 1125, 1126.

Pour moi, frère bien-aimé, il m'a été révélé que je touche au terme de ma carrière. Je ne vous demande qu'une chose, c'est de persévérer dans la communion de la foi en vous souvenant de moi. Le Sénat des pauvres du Christ, établi à Rome, vous salue. Saluez de ma part l'assemblée des frères qui sont avec vous dans le Seigneur [1]. »

Je ne comprends pas qu'on ait pu élever le moindre doute sur l'authenticité de ces deux lettres, où respire l'esprit de douceur et de charité qui animait les premiers fidèles et leurs chefs. Rien ne ressemble mieux aux instructions adressées par saint Pierre aux prêtres que ce langage si digne et si paternel de son successeur [2]. Pour peu qu'on soit familiarisé avec les formes et le style des lettres apostoliques, il est impossible de se méprendre sur la date de ce document [3]. On y voit l'exercice de la plus haute charge spirituelle tempéré par une délicatesse de mansuétude qu'on ne se lasse pas d'admirer. Aussi ces lettres étaient-elles reçues dans les différentes églises avec la vénération que mérite la parole du Pasteur suprême. Eusèbe nous apprend qu'une épître du pape Soter adressée aux Corinthiens en 168 se lisait publiquement parmi eux, dans l'assemblée des fidèles, comme les saintes Écritures. C'est l'évêque même de Corinthe, saint Denis, qui atteste ce fait dans une lettre de remerciements où il félicite l'Église de Rome du zèle qu'elle met à venir en aide par ses largesses et ses consolations aux fidèles dispersés en tous lieux [4]. Cet

---

1. *Ibid.*, p. 1126 et suiv.
2. Ire *Ép.* de S. Pierre, v, 1 et suiv.
3. On a voulu chercher une objection dans les expressions moitié grecques qui se rencontrent dans les deux lettres de Pie Ier : « Superbeate, ὑπερμακάριε, primarches, πρώταρχος, senatus, πρεσβυτέριον, colobium, κολόβιον, etc. Un peu d'attention eût suffi pour faire voir que nous n'avons plus que la traduction latine d'un texte grec. L'Église a parlé grec à Rome, comme à Vienne et à Lyon, en Italie non moins que dans les Gaules, jusqu'au milieu du IIIe siècle.
4. Eusèbe, *Hist. ecclés.*, IV, 23.

exemple nous prouve que le siège apostolique voyait dès l'origine, dans le patrimoine temporel dont l'entourait la foi des fidèles, un fonds commun d'où il versait ses libéralités dans le monde. Les Papes des catacombes exerçaient déjà cette mission universelle de foi et de charité dévolue aux successeurs de saint Pierre. En même temps qu'ils subvenaient par leurs dons aux besoins des églises les plus lointaines, ils veillaient aux intérêts spirituels de la chrétienté, répondant aux difficultés qu'on leur soumettait de toutes parts, et tranchant par leur autorité souveraine les questions qui surgissaient en Orient comme en Occident. En 177, l'Église de Lyon s'adresse au pape Éleuthère pour demander l'ordination et la mission de saint Irénée [1]. Mais nous trouvons une preuve encore plus irrécusable de cet exercice de la primauté pontificale dans la conduite du pape Victor Ier, vers la fin du IIe siècle.

Nous avons dit que, sous le pontificat d'Anicet, saint Polycarpe s'était rendu à Rome pour traiter avec le Pape diverses questions, entre autres celle du jour où il convient de célébrer la Pâque. Il y avait sur ce point une divergence entre la pratique des occidentaux et la coutume de quelques églises de l'Orient. Tandis que celles-ci fêtaient la Pâque le même jour que les juifs, c'est-à-dire le 14 du mois de Nisan, l'Église de Rome, d'accord avec la majeure partie de la chrétienté, la célébrait le dimanche suivant. Il en résultait pour les orientaux que, d'après les vicissitudes du calendrier, le jour de la Passion ne tombait pas toujours un vendredi, ni celui de la résurrection un dimanche. Une portion de l'Église chantait l'Alleluia de la Pâque, pendant que l'autre était encore dans le deuil que ramène chaque année le souvenir du Calvaire. Assurément ce contraste liturgique avait quelque chose d'anormal et de choquant. Cependant, comme il ne s'a-

---

1. Fragment. epist. Lugdun. eccles. ad Eleuther., dom Coustant, *Epist. Romanorum pontific.*, tom. I, p. 88. — Schœnnemann, p. 82.

gissait après tout que d'une question de discipline, cette différence, prise en elle-même, n'avait point paru assez grave dans le principe pour amener une division réelle. Aussi, ne pouvant gagner saint Polycarpe à son sentiment, le pape Anicet n'avait pas rompu la communion avec l'évêque de Smyrne, auquel il témoigna au contraire toute sa vénération en le priant de célébrer les saints mystères à sa place. Mais la question ne tarda pas à changer de caractère. Avec ce coup d'œil profond qu'ils n'ont cessé de porter dans les affaires spirituelles, les Papes virent bien que cette dissidence liturgique constituait un grave péril pour l'unité de l'Église. C'était un dernier lien qui rattachait une portion de fidèles à la synagogue et qu'il fallait rompre à tout prix : l'expérience de deux siècles avait appris combien il importait de dégager nettement les pratiques du culte de tout ce qui se rapprochait des observances judaïques. N'est-ce pas en s'attachant avec opiniâtreté aux traditions de l'ancienne loi que les Ébionites et quelques sectes analogues avaient déchiré le sein de l'Église ? Un schisme pouvait naître facilement d'une question peu grave en apparence. Soter et Éleuthère employèrent, mais en vain, tous les moyens de persuasion pour ramener les évêques de l'Asie Mineure à la coutume générale. Enfin Victor éclata. Il enjoignit à Polycrate d'Éphèse, qui se trouvait à la tête des opposants, de réunir en concile les évêques de la province pour leur faire adopter le rit de l'Église romaine ; il appuya sa demande d'une menace d'excommunication. De plus, il adressa des lettres-circulaires aux principaux évêques de la chrétienté pour provoquer les mêmes mesures. A la voix du pontife romain, des conciles se tinrent en Palestine, dans le Pont, en Grèce, dans les Gaules, en Égypte, etc. Partout on adhéra aux décisions du siége apostolique. Théophile, évêque de Césarée, Palmas, évêque d'Amastris, dans le Pont, Bacchyle, évêque de Corinthe, et beaucoup d'autres, envoyèrent, à ce sujet, des lettres synodales, où ils se prononçaient dans le sens du souverain pontife. Victor ne rencontra de résistance que dans l'Asie Mineure. Polycrate avait bien obéi sur un point en réunissant son concile ; mais, se croyant en possession d'une tradition qui, selon lui, provenait de saint Jean et de l'apôtre saint Philippe, il prétendait pouvoir s'y conformer. Les données historiques nous manquent pour décider si le Pape donna suite à sa menace d'excommunication. Peut-être l'intervention pacifique de saint Irénée l'empêcha-t-il d'en venir à cette mesure extrême. Ce qu'il y a de certain, c'est que les dissidents eux-mêmes finirent par se ranger au sentiment du pontife romain. Si l'on doit reprocher à Victor d'avoir porté trop de vivacité dans ses démêlés avec les évêques asiatiques, on ne peut qu'admirer sa vigilance et sa sagacité : plus clairvoyant que l'évêque d'Éphèse et ses adhérents, il jugeait avec raison que les plus graves intérêts de l'Église étaient en jeu dans ce débat liturgique. En tout cas, cette controverse de la Pâque prouve d'une manière éclatante que les Papes exerçaient dès l'origine, en Orient aussi bien qu'en Occident, une juridiction souveraine sur tout le monde chrétien.[1]

Avec le pape saint Victor, nous atteignons aux dernières limites du IIe siècle. Encore avons-nous passé sous silence le magnifique témoignage que saint Irénée rendait, vers l'an 190, à la primauté des Papes : « C'est vers l'Église de Rome que doivent converger toutes les autres Églises, à cause de sa puissante principauté : il faut que les fidèles du monde entier s'accordent avec elle, car c'est à Rome que la tradition catholique s'est toujours conservée[2]. » Un demi-siècle après,

---

1. Voyez pour ce débat, Eusèbe, *Hist. ecclés.*, IV, 23, 24 ; V, 24, 25. — S. Jérôme, *Catal. des écriv. ecclés.*, 34, 44, 45. — Nicéphore, *Hist. ecclés.*, IV, 39. — Socrate, *Hist. ecclés.*, V, 21. — Sozomène, *Hist. ecclés.*, VII, 19, etc., etc. Quant aux quatre lettres attribuées au pape S. Victor, elles sont évidemment apocryphes, édit. Migne, V. 1484 et suiv.

2. S. Irénée, *adv. Hæres.*, III, 3, § 2.

saint Cyprien appellera l'église de Rome « l'Église principale, d'où est sortie l'unité sacerdotale [1]. » Il provoquera lui-même un des plus grands actes de suprématie, la déposition, par le pape saint Étienne Ier, de Marcien, évêque d'Arles [2]. C'est auprès de l'évêque de Rome que, dans la seconde moitié du IIIe siècle, Denis, patriarche d'Alexandrie, sera obligé de se défendre pour avoir employé quelques paroles peu précises sur la Trinité [3]. Les païens eux-mêmes verront la marque des évêques légitimes dans leur communion avec l'Église romaine ; et dans une circonstance solennelle l'empereur Aurélien refusera de tenir pour évêque d'Antioche celui qui n'aura pas été reconnu comme tel par les lettres de l'évêque de Rome [4]. Remarquez bien, Messieurs, que nous sommes toujours au IIIe siècle, c'est-à-dire à l'époque des plus violentes persécutions, alors que les Papes siégeaient, à vrai dire, au fond des catacombes, et trouvaient par conséquent toute espèce d'entraves à l'exercice de leur pouvoir spirituel ; et cependant les faits abondent, les témoignages se multiplient en faveur de leurs prérogatives reconnue par la chrétienté. Que sera-ce, si nous dépassons cette ère de proscriptions sanglantes pour toucher à ces temps où l'Église, affranchie de la tyrannie païenne, pourra déployer librement le mécanisme divin de sa constitution ? Il sera désormais plus facile de nier la présence du soleil au firmament que la suprématie des pontifes romains.

Les premières lettres des Papes nous ont ramenés à l'intérieur de la société chrétienne, où nous devrons nous arrêter quelque temps. L'objet de notre cours, pendant l'année qui vient de s'écouler, a été d'étudier l'éloquence chrétienne dans ce groupe d'apologistes du IIe siècle qui succèdent à

---

1. Cyprien, *Ép.*, 55, 70, 71.
2. *Ibid., Ép ad Stephanum.*
3. Fragment de l'apologie de Denis dans Gallandi, *Biblioth.*, tom. III.
4. Eusèbe, *Hist. ecclés.*, VII, 27-30.

saint Justin. Leur place était marquée entre les premiers écrits de ce grand homme et les travaux de l'Église d'Afrique ou de l'école d'Alexandrie, c'est-à-dire dans la seconde moitié du ii⁰ siècle. Tatien, Hermias, Athénagore, Théophile d'Antioche, Méliton de Sardes, tels sont les principaux noms qui apparaissent au milieu de cette famille d'écrivains que nous avons dû réunir dans un seul cadre. Ils appartiennent tous au même âge, celui des Antonins, et offrent, comme apologistes de la religion chrétienne, une physionomie semblable. Cependant, tout en attaquant le polythéisme par les mêmes armes, ils déploient des qualités diverses. Ici, c'est le trait enflammé d'une indignation éloquente ; là, c'est le ton contenu d'une modération pleine de réserve et de dignité ; plus loin, l'ironie fine et mordante de la satire ; ailleurs, enfin, le travail patient d'une instruction plus détaillée. Sans doute, l'apologétique chrétienne n'a pas encore trouvé ses grandes lignes ; c'est dans Tertullien et dans Origène qu'elle atteindra la plénitude de son développement. Mais, en attendant que cette vaste synthèse s'achève chez le grand Alexandrin, les œuvres partielles de ses devanciers l'annoncent et la préparent. Les trois livres de Théophile d'Antioche à Autolycus forment le frontispice du monument qu'Origène élèvera dans son traité contre Celse ; et la figure de Tertullien se dessine à l'avance dans celle de Tatien, comme un tableau de maître dans une ébauche encore imparfaite. En face de ces productions multiples de l'éloquence chrétienne, nous avons étudié le double travail qui s'opère au sein du polythéisme pendant le ii⁰ siècle : travail de sape et de destruction chez Lucien de Samosate et ses émules ; travail de restauration dans les écrits de Plutarque, de Maxime de Tyr et d'Apulée. Ici encore, nous avons conduit notre sujet jusqu'aux premières limites d'une nouvelle période, celle du néoplatonisme, dont les origines remontent au siècle que nous venons de parcourir.

Maintenant, Messieurs, il s'agit de revenir sur nos pas pour étudier l'éloquence chrétienne sous une autre face. Quand l'Église se présenta au monde, le paganisme essaya de l'étouffer dans le sang, à coups de proscriptions, en épuisant contre elle toutes les ressources d'une tyrannie persévérante et habile. De là ces apologies vives, lumineuses, saisissantes, que les défenseurs du christianisme adressaient aux empereurs. Mais, à côté de ce péril, né de la violence, en surgissait un autre plus grave encore. La naissance de l'Église a coïncidé avec l'un des mouvements les plus puissants qui aient agité l'esprit humain ; et, si elle n'avait été marquée d'un sceau divin, elle eût succombé, sans le moindre doute, sous le nombre et la force des hérésies qui l'assaillirent à son berceau. En secouant l'humanité inerte et languissante, le christianisme avait réveillé toutes les forces de l'ancien monde et communiqué une impulsion nouvelle à l'esprit philosophique. Tous ces vieux systèmes qui s'agitaient depuis des siècles au fond de l'Orient et dans la Grèce essayèrent de se souder à lui et de combiner leurs doctrines avec les siennes. Cette rencontre produisit un choc violent. Panthéisme indien, dualisme persan, mysticisme de la cabale, théurgie des sanctuaires et spéculations des écoles, tout se réunit pour absorber la religion nouvelle en y mêlant les éléments les plus disparates. Il en résulta une fermentation d'idées peut-être sans exemple dans l'histoire, un vaste protestantisme à mille faces qui, enveloppant l'Église naissante, l'aurait étouffée infailliblement, si Dieu n'avait soutenu son œuvre. C'est à ce grand mouvement doctrinal, à la tête duquel on trouve des hommes d'un talent remarquable ; au gnosticisme, dis-je, que nous consacrerons notre attention l'année prochaine. A cet effet, pour donner un caractère d'unité à nos études, nous choisirons le plus vaste monument littéraire du 11e siècle, celui qui a pour but spécial de combattre ce protestantisme primitif. En tête de cette œuvre, nous trouvons le nom d'un homme qui mérite à plus d'un titre notre admiration. Disciple de saint Polycarpe, sorti du milieu de ces grands évêques de l'Asie Mineure que nous avons rencontrés plus d'une fois sur notre chemin, il forme en quelque sorte le lien de transition entre l'Église grecque et l'Église latine, dont il réunit les diverses qualités dans une alliance féconde : c'est saint Irénée, évêque de Lyon. Je suis heureux, en passant de l'Occident à l'Orient, d'être obligé de m'arrêter tout d'abord dans les Gaules, pour remonter aux origines de la prédication évangélique et aux premiers travaux de l'éloquence sacrée dans cette partie de l'Église. En venant poser le pied sur le sol de la patrie, on éprouve toujours le besoin de s'écrier avec le poëte :

> Nescio quâ natale solum dulcedine cunctos
> Ducit et immemores non sinit esse sui.

FIN

TABLE ANALYTIQUE

PREMIÈRE LEÇON

Objet du cours. — Les apologistes postérieurs à saint Justin. — Commencements de Tatien. — Déception qu'il trouve dans les religions et dans les systèmes philosophiques du vieux monde. — Impression que produit sur lui la lecture des livres saints. — Il étudie de près la vie des chrétiens. — Sa rencontre avec saint Justin. — École théologique de saint Justin à Rome. — Esprit et caractère de cette école. — Tatien succède au maître dans l'apologie de la religion chrétienne. — Droit des laïques de participer à la défense de la foi. — Qualités et défauts de Tatien. — Son discours contre les Grecs. — Tatien méconnaît la mission providentielle de la Grèce. — Tendance périlleuse d'un esprit porté à la violence et à l'exagération. Pages 9 à 29.

DEUXIÈME LEÇON

Caractère de la polémique de Tatien. — Défaut de mesure et absence de la vraie modération. — Argumentation de Tatien en faveur de la liberté du culte chrétien. — Preuves qu'il donne de la supériorité du christianisme sur les religions de l'antiquité. — Son système théologique. — Orthodoxie de son discours contre les Grecs. — Tendances d'esprit qui servent à expliquer sa chute. — Point de départ et développement logique de ses erreurs. — Son rigorisme ascétique. — Son activité comme hérésiarque. — Ses qualités oratoires. — Jugement général sur Tatien. — Ses rapports de ressemblance avec Tertullien. Pages 30 à 54.

TROISIÈME LEÇON

Satire d'Hermias contre les philosophes païens. — L'ironie doit-elle être bannie de la controverse religieuse? Critique parallèle des sectes philosophiques chez Lucien de Samosate. — Lucien était-il un apologiste déguisé de la religion chrétienne? Examen de ce paradoxe. — Analogies et différences entre la méthode critique de Lucien et celle des apologistes. — Persifflage indirect de la religion chrétienne en maint endroit de ses écrits. — L'Hermotime, ou le choix des sectes. — Analyse de cette œuvre; son caractère et son but. — Résultats purement négatifs de l'argumentation de Lucien. — Elle aboutit au scepticisme. — Les apologistes tirent la conclusion qui manque chez Lucien en faveur de la nécessité morale d'une révélation. Pages 55 à 74.

QUATRIÈME LEÇON

La satire d'Hermias comparée à l'Hermotime de Lucien. — Dans quel sens et dans quelles limites il convient de poser contre le rationalisme la thèse de la nécessité d'une révélation divine. — Forme dramatique qu'Hermias donne à son ouvrage. — Les Sectes à l'encan de Lucien. — Parodie chez le sophiste païen ; exposition satirique chez l'apologiste chrétien. — Les coryphées de l'hellénisme se réfutent l'un par l'autre. — La satire d'Hermias et le traité de Plutarque sur les opinions des philosophes. — Tentative de l'éclectisme ancien et moderne pour concilier entre eux ces systèmes contradictoires. — Hermias ne conclut pas contre la philosophie elle-même, mais contre les théories fausses ou insuffisantes. — Le Pêcheur ou les Ressuscités de Lucien. — Secours que trouve la vraie philosophie dans l'enseignement de la foi. Pages 75 à 94.

CINQUIÈME LEÇON

Réaction de la philosophie et de l'éloquence païenne contre le christianisme. — Premiers écrivains qui aient attaqué la religion chrétienne : Crescens, Fronton, Celse, Philostrate. — Caractère de la polémique de Celse. — La vie d'Apollonius de Tyane, par Philostrate. — Tendance et but de ce roman philosophique. — Éléments historiques qui s'y trouvent mêlés à la fiction. — Philostrate veut créer un type de perfection égal ou supérieur au Christ. — Insuccès de cette tentative. — Apollonius de Tyane, vraie caricature du Sauveur. — Philostrate n'a pas le sens de la véritable grandeur morale. — Imitation de l'apostolat chrétien dans les voyages d'Apollonius. — Philostrate ne réussit pas mieux dans l'idéal du thaumaturge que dans celui du sage et de l'apôtre. — Le vrai surnaturel en présence du surnaturel faux dans les deux premiers siècles. — Traits heureux semés çà et là dans ce roman philosophique. — Jugement général sur cette composition. — L'idéal de la grandeur et de la beauté morale dans l'Évangile. Pages 95 à 120.

SIXIÈME LEÇON

Requête d'Athénagore en faveur des chrétiens. — Ton et caractère de cette pièce. — Fermeté de logique et modération dans la forme. — Athénagore réclame le droit commun pour les disciples de l'Évangile. — Pourquoi le despotisme païen s'obstinait à repousser une demande si légitime. — Cause morale des persécutions contre l'Église. — Lutte historique entre le bien et le mal. — L'opposition que rencontre le bien tourne finalement à son triomphe. — Les persécutions contre l'Église ont pour effet de manifester la force divine qui est en elle. — Comment ces grandes crises de la vie religieuse rentrent dans le plan providentiel. P. 121 à 141.

SEPTIÈME LEÇON

Influence des persécutions du IIe siècle sur le développement de l'éloquence chrétienne. — Progrès de la forme et de la méthode chez Athénagore. — Son système théologique. — L'idée de Dieu. — Le spiritualisme chrétien opposé au matérialisme païen. — Preuve rationnelle de l'unité de Dieu. — Application de l'esprit philosophique au dogme chez Athénagore. — Exposition du dogme de la Trinité. — Accord parfait avec le symbole de Nicée. — Défense de l'orthodoxie d'Athénagore. — La doctrine des chrétiens justifiée par leur conduite. — Argument tiré de la charité évangélique. — Blâme formulé contre les secondes noces. — Jugement sur l'apologie d'Athénagore. Pages 142 à 164.

HUITIÈME LEÇON

Traité d'Athénagore sur la résurrection des morts. — La question de la vie future dans les religions et dans les systèmes philosophiques de l'antiquité. — Affaiblissement de cette croyance à l'époque de l'apparition du christianisme. — Le dogme de la vie future chez les Hébreux. — Pourquoi la mention des peines et des récompenses éternelles est moins fréquente dans l'Ancien que dans le Nouveau Testament. Développement de la doctrine des fins dernières à travers le Pentateuque et les autres parties de l'Écriture sainte. — Pourquoi le dogme de la résurrection des corps rencontrait une opposition si vive parmi les païens. — Athénagore commence par agiter la question de méthode. — Apologie et démonstration. — La rhétorique au IIe siècle. — Analyse du discours d'Athénagore. — Exemple de preuve rationnelle d'un dogme révélé dans l'éloquence chrétienne au IIe siècle. Pages 165 à 186.

NEUVIÈME LEÇON

Usage de la raison dans les choses de la foi. — Examen des motifs de crédibilité. — Solution des objections. — Développement des preuves. — Application de cette méthode dans le Traité d'Athénagore sur la résurrection des morts. — Objections tirées de l'anthropophagie. — Réponse d'Athénagore. — Théorie des épreuves successives substituée à la doctrine chrétienne par l'auteur de *Terre et Ciel*. — Examen de ce système. — L'objection réfutée par Athénagore, renouvelée par quelques écrivains modernes. — En quoi consiste précisément l'identité spécifique et individuelle du corps humain. — Objection tirée de l'inutilité des membres du corps humain dans la vie future. — Réponses des apologistes. — Quelques difficultés analogues. — Esprit philosophique d'Athénagore.
Pages 187 à 207.

DIXIÈME LEÇON

Dans quelles limites la raison peut établir par ses propres principes l'immortalité de l'âme et la résurrection du corps. — Développement des preuves rationnelles dans le Traité d'Athénagore. — Vraisemblance philosophique tirée du motif de la création de l'homme. — Erreur de Kant sur le dogme de la résurrection. — Argument que puise Athénagore dans la nature et la constitution de l'homme. — Le corps fait partie intégrante de la nature humaine, bien que la personnalité réside essentiellement dans l'âme. — Contradiction singulière des adversaires de la résurrection. — Définition de l'homme ; son degré sur l'échelle des êtres. — Sans la résurrection le plan divin manque d'unité et d'harmonie. — Induction tirée de l'idée de justice. — Sans la résurrection, la sanction de la loi morale est incomplète. — Preuves d'analogie empruntées à la nature. — Jugement général sur les écrits d'Athénagore. P. 208 à 227.

ONZIÈME LEÇON

L'apologie de Théophile d'Antioche ou ses trois livres à Autolycus. — Défense de la théodicée chrétienne. — Rapport intime entre l'ordre moral et l'ordre intellectuel. — Influence des dispositions du cœur sur les jugements de l'esprit. Spiritualisme chrétien. — Incompréhensibilité de l'essence divine. — Preuves de l'existence de Dieu. — Argument tiré des causes finales. — Théophile d'Antioche envisagé comme écrivain. — Combien la foi est naturelle à l'homme. — Dans quel sens l'apologiste a pu dire que la foi est une condition nécessaire de la science. — Le défaut d'évidence immédiate n'empêche pas la foi d'être raisonnable.
Pages 228 à 248.

DOUZIÈME LEÇON

Attaque du polythéisme dans les trois livres de Théophile d'Antioche à Autolycus. — Attitude de la philosophie païenne en face des religions populaires au IIe siècle. — Indifférence des stoïciens ; hostilité ouverte des épicuriens et des cyniques. — Tentative de conciliation chez les platoniciens. — Plutarque, Maxime de Tyr et Apulée. — Ils cherchent à se frayer une voie mitoyenne entre la superstition et l'incrédulité. — Caractère religieux et moral de Plutarque. — Son *Traité de la superstition*. — Mode d'explication qu'il adopte pour restaurer le polythéisme. — Application de sa théorie dans le *Traité d'Isis et d'Osiris*. — Examen de ce système. — Même tendance dans les *Dissertations* de Maxime de Tyr. — Essai de conciliation entre la philosophie platonicienne et les traditions mythologiques. — L'éclectisme contemporain et les néoplatoniciens du IIe siècle. — *Le Dieu de Socrate*, par Apulée. — Jugement sur cet écrit. — Comment Apulée cherche à sauver le symbole traditionnel du reproche d'extravagance. — Impuissance de ces tentatives de restauration païenne. — Elles justifiaient pleinement l'argumentation des apologistes chrétiens.
Pages 249 à 270.

TREIZIÈME LEÇON

L'Hexaméron, ou Commentaire sur l'œuvre des six jours dans l'apologie de Théophile d'Antioche. — Premier modèle de ce genre d'écrits dans l'histoire de l'éloquence chrétienne. — Le dogme chrétien de la création opposé au panthéisme oriental et au dualisme grec. — Explication de l'œuvre des six jours par l'évêque syrien. — État d'imperfection relative des sciences naturelles au IIe siècle. — L'apologiste s'attache de préférence aux rapports entre l'ordre physique et l'ordre moral. — Abus de l'allégorie ou du sens figuré. — Comparaison avec le traité de Philon *sur la Création du monde*. — Philon explique la Genèse à l'aide du Timée de Platon et la théorie pythagoricienne des nombres. — Son mysticisme arithmétique. — Influence de son œuvre sur les écrits parallèles des premiers Pères. — Doctrine de Théophile d'Antioche sur la Trinité. — La distinction numérique des trois personnes divines clairement exprimée. — Éclatant témoignage rendu à l'authenticité de l'Évangile de Saint Jean. — Quelques expressions peu précises pour désigner l'Esprit-Saint. — Défense de l'orthodoxie de Théophile d'Antioche.

Pages 271 à 291.

QUATORZIÈME LEÇON

Théophile d'Antioche et les livres sibyllins. — Coup d'œil général sur ce recueil.— Son contenu et ses différentes parties.— Réalité historique des sibylles. — Explications de ce phénomène dans l'histoire du paganisme. — Collections de vers sibyllins chez les Grecs. — Les livres sibyllins à Rome. — Le recueil de nos poésies sibyllines diffère des uns et des autres. — Physionomie particulière que présente cette œuvre religieuse et littéraire. — Ses auteurs. — Son lieu d'origine. — Date de la composition des diverses parties et de leur collection définitive.

Pages 292 à 310.

QUINZIÈME LEÇON

Suite de l'étude sur les livres sibyllins.— Leur origine et leur caractère. — Partie purement juive du recueil. — Causes religieuses et politiques qui l'ont fait naître. — Les sibyllistes juifs d'Alexandrie. — Les sibyllistes chrétiens. — Origine de la partie chrétienne des poésies sibyllines. — Les prophéties messianiques dans la bouche de la sibylle. — Réaction ardente contre l'empire romain et les persécuteurs. — But d'édification. — Essais de poésie chrétienne. — Caractère dogmatique et moral des livres sibyllins. — Leur mérite historique et littéraire. — L'acrostiche sibyllin et le *Dies iræ*. — Résumé et conclusion. Pages 311 à 332.

SEIZIÈME LEÇON

La prédication évangélique et la morale païenne. — Argument tiré des calomnies du polythéisme en faveur du dogme de la présence réelle et du sacrifice de la Messe. — Le tableau de la vie des premiers chrétiens en regard de ces accusations. — Essais de prédication morale au sein du paganisme. — Dion Chrysostome. — Ses *Discours philosophiques*. — Erreurs et lacunes dans cet enseignement. — Supériorité de la morale évangélique. Motifs qu'elle propose, et mobiles qu'elle met en jeu. — Le dogme d'un Dieu législateur, principe et source du devoir. — Le code du devoir formulé dans une loi écrite. — L'Homme-Dieu, type de la perfection. — Les récompenses et les peines dans une autre vie, sanction de la loi. — L'amour de Dieu, mobile le plus élevé de l'activité morale. — Le *Tableau de la vie humaine*, par Cébès. — Qualités et défauts de cette composition morale. — Efficacité du christianisme pour la direction de la vie humaine. Pages 333 à 352.

DIX-SEPTIÈME LEÇON

La chronologie dans l'apologétique chrétienne au IIe siècle. — Son importance. — Le christianisme a donné à la chronologie son caractère d'unité et d'universalité. — Supputations des anciens peuples. — Système chronologique de Théophile d'Antioche dans les trois livres à Autolycus. — Le peuple juif, centre historique du vieux monde. — Chronologies différentes du texte hébreu, des Septante, du Pentateuque samaritain. — Sentiment des premiers Pères. — Des critiques du XVIIe siècle. — *L'art de vérifier les dates*. — Hypothèses et calculs plus récents. — La chronologie et l'histoire. — Premier essai d'histoire ecclésiastique dans Hégésippe. — Origine et caractère de cet ouvrage. — Les fragments conservés par Eusèbe. — Défense de l'orthodoxie d'Hégésippe contre l'école rationaliste de Tubingue. Pages 353 à 372.

DIX-HUITIÈME LEÇON

Méliton de Sardes. — Son activité théologique. — Caractère général de ses écrits. — Méliton *considéré comme apologiste de la religion chrétienne*. — Fragments de son apologie conservés par Eusèbe. — Découverte récente d'une partie notable de cet écrit par le docteur Curéton. — Discussion sur l'authenticité de cette pièce. — Méliton de Sardes envisagé comme défenseur et interprète de l'Écriture sainte. — Son *Canon* ou catalogue des livres de l'Ancien Testament. — La *Clef* de Méliton. — Caractère de cet ouvrage. — Méthode d'exégèse employée par l'évêque de Sardes. — Ses formules allégoriques. — Le symbolisme chrétien au IIe siècle. — Méliton de Sardes étudié comme théologien et comme controversiste. — Les apologistes du IIe siècle, témoins de la foi et organes de la tradition. Pages 373 à 394.

DIX-NEUVIÈME LEÇON

Les premières lettres des Papes. — Transition aux luttes de l'éloquence chrétienne avec les hérésies. — Entraves que mettaient les persécutions à l'exercice du pouvoir spirituel de la Papauté. — Faits et documents qui attestent la suprématie exercée par les Papes dans les deux premiers siècles. — Le recueil des lettres pontificales. — Lettres faussement attribuées aux Papes du IIe siècle. — Les deux lettres de Pie I à Juste, évêque de Vienne. — Ton et caractère de ces pièces. — La controverse sur la Pâque sous Victor I. — Preuve qui résulte de ce fait pour la primauté de l'évêque de Rome. — Les prérogatives des successeurs de saint Pierre reconnues par toute l'Église pendant l'ère des persécutions. — Résumé *et conclusion*. Pages 395 à 414.

FIN DE LA TABLE ANALYTIQUE

Abbeville. — Imp. Briez, C. Paillart et Retaux.

www.ingramcontent.com/pod-product-compliance
Lightning Source LLC
Chambersburg PA
CBHW052120230426
43671CB00009B/1060

9 782012 573482